本书系国家社科基金项目"西北联合大学史研究"
（项目编号：17BZS019）的最终成果

国家社科基金丛书
GUOJIA SHEKE JIJIN CONGSHU

西北联合大学史研究

A Study on the History of Northwest Associated University

梁严冰　著

人民出版社

目　　录

绪　　论

一、选题的缘起及其研究意义

国立西北联合大学（简称"西北联大"）与国立西南联合大学（简称"西南联大"），是抗日战争爆发后国民政府组建的两所最大的大学联合体。关于西南联大的研究，无论是"通史"性著作、相关回忆文章、纪念文章，还是专题性探讨的论著都相当丰富。关于西北联大的研究尽管近年取得了相当进展，但与西南联大研究相比，仍然十分薄弱。西北联大的历史长期淹没在尘埃之中，不为世人所知，需要我们去"发现"。

抗日战争全面爆发后，面对日本帝国主义的疯狂掠夺与大肆侵略，1937年9月10日，国民政府教育部发布第16696号令：以北平大学、北平师范大学、北洋工学院和北平研究院等院校为基干，西迁西安，设立西安临时大学。[①]太原失守后，西安告急。1938年3月西安临大迁离西安，到达陕南汉中等地办学，同年4月改称国立西北联合大学。西北联大组建后，1938年7月、1939年8月，国民政府又先后发布指令，命令西北联大分置为国立西北工学院、西北农学院、西北师范学院、西北医学院及西北大学等5所院校。抗战胜利后，西北联大分置国立五校的主体永留西北，奠定了西北高等教育的基本格局。

---

① 《西北大学大事记》编委会编，赵弘毅等主编：《西北大学大事记》，西北大学出版社1999年版，第43页。

现在的西安交通大学医学部、西北工业大学、西北农林科技大学、西北大学、西北师范大学等院校,都与西北联大渊源密切。由此可见,西北联大奠定了现代西北高等教育的基本框架和格局,其意义是重大而深远的。但是,人们对西北联大及西北高等教育的历史脉络、发展状况了解还不多,关注度也远远不够,需要去发掘这段鲜为人知的历史。这是其一。

其二,西北联大的组建不仅赓续了民族的文化血脉,保证了弦歌不辍,而且承载着我们的民族精神,它将现代高等教育制度、体系系统植入西北,创造了辉煌的教育成就。据笔者初步掌握的资料统计,1937—1946 年,西北联大及其子体国立五校拥有教授 505 名、员工 1489 名,可谓名家荟萃、教授云集,成就斐然;西北联大办学 8 年共培养学生 9257 名,①不仅当时玉门油矿开办时大部分技术人员来自西北联大,而且学生毕业后绝大部分分布在西北地区的各领域、各行业、各条战线从事相关工作,并坚守在各自的岗位上默默奉献,激扬青春,厚积薄发。中华人民共和国成立后,在社会主义革命、建设和改革开放时期,各领域不乏西北联大培养的杰出人才。西北联大在中国高等教育史上的重要地位与独特贡献,值得认真研究、梳理与考察。

其三,对于西北联大的组建与分置,缺乏从战略层面的审视与阐述。关于西北联大的组建与分置,当时及现在人们的看法与认识是不尽相同的。比如,《西北师大校史(1902—2002)》认为:组成西安临时大学(西北联大)的师生均来自北平,他们大都受到"一二·九"运动的洗礼,加之"延安对西安的影响也与日俱增",故而为了抗战,部分学生投奔延安。在此情况下,国民党利用"西安告急"的气氛,"强令学校再次迁往陕南汉中一带"。②《西北大学校史稿》中讲:延安像块磁石,牵动着爱国学生的心。国民党害怕大批临大学生被"赤

---

① 梁严冰:《西北联大与西南联大比较研究》,《广东社会科学》2020 年第 3 期。

② 西北师大校史编写组:《西北师大校史(1902—2002)》,甘肃人民出版社 2002 年版,第 38—39 页。

化",因此,他们把"西安临时大学搬迁到汉中"①。并认为,组成西北联大的三院校"矛盾重重",各院校之间门户之见,"闹独立性者是常有之事"。而北洋工学院院长李书田更是"分离之心早已有之",故而将其南迁分置。②《北洋大学—天津大学校史(1895.10—1949.1)》在谈到西安临时大学南迁汉中、改名国立西北联合大学时,也认为主要原因是:"一些学生通过八路军西安办事处,奔往延安。"③除此之外,也有学者认为:在整个抗战期间,以"联合"为名的大学尽管为数不少,但大多数联没几年都不欢而散了,只有西南联大,能够维持9年之久。④ 其所讲"不欢而散",显然含有西北联大。另外,一些国外学者谈到西南联大与西北联大时也认为:西南联大与西北联大的组建不无相似之处。但不同的是,"西北联大不久就沦为私人纠葛与机构纷争的牺牲品"⑤。由此可见,西安临时大学南迁汉中及改名国立西北联合大学,进而不久后又分离组建国立五院校,其原因主要是"防共"和各院校之间门户之见不团结。

当然,以上观点不是完全没有道理或者不是没有一点事实依据,但笔者认为,这不是问题的根本与关键所在。其实,西安临时大学南迁汉中是大背景下大战略形势使然,而改名西北联大后又分置国立五校,是抗战以来基于西部大开发情形之下国民政府对西北高等教育优化与改善,甚至是对整个中国教育整体发展战略的一种布局与谋划。总之,西北联大的组建与分置是国民政府的一项国家战略。

其四,学术界既有的研究成果,显得较为"碎片化",整体性尚显不够。由

---

① 西北大学校史委员会编,李永森等主编:《西北大学史稿(1902—1949)(修订版)》上卷,西北大学出版社2002年版,第212页。

② 西北大学校史委员会编,李永森等主编:《西北大学史稿(1902—1949)(修订版)》上卷,西北大学出版社2002年版,第219页。

③ 北洋大学—天津大学校史编辑室:《北洋大学—天津大学校史(1895.10—1949.1)》(一),天津大学出版社1990年版,第238页。

④ 谢泳:《西南联大与中国知识分子》,福建教育出版社2009年版,第18页。

⑤ [美]易社强:《战争与革命中的西南联大》,饶佳荣译,九州出版社2012年版,第100页。

于研究者关注的角度与观察视野不同,对西北联大的考察总体来说显得较为零散、不够深入,探讨空间仍然很大。对西北联大发展史从战略高度进行系统考察的研究成果尚显薄弱,有待进一步加强。

正因如此,本书的研究具有一定的理论与现实意义。其理论意义主要表现在:第一,西北联大的发展史,是近代中国社会转型与变革的映照与重要组成部分。西北联大发展史与近代中国高等教育体制的转型、现代大学制度的确立、高等教育资源的区域分布及高等教育与社会发展的关系等诸多重大问题息息相关。第二,对西北联大进行深入而系统的考察,在中国教育史及近代文化史、政治史研究领域都有重要的学术价值,必将拓展与丰富相关领域的研究。第三,对西北联大历史进行全面系统的研究,有助于将西北联大及高等教育问题纳入更多学者的研究视野,从而丰富和充实抗战史和高等教育史研究的内容,对相关学科建设有重要价值。现实意义主要表现在:第一,对西北联大发展史进行整体考察和全局审视,为现时代高校创新人才培养机制、突出办学特色及争创"双一流"建设提供历史参照和借鉴;第二,有助于充分认知评估近代中国教育问题的利弊得失、理解当下中国高等教育问题和现状,为扎根中国大地办大学提供经验与决策依据;第三,为高等教育自觉服务国家战略、服务经济社会发展、突出民族品格与民族特色,寻求历史经验与现实启示。

二、研究现状简要回顾

由于西北联大在中国高等教育史上的重要地位与独特贡献,近年来,西北联大受到了越来越多人士的关注,产生了一批研究成果,主要集中在以下几个方面。

(一)关于西北联大组建与分置的认识

陈平原的著作《抗战烽火中的中国大学》,对抗战全面爆发后西北联大的组建、分置国立五校及"行军过秦岭"迁移汉中办学等艰难历程有所论及,认为西北联大校史复杂、命运最令人感叹唏嘘；①余子侠等著作《抗日战争时期中国教育研究》，对西北联大的组建与分置有相当篇幅论述，认为战时内迁高校以合并、联合方式办学者，以国立西南联合大学、国立西北联合大学两校最为著名，而以后者的分合情况最为典型，并对合分组建新的西北高校作了简要论述，认为西北联大是国民政府在平津沦陷之际教育应变的主要措施之一。② 储朝晖论文《寻觅西北联大的生命密码——西北联大的兴衰及启示》，认为西北联大的产生及分置，主要是执行政府战略、政府指令加上抗战境遇的结果，而非学人的学术自觉。由于是政府战略行为，故而行政力量在西北联大的兴衰起落中始终起着决定作用。③ 储先生的认识，显然与前面提到的《西北师范大学校史》《西北大学校史稿》《北洋大学—天津大学校史》等认为西北联大的分置、南迁汉中，主要是由于受到延安的影响与日俱增，加之组成西北联大的三院校"矛盾重重"、派系之争闹独立导致分置的观点，有很大不同。

（二）从西北联大与西北高等教育发展视角的探讨

张岂之的文章《中国高等教育史上的重要篇章：西北联大与开发西北》，认为西北联大及国立五校之设，奠定了以后数十年间西北高等教育结构的基本框架，并在科学研究上取得了重要成就，西北地区高校的优势学科，比如地质学、考古学、历史学、教育学、地理学、民族学、航空航天等，都与西北联大有着密切关系；西北联大师生"扎根西北"所展现出的对祖国西北开发使命的崇高自觉，十分宝贵，我们应该发扬这种精神，为实现中华民族伟大复兴贡献西部力量。④ 潘

---

① 陈平原：《抗战烽火中的中国大学》，北京大学出版社 2015 年版。

② 余子侠等：《抗日战争时期中国教育研究》，团结出版社 2015 年版。

③ 储朝晖：《寻觅西北联大的生命密码——西北联大的兴衰及启示》，《高等教育研究》2013 年第 4 期。

④ 张岂之：《中国高等教育史上的重要篇章：西北联大与开发西北》，《中国社会科学报》2012 年 10 月 15 日。

懋元等论文《薪火传承　文化中坚——西北联大的办学特色及其启示》,认为西北联大及其分立各校薪火相传,强强联合,形成了较为完整的高等教育办学体系,为国家培养了大批优秀人才,其办学实践及其演化的综合性大学、工、农、师范、医学五所高校,奠定了未来完整的西北高等教育体系,优化了中国高等教育布局;作为国立大学,西北联大始终以开发西北、服务西北为办学重点。① 黄书光论文《中国高等师范教育动变中的西北元素》,认为西北联大独立设置西北师范学院,是中国高等教育史上的重要举措与不平凡经历,而西北联大的发展与独立设置师范院校,让国人领悟到中国高等师范教育动变中的西北元素,这就是:直面现实,扎根本土,励精图治,凝聚人才,以教育专业精神引领大西北开发。② 余子侠等前书,认为西北联大在办学过程中,培养近万人毕业生,对西部开发、边疆教育、师范教育、社会教育等贡献巨大。③ 陈海儒论文《西北联大社会教育与陕南社会变迁》,认为西北联大在办学过程中,不仅担负着培育人才、科学研究的重任,还积极服务陕南经济社会发展。西北联大在服务社会的过程中,不仅为陕南教育大发展起了积极作用,而且促进了陕南社会的变迁。④ 牛成春论文《西北联大教育报国的实践路径》,认为西北联大师生在中华民族生死存亡的紧要关头,秉承教育报国、兴学强国的精神,在西迁办学播撒教育火种的同时,积极利用科学知识支持抗日战争,开展抗日救亡活动,在教学科研方面积极投身到教育救国的实践当中。⑤

---

① 潘懋元等:《薪火传承　文化中坚——西北联大的办学特色及其启示》,《西北大学学报(哲学社会科学版)》2013 年第 1 期。

② 黄书光:《中国高等师范教育动变中的西北元素》,《西北大学学报(哲学社会科学版)》2012 年第 5 期。

③ 余子侠等:《抗日战争时期中国教育研究》,团结出版社 2015 年版。

④ 陈海儒:《西北联大社会教育与陕南社会变迁》,《陕西理工大学学报(哲学社会科学版)》2019 年第 4 期。

⑤ 牛成春:《西北联大教育报国的实践路径》,《中国社会科学报》2020 年 12 月 14 日。

（三）关于西北联大办学实践与精神的研究

刘海峰论文《历史需要诉说:西北联大的命运与意义》,认为西北联大的举办使得陕西汉中成为抗战时期中国高等教育的中心之一,西北联大办学体制独特、特色鲜明,其体制类似于联邦制的大学,或者类似于独联体的大学,这样的体制使西北联大即使分立为五校后,其各子校体之间仍然保持着精神上的密切联系。他还认为,西北联大按照国民政府教育部要求,实行统一考试,并在汉中南郑设立考区,工作细致严密,积极开展招生相关事宜。也正因如此,原先默默无闻、不为大家所熟知的南郑成为全国著名的一个地区。① 周谷平等文章《本土化与均衡化:以西北联合大学建立为中心的考察》,认为1927—1937 年前后,国民政府通过一系列教育改革,初步发展了大学制度,西北联大的建立及变迁过程,体现了中国高等教育发展中制度移植的本土化尝试与区域分布的均衡化努力,这两大问题在一定程度上为当下高等教育改革与发展提供了历史思考与镜鉴。② 张亚群论文《西北联大的民族精神解读》及《发扬合作办学精神》,认为由于西北联大的举办,从而使西北地区形成了较为系统而完整的高等教育学科体系。回望历史,总结经验,西北联大成功的秘诀就是精神纽带始终未断,即形离而神合,形就是西迁高校,神就是民族精神。③ 戴建兵等论文《论新时代教师教育——从西北联大精神谈起》,认为西北联大的创办是谋求民族复兴的教育壮举。"爱国主义、无私奉献、开拓创新、兴学强国"的西北联大精神,是中国高等教育史上的宝贵精神文化遗产。新时代,面对百年未有之大变局,西迁精神依旧是激励新时代高等教育发展的精神力量。新时代教师教育应当传承与弘扬西北联大精神,为党和国家培育

---

① 刘海峰:《历史需要诉说:西北联大的命运与意义》,《高等教育研究》2013 年第 9 期。
② 周谷平等:《本土化与均衡化:以西北联合大学建立为中心的考察》,《浙江大学学报(人文社会科学版)》2013 年第 6 期。
③ 张亚群:《西北联大的民族精神解读》,《西北大学学报(哲学社会科学版)》2014 年第 4 期;张亚群:《发扬合作办学精神》,《光明日报》2016 年 12 月 6 日。

更多优秀教师,为党育人,为国育才。①

(四)从西部或大西北开发视野涉及建设西北高等教育问题

20世纪30年代,尤其是抗日战争全面爆发后,西北的后方战略地位日益提升与凸显。而其间如何发展西北高等教育,从而为大西北开发提供充足的人力资源,引起了朝野人士普遍而高度的重视,发表了大量言论。这些言论大都收集在秦孝仪主编的《革命文献》第88—92辑及《中华民国史料丛编——西北问题论丛》中。上述研究对开发建设西北的教育问题都有所论述,对本书很有启发意义。20世纪90年代以来,随着国家西部大开发的实施,西北再一次引起了学界的关注,发表、出版了相当数量的近代西北开发建设的论著。这些论著都对教育问题有所论及,比如,魏永理主编《中国近代西北开发史》②、戴逸等主编《中国西部开发与近代化》③、田澍主编《西北开发史研究》④等颇具参考价值。以上论著为本书研究的开展,同样提供了可靠基础、扩展了学术视野,值得认真吸取。

(五)出版了一些人物传记、史料汇编及会议论文集

人物传记主要有:《李书田传》(2010)、《王子云传》(2015)、《魏寿昆传》(2016)等。这些传记中涉及西北联大的相关内容。另外,近年整理出版了一些西北联大的相关资料,比如,《西北联大史料汇编》(2012)、《国立西北师范学院史料摘编》(2014)等。由中国高等教育学会、光明日报社、西北大学、西安交通大学、西北工业大学、西北农林科技大学、西北师范大学、天津大学、北

---

① 戴建兵等:《论新时代教师教育——从西北联大精神谈起》,《河北师范大学学报(教育科学版)》2021年第4期。
② 魏永理主编:《中国近代西北开发史》,甘肃人民出版社1993年版。
③ 戴逸等主编:《中国西部开发与近代化》,广东教育出版社2006年版。
④ 田澍主编:《西北开发史研究》,中国社会科学出版社2007年版。

京师范大学、河北师范大学、中国矿业大学、东北大学等主办的"西北联大与中国高等教育发展论坛",自 2012 年以来,已举办了 10 届学术研讨会,每届会议均编辑论文集《西北联大与中国高等教育》,其中,有的正式结集出版,有的尚未正式出版,但学者们对西北联大的关注与研究每年都有一些推进。这些成果对本书的进一步深入都有启发意义。

三、创新之处

本书以波澜壮阔的抗日战争为研究背景,通过对西北联大发展史的系统考察,为近代中国高等教育的艰难发展及国家与社会的互动,提供一观察视野。其学术思想与学术观点的创新主要体现在三个方面:

一是西北联大的组建与分置是发展与加强西北高等教育的战略性举措。加强与发展西北高等教育的诸多举措,并非单纯地应付时局或解决某一具体现实问题,而是以"服务于抗战"和"为建国奠定基础"为明确目标,既有深入的理论思考,也有系统的建设规划。因此,组建西北联大、发展西北高等教育,是国民政府当时凝聚共识形成的重要国家战略之一。二是西北联大将现代高等教育制度、体系系统地植入了西北地区。与西南联大相比较,同样内迁的西南联大更多表现出战时"临时性"举措的特征,而西北联大则体现出战时"过渡性"的特征。抗战胜利后,西北联大主体大部分永留西北,将现代高等教育制度、体系系统地植入了西北,奠定了此后数十年西北高等教育的基本框架,使西北联大的精神得以薪火相传,成为现代西北高等教育的坚实基础。三是西北联大提升了中国高等教育水平、优化了高等教育地理分布。近代中国高等教育从布局上看,主要分布在京津及东南沿海地区,广阔的西北地区高等教育非常薄弱,虽然有一些萌芽,但时断时续。西北联大的组建与分置,不仅提升了中国高等教育水平、优化了高等教育地理分布,并在客观上为 21 世纪中国西部大开发积蓄、培植了人才及教育资源,其办学理念与实践,必将对当下高等教育争创"双一流"的国家战略提供有益的经验和启示。

此外,为了进一步明确研究目标和研究对象,西北联大的概念需要特别说明一下。西北联大与西南联大一样,都是在抗战时期组建成立的大学共同体。1937年10月18日,西安临时大学正式成立。随着日本侵华战争的日益扩大化,国民政府国防最高会议常务委员会第18次会议决议,将平津沪战区专科以上学校作进一步整理,并颁布《教育部拟定之平津沪战区专科以上学校整理方案》,明确指示西安临时大学改称国立西北联合大学。1938年5月2日,学校举行开学典礼。西北联大成立后,按照国民政府指令,在1938年7月22日将农、工两学院分别独立设置;1939年8月8日,国民政府决定将国立西北联大改组为国立西北大学。与此同时,师范学院、医学院亦独立设置。① 这样,西北联大由原来的平津三校逐渐分置为国立五校。这里需要特别指出的是,西北联大组建后(含西安临时大学),虽然作为一个统一的整体只存在了两年不到的时间,但由于西北联大各子体院校在办学过程中,无论是精神纽带上还是实际工作中都存在密切联系,故人们习惯上仍然视1946年以前的国立西北五校为西北联大。② 因此,本书研究所指的国立西北联合大学,时间范围为1937年至1946年。当然,历史事件和历史人物很难就某一时间而割断,故在研究的过程中,根据实际情况适当向前向后延伸。

---

① 《西北大学大事记》编委会编,赵弘毅等主编:《西北大学大事记》,西北大学出版社1999年版,第65页。

② 方光华:《西北联大的文化传统》,《光明日报》2012年12月5日。

第一章　抗战时期国民政府对西北的
重视及总体战略构想

　　所谓"战略",按照《辞海》的解释,是"指政党、国家作出的一定历史时期内具有全局性的谋划"①。20 世纪二三十年代以来,面对日本帝国主义咄咄逼人的侵华态势,西北的重要地位日渐凸显,尤其是抗日战争全面爆发后,国民政府在"抗战建国"的"全局性谋划"中,特别强调西北后方的建设。因此,只有将西北联大的组建与分置放在当时国家对西北建设的全局性战略层面去考察,才能进一步认识其重大意义与作用。

第一节　国民政府及朝野人士对西北的重视

一、国民政府及朝野各界人士对西北的关注

　　晚清以来,西北地区经济社会的重要性日益为国人所重视,嘉庆、道光、咸丰时期,诸多学者前后衔接、相为师友,潜心于西北历史地理的研究。② 孙中

---

　　① 辞海编委员会:《辞海》(中),上海辞书出版社 1999 年版,总第 3836 页。
　　② 这一时期涌现的学人有:祈韵士、徐松、洪亮吉、龚自珍、魏源、张穆、何秋涛、姚莹、沈垚、俞正燮、杨亮、陈潮等。对此,正如梁启超所言:"此数君者,时代略衔接,相为师友,而流风所被,继声颇多。兹学遂成道间间显学。"(梁启超:《中国近三百年学术史》,东方出版社 1996 年版,第 388 页。)

山在其《实业计划》中,设想在西北修筑铁路、开发西北丰富的能源与矿产资源。① 民国时期,盘踞西北的各路军阀,从各自利益出发也提出了一些建设西北的政策和主张。但20世纪30年代以前,国人对西北的认识基本上还属于学术热情或政治理想,各种建设主张也大都未能付诸实施。

这种情况,从20世纪30年代开始,随着日本帝国主义侵华步伐的加快有了明显变化,西北的重要性引起了政府及朝野各界人士的关注。1930年7月,南京国民政府建设委员会专门制定了《西北建设计划》;1931年九一八事变后,随着日本侵华步伐的加快,西北的重要地位日渐凸显。在此背景下,1932年3月,国民党四届二中全会通过决议,决定"以长安为陪都,定名为西京";②1934年5月,全国经济委员会常务委员宋子文视察陕、甘、宁、青四省,指出"西北建设,不是一个地方问题,是整个国家的问题……我们应当在中华民族发源地的西北赶快注重建设",并强调"西北建设,是我中华民国的生命线";③1938年1月,国民政府经济部部长翁文灏发表谈话指出,战前我国经济建设分布失调,发展畸形,今后应注意内地建设,速定西南、西北及江南经济轻工业开发计划,并以西南、西北为基础。之后,经济部就建设西北、西南等轻工业的原则、范围及具体设厂地点做了较详细的计划。④ 1939年1月,国民党"五届五中全会"决议指出:"今长江南北各省既多数沦为战区,则今后长期抗战之坚持不懈,必有赖于西南、西北各省之迅速开发,以为支持抗战之后方。"⑤1942年,蒋介石亲赴西北各省进行了为期一个月的视察,随即在返回重庆后于9月22日出席国民党中央总理纪念周大会上,就西北建设问题发表

---

① 《孙中山选集》上卷,人民出版社1957年版,第186—338页。
② 西安市档案局、西安市档案馆:《筹建西京陪都档案史料选辑》,西北大学出版社1995年版,第5页。
③ 《宋子文在兰州畅论西北建设》,《申报》1934年5月9日。
④ 中国第二历史档案馆:《酝酿制定"西南、西北及江南三区轻工业开发计划"史料两件》,《民国档案》2000年第2期。
⑤ 荣孟源:《中国国民党历次代表大会及中央全会资料》下册,光明日报出版社1985年版,第556页。

了讲话,认为:"如果我们说西南各省是我们现在抗战的根据地,那么,西北各省就是我们将来建国最重要的基础。"并说:"这次视察西北之后,格外觉得不仅我们抗战可以胜利,而且建国也有把握。"确信:"我们有了这样的广土众民与丰富物产,只要我们能发奋努力,自立自强,那不仅不怕敌人来侵略,而且可以在抗战中间,使我们建国的基础一天天的臻于巩固,使我们抗战建国的大业同时完成。"由此可知,此时国民政府明确表达了"西南是抗战的根据地,西北是建国的根据地"的战略主张。随后,在 1942 年 11 月 24 日召开的国民党五届十中全会中央执行委员会第 10 次会议上,通过了《关于积极建设西北,增强抗战力量,奠定建国基础案》。至此,建设西北以执政党通过决议案的形式成为国家战略。[1]

二、国民政府筹划与实施西北战略原因分析

建设西北得以演变为一种国家战略,从国民政府而言,主要有以下几个方面的原因。

(一)抗日战争态势与强弱悬殊使得西北战略地位凸显

1931 年九一八事变的爆发,标志着抗日战争的开始。之后,又有 1932 年的"一·二八"事变、1933 年的长城抗战和随后签署的《塘沽协定》,日本侵华的野心已全部暴露,中日之间爆发更大规模的战争只是时间问题,而当时中日两国的国防实力、军事实力却极为悬殊。抗战爆发前,日本是比较发达的工业化国家,工业产值达 60 亿美元,而中国现代工业微弱,年产值只有 13.6 亿美元;日本能自制大炮、坦克、飞机,而中国缺乏相应生产能力;[2]日本海陆空军,

---

① 方光华、梁严冰:《抗战前后国民政府的西北建设战略》,《南开学报(哲学社会科学版)》2014 年第 3 期。

② 刘庭华:《中国抗日战争与第二次世界大战系年要录(统计荟萃)》,海军出版社 1988 年版,第 475 页。

无论在数量与素质上均占明显优势。这种实力上的悬殊在全面抗战爆发后很快就显现了出来,尽管中国军队以血肉之躯拼死相搏、牺牲惨重,但大半个中国仍沦陷于日本的铁蹄之下。整个中国东部都已无可避免地处在战争阴影笼罩之下,因此筹划建设西北、西南后方已属势在必行。前面提及的 1932 年 3 月通过的以西安为"西京"决议案,已经显示出国民政府把西北作为国家最后的长期根据地的意图,同年 4 月 9 日,汪精卫在"国难会议"上致辞说:"要根据着西北,作长期的抵抗。……用西北作最后的抵抗根据。"[1]1935 年 7 月 4 日,蒋介石与云南省主席龙云在昆明讨论建设后方根据地时说,要"以川黔陕三省为核心,甘滇为后方",也表达了向西北、西南寻找出路的战略思路。与此同时,朝野人士也纷纷疾呼注重西北建设,国民党大员居正、戴季陶、何应钦、张继、邵元冲、宋子文等先后视察西北,对西北开发与建设发表重要言论。考试院院长戴季陶对西北开发与建设向来颇具热忱,认为:"环顾全国情况,尤以西北建设为重,实在关系我们国民革命的前途。"国民党中央委员邵元冲疾呼,"从实际视察的感觉,觉得西北问题是整个中华民族的生存问题,也就是东南同胞要共同努力以求民族生存的出路问题,决不是少数人或者费些微的精神、财力、时间,可以得到很大的收获的";还有一些人士以东北沦丧为鉴,强调建设西北的重要性,指出"东北业已版图变色,西北又以岌岌可危,为免使西北为东北之续,故急宜从事开发,巩固西防;即为收回东北失地计,西北之开发,亦为当务之急"[2];还有人强调青年在西北开发与建设中的重要作用,认为:"有志去西北的青年,总动员起来,一致奔向西北去……我敢相信,不要太多时候,就会把西北创造成一个新中国的基础的。"[3]

1937 年 7 月 7 日,抗日战争全面爆发后,国民政府统帅部决定以"举国力量从事持久消耗战略"。而为了要实行持久消耗战略,1938 年 3 月 29 日中国

---

① "国难会议"秘书处:《国难会议纪录》,第 26 页,中国第二历史档案馆馆藏。
② 周宪文:《东北与西北》,《新中华》第 1 卷第 11 期,1933 年 6 月 10 日,第 6 页。
③ 陶寄天:《青年与西北》,《西北问题》(1934 年)第 2 卷第 2 期,第 3 页。

国民党在武昌召开了临时全国代表大会,制定了《抗战建国纲领》,将"抗战建国"确定为"特定国家目标"。蒋介石在大会开幕时指出:"抗战建国,非同时并进,无以解当前之倒悬,辟将来之坦途。"实际上,当时的沦陷区仍在不断扩大,而"沦陷的区域越大,我们的损失越大;同时,沦陷区域的经济比较发达,既失去这种经济发达的区域,要抗战到底,就必须加大后方的生产力量,几能支持抗战"。[①] 在此情况下,广大的西北已经成了支撑持久抗战的总后方,担负着战时经济生产、保存实力和培育抗战力量的重要职责。不仅如此,1937年7月25日,日本开始封锁中国沿海港口;1940年9月,又侵入越南,切断了滇越路及越桂公路。太平洋战争爆发后,我国仅剩西北成为对外联系、运输物资的唯一通道。西兰、兰新公路仍与苏联确保持畅通,新疆、甘肃、陕西成为国际要道,乌鲁木齐、兰州成为前往苏联的航空港,苏联的援华物资也经由新疆、甘肃转运全国,部分还送往陕甘宁边区与其他抗日根据地。[②] 可见,西北已经成了战时的中国与盟国保持联系、互为援手的命脉所在,国民政府要谋求改善中苏关系、保障抗战国际交通线畅通,就必须将西北建设纳入国家战略。

(二)西北红军势力的不断壮大和中共中央落脚陕北,使得国民政府高度关注西北建设

从1932年4月起,随着中国工农红军西北先锋队在陕北的成立,陕北红军的影响不断扩大,并在西北创建了大片革命根据地,到"1935年中,苏维埃控制了陕西和甘肃22个县;红26、27军总计5000人",并"在刘志丹的指挥下,可以用无线电与西部和南部的红军主力部队直接联系"。[③] 与此同时,毛泽东、朱德率领的中央红军一路向西进发,并最终与西北红军会合,这种形势

---

① 谭熙鸿:《十年来之中国经济(1938—1947年)》上册,南京古旧书店1990年影印本,第A16页。

② 魏永理:《中国西北近代开发史》,甘肃人民出版社1993年版,第214页。

③ 〔美〕埃德加·斯诺:《红星照耀中国》,李方准等译,河北人民出版社1992年版,第166页。

变化让国民党中许多人忧心忡忡。1936年初,国民政府制定《民国廿五年度国防计划大纲草案》及《作战计划》,明确了对陕甘等红军的"围剿"任务,"至小限度在抗日期间务封锁之,不使其外窜"①。此外,还有人主张移民西北来遏制共产党势力的发展,认为"东南各省,共产党猖獗蔓延,原因固非一端,但其重大原因,实因东南人稠地狭,地方已尽,农民贫困,农村经济,行将破产,人民失业,社会恐慌,共产党徒,乘机蛊惑,遂致群相附从,欲使社会安定,必须为国民另辟一谋生新径",因此,"移东南之民,实为根本铲除共匪之方法"。总之,由于共产党势力在陕甘宁的日益兴盛,国民政府不得不将注意力放到西北。

(三)从文化层面来看,西北是中华民族的人文初祖"黄帝"的发祥地,因此战时便成了整个中华民族的精神家园

面对残酷的战争以及亡国灭种的民族危机,必须动员全社会的力量来参加抗战,而能够振奋全民族的精神、团结海内外全体同胞共同御侮的那些勇于牺牲、坚持奋斗、顽强不屈等的精神气质,都可以在西北找到。时人胡纯如在其《西北精神之历史研究》中,将西北精神概括为创造、忠勇、气节、道德四个方面,指出"西北地毗戎狄,自秦汉以来,边祸甚烈,生息于斯地人民,惕于敌国外患,而具有一种忠勇的精神。……西北地多山岳,气候干燥,故土气多刚烈,见危致命,绝不反顾,此种气节,国魂所系。……孝义为吾民族故有之道德,历代立国,无不提倡,西北人士,尤力行不替"。尤其是"发明八卦,开中国文化先声之伏羲圣人,与文化武功为今日抗战建国楷模之轩辕黄帝",均生长于这块土地。因此,西北有复兴民族的原动力,有我国五千年来的道德精神,"有我们民族祖先的发明与创造,更有我们民族祖先的杀身成仁与舍生取义的崇高气节,这都是我们要积极效法与发扬的"。正是有感于民族精神的发

---

① 《1936年度作战计划》,中国第二历史档案馆馆藏档案,档案号:七八七1507。

扬在抗战时期的重要性与迫切性,蒋介石在西安的演讲中大力号召国民要继承和发扬祖先的光荣传统:"我们大家都是黄帝以来圣祖神宗的后裔,祖先既有那样伟大的聪明智力,那样伟大的精神气魄,那样伟大的事业,难道我们没有吗?"①一些有识之士则鲜明地提出"西北精神",大力呼吁"在这抗战建国的期间,我们要达到国家复兴和民族复兴的目的,实现人类永久的和平与理想,在物质方面的建设,固极重要,而在精神方面的建设与复兴,更不容漠视",指出建设西北,"我们要阐扬我国五千年来的道德精神……作为复兴民族的原动力"。

总之,抗战前后西北战略地位的提升与凸显,既与救亡图存、实现民族复兴的伟大使命息息相关,又与国民党"攘外必先安内"的遏制共产党的政治关注密不可分,同时也与振奋民族精神、团结御侮、鼓舞持久抗战的文化感召紧密相连。

三、国民政府对西北战略的舆论宣传和前期调研

既然"西北已成抗战基石,复兴民族之根据地",国民政府也将"西北是建国的根据地"确定为战时的总体战略构想之一,于是关于建设西北的战略筹划随即展开,主要表现为舆论宣传和前期调研两个方面。

宣传动员方面,强调建设西北的重要性,营造到西北去的浩大声势。1942年8月27日,蒋介石在兰州各界扩大纪念周发表演讲,鼓励广大国人到西北"担当抗战建国的工作",号召大家克服困难,到西北创业。国民党在重庆大力宣传"开发大西北""建设大西北""立国之基在西北"等,甚至"到西北去"之类醒目的标语贴满了大街小巷。号召知识青年效法张骞、班超"到新疆去",也成为当时诱人的口号。② 同时,国民政府行政院还公布了《赴新工作人员登记办法》《待遇办法》等规章制度,据统计前往登记者达5000余人。国民

---

① 《开发西北》月刊,第2卷第5期,1934年11月。
② 戴逸等:《中国西部开发与近代化》,广东教育出版社2006年版,第23页。

党中央组织部部长朱家骅对即将派赴新疆的工作人员宣称：你们到新疆去，中央不仅替你们准备了安家费，而且替你们准备了抚恤金，你们在新疆无论遭到何种艰难困苦，亦应在所不辞。① 在政府的大力倡导下，当时以西北事宜为宗旨的刊物、杂志也如雨后春笋般涌现，《新西北》《西北问题》《西北农林》《西北工合》《西北通讯》《西北经济通讯》《西北论衡》等在书店随处可见，每家刊物都在不遗余力地讨论西北问题，关注西北的建设和开发。

与舆论宣传同时，国民政府还积极组织参与各类调研考察活动，以期具体深入地了解西北情势状况，使西北建设战略收到"事半功倍之效"。1942年夏，国民政府主要负责人给在兰州召开的第11届中国工程师学会年会发来贺电："诸君亲临斯地，抚先民之伟绩，发思古之幽情，务当深切检讨，不厌求详，作成具体结论，以期付之实施，宜求有裨于抗战，更有裨于战后之建设。"②同年9月，国民政府经济部组织成立了"西北工业考察团"，目的与宗旨为"实地考察工业资源现状，以便拟具计划，发展各该处工业，俾树立我西北工业重镇之基础"③，由林继勇任团长。该考察团于9月21日从重庆出发，历经西北五省，时间达3个月，主要考察了所到之处的工业、水利、制造、机械、纺织、面粉、畜牧、矿业、工业管理等领域。尤其值得注意的是，此次考察新发现了许多矿藏。对此，团长林继勇在考察结束后发表的公开信中畅言："不论用过去、现在或未来的眼光观察西北，均觉得西北着实是可宝可爱的！西北真是工业界人士的英雄用武之地！"并强调："伟大的西北，他有丰富的工业资源，他有广大的市场销路。他只待技术人才及生产机器去开发！"④时隔不到一年，1943年6月，国民党中央设计局又组织成立了一高规格的考察团——"西北建设

---

① 新疆社会科学院历史研究所：《新疆简史》第3册，新疆人民出版社1997年版，第317—318页。

② 甘肃民国日报：《请工程师到西北来》，《工程》第15卷第6期，1942年12月1日，第11页。

③ 《林继勇谈西北工业考察之目的》，《新华日报》1942年9月22日。

④ 林继勇：《西北工业考察归来的感想》，重庆《大公报》1943年2月28日。

考察团"，由罗家伦任团长，先后参加考察的人员达 28 人，成员大多是知名的专家学者。从 1943 年 6 月开始，到 1944 年 3 月结束，历时 9 个月，足迹踏遍陕、甘、宁、青、新五省的主要地方，行程达 11022 公里。对于这些抗战时期在西北后方进行的考察活动，当时的新闻媒体均予以普遍关注和较高评价，《新华日报》专门刊登《赠言西北工业考察团》，对国民政府在西北建设问题上的高度重视予以充分肯定。①

第二节　国民政府西北建设战略的总体构想

国民政府对西北的战略地位既有充分认识，也进行了广泛的宣传与调研活动。接下来，就是如何从国家高度进行总体规划与统筹的问题了。为此，抗战时期国民政府主要从以下几个方面进行了总体设计。

一、政治上精简、归并机构

抗战前国民政府中央经济行政机构重叠繁冗，隶属紊乱，政出多门，分工不清，遇事容易互相扯皮、推卸责任。为了适应平常经济向战时经济的转化及确保后方建设战略的有序、高效进行，抗战全面爆发后，国民政府随即开始大规模的机构调整。1938 年 3 月，国民政府即规定了战时机构调整的指导方针："惟为适应战时之需要计，应就各机关组织加以调整，使之趋于简单化，有力化……政府方面则应注意于机能之适应。"②并强调战时机构之整饬"乃为刻不容缓之图，今后改弦更张之法，自宜对症下药"③。按照这一方针与思路，将国民政府的实业部改为经济部，全国建设委员会的相关部门并入经济部；军

---

① 《赠言西北工业考察团》，《新华日报》1942 年 9 月 20 日。
② 荣孟源：《中国国民党历次代表大会及中央全会资料》下册，光明日报出版社 1985 年版，第 469 页。
③ 荣孟源：《中国国民党历次代表大会及中央全会资料》下册，光明日报出版社 1985 年版，第 476 页。

委会的资源委员会改隶经济部,并接管相关事宜;军委会农产调整委员会的原有农产出口事宜,改由贸易委员会办理;军委会工矿调整委员会改隶经济部;并将军事委员会对外贸易委员会和经济部国际贸易局归并之,改隶财政部;全国经济委员会之卫生部分,并入卫生署,改隶内政部。另外,四省合作事业办事处,并入农本局;全国稻麦改进所、中央模范林区管理局、蚕丝改良委员会、中央棉产改进所、中央种畜场、西北种畜场并入中央农业实验所;有关工业研究、实验单位并入中央工业实验所;新创设了燃料管理处、矿冶研究所、农本局合作指导室。① 以上机构的调整、归并、创设,简化了行政机构,便于统一指挥和行政工作的高效运行。

二、以陕甘为核心来构建战备体制和发展工业

1938 年 1 月,蒋介石曾指出:若果武汉失守,在加强巴蜀的同时,必须"北固陕甘"。从抗战时期国民政府的战备体制来看,陕甘两省也是非同寻常的。国民政府军事委员会战时在陕西设置的军事指挥机构,其职权高于陕西省政府或与省政府平行的共有 12 个,其中,职权高于省政府的有 9 个。② 这种情况除重庆以外,其他省市是非常罕见的,陕西的重要性可见一斑。再如,1937年 8 月 20 日,军委会第一次公布战区序列,全国共划 5 个战区,不含陕西,陕西的军事单独由西安行营指挥;1939 年初,军委会再次重划战区,撤销西安行营,成立第十战区,该战区只辖陕西一省;1940 年 5 月,撤销第十战区,专门成立委员长西安办公厅;1944 年 7 月,蒋介石亲信、浙江同乡陈诚任第一战区司令长官,驻西安;另外,1945 年 2—9 月,军委会还在汉中设立委员长汉中行营,李宗仁任主任。同样,甘肃的地位在战时也是至关重要的,1937 年 11 月,

---

① 翁文灏:《战时工业生产与工业开发——行政院工作报告(节录)》,载中国史学会、中国社会科学院近代史研究所编,章伯锋、庄建平主编:《抗日战争》第 5 卷《国民政府与大后方经济》,四川大学出版社 1997 年版,第 231—232 页。

② 谷苞:《西北通史》第五卷,兰州大学出版社 2005 年版,第 413—415 页。

兰州设立第八战区司令长官部(公署),蒋介石亲自兼任司令长官;1938年11月,南岳军事会议决定在甘肃天水设立军委会委员长天水行营,分管整个中国北方战场;1941年2月,军委会为统筹西北后方军事运输,设立陕甘公路线司令部,司令部驻兰州。

从战时沿海工业内迁及新建工业的情况来看,在西北地区也主要集中于陕甘两省。抗战爆发后到1941年底,"内迁厂矿约452家(公营和国营的在外),计迁入四川的有250家,迁入湖南的有121家,迁入陕西有43家……总计内迁机器和物资的重量达12万余吨,随工矿迁内的人口约10余万名"①。抗战爆发前,陕甘两省几乎谈不到近代意义上的工业;抗战爆发后,陕西长安、宝鸡、汉中,甘肃兰州,都建立了近代工业。据统计,战时后方新建的工厂约有3700家,合计四川占厂数44%、湖南占13%、陕西占10%、广西占7%、云南占2%、甘肃占3%。② 由此可知,战时新建的工厂在西北不仅集中于陕甘两省,而且占到总数的13%。由于内迁及新建工业在西北主要集中于陕甘两省,故而政府诸如纺织、矿山能源、交通运输、农业水利等方面的投资也就主要倾向于该两省。

总之,不管出于何种原因,战时西北后方建设战略以陕甘为核心,得到了朝野人士的一致赞同,正如时人所谓:"抗战爆发前后,国人每多主张首先建设西安,以西安为西北建设始点,然后经营兰州,再以兰州为基点,完成整个之中国国防。"③

三、重视西北地区军事建设

在国民政府看来,中共在西北的发展,极大影响了其政权的稳定。因此坚

① 谭熙鸿:《十年来之中国经济(1938—1947年)》上册,南京古旧书店1990年影印本,第A18页。

② 谭熙鸿:《十年来之中国经济(1938—1947年)》上册,南京古旧书店1990年影印本,第A2—A3页。

③ 张光祖:《开发西北应先建设甘肃》,载秦孝仪主编:《中华民国史料丛编——西北问题论丛》第2、3辑合订本第2辑,台北"中央"文物供应社1976年,第4页。

持"安内",力求控制中共的扩张。1935年,随着中央红军的西进及落脚陕北,国民党随即实施了大规模的军事围剿活动,并将"剿共"中心移于西北,当时东北军已调往陕、甘,而蒋介石却自任西北"剿匪"总司令,仍以张学良为副,可见其重视程度。西安事变的发生及和平解决,史学界一般认为标志着蒋介石实行了5年的"攘外必先安内"的国策,实际上就是内战的方针"终于走到了尽头,宣告停止"①。即抗战爆发后,由于第二次国共合作的建立,"剿共"暂时消歇。但当1938年底日军进攻压力明显减轻后,国民政府关注的重点就从对日作战逐渐转向防共反共方面。蒋介石在1938年底的日记中写道:"共党趁机扩张势力,实为内在之殷忧。"在1939年1月6日的日记中又写道:"目前急患不在敌寇,而在(一)共产党之到处企图发展;(二)沦陷区游击队之纷乱无系统;(三)各边区之土匪充斥;(四)兵役制度之纠纷。"可见,其对总部设在陕北的共产党的焦虑心态。早在1938年9月,蒋介石即将晋陕绥边区总司令部设于榆林,显然已有监控陕北的意图。紧接着,1938年冬,蒋介石又将其嫡系爱将胡宗南撤到陕西东部,名为扼守黄河,实为屯兵西北,准备对共产党实行大规模的遏制,这在以后的一系列军事行动中得到了明证。除此之外,蒋介石还对陕甘宁边区进行了其他一系列军事封锁部署:在宁夏和甘陕边境,由马鸿逵的部队负责;在绥南、陕北及晋西北边境地区由邓宝珊、高双成、马占山等部队负责;胡宗南主力封锁正面,东起黄河西岸,经陕西秋林镇、宜川、洛川、宜君、同官(铜川)、耀县、口头镇、淳化、旬邑,接甘肃境的宁县、西峰镇、镇原,入宁夏境,经固原黑城镇,至同心城,北面与"马家军"衔接,从而构成了一条几百里的军事封锁线。② 1941—1943年间,在这条军事地带的边缘上,国民党用星罗棋布的坚固堡垒构成了一条纵深的封锁带。在此情况下,毛泽东于

① 李新:《中华民国史》第3编第2卷(下)《从淞沪抗战到卢沟桥事变》,中华书局2002年版,第738页。

② 范汉杰:《抗战时期胡宗南部封锁陕甘宁边区的罪恶》,载中国人民政治协商会议陕西省委员会文史资料委员会:《陕西文史资料选辑》第8辑,陕西人民出版社1980年版,第24页。

1942 年 9 月、1943 年 1 月两次派林彪到西安与重庆面见蒋介石,要求撤除对于陕北边区的封锁,均无结果。①

同时,国民政府为遏制日军西进,确保西北安全:一方面,在西北设立庞大的军校系统,培养战争所需人才。当时所设军事院校主要有中央陆军军官学校第七分校,军委会战时工作干部训练第四团(两校均在万人以上),中央军校第一分校(原设洛阳,后迁汉中),西安军医分校、警官分校、天水骑兵分校,宝鸡特种兵联合分校等。另一方面,大力加强西北的军事部署与防御。如1938 年 11 月下旬的南岳军事会议上,军事委员会重新划分战区,取消西安行营,将陕西独立设置为第十战区,同时在甘肃设立天水行营;为确保大西北及黄河左岸之安全,将陕西东北部划归第二战区管辖;又将宁夏、甘肃、青海、绥远单独设置为第八战区。② 正是中国守军的严密布防,加之西部山高路险、交通不便,使得"日军的推进至此举步维艰"③。

四、经济建设以农业为基础,以工矿业为重点

西北与东南沿海相比,原本就属于贫瘠之区,但在战时却不得不担当起支撑抗战的重负,因此发展农业必须作为最基础的工作来抓,"吾国以农立国,农业生产实为一切生产之基础。在此非常时期,前方抗战所需,后方生活所资,均将取给于此。是以农民农事在经济上之地位较平时尤为重要"④。强调与军事关系最为密切的工矿业建设,是因为工矿业乃"国家战时最切需的事业",打仗需要武器装备,而国民政府在金融紧张又遭受海外运输线路封锁的

① 郭廷以:《近代中国史纲》(下),中国社会科学出版社 1999 年版,第 695 页。

② 中国社会科学院近代史研究所编,张海鹏主编:《中国近代通史》第九卷《抗日战争(1937—1945)》,凤凰出版传媒集团、江苏人民出版社 2007 年版,第 218 页。

③ 〔美〕费正清主编:《剑桥中华民国史》第 2 部,章建刚译,上海人民出版社 1992 年版,第 605 页。

④ 《非常时期经济方案》(1938 年 3 月 30 日),载中国第二历史档案馆编:《中华民国史档案资料汇编》第 5 辑第 2 编《财政经济》(5),江苏古籍出版社 1997 年版,第 2 页。

情况下,重兵器及一些军事必需品主要靠自己生产制造,故"应进而提倡工业以宏制造之能力,而应抗战之需要"①。交通的重要性更不待言,战时一切军事物资的运输及相关建设事宜,无不依赖交通,畅通的交通运输线,既是西北后方建设战略实施的前提保障,又是坚持持久抗战的生命线,因此必须优先发展。正因为如此,国民政府在《西北十年建设计划提要及西北建设三十二年度计划简表暨经费总表》中将农林、工矿、交通运输列为西北建设主要任务的前三项。② 诸项建设工作的具体举措分述如下。

关于农业建设,《抗战建国纲领》第18条中规定:"以全力发展农村经济,奖励合作,调节粮食,并开垦荒地,疏通水利。"③《非常时期经济方案》中对于增加农业生产,又作了较为详细的说明:一是要使农民生活安定;二是要增加有用作物的生产;三是要设法积储及调剂大宗农产品;四是要使农村经济活跃起来;五是要逐步改进土地分配政策。此外,如整顿水利、开辟荒地、填塞池沼、取缔圩田、推广造林、增加副产等,均宜由政府规定办法,切实施行。④ 以上尽管是国民政府制定的战时全国性的农业政策,但同样也是指导西北农业建设的方针。

为了发展农村经济,增加粮食及其他"有用作物"之生产,国民政府在西北主要采取了两项措施:一为引进和推广现代新技术;一为兴修农田水利工程。在引进和推广现代新技术方面,1938年10月合并改组的陕西省农业改进所,下设农场3处、造林场7处、棉花检验处6个、农业推广所12处,积极致力于农业新技术的推广,成效显著。这一时期,经专家鉴定,从美国引进的

① 《非常时期经济方案》(1938年3月30日),载中国第二历史档案馆编:《中华民国史档案资料汇编》第5辑第2编《财政经济》(5),江苏古籍出版社1997年版,第4页。

② 申晓云:《抗日战争时期国民政府的西北开发》,《浙江大学学报(人文社会科学版)》2007年第5期。

③ 荣孟源:《中国国民党历次代表大会及中央全会资料》下册,光明日报出版社1985年版,第486页。

④ 《非常时期经济方案》(1938年3月30日),载中国第二历史档案馆编:《中华民国史档案资料汇编》第5辑第2编《财政经济》(5),江苏古籍出版社1997年版,第2—3页。

"斯字棉"适于关中地区,"德字棉"适宜于汉中地区,1941年,分别发展到102万亩和23.9万亩,①并在黄河和长江流域推广。兴修农田水利方面,国民政府经济部在1938年6月的《抗战建国之经济建设工作报告》中明确指出:"抗战期间,西南西北各省农田水利之开发,及后方水道运输之改进,需要殊为改进。"并且,尽快完成与兴筑如下几项农田水利工程:(1)完成陕西洛惠渠工程;(2)完成陕西梅惠渠工程;(3)兴筑陕西湃惠渠工程,此为关中八惠之一;(4)兴筑甘肃水渠工程。② 在政府督促下,西北修筑了大量的水利工程,如梅惠渠(眉县、岐山);织女渠(榆林、米脂、绥德),灌溉面积1.1万亩;汉惠渠(勉县、褒城、南郑),11万亩;黑惠渠(周至),16万亩;褒惠渠(褒城、南郑),14万亩;定惠渠(榆林、横山),3万亩;泾惠渠(礼泉),战时完工3000亩等。另有中央经济部等主管的农田水利基金资助修建的沣惠渠(咸阳),设计灌溉面积2.3万亩,以及涝惠渠(周至)、洛惠渠(大荔等县),设计灌溉面积分别为10万亩和50万亩。③ 后三项工程为著名水利专家李仪祉战前主持的工程,抗战结束时大部分已经完成。此外,甘肃在战时修筑了涅惠渠、溥济渠、新兰渠等。这些农田水利工程的修筑与完成,直接促进了战时西北农业生产的发展。

此外,随着涌入后方难民的不断增加,政府积极鼓励难民开垦荒地,并指出:"彼等对于生产工作,可以用力之处甚多,其最要者,厥为垦荒,后方各省可耕者之荒地甚多,而以西北之陕、甘、宁、青为最。"并举例说:"如陕西黄龙山一处,东西长200余里,南北长300余里,可耕之地达400万亩至500万亩之多,可容纳垦民20万之众。"④除黄龙山垦区以外,国民政府于

---

① 谷苞:《西北通史》第五卷,兰州大学出版社2005年版,第467页。

② 中国史学会、中国社会科学院近代史研究所编,章伯锋、庄建平主编:《抗日战争》第五卷《国民政府与大后方经济》,四川大学出版社1997年版,第75—76页。

③ 谷苞:《西北通史》第五卷,兰州大学出版社2005年版,第467—468页。

④ 《非常时期经济方案》(1938年3月30日),载中国第二历史档案馆编:《中华民国史档案资料汇编》第5辑第2编《财政经济》(5),江苏古籍出版社1997年版,第5页。

1940 年 1 月,还建立了黎坪垦区,此垦区位于川陕边(广元、宁羌间),可耕荒地 30 万亩;1943 年后建立了开山垦区,位于川甘边境,可垦荒地 50 万亩。① 针对"农民向感资金缺乏"的情况,国民政府发放农业贷款、倡导农村合作社,其"救济方法尤重在健全农村合作之组织",②因此,西北的农村合作社事业在战时有了很大程度的发展。比如,甘肃省到 1941 年 10 月,农贷发放额达 3200 万元,全省合作社达 6000 个。③ 宁夏和青海的合作社事业尽管起步较晚,但成绩显著。青海省截至 1946 年,农村信用社达 282 个,股金 1800 多万元;宁夏到 1943 年,包括县联社、乡镇社、专营社等共计 663 个,历年发放农业生产贷款总额达 1500 余万元。④ 战时在西北开拓的农业、农村建设事业,对于安置难民、维护社会稳定以及促进农业发展都起到了积极作用。

国民政府在强调农业"为一切生产之基础"的同时,确立了"开发矿产,树立重工业基础,鼓励轻工业的经营,并发展各地之手工业"⑤的工业经济建设方略。《非常时期经济方案》指出,"固有工矿设备应设法保存;国防急需之工厂应积极筹建;燃料及动力应妥筹供给"⑥,同时,强调"民生日用所必需之轻工业等等,亟应在西南、西北相当地点迅速筹设"⑦。1938 年 6 月,经济部拟定的《抗战建国之经济建设工作报告》中进一步强调:"工矿业建设,以军需工业为中心。"并把下述 5 项内容作为具体的实施原则:一是建立重工业,作

① 谷苞:《西北通史》第五卷,兰州大学出版社 2005 年版,第 468 页。
② 《非常时期经济方案》(1938 年 3 月 30 日),载中国第二历史档案馆编:《中华民国史档案资料汇编》第 5 辑第 2 编《财政经济》(5),江苏古籍出版社 1997 年版,第 3 页。
③ 吴文英:《甘肃之合作经营》,《甘肃合作》第 18—20 期合刊,第 25 页。
④ 罗舒群:《抗日战争时期甘宁青三省农村合作运动述略》,《开发研究》1987 年第 3 期。
⑤ 荣孟源:《中国国民党历次代表大会及中央全会资料》下册,光明日报出版社 1985 年版,第 487 页。
⑥ 《非常时期经济方案》(1938 年 3 月 30 日),载中国第二历史档案馆编:《中华民国史档案资料汇编》第 5 辑第 2 编《财政经济》(五),江苏古籍出版社 1997 年版,第 4 页。
⑦ 中国史学会、中国社会科学院近代史研究所编,章伯锋等:《抗日战争》第五卷《国民政府与大后方经济》,四川大学出版社 1997 年版,第 11 页。

为发展一切工业的基础;二是开发矿产,以求工业原料得自给;三是充实电气事业,作为各种工业的优廉动力供给;四是积极发展轻工业,以达到日用品自给自足;五是扶助乡村工业,使固有手工业逐渐改良,并能加工农产品制造。[①]在上述方针的指引下,国民政府"力求树立重工业之规模,故协助迁建之厂矿,即以军需及在国防上确有需要者,如机器、化学、冶炼、动力、材料、交通器材、医药等厂为主"[②]。尤其是被称为中国实业界"敦刻尔克"的沿海工业内迁中,"属于国防工业范围者,达占60%以上"[③]。而这些内迁的工矿企业设备除大量运往四川外,"并用平汉铁路特开专车,运至咸阳、宝鸡,重新建置",这部分运往西北的设备占到总比重的5.9%。[④] 除战区工厂内迁外,由于战时军需民用的增加,西北新建了许多与军事关系密切的工矿业,尤其值得一提的是甘肃玉门油矿的创办。该矿是战时国家投资最大的厂矿,也是整个大后方新建的最大企业,其所产油品对于满足军事国防、军用交通、民用等需要,以及支援抗战和发展西北后方工业做出了巨大贡献。据孙越崎回忆,由于"我国燃料用油,过去一向依赖外国。抗战期间因海口被封锁,油源断绝",故开发建设石油矿成为国民政府在抗战时期的一项重要工作,但"谁也没有实际经验,那时国内大学毕业生甚至还没有见过油矿。玉门油矿刚开办时,除极少数人员由其他单位调来的以外,大部分技术人员来自西北工学院和西南联大、重庆

---

　　① 经济部:《抗战建国之经济建设工作报告》(1938年6月),载中国史学会、中国社会科学院近代史研究所编,章伯锋等主编:《抗日战争》第五卷《国民政府与大后方经济》,四川大学出版社1997年版,第54页。

　　② 翁文灏:《战时工业生产与工业开发——行政院工作报告(节录)》,载中国史学会、中国社会科学院近代史研究所编,章伯锋等主编:《抗日战争》第五卷《国民政府与大后方经济》,四川大学出版社1997年版,第255页。

　　③ 翁文灏:《战时工业生产与工业开发——行政院工作报告(节录)》,载中国史学会、中国社会科学院近代史研究所编,章伯锋等主编:《抗日战争》第五卷《国民政府与大后方经济》,四川大学出版社1997年版,第232页。

　　④ 翁文灏:《战时工业生产与工业开发——行政院工作报告(节录)》,载中国史学会、中国社会科学院近代史研究所编,章伯锋等主编:《抗日战争》第五卷《国民政府与大后方经济》,四川大学出版社1997年版,第232页。

大学等校的毕业生。他们都是刚出校门的 20 多岁的年轻人,只有边干边学,在实践中锻炼"①。就在如此艰难的情况下,1938 年资源委员会开始勘探甘肃玉门油矿,1939 年即开始出油,1940 年即凿油井 7 口、平巷 3 处,设立了简单炼油厂,生产汽油。1942 年,汽油产量达 180 万加仑,到 1944 年,汽油产量达 4045936 加仑、煤油产量达 2160647 加仑、柴油产量达 155374 加仑,并规划在油矿建筑完成后,即在兰州建设炼油厂,以利供应。②

优先发展交通运输业,同样是国民政府西北后方建设战略的重要内容与举措之一。《非常时期经济方案》对西北的交通运输业作了明确规划,要求加快西北交通道路建设,其中指出:(一)国内交通线路应加速添设。(1)铁路方面,西北各省内,拟自咸阳向西经甘肃修筑铁路;(2)公路方面,亦应积极进行者,在西北为自兰州经天水、南郑以达老河口各段之兴修,以及改善陕、甘、新、宁、青与此间各干线之联运;(3)水道方面,应就原有水道加以改善,并多辟内河航线,使之与铁路公路互相联络,并推广水陆联运以便商民,而利运输。(二)国际交通路线应开辟扩充:(1)铁路方面,西北铁路如能经由新疆以通中亚,亦甚有裨益;(2)公路方面,在西北应将甘新公路切实改善;(3)航空方面,在西北应开辟由兰州经迪化以达边境之航线,俾与苏俄之欧亚航空相联络。③在此思路与方针的指导下,战时西北交通运输的筹划与实施,可以说既注重国际交通线的打通,又重视西北与西南交通线的联结,同时强调改善与加强西北各省的交通建设。在国际方面,为了打通与苏联的交通线,从 1939 年开始修筑陇海铁路的宝鸡至天水段,目的在于接通兰新公路,以便接受苏联的物资援助。但由于战时"物价腾涨,工款预算不敷,公路军用倥偬,无法利用汽车运

---

① 孙越崎:《我和资源委员会》,载全国政协文史资料研究委员会工商经济组:《回忆国民党政府资源委员会》,中国文史出版社 1988 年版,第 21—25 页。

② 《经济部关于战时石油开采概况的报告》(1945 年),载中国第二历史档案馆编:《中华民国史档案资料汇编》第 5 辑第 2 编《财政经济》(6),江苏古籍出版社 1997 年版,第 315—316 页。

③ 《非常时期经济方案》(1938 年 3 月 30 日),载中国第二历史档案馆编:《中华民国史档案资料汇编》第 5 辑第 2 编《财政经济》(5),江苏古籍出版社 1997 年版,第 6 页。

输急用材料,原定工期屡经延展"①,以及道路修建本身的难度,施工耗时7年,至1945年底通车。这是抗战时期唯一建成而未遭受敌人破坏的一条铁路,它对于开发西北经济,开辟西北铁路网的建设起了重要作用。另外,国民政府还抢修、改善了兰新公路,该公路从兰州到苏联边境长达3400公里,战时基本保持畅通,对于接运苏联支援我国的大批武器、军事技术人员、油料等,起了极其重要的作用。② 国际航空方面,交通部与苏联中央民用航空总管理局订定合约,合资组织中苏航空公司,专管自新疆乌鲁木齐经迪化、伊犁以至苏联边境阿拉木图一线航空业务,该航线于1939年12月开航。③ 由于西北、西南的特殊战略地位,国民政府对于联结西北与西南的交通运输予以高度重视。1942年6月,国民政府成立了川湘、川陕水陆联运总管理处,一年后,交通部又组建了联运汽车管理处,后改名为川陕汽车联运处。与此同时,国民政府还十分重视古代驿运的复兴与西北内部公路的建设。1938年11月,行政院召开水陆交通会议,决定发展驿运。由于驿运建设投资少、见效快,故在交通落后的西北复兴此项运输具有特殊的重要意义。据统计,截至1943年底,陕西共修整和开辟驿运路线5条,以联系川陕运输,总长度2000公里,运输物资100万吨以上,货物周转量7000多万吨。④ 公路建设的重点是沟通后方与前线的联络。为此,卢沟桥事变后,军事委员会委员长西北行营于当年7月间设立西兰、西汉两路工程处,办理该两路改善工程。⑤ 战时西北修建的公路主要有:汉(中)白(河)线、华双线(甘肃华家岭至陕西双石铺,又称"甘川一线"),宝(鸡)平(凉)线、甘川二线(甘川路)、兰宁公路(兰州至银川),以及平宁线

---

① 龚学遂:《中国战时交通史》,商务印书馆1947年版,第156页。

② 《抗日战争时期国民政府财政经济战略措施研究》课题组:《抗日战争时期国民政府财政经济战略措施研究》,西南财经大学出版社1988年版,第271页。

③ 中国史学会、中国社会科学院近代史研究所编,章伯锋等主编:《抗日战争》第五卷《国民政府与大后方经济》,四川大学出版社1997年版,第30页。

④ 郭琦等:《陕西通史·民国卷》,陕西师范大学出版社1997年版,第252页。

⑤ 侯家驹:《抗战期间我国交通建设》,载"中央"研究院近代史研究所:《抗战建国史研讨会论文集(1937—1945)》(上册),台北永裕印刷厂1985年版,第169页。

（甘肃平凉至银川）和平（凉）宝（鸡）线等。尤其是平宁线和平宝线，不仅是陕、甘、宁间南北的主要通道，也是连接西北、西南地区最便捷的路线。

五、文化教育方面，创设国立西北联合大学

文化教育乃民族命脉长久延续与发展之所系。1937年日本开始全面侵华后，即全力破坏中国的文化教育机构，企图根绝中国复兴之希望。据统计，1937年10月，仅在上海地区，即有14所大学、27所中学、44所小学及其他文化教育机构部分或全部被毁。[1] 截至1938年8月6日，全国共损失图书馆2166所，图书损失至少8664000册之巨。[2] 而收藏最富、善本书最多之商务印书馆所属东方图书馆，被炸焚毁，损失惨重。[3] 京津地区为中国文化重地，同样是日军破坏之重点区域。抗战胜利后，国民政府教育部统计战时教育文化机关总损失达19596亿余元。[4]

鉴于日本欲毁我文化教育命脉的用心，1937年8月11日，国民政府明确指出："战争发生时，全国各地学校暨其他文化机关，务必镇静，以就地维持课务为原则。"并要求，"比较安全区域内之学校，尽可能范围内，设法扩充容量，收容战区学生"，特别指出，"为安定全国教育工作起见，中央及各省市教育经费在战时仍应照常发给"。[5] 同年8月19日，教育部订定《战区内学校处置

---

[1] 《"八一三"后上海教育文化机关遭受日军破坏情形调查统计表》（1937年10月21日），载中国第二历史档案馆编：《中华民国史档案资料汇编》第5辑第2编《教育》(1)，江苏古籍出版社1997年版，第363—366页。

[2] 夏颂明：《抗战一年来图书馆损失》（1938年8月6日），载中国第二历史档案馆编：《中华民国史档案资料汇编》第5辑第2编《教育》(1)，江苏古籍出版社1997年版，第367—368页。

[3] 朱伯康等：《中国经济史》下卷，复旦大学出版社2005年版，第627页。

[4] 《"八一三"后上海教育文化机关遭受日军破坏情形调查统计表》（1937年10月21日），载中国第二历史档案馆编：《中华民国史档案资料汇编》第5辑第2编《教育》(1)，江苏古籍出版社1997年版，第363—366页。

[5] 《行政院核发〈总动员时督导教育工作办法纲领〉的指令》（1937年8月11日），载中国第二历史档案馆编：《中华民国史档案资料汇编》第5辑第2编《教育》(1)，江苏古籍出版社1997年版，第1—2页。

办法》,密令电达各地,要求战区学校"量予迁移""或暂时附设于他校",并"于其辖境内或辖境外比较安全之地区,择定若干原有学校,即速尽量扩充或布置简单临时校舍,以为必要时收容战区学生授课之用,不得延误",同时"应酌量将学生成绩照片、重要账簿、册籍、学校贵而易于移动之设备,预为移藏"。① 此后,因抗日战争的长期性无可避免,国民政府教育部拟定了全国高校的初步迁移整理方案,并于9月10日以部1669号令下达:令以国立北平大学、国立北平师范大学、国立北洋工学院、北平研究院等院校为基础合组西安临时大学,迁设西安。② 10月18日,西安临时大学正式成立。21日,教育部又以高令(26)字21892号文规定,设立西安临时大学的目的为收容北方学生,并为西北高等教育奠定基础。③ 随着战争的日益扩大化,教育部又拟定了《平津沪战区专科以上学校整理方案》,明确指示"国立北平大学、国立北平师范大学及国立北洋工学院,原联合组成西安临时大学,现为发展西北高等教育,提高边省文化起见,拟令该校各院逐渐向西北陕甘一带移布,并改称国立西北联合大学,院系仍旧。其经费支配及调用教授办法,悉仿国立西南联合大学办理"④。照此方案,1938年3月,西安临时大学迁往陕南,4月,教育部令改名为国立西北联合大学。⑤ 5月2日,学校正式开学。学校分设城固、南郑、勉县等地。同年7月,改筹备委员会为校务委员会。

---

① 《教育部检发〈战区内学校处置办法〉的密令》(1937年8月19日),载中国第二历史档案馆编:《中华民国史档案资料汇编》第5辑第2编《教育》(1),江苏古籍出版社1997年版,第2—3页。

② 《西北大学大事记》编委会编,赵弘毅等主编:《西北大学大事记》,西北大学出版社1999年版,第43页。

③ 《西北大学大事记》编委会编,赵弘毅等主编:《西北大学大事记》,西北大学出版社1999年版,第44页。

④ 《教育部拟定之平津沪战区专科以上学校整理方案》(1937年),载中国第二历史档案馆编:《中华民国史档案资料汇编》第5辑第2编《教育》(1),江苏古籍出版社1997年版,第11页。

⑤ "教育部"教育年鉴编纂委员会:《第二次中国教育年鉴》第5编《高等教育》,商务印书馆1948年版,第602页。

西北联大成立后，1938 年 7 月，农、工两学院分别独立，改为国立西北农学院及国立西北工学院，教育学院改称为师范学院。1939 年 9 月，又奉令改组为国立西北大学，同时师范学院、医学院亦独立设置，为国立西北师范学院及国立西北医学院。1940 年 4 月，国民政府教育部令西安为西北大学永久性校址，并以原东北大学西安校址为该校使用。抗战结束后，1946 年 5 月，国立西北大学迁设西安。8 月，国立西北医学院并入国立西北大学。[①] 国立西北联合大学的创设，不仅提高了西北的文化教育水平，担负起了开发西北教育的使命，而且奠定了西北高等教育未来发展与整体布局之基础，在当时及以后孕育出一大批高等院校，可称为"西北高等教育发展之摇篮"；国立西北联合大学、国立西北大学既在战时延续了中国教育之文脉，也创造了辉煌成就。"并序连黉，卅载燕都迥。联辉合耀，文化开秦陇。汉江千里源蟠冢，千山万仞自卑隆。文理导愚蒙；政法倡忠勇；师资树人表；实业拯民穷；健体明医弱者雄。勤朴公诚校训崇。华夏声威，神州文物，原从西北，化被东南。努力发扬我四千年国族之雄风！"[②]这首当年西北联大的校歌，足以让我们遥想联大师生热爱祖国、以开发西北教育为使命的慷慨豪壮。

在发展高等教育的同时，国民政府对基础教育也十分重视。战时由于沦陷区民众大量流亡西北，政府积极增设新学校，创办国立中学。以陕西、甘肃两省为例，1936 年，陕西全省公私立中学共 22 所，1945 年增至 134 所；甘肃 1936 年，全省公私立中学共 12 所，1945 年增至 63 所。[③] 由此可见，西北中学教育在战时快速发展。

总之，抗战时期国民政府西北后方建设战略的筹划与实施，是在中华民族

---

① "教育部"教育年鉴编纂委员会：《第二次中国教育年鉴》第 5 编《高等教育》，商务印书馆 1948 年版，第 602 页。

② 西北大学校史编纂委员会编，李永森等主编：《西北大学史稿（1902—1949）（修订版）》上卷，西北大学出版社 2002 年版，第 218—219 页。

③ "教育部"教育年鉴编纂委员会：《第二次中国教育年鉴》第 4 编《中学教育》，商务印书馆 1948 年版，第 440—443 页。

面临亡国灭种的危急关头所采取的重大举措。由于战争的特殊环境与面临的困难,有些战略得到了较好的贯彻与实施,比如,西北联大的组建与分置,较好地贯彻了国民政府的西北高等教育战略;有些则流于口头或停留在文稿、笔墨,并未付诸实践。

第二章　西北联大的组建、分置及历史溯源

抗日战争全面爆发后，大片国土沦陷。由此，西北成为中华民族抵抗日本侵略的战略大后方。相比沦陷区而言，西北地区政治经济环境较为稳定，物质矿产资源蕴藏丰富，经济持续发展，并获得了较快开发。北平、天津等被日本侵略者占领后，平津一些高校组成西北联大内迁，使得西北地区的教育面貌发生了深刻改变，并将现代高等教育体系与制度系统地植入了西北。

第一节　西北联大的组建与分置

一、西北联大成立之前西北高等教育概况

组成西北联大的几个高校内迁来陕之前，即西北联大成立之前，西北地区虽然有一些现代意义上的高等教育萌芽，但既不系统又不完整，且时断时续，没有建立起系统的现代高等教育体系。近代西北高等教育，最先在陕西、甘肃和新疆等省举办。

甘肃高等教育的开端，当属 1902 年陕甘总督崧蕃主持创办的甘肃高等学堂，系大学预科性质，1911 年停办。[①] 1909 年，清政府批准将原甘肃法政馆改

---

① 魏永理：《中国西北近代开发史》，甘肃人民出版社 1983 年版，第 517 页。

设为甘肃法政学堂。该学堂具有现代意义上的高等教育雏形,除开设有讲习班外,还设有别科。中华民国成立后,1913 年在甘肃法政学堂的基础上创办了甘肃法政专门学校。此学校是按照民国新学制建立的普通高等学校,1915年 9 月,中华民国教育部正式备案。[1] 学校以"教授高等学术,养成法政专门人才"为办学宗旨和办学理念,课程设置既有共同必修课,又有各系科必修课,同时还设有选修课程。必修课有宪法、商法、行政法等,德育课以孙中山先生的三民主义思想为核心内容。学校实行分班级授课,定期考试。学制情况为:本科 3 年,预科 1 年。1928 年 4 月,甘肃省政府议设大学事宜,原本拟将甘肃法政专门学校改建为兰州中山大学,此议上报国民政府教育部后,未获得批准,随之甘肃成立大学的事宜搁浅。之后,1931 年 12 月,甘肃省政府将甘肃法政专门学校改名为甘肃省立甘肃学院。

新疆于 1928 年建立了俄文法政专门学校,1935 年在此基础上成立了新疆学院,但办学艰难,难以连续招生,形不成完整的教育教学体系,更谈不上办学规模。比如一度时期新疆学院全校仅剩土木工程系一年级的 5 名学生,学校气息奄奄,难以为继。[2]

陕西高等教育的肇始,以 1901 年陕西巡抚李绍棻奏请成立陕西大学堂为标志,1902 年 5 月 2 日正式开学,首批招收学生 40 名。[3] 这里要说明的是,陕西大学堂成立后,同时它还兼有全省的教育行政职能。1905 年,陕西巡抚夏峕遵章将陕西大学堂改名为陕西高等学堂,课程设置有英文、历史、日文、算术、理化、体操、地理等,每周安排 36 学时,每天上课 6 小时,自习 4 小时,其中

---

① 魏永理:《中国西北近代开发史》,甘肃人民出版社 1983 年版,第 517 页。

② 陕西省档案局(馆):《国立西北联合大学档案史料选编》上册,西北大学出版社 2018 年版,第 50 页。

③ 西北大学校史编纂委员会编、李永森等主编:《西北大学史稿(1902—1949)(修订版)》上卷,西北大学出版社 2002 年版,第 15 页。

外语达 20 学时。① 之后,1907 年 4 月,陕西巡抚曹鸿勋在陕西课吏馆的基础上创办了陕西法政学堂(辛亥革命后改为关中法政大学——笔者),分为预科和正科,课程设置有中外政治、法政各科及伦理学、世界政治、世界历史、算术、地理、教育学等,同时,附设有自治研究所。这是陕西近代以来,第一个附设有研究所的学堂。② 此外,1908 年下半年还成立了陕西农业学堂,1910 年成立了陕西实业学堂等。其中,陕西农业学堂开办之初,设有预科 2 班,农业本科1 班,蚕业别科 2 班,同时附设农业试验场。

辛亥革命后,随着中华民国的建立,陕西及西北地区急需大批建设人才。有鉴于此,1912 年 3 月,陕西大都督张凤翙提议创设西北大学的主张,并成立了西北大学创社会,张凤翙亲自兼任会长,公推关中法政大学校长钱鸿钧为校长,并决定以陕西高等学堂、实业学堂、农业学堂及关中法政大学等为基础,筹组西北大学。1912 年 6 月,西北大学招生工作开始。陕西、甘肃、新疆等省共六七百人前来应考,录取学生 500 余人。③ 同年 12 月,《西北大学章程》公布,其总则规定:"本大学设立于民国西北部,故定名为西北大学。""本大学校址在陕西省城","以教授高深学术养成硕学闳材应国家需要为宗旨"。④ 学校分为大学部、专门部及大学预科 3 种,大学部又分为文、法、商、农 4 科。为加强中日间高等教育的交流,图西北地区之发展及兴学育才,西北大学成立后,还向日本派遣留学生。1913 年 10 月,西北大学派遣法商农预科官费留日学生 47 人,自费生 15 人,共计 52 人。其中年龄最小者 18 岁,最大者 29 岁,学

① 西北大学校史编纂委员会编,李永森等主编:《西北大学史稿(1902—1949)(修订版)》上卷,西北大学出版社 2002 年版,第 25 页。
② 西北大学校史编纂委员会编,李永森等主编:《西北大学史稿(1902—1949)(修订版)》上卷,西北大学出版社 2002 年版,第 50 页。
③ 西北大学校史编纂委员会编,赵弘毅等主编:《西北大学大事记(修订本)》(1901—2002),西北大学出版社 2002 年版,第 41 页。
④ 西北大学校史编纂委员会编,赵弘毅等主编:《西北大学大事记(修订本)》(1901—2002),西北大学出版社 2002 年版,第 42 页。

费每人每年 320 金,并各送路费 80 金。[1] 这一时期,西北大学与甘肃、新疆等省的学务来往密切,故甘肃等省的留学事务也往往由西北大学承办。比如,1913 年,陕西省即曾兼办甘肃官费留日学生 7 名。[2] 1915 年,西北大学停办。1923 年,刘镇华主持陕政,8 月开始筹备重建西北大学,成立“西北大学筹备委员会”;当月 20 日,公布了《西北大学组织大纲》,规定“本大学定名为国立西北大学”。1924 年 1 月,北洋政府正式批准成立西北大学。之后,陕西省政府又将原陕西法政专门学校、水利工程专门学校及甲种商业学校等并入。2 月,学校正式开始招生,最后录取 260 余名学生,生源地分别来自陕西、山西、甘肃、河南、山东、湖南、浙江、安徽、江西、广东、四川等 14 个省。3 月,国立西北大学正式开学。[3] 学校开设有:哲学科、中国文学科、外国文学科、历史学科、物理学科、化学科、地质学科等。1924 年暑期,西北大学邀请鲁迅先生等一批著名学者及社会名流到学校讲学,积极传播新思想、新文化。

1926 年,西北大学停办。1927 年 1 月,中共陕甘区委与国民党合作,改国立西北大学为西安中山学院。[4] 学校开设了政治经济学概论、社会进化史、新三民主义、中国政治现状等课程,并进行严格的军事训练,学校一时生机勃勃。但是不久,由于冯玉祥反共倒蒋,陕西国共合作统一战线破裂,6 月学校遭到封闭,1928 年 2 月,学校改为西安中山大学。1931 年 1 月,陕西省又将西安中山大学改为陕西省立高级中学。1932 年,原西北大学校长李仪祉深感水利工程人才缺乏,呈请陕西省政府筹建陕西省水利工程专科,附设于西安高中。1934 年春,西北大学暂时中断。

---

① 钱鸿钧:《送西北大学学生留学东洋序》,《学丛》1913 年第 2 期。

② 西北大学校史编纂委员会编,李永森等主编:《西北大学史稿(1902—1949)(修订版)》上卷,西北大学出版社 2002 年版,第 82—83 页。

③ 西北大学校史编纂委员会编,李永森等主编:《西北大学史稿(1902—1949)(修订版)》上卷,西北大学出版社 2002 年版,第 102 页。

④ 西北大学校史编纂委员会编,李永森等主编:《西北大学史稿(1902—1949)(修订版)》上卷,西北大学出版社 2002 年版,第 120 页。

西北大学外，1932年陕西还筹建了西北农林专科学校。从1928年开始，陕西大旱及随后的九一八事变，无论从赈济灾荒还是抗日救国出发，在西北创办高等农业学校都显得尤为重要。在此背景下，1932年5月，国民政府一些要员提交了《筹建建设西北专门教育初期计划议案》，认为在西北兴办专门教育至关重要，并倡议先办西北农林专科学校。同年10月，议案经国民政府通过后，12月成立"建设西北农林专科学校筹备委员会"，于右任、戴传贤等为常务委员。1936年7月，学校筹备工作结束，正式成立西北农林专科学校，辛树帜为学校校长。8月1日，学校开始招收学生，建校之初，上海劳动大学农学院随之并入，进一步加强了学校的实力，也为学校的进一步发展奠定了基础。

二、国民政府的西北高等教育战略

近代以来，尤其是随着日本侵华野心的逐渐暴露，西北的战略地位越显重要。在开发大西北的背景下，加强与发展西北高等教育，并建立较为完整的西北高等教育体系，成为政府和社会各界人士的应有之义。为此，中华民国成立后，国民政府即开始动议与谋划发展西北高等教育。国民政府发展西北高等教育的战略筹划，中央政府、地方政府及社会各界遥相呼应，共同推动了这一战略的实施。

抗日战争之前，近代中国高等教育的发展、区域分布与中国近代经济的发展与布局相类似，是极不平衡的。各类高等院校分布的一个显著特色是，在地域布局上与中国近代工矿企业一样，主要集中于东南沿海沿江地区，尤以北平、上海、天津等大城市最为集中。因此，在组成西北联大的几个高校到来之前，西北虽然有一些高等教育的萌芽，但根基相对薄弱，尚未建立起完整的高等教育体系，而且时断时续。[1] 谈不上有现代意义的较为完整的

---

① 方光华：《为什么要纪念西北联大》，《西北大学学报（哲学社会科学版）》2012年第3期。

教育体系,整个西北地区现代高等教育几乎是空白。于是,从 1928 年北伐成功后就开始动议,在西北建立完整的现代高等教育体系或者将平津地区的一些高校西迁。20 世纪 30 年代初开始,南京国民政府即关注西北的开发与建设,提出"开发西北""建设西北"的计划,而要开发建设西北,发展文化教育尤其是发展与建立较为完整的高等教育体系,培养相关人才就显得至关重要。

为此,1932 年前后,国民政府曾动议将北平师范大学内迁以促进西北高等教育的发展。1932 年 12 月,刘守忠、张继、于右任、居正等提交《开发西北提案》,认为"开发西北,在近日已为时人套语。"但是,"言之周备,莫若行之迅速为有切实用也"。教育方面,"中央不遑远及,地方政府亦未为设施"。今强寇酣睡吾榻,必须发展教育,"先以智力关锁边陲","择定地点,集中人才,洵为边地教育之先务"。① 同年 12 月,行政院秘书处致国民政府内政部、教育部、实业部及军政部,转抄前国民革命军第 47 军参议刘昭晓《条陈开发西北之意见书》,其中对西北发展教育提出迫切希望,认为"西北为吾国民族之发源地,溯自唐虞三代以至于成周,文物已臻盛轨,其政治制度、道德文章、学术工艺亦莫不造诣极端"。但是,经过清末回民事变,"所有城市几皆焚戮殆尽",进而"文化东移,诸事落后",故而,"亟宜饬令广兴学校,以资造就,并宜注重军事教育与生产教育"。因为,"盖学校者,文明进化之源也"②。1932 年秋,国民党中央政治会议通过了于右任、戴传贤等人提出的《筹建建设西北专门教育初期计划议案》,成立了"筹建建设西北专门教育委员会",于右任、张继、戴传贤、朱家骅、王世杰、邵力子、杨虎城等为委员。③ 该议案计划先办西北农

---

① 《刘守中、张继等拟〈开发西北提案〉》(1932 年 12 月),载马振犊主编:《抗战时期西北开发档案史料选编》,中国社会科学出版社 2009 年版,第 12—14 页。

② 《行政院秘书处抄送刘昭晓〈条陈开发西北之意见书〉致内政部等函(笺函 第 285 号)》,载陕西省档案局(馆)编:《国立西北联合大学档案史料选编》上册,西北大学出版社 2018 年版,第 50—51 页。

③ 西北农学院校史编写组:《西北农学院 50 年(1934—1984)》,1984 年 4 月 20 日。

林专科学校,在陆续筹办西北工学院、西北理学院、西北医学院、西北农学院、西北大学等高等院校。

与此同时,社会各界有识之士对改善西北高等教育面貌也多有呼吁,如1932年8月,国立同济大学训育长郭维屏在《新西北研究》发文指出,要开发建设西北,一方面可集中现有人才,延聘外国人才或为西北派出留学生解决西北人才缺乏之问题,另一方面应在西北建立殖边学校、畜牧改良学校、矿务学校等,从而为西北培养各方面专门人才。① 1932年11月29日,《大公报》的社论指出:"吾人之见,西北教育之总病原,在于贫穷。然此为整个的问题,如何救济农民破产,事属政治,兹姑不论,以教育言,则首望政府在此各省中至少须各办一完备之专科学校。国家教育经费,动以千百万计,然用于西北者几何? 沿江沿海,大学如毛,而从未在西北省区创一规模宏阔之国立大学,此政府教育行政上之大缺感也。"② 再比如,1932年康天国在《新西北》杂志创刊号发表《西北应设立一国立大学》,其中认为:"吾人试观江苏一省除八院齐全之中央大学所在外,其上海一地即有国立大学六所,而西北六七省地方除前已所云兰州公立之甘肃大学外,国家并未丝毫顾及西北之教育! 此则固西北人之不幸与失望,同时亦国家当局之失职与损失,此则事理昭昭,毋庸多赘。故吾人以为今后我国当局欲谋整个中国文化程度与夫人民知识程度之提高,须由中央经费来创办一法学、理学、教有、文学、工学、农学、医学、体育八学院完备之一国立西北大学于西北不可也。"③ 同年,国立暨南大学学生商洪若对发展西北高等教育也提出了自己的迫切看法,他认为:西北教育,"尤其是高等教育,直等于零"。为了提高西北人民智识,培养各种建设西北人才,"政府应急宜设立农科、工科、防治科以及其他专门学校"。此为"百年树人之计,此诚刻

---

① 郭维屏:《开发西北谭》,《新西北研究》,1932年第一卷第3、4期合编,1932年8月10日,第8—14页。
② 《〈西北教育〉社评》,天津《大公报》1932年11月29日。
③ 《西北应设立一国立大学(康天国 中华民国二十一年)》,载陕西省档案局(馆)编:《国立西北联合大学档案史料选编》上册,西北大学出版社2018年版,第53—54页。

不容缓之举"。①

1933 年 11 月,青海省政府委员马步芳就西北设立工厂、创办学校等提案,认为:开发西北"因地制宜,因人育人,獉狉为文明,其效最宏"②。1935 年 11 月,杨一峰、杨虎城、周伯敏等 32 人提案发展西北高等教育,请设国立西北大学,理由为:"查我国兴学数十年,于国立大学之设置,对地域分布向未重视。据教育部最近统计,全国国立大学及独立学院共 18 校,而北平一城即占其五,上海一市即占其六,院系重叠,效率低减,畸形发展,识者病之。"而"惟西北五省,广袤万里,迄今无一国立大学。以素称文化落后之区域,又无高等学府之设置,衡以教育平等之义,讵得谓平? 矧国难以还,开发西北,刻不容缓,百废待举,动需专才"。因此,"宜从速设置国立西北大学,培植服务西北之人才,树立复兴民族之基础,不仅使全国高等教育获平均发展已也"。③1935 年 12 月,王超凡等 25 人向国民党第五次全国代表大会提交开发西北以裕民生而固国本案,认为:西北为我民族发祥地,北伐成功后,国民政府先后派遣了大量的考察团到西北各地进行考察,做了开发上的准备。但政府仍需高瞻远瞩,排除万难,树立国家之根本大计,制定切实可行之办法。其中,在人才方面,尤其需要培养专门人才。④

1936 年 1 月,陕西省政府主席邵力子认为西北教育仍然落后,故函呈国民政府行政院,希望北平国立四所大学之一所迁入陕西,即以学校旧有图书仪

---

①　商洪若:《建设西北之路》,《新西北研究》,1932 年第一卷第 3、4 期合编,1932 年 8 月 10 日,第 12—16 页。

②　《马步芳关于开发西北应在青海边地设立工厂、学校等问题的提案》(1933 年 11 月),载马振犊主编:《抗战时期西北开发档案史料选编》,中国社会科学出版社 2009 年版,第 17 页。

③　《请设国立西北大学　以宏造就而免偏枯案》(杨一峰等,中华民国二十四年十一月二十一日国民党第五次全国代表大会通过),载陕西省档案局(馆)编:《国立西北联合大学档案史料选编》上册,西北大学出版社 2018 年版,第 54—55 页。

④　《行政院关于王超凡等在国民党五全大会上提〈拟请组织健全机关集中人力财力积极开发西北以裕民生而故国本案〉致财政部令》(1935 年 12 月),载马振犊主编:《抗战时期西北开发档案史料选编》,中国社会科学出版社 2009 年版,第 19—25 页。

器教材作为新校基础,请教育部统筹办理。邵力子在函呈中具体阐述其理由:"西北自中央主持开发以来,物质建设成效显著,惟教育一端依然落后。"而"陕甘宁青新等省,人口总数在两千万以上,乃竟无一大学作高深之培养,实不足以应事实上之需要"。"前者五全大会有筹设西北大学之建议,西北人士同声欣喜,盼其实现,企望之殷,可以想见。"但此事事关重大,花费需巨额资金,"衡以中央财政状况,恐难点正多,窃谓与其另创新基,不如利用故物"。"查北平一隅,国立大学居四所之多,实嫌供过于求,似可酌迁一所如陕,易名西北大学,即以旧有图书、仪器、教材作为基础。"其他办学等经费可分期拨付,这样,"全国学区既免畸轻畸重之弊,西北方面亦省另起炉灶之劳,一举两得,莫过于此"。他还希望北平大学能够迁陕,因为该校学科设置较为齐全,"复查北平大学现有农工医法商及女子、文理等五学院,学生共一千五百人,教授百余人,机器、仪器、标本、书籍等约值三百万元,规模俗称完备,以该校环境论,迁移西北尤为适宜①。1936 年 1 月 3 日,邵力子还函陈国民政府行政院以接国立北洋工学院院长李书田函,"拟将该院西迁,为西北大学之基本"。邵力子详核李书田"所拟计划,颇为赞同"。因为"北洋工学院只工学一部分,与平大其他各学院自无重复"。故建议将"该院亦一并迁陕"。②

1936 年 8 月 20 日,安汉在开发西北协会第三届年会上向国民政府提交发展西北高等教育,设立西北大学提案,他呼吁:"开发西北,应以经济与文化相辅而行,庶免畸形病态不均之现象发生。"西北幅员广阔,"以与全国所有教育发达之各地作面积之比例、人口之比例,则学校量、质二量,皆有霄壤之别"。而高等教育之设置,"尚付阙如,以事实与需要而论,固应有积极设立大

---

① 《行政院关于邵力子请将北平四所大学迁移一所进陕致教育部笺函》(1936 年 1 月),载马振犊主编:《抗战时期西北开发档案史料选编》,中国社会科学出版社 2009 年版,第 26—27 页。

② 《行政院关于邵力子提议将国立北洋工学院西移事致教育部笺函》(1936 年 1 月 3 日),载马振犊主编:《抗战时期西北开发档案史料选编》,中国社会科学出版社 2009 年版,第 27—28 页。

学之必要"①。时隔一月,即该年 9 月 26 日,开发西北协会再次向国民政府行政院提交从速筹设国立西北大学案,提案认为:"民国元年西安虽曾有陕西省立西北大学之设,而终以地方财力有限设备未周,不久即行停办。以致年来中学毕业学生有志深造者每感远途升学之苦。"故西北开发第三届年会一致决议,"呈请中央从速筹设国立西北大学在案",并恳请国民政府采纳,从速进行,以应西北实际之需要。②

1937 年 6 月 6 日,时任国民政府教育部长王世杰谈道:"自政府决定加速经济建设工作以来,工科各科人才供给所感不济。"面对国家对工科人才及管理人员的迫切需求,他要求教育部加大理工科人才的培养,并责令各省市加强理工类教育。1937 年 7 月 7 日卢沟桥事变后,日本除全面侵华外,为了毁灭中华文脉,将各大学及高等院校作为其主要轰炸的目标,北京、天津、上海等地大学及高等院校破坏严重。面对日本帝国主义的险恶用心,国民政府一方面为了大专院校学生完成未尽学业,另一方面"为内地高等教育扩大规模起见"③。该年 9 月 10 日,国民政府教育部发布 16696 号令,以国立北平大学、北平师范大学、北洋工学院和北平研究院等为基础合组西安临时大学,迁设西安。④ 并在 10 月 21 日的指令中明确指出,设立西安临时大学的目的之一即"为西北高等教育奠定基础"⑤。西安临时大学在古都西安建立不久后,随着抗战形势的

---

① 《请中央筹设国立西北大学案》(安汉 中华民国二十五年八月二十日开发西北协会第三届年会),载陕西省档案局(馆)编:《国立西北联合大学档案史料选编》上册,西北大学出版社2018 年版,第 56 页。

② 《从速筹设国立西北大学一案》(开发西北协会第三届年会,中华民国二十五年九月二十六日),载陕西省档案局(馆)编:《国立西北联合大学档案史料选编》上册,西北大学出版社2018 年版,第 56—57 页。

③ 《战事发生前后教育部对各级学校之措置总说明》(1937 年 9 月 29 日),载中国第二历史档案馆编:《中华民国史档案资料汇编》第 5 辑第 2 编《教育》(1),江苏古籍出版社 1997 年版,第 7 页。

④ 《西北大学大事记》编委会编,赵弘毅等主编:《西北大学大事记》,西北大学出版社 1999年版,第 43 页。

⑤ 《西北大学大事记》编委会编,赵弘毅等主编:《西北大学大事记》,西北大学出版社 1999年版,第 44 页。

日趋严峻,国民政府教育部又进一步发布战区专科以上学校整理方案,指出:原组西安临时大学,"现为发展西北高等教育,提高边省文化起见,拟令该校各院系逐渐向陕甘一带移布,并改称国立西北联合大学,院系仍旧"①。按照国民政府教育部的战略安排及抗战客观形势,国立西北联合大学于 1938 年 4 月南迁至汉中,各校分别分布于城固、勉县、南郑等县。南迁汉中后,1938 年 5 月,联大校方指派常委徐诵明等赴西安、武汉,向国民政府及教育部汇报办学校址等相关事宜,本拟将学校"迁移他处",但国民政府最高当局及教育部明确答复:"西北联合大学,系经最高会议通过,尤负西北文化重责,均(应为"钧",指蒋介石——笔者)以为非在万不得已时,总以不离开西北为佳。"② 1938 年 7 月,根据教育部令将西北联大工学院、农学院独立设校。同月,教育部又令师范学院独立设置,并规定了招生办法及专修科目。③ 1939 年 1 月,国民党第五届中央执行委员会第五次全体会议通过决议案:"吾国幅员广大,西南西北各省产业、文化亟需致力建设。"④1939 年 8 月,西北联大按照国民政府要求再次改组,文、理、法商 3 学院组建国立西北大学;医学院独立设置,称国立西北医学院。西北联大从而有国立西北大学、西北工学院、西北农学院、西北医学院、西北师范学院等 5 校,学校及专业设置涵盖理、工、农、医、师范及综合大学等。至此,应该说国民政府加强与改善西北高等教育的战略目标初步实现。

对于加强与改善西北等边远地区高等教育的战略举措,抗战时期担任国民政府教育部部长的陈立夫在当时及事后都有阐述。比如,1940 年 1 月,他

---

① 《教育部拟定之平津沪战区专科以上学校整理方案》(1937 年),载中国第二历史档案馆编:《中华民国史档案资料汇编》第 5 辑第 2 编《教育》(1),江苏古籍出版社 1997 年版,第 11 页。

② 《历届纪念周演讲纪要·五》,《西北联大校刊》第 1 期,1938 年 8 月 15 日,第 13—14 页。

③ "教育部":《国立中央大学等校设立师范学院办法》,《西北联大校刊》第 3 期,1938 年 10 月 15 日,第 8 页。

④ 荣孟源:《中国国民党历次代表大会及中央全会资料》下册,光明日报出版社 1985 年版,第 556 页。

专门给国民党中央训练团党政训练班学员作了题为《抗战时期之教育》的演讲，其中，在"战时教育方针之说明"中谈道："中国需要在短期内工业化，要使中国成为现代化的国家，战时教育方针第三个规定，是农业需要与工业需要并重。"并在该文的第九部分讲："过去（教育）在实施上及设置地区上均有缺点。……在设置地区上，过去往往集中于都市，以致成为地区上畸形的发展，边区及内地有求过于供的现象，沿海及交通便利的都市，则学校林立……所以今后当力显地区上的平均发展，以便提高内地及边区的文化水平。"对此，他在后来回忆抗战时期的教育成就时颇为自豪地讲："抗战时期教育部显而易见的成就，便是原有的各级教育，虽因国土沦陷，幅员缩小，以及人力物力维艰，非但没有缩小，还有些学校在数量上大有增加。这对于学术文化的延续与发扬、建国人才的培育，以及对于当时抗战所需专技人力的供应，都有贡献。"并且，就专科以上学校的西迁与增设，他专门进行了讲述，认为增设新校的原则及思路充分考虑到战时需要及国家长远战略，尤为侧重以下几个方面。第一，"鉴于师范教育为教育的基础，要求教育的改造与改进必从师范教育做起，所以在几所大学设立师范学院外"，"又将西北联大的师范学院，独立设置，改称西北师范学院"。第二，"注重实科教育，原为战前政策"。故而，"对于医、工、农学院以及各种技艺专工学校，有所增设"。并"将农、工、医、商、教育等专门学院由大学分开，就各地区需要分别设置"。"此等学校的增设，器材设备需要很可观的经费，虽在战时开支浩繁，日增困难情形之下，仍能请得巨款，创设新校，在当时是很费一番努力的。"第三，鉴于"胜利后的复员国家复兴部门工作，更大量需要人力"。国民政府在武汉时，就"曾有一通盘计划，将大学的文理法三院合成为综合大学，在后方分区设置"。

　　由此看来，改善与加强西北高等教育、优化高等院校的分布状况，早已成为国民政府的战略构想之一。抗战爆发后的危急形势，只不过进一步加快了该战略的实施与进程。因此，借平津等地原有高校之实力和影响，助力西北高等教育的起步和发展,才是国民政府的战略意图。① 而西北联大作为国民政府改善与加强西北高等教育的一国家战略,其从创办伊始即主动担负与适应国家战略、民族需求,坚守"发扬民族精神,融会世界思想,肩负建设西北之重任"②的高远追求。

三、西北联合大学的组建与各校独立设置

前面已经谈到,在抗日战争的民族危亡时刻,为了保存和坚持中国的高等教育事业,保证中华文明绵延不断,国民政府决定将高校西迁,并准备在长沙和西安设立两个临时大学。1937 年 9 月 10 日,国民政府教育部正式发布指令:以北京大学、清华大学、南开大学和"中央"研究院师资设备为基干,成立长沙临时大学;以北平大学、北平师范大学、北洋工学院和北平研究院等院校为基干,设立西安临时大学。③ 时隔一月,即 10 月 11 日,教育部长王世杰又以第 17728 号训令,颁布《西安临时大学筹备委员会组织规程》,该规程规定:西安临时大学不设校长而以筹备委员会代行校长职权,筹备委员会设委员7—11 人,设主席 1 人,由教育部部长兼任。其任务为:"一、校址之勘定;二、经费之支配;三、院系之设置;四、师资之延聘;五、学生之收纳;六、建筑设备之筹置等。"④当时,聘任李书华、徐诵明、李蒸、李书田、童冠贤、陈剑翛、周伯敏、藏启芳、辛树帜等为西安临大筹备委员。随后,教育部又指定北平大学校长徐诵明、北平师范大学校长李蒸、北洋工学院院长李书田和教育部特派员陈剑翛等 4 人为筹备委员会常务委员,具体商议决定学校事宜。⑤ 西安临时大学筹

---

① 梁严冰:《西北联大与抗战时期的西北战略》,《西北大学学报(哲学社会科学版)》2012年第 5 期;《西北联大的组建与分置》,《光明日报》2012 年 10 月 14 日。

② 郭文鹤:《发刊词》,《西北学术》创刊号,1943 年 11 月 12 日,第 1—2 页。

③ 《西北大学大事记》编委会编,赵弘毅等主编:《西北大学大事记》,西北大学出版社 1999年版,第 43 页。

④ 《教育部训令第 17728 号》,《西安临大校刊》第 1 期,1937 年 12 月 20 日,第 2 页。

⑤ 西北大学校史编纂委员会编,李永森等主编:《西北大学史稿(1902—1949)(修订版)》上卷,西北大学出版社 2002 年版,第 199 页。

备委员会常务委员会议下设秘书、教务、总务三处,全校设立文理学院、教育学院、法商学院、工学院、农学院、医学院等六大学院,共24个系。

西安临时大学建立后,在筹备建设的过程中,遇到了不少困难,诸如人员安置、校址选择、教学设备等等。最终经多方奔走,暂时在西安城内找到了临时栖身之地。全校分别安置在城隍庙后街四号,小南门外东北大学(即今西北大学太白校区)和北大街通济坊3个地方。在全校师生的共同努力下,10月18日,国立西安临时大学正式开学,11月15日,开始上课。当时全校共有学生1472人,其中,311人为在西安两次招收之新生,余皆为三院校原有学生或他校旧生转学而来。① 西安临时大学的成立,在西北乃至中国高等教育史上实属一创举。

西安临时大学成立后,尽管条件艰苦又处在战时,但师生员工"勠力同心,艰危共济"。学校筹备伊始,校常务委员会议即决定延长学期,除1938年元旦停课1日外,即使所有年假、寒假,均不放假,而积极投身于开展教学、科研活动。当时学校人才济济,计有教授106名。其中,文理学院有黎锦熙、许寿裳、岳劼恒、殷祖英、陆懋德、黄国璋、曾炯、刘拓、张贻侗、金树章、张贻惠、傅种孙等35名;工学院有李书田、周宗莲、李仪祉(兼)、魏寿崑、张伯声、潘承孝等22名;教育学院有马师儒、李建勋、袁敦礼、齐壁亭、董守义、王非曼等15名;法商学院有沈志远、寸树声等12名;农学院有周建侯、汪厥明、虞宏正等16名;医学院有吴祥凤、严镜清等6名。除此之外,历史学家侯外庐、作家丁玲、作曲家贺渌汀、杨虎城夫人谢葆真等,都到学校讲学或演讲。

太原失守后,西安东大门告急,国民政府命西安临大再迁汉中。1938年3月6日,西安临大正式离开西安,全校千余名师生编为1个参谋团,1个大队,下分3个中队14个区队106个分队,每个中队500—600人,先乘火车至宝

---

① 《西北大学大事记》编委会编,赵弘毅等主编:《西北大学大事记》,西北大学出版社1999年版,第152页。

鸡,再徒步 130 公里,渡渭河、翻秦岭,到达陕南汉中。1938 年 4 月,国民政府行政院第 350 次会议通过《平津沪地区专科以上学校整理方案》,教育部根据《方案》下令:"国立北平大学、国立北平师范大学及国立北洋工学院,原联合组成西安临时大学,现为发展西北高等教育,提高边省文化起见,拟令该校院逐渐向西北陕甘一代移布,并改称国立西北联合大学。"①国立西北联合大学依然设有 6 个学院,23 个系。联大常委陈剑翛报告更改校名的意义时说:"本校现改名为国立西北联合大学,其意义一方面是要负起开发西北教育的使命,一方面是表示原由三校院合组而成。"②

关于西北联大的校址问题,在大队出发前,学校已派专人持公函并持陕西省建设厅相关介绍信及函件,拜访了汉中行政专员张伯常,经过多方联系,实地勘察校址等,原打算在汉中找房子设校,但因为汉中驻扎部队人员太多,没有足够的办学用房,故不得不想办法在附近的城固、勉县等地寻找校址。西北联大常委徐诵明、李书田、陈剑翛等随大队到达汉中以后,也亲到汉中及附近勘察与寻找学校办学地址。最终,同年 4 月 10 日,经校常务委员会 24 次会议决定,将学校安置在三县的六个地方,其具体分配方案为:校本部及文理学院设在城固县的考院(簧学巷贡院旧址),教育学院(后改为师范学院)设在城固县的文庙,法商学院设在城固县的小西关外原县简易师范旧址,工学院设在城固县古路坝天主教堂,医学院设在南郑县,农学院设在勉县。这里特别要指出的是,在西北联大校本部考院的大影壁上书"国立西北联合大学"八个大字,特别引人注目。

这样,西北联大全校大部分学院设城固县城。城固是个闭塞的小城,小饭馆、小客栈、小杂货铺和茶馆布满了沿街两旁。有趣的是,每家校小客栈的门前都写有"未晚先投宿,鸡鸣早看天"的字样,每家饭馆门前则写着"闻香下

① 《教育部拟定之平津沪战区专科以上学校整理方案》(1937 年),载中国第二历史档案馆编:《中华民国史档案资料汇编》第 5 辑第 2 编《教育》(1),江苏古籍出版社 1997 年版,第 11 页。
② 参见《西北联大校刊》第 1 期,第 7 页。

马,知味停车"的话。西北联大的到来,使这座陕南小城一跃而为西北教育的中心。①

　　1938 年 5 月 2 日,国立西北联合大学正式开学。当日,在校本部举行了隆重的开学典礼,全校师生及地方官员、来宾等参加了典礼。联大当时办学条件非常之艰苦,学校散居于城固、勉县、南郑三县六处十公里的农舍、教堂、庙宇等地方。全体教师皆租民房居住,多数教师努力克服各种困难,每天在豆油灯光下认真备课、批改作业至深夜;学生没有宿舍,就在教室席地而眠,既没有电灯也没有自来水,一切物质方面的保证均谈不到,为防日寇轰炸,还经常不得不躲到野外树林上课。由于抗战时期财政极度困难,1938 年教育部训令规定,抗战期间教职员工工资按照"薪俸七折"发给,加之在物价暴涨的情况下,生活十分艰难,尤其是一些从东北、华北一带流亡来的教师,由于多数携家带眷的,老老少少,养家糊口,尤为困难。有的甚至遭受土匪抢劫和袭击,比如,1937 年 3 月 27 日,商学系俄文副教授龚锡庆在自己的住所,城固县小西门至法商学院之马路东一土墙茅屋内突被匪徒破门行凶刺死,东北老乡其住所邻居赵树勋教授亦被抢受伤。② 总之,西北联大的教授只能靠低微的打折工资和"米贴"维持最低限度的基本生计。但是,窘迫的环境、艰难的物质生活并没有影响课堂上师者的风范,相反"究能保存若干学术研究的精神"。先后任联大历史、边政两系系主任的黄文弼教授,治学严谨缜密,终年一身中山装,两袖发亮,肘下裂缝,但是一上讲台,则引经据典,资料翔实,无一句话闲话,使学生肃然起敬;历史系教授陆懋德,身着蓝布大褂,一顶瓜皮小帽,不仅学术精湛,而且风趣幽默,课堂常常妙语连珠、生趣盎然;解剖学家汪堃仁教授一家四口,逃出北平后,经天津、香港、越南、昆明、重庆、成都,两遇敌机轰炸,在重庆

---

　　①　西北大学校史编纂委员会编,李永森等主编:《西北大学史稿(1902—1949)(修订版)》上卷,西北大学出版社 2002 年版,第 216 页。
　　②　西北大学校史编纂委员会编,李永森等主编:《西北大学史稿(1902—1949)(修订版)》上卷,西北大学出版社 2002 年版,第 232 页。

又购买教学仪器,最后抵达汉中,教学中没有解剖实验用遗体,就捡取无主尸体代替,并开出了他在北平协和医院的全部现代生理学课程。文学院王守礼教授,自己在生活不宽裕的情况下,还叫学生到家中进餐讨论,其殷殷关爱之情,令学生多年后忆起仍是热泪盈眶。

西北联大成立后,国民政府在全国教育整理及改善方案中,明确要求:"对于全国各地各级学校之迁移与设置,应有通盘之计划,务与政治经济实施方针相呼应。"并指出"每一学校之设立及每一科系之设置,均应规定明确目标与研究对象,务求学以致用,人尽其才,庶几地尽其利,物尽其用,货畅其流之效可见"①。为了实施国民政府西北建设战略及早已谋划、设想的改善西北高等教育的战略安排,1938年7月,国民政府教育部指令西北联大农学院、西北联大工学院独立设置,联大工学院与东北大学工学院、焦作工学院合组独立设置为国立西北工学院;联大农学院与西北农林专科学校合组独立设置为国立西北农学院;教育学院改称为师范学院。1939年9月,西北联大又奉令再次改组为国立西北大学,同时师范学院、医学院亦独立设置,为国立西北师范学院和国立西北医学院。由此,西北联大独立设置为国立西北大学、国立西北农学院、国立西北工学院、国立西北师范学院、国立西北医学院五校。1940年4月,教育部令西安为西北大学永久性校址,并以原东北大学西安校址(即现西北大学太白校区)为该校使用。抗日战争胜利后,1946年5月,西北大学迁设西安办学。同年8月,国立西北医学院并入国立西北大学。② 而国立师范学院、国立农学院、国立工学院又奉令先后迁设兰州、武功、咸阳等地办学。

---

① 《国民党临时全国代表大会通过之战时各级教育实施方案纲要》(1938年4月),载中国第二历史档案馆编:《中华民国史档案资料汇编》第5辑第2编《教育》(1),江苏古籍出版社1997年版,第14页。

② "教育部"教育年鉴编纂委员会:《第二次中国教育年鉴》第5编《高等教育》,商务印书馆1948年版,第602页。

第二节　西北联大各校历史溯源

　　组成西北联大的三院校——北平大学、北平师范大学、北洋工学院,实力雄厚,名家荟萃,人才辈出,当时北平大学是全国规模最大的大学之一、北平师范大学是最好的师范大学、北洋工学院是最强的工科大学,不仅办学规模大、学科门类齐全,而且还有着悠久的历史。正如临大校刊发刊词所言:"平大、师大、北洋,极有历史之三院校。"[1]为了对西北联大有更深入的了解,下面对组成西北联大三院校的历史作一简单考察。

一、北平大学历史溯源

　　1927 年 4 月,南京国民政府成立后,时任教育行政委员会常务委员的蔡元培、李石曾提议仿效法国教育制度,采用大学院和大学区制,以大学区为地方教育行政单位。6 月 17 日,国民政府任命蔡元培为大学院院长。1928 年 6 月,南京国民政府教育部决定将北京国立九校合组为国立中华大学,19 日,任命李石曾为校长。这里特别要说明的是,北京国立九校,包括北大、北师大、女师、工业大学、法政大学、女子大学、农大、医大、艺术学校。其实,当时北京国立大学共 11 所,其他 2 所为清华大学和北京交通大学。为什么没有将 11 所国立大学全部合并呢? 因为清华学校属于外交部管理,北京交通大学属于铁道部管理,均不隶属于教育部管理,教育部自然无权将它们合并。

　　1928 年 9 月,正式设立北平大学区,决定将中华大学改名为北平大学,仍然任命李石曾为校长。[2] 同年 10 月底,北平大学副校长李书华赴北平着手组建北平大学,11 月 1 日在中南海怀仁堂东四所设立校长办公处。按照《北平

---

　　① 陈剑脩:《发刊词》,《西安临时大学校刊》第 1 期,1937 年 12 月 20 日,第 1 页。
　　② 王学珍:《北京高等教育史》上卷,中国广播电视出版社 2010 年版,第 445 页。

大学区组织大纲》确定的方案组建大学的各学院,学院的设置和组成经国民政府同意略有变更,共设 11 个学院,具体为:北大学院、法学院、第一工学院、第二工学院、第一师范学院、第二师范学院、农学院、医学院、女子学院、艺术学院、俄文法政学院,①此外还有附属中学、附属小学、附属蒙养院等。

北平大学区的设立和北平大学的组建,遭到北大、农大、工大、女大、北洋大学、河北大学等北平、天津、保定许多高校的反对,北大、师大、法大等校学生还纷纷反对改组后的新任院长。在此情况下,1929 年 6 月 25 日,国民政府行政院通过相应决定,停止大学区制。8 月,国民政府行政院决定:恢复国立北京大学、国立北平师范大学、国立北洋工学院。国立北平大学继续保留,下设法学院、农学院、工学院、医学院、女子师范学院、艺术学院、俄文法政学院,共八个学院。② 1929 年 12 月,第一工学院改称工学院,第二师范学院改称女子师范学院。1931 年 2 月 9 日,国民政府教育部令女子师范学院及附属学校,自即日起不隶属于北平大学,而与北平师范大学合并。

1932 年 8 月,徐诵明担任国立北平大学校长。1934 年,艺术学院独立设置,改为国立北平艺术专科学校。1934 年 3 月,重新修订《国立北平大学组织大纲》,规定了学校的设置及组成,至此,北平大学的院系设置基本稳定下来。1935 年 11 月,北平大学全校有教职工 500 多人,在校生 1419 人,图书 10 万册。1937 年 6 月,249 名学生毕业。建校 9 年来共毕业学生 3549 人。③ 截至 1937 年 7 月北平沦陷,北平大学计有 5 个学院,分别为农学院、工学院、医学院、法商学院、女子文理学院,并一直到西迁组建西安临时大学。

为了对北平大学的历史源流有更好的了解,现分别对其工学院、农学院、

_____

① "国立北平大学"校长办公处:《国立北平大学一览》,北平松雅斋南纸印刷文具店 1936 年 12 月,第 5—6 页。
② 王学珍:《北京高等教育史》上卷,中国广播电视出版社 2010 年版,第 451 页。
③ 王学珍:《北京高等教育史》上卷,中国广播电视出版社 2010 年版,第 488 页。

医学院、法商学院的历史作一考察。原因为：一是工学院、农学院、医学院、法商学院一直是北平大学学科的主要组成部分，并延续到抗战爆发后的西迁西安；一是这些学院、学科与西北联大及其以后分置的子体院校有着密切的关联。

先谈谈北平大学工学院的源流及概况。北平大学工学院的办学历史，最早可以追溯到1903年（清光绪二十九年）创办的"京师高等实业学堂"，隶属于清政府农工商部，设机械、电气、矿学、化学四科，修业年限为三年。[①] 中华民国成立后，1912年学校更名为"北京高等工业学校"，当年招收新生153人，9月开学。1912年11月，教育部令学校改称"北京工业专门学校"，次年，招收新生83人。[②] 1923年，教育部批准学校改建为北京工业大学，并开办研究班。[③] 1926年，学校研究班学生论文经各系教授会审查合格授予工学学士学位者，计机械科6人、电气科10人、机织科15人、化学科16人。[④] 1928年11月，北平各国立高校改组改称北平大学后，学校随之改称为北平大学第一工学院。[⑤] 1932年8月，北平大学招考录取本院新生73人，同时，由于九一八事变后东北沦陷，故该年又收录东北大学工学院及女子文理学院转学插班生29人。[⑥] 截至1936年12月，学院设有机械工程系、电机工程系、纺织工程系、应用化学系等4系，在校学生数机械工程系一年级23名、二年级13名、三年级

---

① "国立北平大学"校长办公处：《国立北平大学一览》，北平松雅斋南纸印刷文具店1936年12月，第43页。

② "国立北平大学"校长办公处：《国立北平大学一览》，北平松雅斋南纸印刷文具店1936年12月，第43页。

③ "国立北平大学"校长办公处：《国立北平大学一览》，北平松雅斋南纸印刷文具店1936年12月，第45页。

④ "国立北平大学"校长办公处：《国立北平大学一览》，北平松雅斋南纸印刷文具店1936年12月，第46—47页。

⑤ "国立北平大学"校长办公处：《国立北平大学一览》，北平松雅斋南纸印刷文具店1936年12月，第47页。

⑥ "国立北平大学"校长办公处：《国立北平大学一览》，北平松雅斋南纸印刷文具店1936年12月，第47页。

16 名、四年级 18 名,全系计有学生 70 名;电机工程系一年级 26 名、二年级 26 名、三年级 20 名、四年级 23 名,全系计有学生 95 名;纺织工程系一年级 14 名、二年级 9 名、三年级 9 名、四年级 10 名,全系计有学生 42 名;应用化学系一年级 15 名、二年级 13 名、三年级 15 名、四年级 21 名,全系计有学生 64 名;全院合计学生总数 271 名。① 学院办有《工学院工学季刊》及《工学院半月刊》等出版物,前者主要记载与工学有关之专门著述或翻译及学院院务记事、通讯等项事宜,截至 1936 年 12 月共出版至第二卷第二期,后者主要记载工业常识及传布学校重要院务,截至 1936 年 12 月共出版 26 期。② 截至 1936 年 12 月,据笔者初步统计,学院共有教职员工 87 人,其中,职员 35 人、教员 53 人,教员中教授 21 人。③ 教师中不乏诸多知名专家学者,比如,物理学家、教育家张贻惠(1886—1946),安徽省第一批公费留日学生,日本京都帝国大学毕业,1914 年回国,1925 年任北京师范大学校长。1933 年,张贻惠被教育部任命为北平大学工学院院长。1937 年,国立西安临时大学组建后,张贻惠随校西迁。1937—1941 年,先后任西北大学、西北师范学院教授,兼教务长。1938 年 8 月 10 日,国立西北工学院成立筹备委员会,张贻惠为委员之一。1941—1945 年,任西北大学教授。张贻惠在国内高等院校首开原子物理学课程,为北京师范大学及中国现代物理学科的创建、发展作出了不可磨灭的贡献。潘承孝(1897—2003),中国内燃机和汽车工程教育的奠基人之一,著名汽车和内燃机专家,先后就读于美国康奈尔大学和威斯康新大学。1929—1937 年,先后任东北大学、北平大学机械学教授;1937—1948 年,先后任西安临大、西北联大、国立西北工学机械系教授、系主任及院长等职;1948—1951

---

① "国立北平大学"校长办公处:《国立北平大学一览》,北平松雅斋南纸印刷文具店 1936 年 12 月,第 570—573 页。

② "国立北平大学"校长办公处:《国立北平大学一览》,北平松雅斋南纸印刷文具店 1936 年 12 月,第 503 页。

③ "国立北平大学"校长办公处:《国立北平大学一览》,北平松雅斋南纸印刷文具店 1936 年 12 月,第 548—555 页。

年,任国立北洋大学校务委员会委员、工学院教授等职;新中国成立后,先后任天津大学校务委员会副主任、教务长等,为我国现代高等工业教育作出了卓越贡献,培养了大批机械工程英才。郁士元(1900—1985),随校西迁陕西后,积极抗战,先后任国立西北联大、国立西北大学地质地理系教授。1944年,鉴于民族危难,主动放弃教授职务而报名从军,成为教授从军第一人。因为,后面在谈到国立西北工学院时,还要谈到其历史源流,故先作简单介绍。

北平大学农学院的前身为晚清政府于1905年10月筹备京师大学堂分科大学中的农科大学,当时初步拟定卢沟桥瓦窑村地基作为建设农科大学的用地。[①] 1908年8月,清政府学部认为瓦窑村地址不适用,而奏请拨给北京阜成门外望海楼附近官地970余亩作为建筑农科大学之用地。因为该地地形地势较好,一方面"堪为农事试验场之用",另一方面"附近民地亦可设法购买"。[②] 1909年4月,学部以为"分科大学开办之初,造端宏大,擘画需人,所有各科监督,有商定章程经营校务之责,极应择人分任以董厥成"[③]。故,奏请著名学者、学部参事罗振玉为农科大学监督。1910年8月,开设本科,设农学和农艺化学两个专业。中华民国成立后,1912年5月,改京师大学堂为国立北京大学,农科大学仍为分科之一。1914年2月,国民政府教育部令改农科大学为国立北京农业专门学校。[④] 之后,学校规模不断扩大。1918年10月,学校扩建化学实验室2间,并教育部划拨卢沟桥瓦窑村官地640余亩作为学校农场。1922年1月,学校又购买北京南口汤玉沟等山地1100余亩作为第二林场,同

①　"国立北平大学"校长办公处:《国立北平大学一览》,北平松雅斋南纸印刷文具店1936年12月,第33页。

②　《光绪三十四年七月奏请拨望海楼地方苇塘官地建筑农科大学片》(1908年8月),载王学珍等主编:《北京高等教育文献资料选编(1861—1948)》,首都师范大学出版社2004年版,第241页。

③　《宣统元年闰二月奏遴员派充分科大学监督折》(1909年4月),载王学珍等主编:《北京高等教育文献资料选编(1861—1948)》,首都师范大学出版社2004年版,第253页。

④　"国立北平大学"校长办公处:《国立北平大学一览》,北平松雅斋南纸印刷文具店1936年12月,第35页。

年9月,学校借用宛平县公有老山山地340余亩为第三林场。12月,章士钊出任学校校长,开始兼收女生。① 1923年3月,改农业专门学校为国立北京农业大学,设农艺、森林、畜牧、园艺、生物、病虫、农业化学7系,修业年限为5年(前2年预科),并改行学分制,每学期以修足18学分为标准。② 1927年5月,学校调整公布学科专业为农艺、农业化学、畜牧、农业经济、森林、农业生物、园艺七系,并制定四年制学分纲要。同年8月,国民政府令将北京国立各校改组为京师大学校,由此农业大学为京师大学校农科。1928年11月,国民政府成立国立北平大学,聘任李石曾为校长、李书华为副校长,同时,改组学校为北平大学农学院,聘留美博士、著名农学专家董时进(1900—1984)为代理院长。③ 1934年4月,北平大学农学院学术刊物《农学专刊》出版,成为当时该领域为数不多的专业学术刊物之一。1936年8月,根据教育部指令对农学院专业设置进行了调整,裁撤农业生物学系,将农业经济学系并入农艺系,改名为农学系。④ 北平大学农学院人才济济,据笔者初步统计,1936年底,农学院教员共67人,其中,教授23人,职员37人;学院附设农场林场及农村建设实验区职员16人;学院共有教职员工120人。⑤ 教授中多有成绩卓著者,如刘运筹(1893—1960),著名农业经济学家、林学家,毕业于英国爱丁堡大学农科,曾担任南京国民政府农矿部林政司司长兼设计委员会委员,1932年10月至1937年1月,任北平大学农学院院长兼农业经济学系教授。汪厥明(1897—1978),著名农学和作物育种学家,毕业于日本东京大学农学专业,1926年聘

---

① "国立北平大学"校长办公处:《国立北平大学一览》,北平松雅斋南纸印刷文具店1936年12月,第36—37页。

② "国立北平大学"校长办公处:《国立北平大学一览》,北平松雅斋南纸印刷文具店1936年12月,第38页。

③ "国立北平大学"校长办公处:《国立北平大学一览》,北平松雅斋南纸印刷文具店1936年12月,第39页。

④ "国立北平大学"校长办公处:《国立北平大学一览》,北平松雅斋南纸印刷文具店1936年12月,第42页。

⑤ "国立北平大学"校长办公处:《国立北平大学一览》,北平松雅斋南纸印刷文具店1936年12月,第539—548页。

为北京农业大学教授。之后,1927 年开始在南京中央大学借聘 1 年,期满后,1928 年回校任教授兼农艺系主任,学校西迁来陕后任西安临时大学、西北联合大学教授。周建侯(1886—1973),中国农业化学学科的先驱者之一,毕业于日本北海道大学农科,1920 年起,先后任北京农业专门学校、北京农业大学、北平大学农学院的教授,并长期兼任农业化学系主任。1937 年 5 月至1937 年 9 月,任北平大学农学院院长。北平大学西迁来陕后,担任西安临时大学、西北联合大学农学学院院长。虞宏正(1897—1966),著名胶体化学、物理化学家,毕业于北京大学化学系,1923 年北京农业大学成立,被聘为教授;先后担任过北京师范大学、北京大学教授,1936 年起先后前往德国莱比锡大学、英国伦敦大学访学,1938 年回国后担任西北农学院教授,对西北农林高等教育事业作出了开拓性贡献。

北平大学医学院的源流,可追溯到 1898 年京师大学堂建立时附设的医学堂。义和团运动后,1902 年(清光绪二十八年)京师大学堂恢复重建,当时清廷下令学堂附设一所,名曰医学实业馆。1903 年,医学实业馆开始招生。

早在 1896 年 9 月 27 日,负责筹办京师大学堂的清廷大臣孙家鼐,就在其上奏的《遵筹京师建立学堂大概情形折》中指出筹办京师大学堂的必要性。他认为:"泰西各国,近今数十载,人才辈出,国势骤兴,学校遍于国中,威力行于海外,其都城之大学堂,规模阔敞,教法详明,教习以数百,生徒以万数……"故而,我国必须"亟宜采各处学堂章程,以育真才,而切时用"。他还认为,西方各国强大,"非仅恃船坚炮利为也",更重要的是"各国分科立学规制井然"。故而,"中华堂堂大国",必须"立学京师",否则"四海观瞻,万邦瞩目,一或不慎,必致徒招讥讪,无补时艰"[①]。孙家鼐在奏陈筹办京师大学堂的意见中,除了提出立学宗旨外,还具体谈到了分科问题,他建议京师大学堂分立十科:一道德科,二天文科,三地理科,四政事科,五文学科,六武备科,七农

[①]　孙家鼐:《遵筹京师建立学堂大概情形折》,载北京大学、中国第一历史档案馆编:《京师大学堂档案选编》,北京大学出版社 2001 年版,第8—9 页。

事科,八工艺科,九商务科,十医术科。① 随着维新变法运动的发展,1898年7月3日(光绪二十四年五月十五日),光绪皇帝批准了总理衙门呈奏的《奏拟京师大学堂章程》。这既是京师大学堂的第一个办学章程,也是近代中国最早的高等教育学制纲要。在第二章"学堂功课例"中,将课程分为普通学和专门学两类,在专门学中以高等算学、高等格致学、高等政治学、高等地理学、农学、矿学、工程学、商学、兵学、卫生学等10门为专门学,②光绪皇帝在批准京师大学堂章程的同时,令官书局和新设立的译书局一并并入京师大学堂,委派官书局大臣孙家鼐为管理大学堂事务大臣。至此,京师大学堂正式成立。

1898年9月21日,持续103天的戊戌维新运动失败后,唯有京师大学堂作为"硕果仅存者"得以保留。同年12月31日(光绪二十四年十一月十九日),京师大学堂于马神庙校舍正式开学。这里要特别指出的是,京师大学堂初建时,即附设医学堂。1898年9月9日(光绪二十四年七月十九日)孙家鼐在《奏请设立医学堂片》中称:"医学一门,所以保全生灵,关系至重。古者九流之学,医居其一。近来泰西各国,尤重医学,都城皆有医院。"接到孙家鼐奏折后,光绪当日即谕批:"医学一门,关系至重,亟应另设一学堂,考求中西医理,归大学堂兼辖,以期医学精进。"③9月14日,孙家鼐在呈奏的《拟办医学堂章程》中,规定医学堂设提调一人,总理堂中一切事务,派中医教习2人,其中1人为外科,1人为内科;聘西医教习2人,其中,1西人,1华人;招考学生两班,学生学成之后,给予文凭,以充作官医、军医及医学教习。中西医各有专门,医学堂除施诊授课之外,拟折衷中西异同汇编成书,以资贯通之助。医学

---

① 孙家鼐:《遵筹京师建立学堂大概情形折》,载北京大学、中国第一历史档案馆编:《京师大学堂档案选编》,北京大学出版社2001年版,第10页。

② 《京师设立大学堂章程缮单》,载北京大学、中国第一历史档案馆编:《京师大学堂档案选编》,北京大学出版社2001年版,第30—31页。

③ 孙家鼐:《奏请设立医学堂片》,载北京大学、中国第一历史档案馆编:《京师大学堂档案选编》,北京大学出版社2001年版,第62页。

堂还附设医院,每日施诊,中西并用,由各教习分别教授、施诊。① 1899 年 6 月,孙家鼐不满慈禧预废光绪帝位,请病假辞职。1900 年 5 月,义和团进入北京后,"住堂学生均告假四散"②。京师大学堂开学仅一年半后,被迫停止。

停办近 2 年后的 1902 年 1 月 10 日,清廷下令恢复京师大学堂,任张百熙为管学大臣。同年 8 月 15 日(光绪二十八年七月十二日),张百熙在奏呈的《京师大学堂章程》第二章第一节中提到:"前次学堂,有医学一门,兼司学堂中之诊治,今请仍旧办理,照外国实业学堂之例附设一所,名曰医学实业馆"。③ 1903 年 3 月 26 日(光绪二十九年二月二十八日),医学馆举行招生考试,参加考试者 200 余人,定额录取 30 余名。同年 4 月 2 日,医学馆开始授课,暂租地安门内太平街民房作馆舍。④ 医学实业馆分医学和诊治两部分,习医之处叫习业所,诊治之处称卫生所。医学实业馆学生在课程设置上中西医相关课程兼学,课程设置有算学、物理、化学、动植物学、方药学、全体学、外国文等 8 门。其中全体学包括西法解剖学、内经、难经等。诊治学包括内经、难经、脉学、西医验病法大略等。卫生所设治病院 1 处,中西药房各设置有办事室、膳厅、讲堂、自习室、仪器模型室等。教员中设中西教习各 1 人。教员主教授,同时在卫生所兼诊治病人。1905 年 4 月 4 日(光绪三十一年二月三十日),孙家鼐、张百熙上奏清廷请为医学实业馆建造馆舍,馆舍建在前门外八角琉璃井,并与施医总局合并,以便扩充规模。

1906 年 12 月,经过 3 年多的学习,京师大学堂译学馆 36 名学生学习期满毕业。1907 年 1 月,清政府将医学馆改为京师专门医学堂。由此,京师专门医学堂独立设置,归清政府学部直接管辖。⑤

---

① 孙家鼐:《拟办医学堂章程》,载北京大学、中国第一历史档案馆编:《京师大学堂档案选编》,北京大学出版社 2001 年版,第 63—64 页。

② 王学珍:《北京高等教育史》上卷,中国广播电视出版社 2010 年版,第 142 页。

③ 张百熙:《京师大学堂章程》,载北京大学、中国第一历史档案馆编:《京师大学堂档案选编》,北京大学出版社 2001 年版,第 149 页。

④ 王学珍:《北京高等教育史》上卷,中国广播电视出版社 2010 年版,第 168 页。

⑤ 王学珍:《北京高等教育史》上卷,中国广播电视出版社 2010 年版,第 169 页。

之后,1907 年京师专门医学堂停办,学部在馆舍创办北京女子师范学堂。中华民国成立后,1912 年国民政府教育部收回馆舍,创设北京医学专门学校,这是中国政府举办的第一所国立西医学校。1912 年 10 月 16 日,教育部任命汤尔和为北京医学专门学校校长。1913 年 1 月,学校在北京、上海两地共招收新生 72 名。① 1913 年 1 月,学校设立化学实验室;2 月,设立解剖实验室;7 月 1 日,又录取新生 50 名;9 月 1 日,又招收新生 10 名。② 这样,1913 年学校共招收新生 60 名。1914 年 12 月 30 日,国民政府教育部批准学校附设诊察所。1915 年 2 月 15 日,诊察所正式开诊(附属医院前身)。同年 9 月,学校增设病理组织实验室及病理解剖实验室。12 月 26 日,学校召开办学 3 周年纪念大会,教育总长张一麟③到会祝贺并与全体师生合影留念。

1916 年 1 月,学校又建成外科手术室;2 月,设立三等病室及施诊病室;7 月,录取新生 69 人。1917 年 3 月,学校举行第一届毕业生毕业仪式,共毕业学生 28 人;6 月,又举行了第二次毕业仪式,共毕业学生 14 人。④ 学校创办过程中十分重视对外学术交流,1919 年 10 月,学校派内科教授吴祥凤⑤赴美国

① "国立北平大学"校长办公处:《国立北平大学一览》,北平松雅斋南纸印刷文具店 1936 年 12 月,第 22 页。

② "国立北平大学"校长办公处:《国立北平大学一览》,北平松雅斋南纸印刷文具店 1936 年 12 月,第 23 页。

③ 张一麟(1868—1943),又名张一麐,字仲仁,号民佣,一号公绂、江东阿斗、大圜居士等。江苏吴县(今苏州)人。光绪十一年(1885)举人,曾与实业家张謇等组织苏社,入袁世凯、程德全等幕。民国成立后,历任袁世凯政事堂机要局局长、内阁教育总长、总统府秘书长等职;袁世凯策动帝制,他南返回到苏州蛰居,以读史著书为乐,时人尊称为"仲老"。1932 年,与李根源、陈石遗、金松岑等人发起成立中国国学会,推任为会长,后闲居苏州,与云南知名官员、学者李根源志趣相投,又都曾在北京北洋政府中任过高官,故交往甚密,时人有"吴下二老"之誉。九一八事变后,投身救国活动。1938 年,被选为国民参政会参政员。1943 年病逝于重庆。

④ "国立北平大学"校长办公处:《国立北平大学一览》,北平松雅斋南纸印刷文具店 1936 年 12 月,第 24 页。

⑤ 吴祥凤(1888—?),浙江省嘉兴市人,内科学、精神病学家。1916 年毕业于日本千叶医科大学,1917 年 4 月,被聘为国立北京医学专门学校内科教授,1919 年 10 月至 1921 年 9 月,赴美国进修。1927 年 9 月,出任国立北平大学医学院院长,兼任北平协和医学院兼职教授。抗日战争爆发后,随校迁西安,先后任西安临时大学医学院、西北联合大学医学院教授、院长。1939 年 8 月,任教于西北医学院,后兼西北大学医学院教授。抗战胜利后,应聘到南通医学院任教,1956 年去世。著有《临床便览》等论著。

研究,同时又派耳鼻喉科教授孙柳溪①赴日本九州帝国大学研究学习。②

到 1923 年,学校学生人数逐渐增多,达到 200 多人,教员增加到 46 人。学校不仅能按教育部的规定全部开出医专的 48 门课程,而且能全部开出医大的 70 门课程和预科 11 门课程。③ 是年 9 月,学校奉命更名为国立北京医科大学,分预科、本科两级,预科 2 年,本科 4 年。当年招收大学预科 60 名,并成立 X 光线室。④ 1926 年 6 月,专门部最后一班 63 名学生毕业,专门部结束。同年 8 月,再设看护助产专修科,学制两年。学校更名为国立北京医科大学后,教员队伍有所充实,到 1927 年,教员人数达到 50 人,其中,教授 16 人,讲师 15 人,助教 9 人,另有 10 名助手。到 1927 年 8 月,学生增加到 300 多人。⑤ 同年,为了满足医疗和临床医学教学发展的需要,附属诊察所扩充为附属医院。

1927 年 8 月 4 日,奉系军阀张作霖统治北京时,将当时包括北京医科大学在内的北京大学、北京师范大学、北京女子师范大学、北京农业大学、北京工业大学、北京法政大学、北京女子大学、北京艺术专门学校等国立九校合并,称为京师大学校,北京医科大学改称为国立京师大学校医科,教育部部长刘哲自兼校长,聘任孙柳溪为学长。⑥ 京师大学校前后持续了不到一年,随着奉系军阀退出北京,国民革命军进占北京,京师大学校宣告结束。1928 年 11 月,北

---

① 孙柳溪,山东省即墨县人,同盟会会员,耳鼻咽喉专家。1915 年,聘为国立北京医科专门学校外科教授。1919 年 10 月,赴日本九州帝国大学从事研究工作。1920 年 8 月,主持成立了耳鼻咽喉科教室并任主任。1926 年 1 月至 1927 年 8 月,任国立北京医科大学校长;1927 年 8 月至 1928 年 11 月,任国立京师大学校医科学长。其余事迹不详。
② “国立北平大学”校长办公处:《国立北平大学一览》,北平松雅斋南纸印刷文具店 1936 年 12 月,第 25 页。
③ 王学珍:《北京高等教育史》上卷,中国广播电视出版社 2010 年版,第 421 页。
④ “国立北平大学”校长办公处:《国立北平大学一览》,北平松雅斋南纸印刷文具店 1936 年 12 月,第 27 页。
⑤ 王学珍:《北京高等教育史》上卷,中国广播电视出版社 2010 年版,第 421 页。
⑥ “国立北平大学”校长办公处:《国立北平大学一览》,北平松雅斋南纸印刷文具店 1936 年 12 月,第 28 页。

平国立各校再次改组,学校改称为国立北平大学医学院,聘任病理学教授徐诵明为院长,①院址设在宣武门外前孙公园。1929 年 1 月,学校成立生理化学实验室和小儿科研究室,分别聘请徐开、颜守民为主任教授。1932 年 10 月,教育部令医学院改为六年制,招收高中毕业生,还招收六年制新生 29 名。同年,还出版《医学年刊》;11 月,日本九州帝国大学向学校赠送病理肉眼标本 73 件。②

北平大学医学院在其发展过程中,十分重视与加强实习场所和基地的建设。学校一方面设有诊察所;另一方面为了满足医疗和临床教学的需要,于 1927 年 4 月,专门增设附属医院。附属医院设有病床 100 余张,分内、外、小儿、妇女、皮肤花柳、耳鼻咽喉、眼、理疗八科。之后,学校逐渐增添医疗设备,外科建成了可同时供示教用的阶梯手术室,内科增开了实验诊断课及实习环节,还增设了两个隔离病室,又增设了临床细菌血清检验室及动物研究室。1933 年 12 月,成立了北平市第二卫生事务所,由于有万国卫生协会给赞助的 3500 美元卫生学教室设备费,因此,设备较好,成为学校公共卫生科的教学区与实验区。③ 此外,如前所述,学校还建立了一系列现代医学的各种实验室,比如,1915 年,学校建立病理组织实验室及病理解剖实验室;1923 年,建立 X 光线室;1927 年,设立临床细菌血清检验室及动物室;1929 年,学校建立生理化学实验室和小儿科研究室;1931 年,北平大学医学院还建立了我国第一个法医教研室。这些实验室或研究室,既为现代医学教学研究所必需之设置,又开创了中国现代医学教学之先河,在中国现代高等医学教育史上具有开创性的意义。

北平大学医学院在办学期间,除了重视教学外,还十分重视科学研究与对

---

① "国立北平大学"校长办公处:《国立北平大学一览》,北平松雅斋南纸印刷文具店 1936 年 12 月,第 29 页。

② "国立北平大学"校长办公处:《国立北平大学一览》,北平松雅斋南纸印刷文具店 1936 年 12 月,第 31 页。

③ 王学珍:《北京高等教育史》上卷,中国广播电视出版社 2010 年版,第 487 页。

外交流工作。据不完全统计,1920—1933 年,北平医学界先后出版的 31 种刊物中,北平大学医学院主办的就有 10 种,如《北平大学医学院半月刊》《医学年刊》《卫生周刊》《新生命》《医学》《北平医刊》等,发表了不少颇有见地及具有开创性意义的论文。北平大学医学院还较早开展了国际医学交流。如前所述,学校从开始建立就十分注意吸收世界现代医学之最新进展及先进成果,先后派多人到国外考察学习、进修。如 1919 年 10 月,学校派内科教授吴祥凤赴美国研究,同时又派耳鼻喉科教授孙柳溪赴日本九州帝国大学研究学习。1924 年 3 月,派生理学教授周颂声赴日本西京帝国大学研究。1925 年 8 月,派眼科助教黄芸苏、外科助教金荣贵赴德国留学。1930 年 2 月,派外科助教兼理疗科主任梁铎、病理助教林振纲赴德国留学。1931 年 10 月,派辅助眼科助教董良民赴德国留学。1934 年 10 月,细菌助教鲍鉴衡、皮肤华柳科助教林子扬、外科助教葛秉仁、耳鼻喉科助教杨其昌分别受学校资助赴德国留学。[①]再比如,德国性学家赫希菲尔德(M.Magnus Hirschfeld, 1868—1935)博士,于1931 年春末夏初到我国,在北平、天津、上海、南京、杭州、广州等地考察、讲演,历时约 10 周。1931 年 5 月 31 日,在北平大学医学院作了“两性病理学之现在”的演讲。据记载,他在北平大学医学院礼堂的讲演场面非常壮观,“听众逾四五百人,摩肩接踵,颇极一时之盛。距讲演时间尚有一刻钟,但医学院礼堂中,人已满坑满谷,入堂之门已完全塞断。礼堂外每一窗口亦皆有十数人立听,而听众中多有携雨伞者,其热心可想见”[②]。在演讲中,赫氏对于性欲障碍各病态有较为详细的陈述,演讲过程中还使用了在国人看来极为先进的幻灯片,内容包括生殖器畸形、同性恋等照片。在中国近现代医学史上,赫希菲尔德是第一位来我国的国际著名的性学专家,对于我国现代医学教育及我国性教育、性学研究的开放等产生一定的推动作用。

---

① “国立北平大学”校长办公处:《国立北平大学一览》,北平松雅斋南纸印刷文具店 1936 年 12 月,第 27—32 页。

② 陈永生:《中国近代节制生育史要》,苏州大学出版社 2013 年版,第 285 页。

抗日战争全面爆发之前,北平大学医学院总体发展态势良好,教学科研工作积极推进,成为当时中国著名的医学高等院校。其附属医院发展成为在北平与协和医院齐名的设备较为先进、技术力量雄厚的医院,老百姓称之为"平大医院"。1937年7月,抗日战争全面爆发后,随着日军侵华的不断推进及对平津的不断轰炸,学校已无可能正常开展教学工作。在此民族危难之际,1937年9月10日,教育部发布16696号令合组西安临时大学,迁设西安,医学院随校西迁。由此,学校成为西安临大、西北联大的医学院。

北平大学医学院的师资力量较为雄厚。据北平大学1935年教职员名录,笔者初步统计,医学院全院有教职员137人,是全校教职工人数最多的学院之一。其中,教授25人,其他职员及护士112人。[①] 教授中多为著名专家学者,均可谓中国现代医学各个领域的"开山鼻祖"。比如,吴祥凤(1888—?),著名内科学、精神病学家。1916年毕业于日本千叶医科大学,1925年,孙中山病重期间为会诊医生之一。1927年9月,出任国立北平大学医学院院长。抗日战争全面爆发后,随校迁西安,先后任西安临时大学医学院、西北联合大学医学院教授、院长。鲍鉴清(1893—1982),组织学和胚胎学家。1917年毕业于国立北京医学专门学校,1920年赴德国柏林大学留学,1940年获日本东京帝国大学博士学位。新中国成立后,受聘于中国人民解放军第一军医大学,建立了国内第一个组织培养室,为推动组织胚胎学科的技术发展起了巨大的推动作用。陈友浩,人体解剖学家,我国解剖学的奠基人之一。1919年毕业于北京医学专门学校,曾任北平大学医学院教授。新中国成立后,参与制定解剖学中文名词,按中国人体编写了《人体系统解剖学》《人体局部解剖学》《人体解剖学名词》等著作。侯宗濂(1900—1992),著名生理学家和医学教育家。1922年,去日本京都大学进修,1926年获医学博士学位。回国后,1931年起任北平大学医学院生理学主任教授。1936年,出席了在莫斯科召开的第十五届国际

---

① "国立北平大学"校长办公处:《国立北平大学一览》,北平松雅斋南纸印刷文具店1936年12月,第526—539页。

生理学大会。1937年，创建福建医学院。1944年，出任西北医学院院长。新中国成立后，1954年，中央人民政府仍任命他为西北医学院（后西安医学院、西安医科大学）院长。历任全国全国政协委员、人大代表，及陕西省人大常委会副主任，省政协副主席等职务。颜守民（1898—1990），儿科学专家，长期致力于儿科学的教学、医疗和科研工作，在儿科学领域声誉卓著。1916年，考入国立北京医学专门学校。1919年，参加五四运动。1920年，毕业留校任内科医师。1924年，赴德国柏林大学进修，在著名儿科教授 Czerny 及 Finkelstein 门下学习研究。1930年，受聘为北平大学医学院儿科学教授、儿科主任，编著出版幼儿保健读物《哺乳儿养育法》和《乳儿营养与看护》。1937年，任国立西北联合大学医学院儿科教授。其间，发表《北平的白蛉热》《淋巴细胞 Azur 颗粒》《初乳小体的二原性》等论文。新中国成立后，先后任南京医学院院长，名誉院长等职务。徐诵明（1890—1991），中国现代高等教育和现代医学教育的先驱，中国病理学的开创者和奠基人。1918年，毕业于日本九州大学医学部。1928年11月至1932年8月，任北平大学医学院院长。1932年至1937年，任北平大学代理校长、校长。1937年后，先后担任西北联合大学校务委员会常务委员、同济大学校长、沈阳医学院院长等职。新中国成立后，任人民卫生出版社社长，为第三、五届全国政协委员。林几（1897—1951），我国现代法医学创始人。1918年，考入北平医学专门学校，毕业后留校任病理学助教。1924年，往德国维尔茨堡大学医学院学习，专攻法医学，2年后又到柏林大学医学院法医研究所攻读博士学位，1928年毕业，获医学博士学位。同年回国，受聘北平大学医学院教授。1932年，受国民政府司法部委托，到上海筹建法医学研究所。1935年，重返北平大学医学院，任法医学教授。抗战爆发后，随校西迁，任西安临时大学、西北联合大学医学院教授。徐佐夏（1893—1971），著名药理学家，一级教授。1917年，毕业于国立北京医学专门学校。1920年春，赴德国留学，获博士学位。1924年回国后，任北平大学医学院教授。1937年初出国进修，抗日战争全面爆发后，毅然返回祖国。到达青岛时,北平已沦陷,徐佐夏越过日伪封锁线,奔赴陕西西安临时大学,先后任西安临大、西北联大、西北医学院教授兼院长。汉中期间,积极从事抗日救国活动,曾率领30余名学生组成的抗日救亡宣传队,在汉中进行抗日宣传。新中国成立后,曾连续当选第一、第二、第三届全国人大代表,并出席过全国、省市文教战线群英会。主要译著有《药理学》《毒理学》等。蹇先器(1893—1945),我国现代皮肤性病学奠基人之一。毕业于日本千叶医科大学。回国后,1920年8月,任北京医学专门学校皮肤花柳科教授。1931年11月至1932年2月,任北平大学附属医院院长。1932年9月,继续聘为附属医院院长。1937年7月,抗日战争全面爆发后来陕,参与西安临时大学组建。学校迁往汉中组建西北联合大学后,医学院院长吴祥凤因病不能到任,1938年4月20日,学校常委会决定聘蹇先器为医学院代理院长。1939年2月11日,正式担任西北联大医学院院长。在北平大学医学院执教期间,翻译日本学者所著《内科学》五卷六册,对我国现代医学的发展起到重要促进作用。此外,还有中国现代医学放射诊断创始人之一的著名放射学家梁铎,著名病理学教授洪司,著名热带病学家杨敷海,著名外科学家刘兆霖,生物学家徐开,微生物学家、病理学家辰纲,微生物学家余贺,外科学教授陈礼节、厉矞华,病理学家毛鸿志,眼科学教授刘新民,等等。

北平大学医学院时期,学校培养了大批优秀人才,许多学生后来成为国内著名的医学家。比如,沈鼎鸿(1910—2011),1933年毕业于北平大学医学院,著名微生物学专家。新中国成立后,1952年,参加抗美援朝志愿检验队赴朝,1955年,任上海第二医学院微生物学教授,编译有《临床真菌学》《普通病毒学》,合编有《医学微生物学》等。陈康颐(1908—2005),1932年毕业于北平大学医学院,法医学专家。先后在广西大学、广西医学院、南京大学医学院、第二军医大学、司法部法医学研究所任职,从事法医师和教学工作。曾主审《法医学》《实用法医学》《法医学活体损伤图谱》《应用法医临床学》等国内大型法医学著作,参与编写《辞海·医药卫生分册》。曾任国家卫生部教材编审委员会特约编审、全国法医学专业教育指导委员会委员以及朝鲜军事停战委员会中朝方面法医组负责人。1960年起,任上海第一医学院法医学教授及法医教研室主任。吴公良,1933年毕业于北平大学医学院,胸外科专家。毕业后曾任贵阳、南京中央医院外科副主任。1947年,任美国华盛顿大学研究员。1948年回国,任中央医院胸外科主任。新中国成立后,历任华东军区医院外科主任,南京军区总医院外科主任、副院长,总后勤部卫生部医学科技委员会委员,是第三届全国人大代表。对肺结核外科治疗及胸部战伤晚期处理颇有研究,1959年,成功地开展了心脏大血管外科手术治疗主动脉缩窄症和主动脉瘤。1960年,采用自肺氧合深低温进行心脏直视手术,获得成功。著有《肺结核病防治手册》等。沈克敏,1937年毕业于北平大学医学院。毕业后曾任兰州西北医院主治医师、天水医院院长。新中国成立后,曾就职于西北军区第二野战医院,任第四和第一医院副院长兼兰州大学医学院教授。对20世纪50年代西北地区部队医疗卫生工作的开展作出了重要贡献。1951年,曾立大功一次。隋式棠(1912—2011),1935年毕业于北平大学医学院,著名儿科学专家。1929年考入北平大学医学院,1935年毕业。毕业后留校,担任儿科助教。抗日战争全面爆发后,艰难辗转到达陕西汉中,担任西北联大医学院小儿科讲师兼附属医院检查室主任,之后还兼任附属医院总务主任。1943年、1948年先后擢升为国立西北医学院、国立西北大学医学院儿科学副教授、教授。新中国成立后,担任国立西北医学院小儿学系主任。1950年,他与西北医学院刘蔚同、刘新民、王耕、迟汝澄等几名教授受杨得志、耿飚将军之聘,担任解放军第十九兵团兼职教授,积极热忱地为部队培训医务人员。1951年底,在其倡议下正式成立中华医学会陕西省儿科学会,并担任第一届学会主任委员,这是中华医学会在陕西成立的最早的学科分会之一。之后,一直在西北医学院工作,为西北、陕西的医学学科及小儿学科的发展作出了不可磨灭的贡献。姜泗长(1913—2001),1932年考入北平大学医学院,1938 年毕业。耳鼻咽喉科专家。1947 年,前往美国芝加哥大学医学院学习。1949 年回国后,任中国人民解放军耳鼻咽喉科研究所所长、教授。1950 年,编写了中国第一部《临床耳鼻咽喉科学》。1994 年,当选为中国工程院院士。

北平大学法商学院的历史,可追溯到清光绪三十一年(1906)清政府设立的法律馆,1907 年,学部奏请将法律馆改为法政学堂。1909 年 5 月,法政学堂速成班 49 名学生毕业。① 中华民国成立后,1912 年 5 月,教育部令法政、法律、财政三校,改名为北京法政专门学校,8 月 25 日,学校举行了开学典礼。② 1915 年 11 月,法政本科即边政本科蒙藏回各班共毕业学生 118 名;1916 年 2 月,参加教育部专科以上学校成绩展览会,选送作品获得二等奖;1918 年,选送 2 名学生游学日本;1923 年夏,教育部令北京法政专门学校改组为国立北京法政大学,同时招收政治、经济、法律、商学四系预科 4 个班;③ 1927 年 8 月,教育部改组国立九校为国立京师大学校,由此合并国立北京大学法科与国立法政大学为京师大学校法科。1928 年 11 月,国立北平大学成立后,学校改组为北平大学法学院。1933 年 5 月,研究室正式组织成立,考选研究生开始,并在教授中聘请 15 人分期担任指导教师。1936 年 9 月,奉教育部令成立商学系先修班,并招考学生 30 名。④ 法商学院创办有《法商学院院刊》,每周发行 1 期。截至 1936 年 12 月,共发行 177 期。⑤

① "国立北平大学"校长办公处:《国立北平大学一览》,北平松雅斋南纸印刷文具店 1936 年 12 月,第 12—13 页。

② "国立北平大学"校长办公处:《国立北平大学一览》,北平松雅斋南纸印刷文具店 1936 年 12 月,第 13 页。

③ "国立北平大学"校长办公处:《国立北平大学一览》,北平松雅斋南纸印刷文具店 1936 年 12 月,第 16 页。

④ "国立北平大学"校长办公处:《国立北平大学一览》,北平松雅斋南纸印刷文具店 1936 年 12 月,第 18—19 页。

⑤ "国立北平大学"校长办公处:《国立北平大学一览》,北平松雅斋南纸印刷文具店 1936 年 12 月,第 503 页。

据笔者初步统计,截至 1936 年底,法商学院共有教职员工 109 人,[①]其中不少知名专家学者。比如许德珩(1890—1990),早年加入中国同盟会,1919年参加五四运动,是著名青年学生领袖之一。五四运动后,1920 年初赴法国勤工俭学。1926 年底归国后,先后任暨南大学、北京大学和北平大学教授,并从事马克思主义著作的翻译工作。1935 年参与组织北平文化界救国会,参加"一二·九"运动。1946 年 5 月 4 日,九三学社成立,为该社最主要的创始人。1949 年 9 月,出席中国人民政治协商会议第一届全体会议。新中国成立后,曾任政协全国委员会副主席,第四、五、六届全国人大常委会副委员长。寸树声(1896—1978),曾留学日本,1932 年回国后,长期从事教育事业,积极宣传马列主义,在国立北平大学、西安临时大学、西北联大任教,积极宣传抗日救国的进步思想,历任北平大学法商学院经济系教授,西北联大商业系主任。1937年后,被国民党教育部以"思想不纯"的罪名从西北联大解聘。新中国成立后,历任全国政协第三、四、五届委员会常务委员、云南省政协副主席、民盟中央委员、民盟云南省主任委员等职。李达(1890—1966),中国共产党的早期领导人之一。1921 年 7 月,参加中国共产党第一次全国代表大会。同年 9月,创办党的第一个出版机构——人民出版社。1932 年至 1937 年,先后任北平大学法商学院教授兼经济系主任。在此期间,他多次受党的委托到冯玉祥处讲学,说服冯联共抗日,促进冯玉祥同共产党的合作。1935 年,发表专著《社会学大纲》,系统阐述了辩证唯物主义和历史唯物主义。新中国成立后,历任湖南大学校长、武汉大学校长,曾当选为中共八大代表。白鹏飞(1870—1948),著名学者与民主人士,留学日本 11 年,在法学、政治学、经济学、统计学等多个领域颇有造诣,获得政治、法律等 5 个硕士学位。回国后,先后在上海、北京、广西的 9 所大学担任教授和校长。1931 年,担任北平大学法商学院院

---

① "国立北平大学"校长办公处:《国立北平大学一览》,北平松雅斋南纸印刷文具店 1936年 12 月,第 521—526 页。

长。由于其精通法学,时称"北方法学,于斯为盛"。抗日战争爆发后,积极支持爱国师生的抗日救亡运动。另外,还有余启昌、石志泉、张孝移、黄得中、李浦、章友江等知名教授。

二、北平师范大学历史溯源

北平师范大学是我国较早成立的高等院校之一,它的前身是京师大学堂师范馆,后改称北京高等师范学校。1931 年,与北平女子师范学院合并,称国立北平师范大学。1937 年抗日战争全面爆发后,西迁陕西。下面,就其发展历程的具体情况作一简单回溯。

1901 年 12 月,清政府颁布了张百熙所拟奏的《钦定学堂章程》,作为管学大臣的张百熙既主管京师大学堂,又兼管全国各省设立的学堂。京师大学堂创办后,仿照日本本要设置 7 个"专门分科",但考虑到当时中国的实际情况及生源问题,京师大学堂实际只办了仕学馆和师范馆,师范馆首先招生。1902 年 12 月 17 日,京师大学堂师范馆(光绪三十年,阴历十一月十八日)正式开学。开学的当时,师范馆考取的学生共 79 名(仕学馆同时开学,录取学生 57 名)。校址在景山东马神庙(旧称"四公主府"),仕学馆的学生住在寝宫后边的平房里,当时叫"十二帝"。师范馆的学生住在两座楼房里,当时叫"南北楼"。后来,仕学馆迁出马神庙,到李阁老胡同去,就只有师范馆在哪里了。①

1903 年,清政府颁布了《奏定学堂章程》,该章程的特点之一就是重视师范教育。在此背景下,1904 年,京师大学堂师范馆改为优级师范科,当年录取学生 200 余名。师范馆招考学生的方式有二:一是自愿投考,在京直接举行考试;一是由各省择选保送,通过复试再决定录取与否。京师大学堂优级师范

---

① 北京师范大学校史编写组:《北京师范大学校史(1902—1982)》,北京师范大学出版社 1982 年版,第 3—4 页。

科,第一期和第二期学生共计 300 余名。①

当时,师范馆,优级师范科开设的课程,据《京师大学堂章程》所列,计为 14 门:伦理第一,经学第二,教育第三,习字第四,作文第五,算学第六,中外史第七,中外舆地第八,博物第九,物理第十,化学第十一,外国文第十二,图画第十三,体操第十四。学堂教授时间,每周约 36 小时。②

成绩考察方面,具体分月考(平日分数),期考,年考三种。期考、年考分数,与平日分数平均计算。评定分数,以百分为"满格"。通各科平均计算。每科得 60 分者为"及格",不及 60 分者为"不及格"。

师范馆学生实际的课程安排如下:

第一学年学普通课。第二学年分科。第一年分习英、德、法、俄等文(日语人人皆须学习)及普通科学。还有国学,如经学大义、国文、中外历史地理等。第二年开始分科学习,共分四科,当时称为四类:第一类为国文、外国语(英、法、德语,任学生自择一种,分班教投);第二类为中外历史、地理;第三类为物理、化学、数学;第四类为动物、植物、矿物、生理、卫生、农学、园艺,总名为博物科。除以上课程外,通习的科目有教育学、心理学、辨学、哲学大纲。③

据学生回忆,师范馆学生的毕业考试非常严格。一共要考 7 天时间,每门平均计分,毕业考试成绩占到全部成绩的一半。当时的教习,不少是社会名流,还有部分外籍教员,比如日本的服部宇之吉,教授教育学、心理学和伦理学等课程,称为"正教习"。④

1907 年,京师大学堂优级师范科第一期学生毕业;1908 年,京师大学堂优

---

① 北京师范大学校史编写组:《北京师范大学校史(1902—1982)》,北京师范大学出版社 1982 年版,第 5 页。
② 北京师范大学校史编写组:《北京师范大学校史(1902—1982)》,北京师范大学出版社 1982 年版,第 5 页。
③ 北京师范大学校史编写组:《北京师范大学校史(1902—1982)》,北京师范大学出版社 1982 年版,第 5—6 页。
④ 北京师范大学校史编写组:《北京师范大学校史(1902—1982)》,北京师范大学出版社 1982 年版,第 9 页。

级师范科第二期学生毕业。1908 年 5 月,京师大学堂优级师范科改为京师优
级师范学堂,①这标志着我国高等师范学校独立设置的开始。1911 年,辛亥革
命爆发后,优级师范学堂陷于停顿。这样,自京师大学堂师范馆成立,至京师
优级师范学堂陷于停顿,历时近 9 年。在这 9 年当中,毕业生两期共 306 名,
未毕业的学生约 230 名。② 当时,学堂规模相对比较小,经费也不充足,办学
相对还是比较困难。

中华民国成立后,1912 年 5 月 15 日,改京师优级师范学堂为北京高等师
范学校。北京高师成立后,聘请了不少外国留学生来校担任教职,教师阵容一
时增强了许多。其中,著名学者有王桐龄、许寿裳、马寅初、马叙伦、钱玄同、陶
孟和、马裕藻、邓萃英、俞同奎、冯祖荀、毛邦伟等,使北京高等师范学校成为新
文化运动中北大之外的又一重要阵地。③

1913 年 2 月,学校将文科第二部改称英语部,理科第二部改称物理化
学部,理科第三部改称博物部,该年 8 月,增设历史地理部。1915 年,增设
国文部、数理部、教育专攻科、国文专修科、手工图画专修科;1916 年,为提
倡美育及职业教育,又附设音乐训练班、职工科;1917 年,增设体育专修科。
至此,按照 1913 年 2 月颁布的《高等师范学校规程》中所规定的国文、英
语、史地、数理、理化及博物六个部,北京高等师范学校已完全设立,并设立
了教育专攻科、国文专修科、手工图画专修科等,这些部和专修科的设置,为
后来北京师范大学系科的发展奠定了基础,其中,体育专修科是我国最早设
立的培养体育人才的机构。它不仅为各级各类学校培养了体育教师,还训
练了一批为国家争得荣誉的运动员。比如,1921 年,在菲律宾举行的远东
运动会上,我国同时获得“个人五项第一”“个人十项第一”的运动员朱恩

---

① 北京师范大学校史编写组:《北京师范大学校史(1902—1982)》,北京师范大学出版社
1982 年版,第 18 页。
② 北京师范大学校史编写组:《北京师范大学校史(1902—1982)》,北京师范大学出版社
1982 年版,第 19 页。
③ 王学珍:《北京高等教育史》上卷,中国广播电视出版社 2010 年版,第 257 页。

德,就是北京高等师范学校体育专修科的学生。①

　　1919 年,五四运动爆发后,北京高等师范学校的学生表现积极踊跃。教授没有参加游行,但表示同情,始终陪着学生走的也有,比如钱玄同即是其中之一。② 高师学生组成小组在街头宣传、讲演,6 月 2 日、3 日,高师学生被分配负责前门大街一带的街头演讲工作,也有一部分被分配到西城区讲演。③经过五四运动的洗礼,北京高师的师生面貌有了显著变化,增聘了一批知名教授,1920 年,鲁迅到高师任课。还聘了黎锦熙、李建勋、林砺儒等到学校任教。1920 年,北京高师还开办了教育研究科,当时招收研究生 32 人,1922 年 4 月,这期研究生毕业。④ 1922 年 11 月,成立了北京师范大学筹备委员会。1923年 7 月,国立北京师范大学正式成立,范源濂任校长。9 月 28 日开学,从此中国教育史上出现了第一个师范大学。⑤

　　北京师范大学成立后,本科学习年限为 4 年,暂设预科,学习年限两年。本科毕业,授予学士学位。当时,本科设有教育、国文、英文、数学、物理、化学、生物、史地等系(史地系 1928 年分为历史、地理两系),还设有体育专修科。教师阵容比过去更为充实,梁启超、吴承仕、陈垣、黄侃等知名学者先后来师大任教。学生的学习采取学分制,本科修完 150 学分毕业。为了提高程度,课程逐年进行调整、充实,科目分得更细,内容趋向专门和深博,公共课和专业课的学习时数均有增加,各系还先后开设了专业教学法。范源濂就任校长后在教育教学中提倡人格教育,要求学生应以身作则,为人师表,垂范后学;主持修订了师大的组织大纲和各种规章制度;严格考试制度;修缮校园、校舍,使学校焕然

① 王学珍:《北京高等教育史》上卷,中国广播电视出版社 2010 年版,第 257 页。
② 周谷城:《五四运动与青年学生》,《解放日报》1959 年 5 月 4 日。
③ 北京师范大学校史编写组:《北京师范大学校史(1902—1982)》,北京师范大学出版社 1982 年版,第 47 页。
④ 王学珍:《北京高等教育史》上卷,中国广播电视出版社 2010 年版,第 412 页。
⑤ 北京师范大学校史编写组:《北京师范大学校史(1902—1982)》,北京师范大学出版社 1982 年版,第 70—71 页。

一新。正当范源廉专心于师大的建设与发展时,却面临学校经费严重不足、债台高筑的困境。对此,范源濂于 1924 年 9 月愤然辞职。范源廉辞职后,1925 年 10 月,数理系主任张贻惠出任校长。此后一段时间,学校经费有中华教育文化基金会每年赠与科学教席设备费 8000 元,补助附中、附小 2000 元;此外,为广西省代培师资、开办特别班,由广西省拨给补助费。① 这样,学校才得以勉强维持下去。不过范源廉辞职后,他主持制定的一些规章制度和他提出的一些措施仍得以继续推行,改大以后各个学会的学术刊物大多也继续出版。

1928 年 6 月,如前所述实行大学区制后,北京师范大学改为北平大学第一师范学院,张贻惠为北平大学第一师范学院院长。1929 年 6 月,大学区制停止,北平大学第一师范学院恢复为北平师范大学。②

这里特别要强调的是,1932 年下半年,北平师范大学停止招生、停办师大官方方案、社会舆论不绝于耳,对此,全校师生一直反对,各地师大校友积极活动,阐述不应该取消的理由。最终,停办师大的方案在国民党三中全会上未被通过。取消师大的意见被否定了,"仅存的硕果"被保存了下来。

1933 年 8 月,重新修订北平师范大学《组织大纲》。大纲规定:"本校以造就中等学校与师范学校师资为主,并以造就教育行政人员及研究教育学术与适用于教育之专门学术为辅。"这时,北平师大分为文学院、理学院、教育学院 3 个学院 11 个系。同时,学校设立研究所,目的是"(1)研究教育实际问题,(2)培养敏育学术专家,(3)收集整理并编纂各科数材"。本校设附属中学校、小学校、幼稚园及乡村数育实验区,作为研究、实验及学生实习的场所。学校设校长室、秘书处、教务处、学院四种机构,分管全校行政和教学工作。"校长综理全校校务"。③

① 北京师范大学校史编写组:《北京师范大学校史(1902—1982)》,北京师范大学出版社 1982 年版,第 73—74 页。
② 北京师范大学校史编写组:《北京师范大学校史(1902—1982)》,北京师范大学出版社 1982 年版,第 81 页。
③ 北京师范大学校史编写组:《北京师范大学校史(1902—1982)》,北京师范大学出版社 1982 年版,第 95 页。

1937年,抗日战争全面爆发前,北平师范大学的图书设备和校舍都有所补充和增加。据1936年统计,图书馆共藏书118707册,流通的杂志759种,流通的中外文日报39种。图书馆收集到30年来出版的各种教科书4200册,这是师大的特藏。学校修建了丁字楼宿舍,增建了物理系、化学系及生物系的实验室。另外,截至1936年10月,全校共有学生944人,教师151人,职员82人。1936年12月统计,历届毕业生在教育界服务者,占总人数的87.7%。①北平师范大学还采取多种形式培养培训教师。1934年,开办了"暑期教育讲习班"及"中等学校理科教员讲习班"。1936年,增设了"中学师范工艺劳作师资训练科"。1937年,开办"华北各省师范学校体育教员训练班"等。②

三、北洋工学院历史溯源

西北联大工学院的另一重要组成部分为国立北洋工学院,其办学历史最早可追溯到1895年,创办时名为"天津北洋西学堂",1896年,更名为"北洋大学堂"。北洋大学的创办,标志着我国第一所新型大学的诞生,开拓了中国近现代高等教育的先河。曾任晚清商务大臣、邮传部大臣的盛宣怀,在办理洋务事业的过程中深感:一方面,"不谙文理,每逢办理交涉,备尝艰苦";另一方面,"东西列强所以有今日者,皆贤豪辈出之效"。因此,"中国欲图自强必储才,则筹设学堂,实为急务"③。于是,1895年8月,时任津海关道的盛宣怀上书光绪皇帝,奏请创办西学学堂。盛宣怀称:"自强之道,以作育人才为本,求才之道,以设立学堂为先。"④他还以日本为榜样进一步说明创办西学堂的重要性,呼吁"惟学堂迟设一年,则人才迟出一年",恳请清政府设法筹款以充学堂经费,并建议从自己任职的津海关道每年拿出15000两白银作为办学经费,

---

① 王学珍:《北京高等教育史》上卷,中国广播电视出版社2010年版,第485页。
② 王学珍:《北京高等教育史》上卷,中国广播电视出版社2010年版,第485页。
③ 中国史学会:《洋务运动》(八),上海人民出版社1961年版,第56页。
④ 朱寿朋:《光绪朝东华录》第4册,中华书局1958年版,第122页。

以为"格致、化学、器具、书籍等项,及聘请教习川资"①。

　　盛宣怀的奏折上呈后不到两个月,即 1895 年 10 月 2 日,光绪皇帝批准创设天津北洋西学学堂。为什么称为"北洋西学学堂"?因为,晚清称我国辽宁、河北、山东等沿海各省为"北洋",其政治、经济中心在天津,故决定将学校地址设在天津,并命名为天津北洋西学学堂。1896—1903 年,校名均为"北洋大学堂"。中华民国成立后,1912 年,学校奉命更名为"北洋大学校",1913年,又命名为"国立北洋大学"。② 命名为"国立北洋大学"后,学校根据教育部的相关要求与法令,制定了《国立北洋大学校办事总纲》,共 3 章 23 条。为了配合《总纲》制定的学校管理办法,又制定了具体实施教学管理的《国立北洋大学校学事通则》,共 14 章 100 余条,详细规定了学生入学资格、学生考查、留级、升级、退学、奖惩、操行考察、品德教育、纪律卫生、宿舍管理、体育考核、膳食管理、费用开支、图书借阅、学生就医等规则,体现了北洋大学严谨的治学精神。但是,由于民国初年军阀混战,办学经费困难,学校发展相对缓慢。据统计,1912 年,全校共有学生 178 名,教职员 22 名;到 1920 年,在校生为 215名,教职员 28 名。9 年中,学校本科生共毕业 288 名,预科生共毕业 391 名。③

　　1928 年,当时全国实行大学区制,学校改名为国立北平大学第二工学院。1929 年 6 月,大学区制停止实行后,7 月 26 日,国民政府颁布《大学组织法》,其中第四条、第五条明确规定:"大学分文、理、法、农、工、商、医各学院。""凡具备三学院以上者,始得称为大学。"④因学校改组后只剩下工科,故校名又改称为国立北洋工学院。而同时学校又成立"恢复北洋大学筹备委员会",筹备

————————

　　① 朱寿朋:《光绪朝东华录》第 4 册,中华书局 1958 年版,第 122—123 页。
　　② 北洋大学—天津大学校史编辑室:《北洋大学—天津大学校史(1895.10—1949.1)》(一),天津大学出版社 1990 年版,第 41 页。
　　③ 北洋大学—天津大学校史编辑室:《北洋大学—天津大学校史(1895.10—1949.1)》(一),天津大学出版社 1990 年版,第 100—101 页。
　　④ 《国民政府颁布大学组织法》(1929 年 7 月 26 日),载中国第二历史档案馆编:《中华民国史档案资料汇编》第 5 辑第 1 编《教育》(2),江苏古籍出版社 1994 年版,第 171—172 页。

恢复北洋大学。李书田任北洋工学院院长后,又拟定"国立北洋大学筹备缘起及分期完成计划"。该计划共分八期:第一期,1932 年 9 月至 1937 年 2 月,主要是加强基础设施及建立理学院;第二期,正式添设理学院、筹设医学院;第三期,正式添设医学院,并扩充工科研究所;第四期,进一步扩充工学院,并添设科研究所;第五期,扩充理学院,并添设医科研究所;第六期,将理学院扩充为文理学院;第七期,添设法学院。第八期,添设法科研究所。① 上述计划完成后,北洋大学将成为 所含文、理、工、医、法门类较为齐全的综合大学,并设有理、工、医、法四科研究所的研究院。但由于日本帝国主义的侵略,华北危机、全民族危急,导致计划未能完全实施。截至 1935 年,北洋工学院设有矿冶工程学系,内含采矿工程组、冶金工程组;土木工程学系,内含普通土木工程组、水利为工程组;机械工程学系,内含机械工程组、航空工程组;以及电机工程学系,共 4 个系,7 个工程组,并设有工科研究所。② 据统计,1933 年度教职员工总数为 64 人,其中,教师 35 人,职员 29 人,教师中教授 22 人。③ 北洋工学院对学生不仅平时要求十分严格,毕业时还必须经过严格考核,不合格者不予毕业。据统计,1920—1937 年,共计 861 人毕业,其中矿冶工程学系 235 人,土木工程学系 503 人,机械工程学系 114 人,电机工程学系 9 人。另外,预科和高中毕业生 999 人。④ 另外,北洋工学院从 1935 年开始,工科研究所招收研究生,暂定年限为 2 年,当年录取研究生 3 名,分别为采矿工程学门常锡纯、冶金工程学门谢家兰、丁陈威,1937 年夏,这 3 名研究生均学完规定课程,并于七七事变前夕毕业。

---

① 北洋大学—天津大学校史编辑室:《北洋大学—天津大学校史(1895.10—1949.1)》(一),天津大学出版社 1990 年版,第 127—128 页。

② 北洋大学—天津大学校史编辑室:《北洋大学—天津大学校史(1895.10—1949.1)》(一),天津大学出版社 1990 年版,第 141 页。

③ 北洋大学—天津大学校史编辑室:《北洋大学—天津大学校史(1895.10—1949.1)》(一),天津大学出版社 1990 年版,第 147 页。

④ 北洋大学—天津大学校史编辑室:《北洋大学—天津大学校史(1895.10—1949.1)》(一),天津大学出版社 1990 年版,第 198 页。

为了活跃校园文化生活及推动学术研究的发展,北洋工学院还创办了不少学术刊物,据统计1924—1937年间,学校至少有9种刊物出版,比如,1924年创办《学余月刊》、1927年创办《北洋大学季刊》和《北洋周刊》、1929年创办《北洋半月刊》和《北洋月刊》、1931年创办《北洋抗日救国周刊》、1933年创办《北洋理工季刊》、1935年创办《北洋工学院工科研究所丛刊》、1936年创办《北洋学生》。①

这一时期的教师和毕业生中有不少是知名专家学者,教师当中,比如茅以升(1896—1989),著名工程教育家、桥梁专家,主持修建了我国铁路桥梁史上,具有里程碑式意义的第一座现代化大型桥梁——钱塘江大桥,新中国成立后,他又参与了武汉长江大桥的设计。李书田(1900—1988),著名的高等教育专家、水利学家,我国近现代水利科学的创始人之一。开创了中国水利高等教育的诸多第一,1933年在北洋大学建立了中国第一个水利专业和第一个水利系,1937年培养出我国第一批工学硕士,由此开创了我国研究生教育的先河。曹诚克(1895—1969),著名矿冶工程师、教育家、书法家,先后任南开大学工学院、北洋工学院教授及武汉大学工学院院长等,对我国的矿冶工程教育作出了重要贡献。学生中,人才辈出,毕业后不少成为我国工程技术界、教育界的知名专家学者。1920—1937年的17年中,如前所述培养毕业生861名,很多为新中国成立后我国社会主义建设事业和改革开放作出卓越贡献。比如,周志宏(1897—1991),1923年冶金系毕业,中国金属学著名专家,中国合金钢与铁合金生产的奠基人之一,曾任上海交通大学副校长。丁仲文(1909—?),1937年土木工程系毕业,毕业后即加入中国共产党,并奔赴延安,为陕甘宁边区的经济建设和社会发展作出了重要贡献。延安枣园裴庄的大水渠,就是由他负责设计和施工的,被广大群众誉为"幸福渠"。新中国成立后,任天津大学副校长、党委副书记等职,为我国农田改造、水利工程建设及高等

---

① 北洋大学—天津大学校史编辑室:《北洋大学—天津大学校史(1895.10—1949.1)》(一),天津大学出版社1990年版,第194—196页。

教育事业发展作出了新贡献。黄汲清(1904—1995),1921—1924年在北洋大学预科学习。我国著名构造地质学、地层古生物学和石油地质学家,创立多旋回构造运动说,奠定了中国大地构造学的基础,为大庆油田的发现及生产作出了卓越贡献。魏寿昆(1907—2014),1929年毕业于矿业工程系。我国冶金物理化学学科创始人之一,著名冶金学和冶金物理化学家和冶金教育家,为我国冶金科技人才的培养作出了重要贡献。张文奇(1915—1990),我国著名冶金学家、教育家,我国腐蚀与防护科学技术领域的开拓者与奠基人之一。1931年考入河南焦作工学院矿冶工程系,九一八事变后转入北洋工学院,1937年6月毕业。新中国成立后,从1952年起,先后担任北京钢铁学院(现北京科技大学)副院长、院长,创建了我国腐蚀与防护专业,组建了我国第一个该专业的教学与研究中心,为我国的冶金教育和腐蚀科学技术的教学、研究及其发展作出了重要贡献。刘树人(1916—1989),1937年毕业于矿冶系,我国石油钻井工程的开拓者之一。先后在玉门、延长、柴达木、大庆油田工作,解决了油田开采的诸多重大技术问题。1960年任大庆油田规划总工程师,为会战八大专家之一,为我国石油工业的发展及海洋石油的开发工作作出了重要贡献。

第三章　西北联大的办学实践与成就

国立西北联合大学（含西安临时大学）的组建及其分置国立五校，不仅在民族危亡之际延续了中国高等教育命脉，而且开创了独特的办学体制。在抗战的艰难环境中，西北联大学子积极进行教育教学活动、科研学术活动，取得了辉煌的学术成就。面对日寇的疯狂侵略，学者们进一步思索与创新办学理念，他们主动适应社会变迁、时代潮流，在学科建设、人才培养模式以及办学特色等方面均有创新与发展，可以说联大学子用生命体验建立起富有"中国气派"的学术殿堂。

第一节　西安临大的办学机制与
教育教学活动

一、西安临大的办学机制与组织体系

前面已经提及，西安临时大学在组建、成立的过程中，按照 1937 年 8 月《国民政府教育部设立临时大学计划纲要》的部署："各区临时大学筹备委员会设主席一人，由教育部长兼任；设秘书主任一人，常务委员三人，分别担任秘书、总务、教务、建筑设备四部分事务。其人选由教育部就筹备委员中指定之。

常务委员合组常务委员会,依照委员会决定之计划纲领商决一切具体方案。"①1937 年 9 月 2 日,组建设立西安临时大学筹备委员会,主席由国民政府教育部部长王世杰担任,委员分别为:国立北平研究院副院长李书华,东北大学校长臧启芳,国立北洋工学院院长李书田,国民参政会参政员、监察院山西、陕西监察区监察使童冠贤,国立北平大学校长徐诵明,国立北平师范大学校长李蒸,国立西北农林专科学校校长辛树帜,教育部特派员陈剑修以及陕西省教育厅厅长周伯敏等九人组成。之后,教育部又指定徐诵明、李蒸、李书田、陈剑修四人为常委,商议决定学校重大事宜。这样,和西南联大一样,西北联大不设校长,而以常委会代行校长职责,由此开创了中国现代高等教育的管理模式与机制。学校下设秘书处、教务处、总务处,分任会计、庶务、斋务、文书、出版、军训、注册、图书等具体事宜,全校设文理学院、法商学院、农学院、工学院、医学院等 6 个学院 23 个系。②

当时,西安临时大学安置在西安城内三个地方,分为三院:第一院设在靠近西门的城隍庙后街 4 号,历史系、国文系、外语系、家政系在此办学,同时为校本部所在地;第二院设在小南门外东北大学(今西北大学太白校区)校内,文理学院数学系、化学系、物理系、教育学院体育系及工学院在此办学;第三院设在北大街通济坊,法商学院、农学院、医学院及教育系、生物系、地理系等在此办学。

西安临时大学组织体系建立后,积极开展各项工作,比如学校颁布了《国立西安临时大学庶务组办事细则》《国立西安临时大学斋务组办事细则》,具体规定了其职责范围和办理之事务,比如,《国立西安临时大学庶务组办事细则》明确其职责为:(1)校产之登记与保管;(2)物品之采购登记及分发;

---

① 《国民政府教育部设立临时大学计划纲要》,民国档案当时抄件,现存于清华大学校史馆。参见姚远:《国黉播迁:西北联大通史》上册,陕西新华出版传媒集团、陕西人民出版社 2021 年版,第 128 页。

② 《西安临时大学校刊》第 2 期,1937 年 12 月 27 日,第 15 页。

(3)校工之雇佣管理及训练;(4)校舍之清洁修缮及消防;(5)全校安全之警备及稽查;(6)教职员宿舍管理及照顾;(7)造具庶务各项表册;(8)不属于其他各组之事项。① 再比如《国立西安临时大学斋务组办事细则》规定其职责为:(1)斋舍秩序与清洁之考查;(2)学生宿舍铺位之排铺并发给或者撤销;(3)关于斋务之通告;(4)造具斋务各种表册;(5)出纳斋务之公用物品;(6)债设置设备及修缮;(7)食堂、浴室及厕所环境卫生之处理;(8)斋舍电灯开关时间之管理;(9)学生患病之处理;(10)学生言行之指导;(11)学生取款、发电之盖章;(12)学生揣出校外物件物件之清查并开发放行证。② 另外,学校鉴于日寇的不断轰炸,减少人员伤亡和不必要的损失,还颁布了《国立西安临时大学防空警备办法》,要求:"本大学第一、二、三各院置号兵一名,专司报告各种警报"③。

此外,为了适应抗战需要,并使学生养成整洁、敏捷、勤朴、耐劳、团结、互助、振作精神等良好习惯,学校还颁布了《西安临大军事管理办法》,其中规定:"本大学全体学生编为一军事训练队,定名为国立西安临时大学军事训练队,设队长一人,队副若干人。队之下辖若干中队,每中队设中队长一人,队副一人,辖若干区队。每区队设区队长一人,队副一人,下辖三分队。"同时,对请假制度有严格要求,规定:"凡请假而缺席者为缺课,未请假而缺席者为旷课,旷课一次作缺课二次论,缺课扣分办法依照学则办理。""因微病而不能参加军事训练术科者得先报告,请求见习,见习三次者作缺席一次计,但见习亦须至解散时始可离场。否则仍以缺席论。"④对学生寝室等也有严格要求,规

---

① 《国立西安临时大学庶务组办事细则》,《西安临时大学校刊》第1期,1937年12月20日,第9页。

② 《国立西安临时大学庶务组办事细则》,《西安临时大学校刊》第1期,1937年12月20日,第9页。

③ 《国立西安临时大学庶务组办事细则》,《西安临时大学校刊》第1期,1937年12月20日,第12页。

④ 本校布告:《本校军事管理办法》,《西安临大校刊》第3期,1938年1月3日,第2—5页。

定：寝室须整齐、清洁、简单、朴素，"每早起床后，即将内务按照规定形式整理完善，点名时，须迅赴指定地点集合"。要求学生在"寝室内外，不得随地吐痰及抛弃零星物品，尤不得任意污损墙壁钉挂物与在窗台上晒衣物等"。还规定："一切用品均须依照规定妥置，不得擅自变更及随意置放。墙上不许乱挂画片等物。"①

二、西安临大的教育教学活动

西安临时大学成立后，经过两个多月的艰苦而紧张的筹备，于1937年11月1日开学，15日开始正式上课。由于开学较迟，为了最大限度地弥补与完成教学任务与计划，当时学校常委会决定，除元旦停课一天外，其他节假日及寒假均不放假。正如西安临时大学筹备委员会常务委员，所呈国民政府教育部汇报两个月来临大筹备经过的情形电所说：西安临时大学"一切教学上管理上初步之设备布置亦将逐渐完成"，而"筹备工作虽繁，此可告一小段落"。并且，"树三校院临时联合设立大学之规模"。"自审两月来筚路褴褛苦心经营，殆足以上答政府维护战时教育之微意，而自慰同人服务教育之初衷。"②

据统计，截至1938年2月10日，全校学生总人数1472人（含借读生151人），其中文理学439人（内借读生50人），工学院386人（内借读生18人），法商学院279人（内借读生35人），育学院149人（内借读生13人），农学院133人（内借读生10人），医学院86人（内借读生25人）。③

西安临时大学组建后，各院、系负责人及教授情况如下：文理学院，院长由刘拓教兼任，为全校学生人数最多的学院，下设8个系。其中，历史系主任由许寿裳教授兼任，教授有李季谷、陆懋德、谢兆熊、许重远4人；国文系主任由

---

①　本校布告：《本校军事管理办法》，《西安临大校刊》第3期，1938年1月3日，第4页。
②　北洋大学—天津大学校史编辑室编：《北洋大学—天津大学校史资料选编》，天津大学出版社1991年版，第356—357页。
③　西北大学校史编纂委员会编，李永森等主编：《西北大学史稿（1902—1949）（修订版）》上卷，西北大学出版社2002年版，第202页。

黎锦熙教授兼任,教授有罗根泽,副教授有曹靖华(后在法商学院商学系任俄文教授——笔者)2人;外国语文系主任由余坤珊教授兼任,教授有谢文通、张杰民2人;生物系主任由金树章教授兼任,教授有容启东、刘汝强、郭毓彬、雍克昌4人;地理系主任由黄国璋教授兼任,教授有殷祖英、湛亚达、王钟麒,副教授有郁士元(后投笔从戎,调任驻防汉中的青年军206师少将视导,一边在军队任职,一边在联大上课,每周各半在军队与学校。——笔者),共4人;数学系主任由赵进义教授兼任,教授有杨永芳、傅钟孙、曾炯、刘亦珩、张德馨5人;物理系主任由张贻惠教授兼任,教授有岳劼恒、杨立奎、林晓3人;化学系主任由刘拓教授兼任,教授有张贻侗、赵学海、周名崇、朱有宣、朱有宣5人。法商学院,院长由校常委徐诵明教授兼任,下设法律系、商学系、政治经济系3个系。其中,法律系主任由黄觉非教授兼任,教授有李子珍、王治焘、王敬、赵愚如4人;商学系主任由寸树声教授兼任,教授有李绍鹏;政治经济系主任由尹文敬教授兼任,教授有沈志远、章友江、李绍鹏、吴正华,副教授有季陶达,共5人。教育学院,院长由李建勋教授兼任,下设教育系、家政系、体育系3个系。其中,教育系主任由李建勋教授兼任,教授有马师儒、方永蒸、金澍荣、程克敬、鲁士英、高文源、熊文敏7人;家政系主任由齐壁亭教授兼任,教授有王非曼、程孙之淑2人;体育系主任由袁敦礼教授兼任,教授有董守义、谢似颜、沙博格(美籍)3人。农学院院长由周建侯教授兼任,下设农学系、林学系、农业化学系3个系。其中,农学系主任由汪厥明教授兼任,教授有夏树人、易希陶、陆建助、姚鎏天、李秉权、王益滔6人;林学系主任由贾成章教授兼任,教授有周桢、王正、殷良弼3人;农业化学系主任由刘伯文教授兼任,教授有虞宏正、王志鹄、陈朝玉,副教授有罗登义,共4人。工学院院长由校常委、原北洋工学院院长李书田兼任,下设6个系。土木工程系主任由周宗莲教授兼任,教授有李仪祉(名誉教授)、赵玉振、刘德润3人;矿冶系主任由魏寿崑教授兼任,教授有张伯声、雷祚雯2人;机械系主任由潘承孝教授兼任,教授有何绪缵、李酉山、李廷魁3人;电机系主任由刘锡英教授兼任,教授有樊泽民、余谦

六、王翰辰 3 人；化工系主任由萧连波教授兼任，教授有李仙舟；纺织系主任由张汉文教授兼任，教授有张佶、崔玉田、郭鸿文 3 人。医学院院长由吴祥凤教授兼任，下面不设系科，教授有赛先器、徐佐夏、严镜清、王晨、林几，副教授有毛鸿志、王同观，共 7 人。

西安临时大学是在抗日烽火中筹建起来的，平津地区三校迁来西安时，由于抗战爆发后战事危急，国难当头，原三校教学设备和图书仪器等绝大部分不可能运来，到西安后校舍、教室等用房也不尽如人意，可谓艰难困苦。正所谓："本校僻处西安，一切物质建设均赖自力创造。原有高大房屋洵不多见，即偶有洋式新房，亦与学校实验装置仪器不太适宜，辟作教室授课，则嘈杂之声相闻，空气光线不足。"只能"勉强利用"。即使与长沙临时大学相比，也有"霄壤之别"。① 因此，西安临时大学开学以后，各院系克服了不少教育教学方面的困难，开始授课。除课堂教学外，还制定了军事、救护等课外技术训练。全校设技术训练队（由校常委、化工学院院长李书田主持）、救护训练队（由医学院院长吴祥凤教授主持）、政治训练队（由尹文敬教授主持）、军事训练队（由军事教官李在冰主持），并由教授指导学生组队下乡宣传，"以尽匹夫匹妇救亡之责"，"尽瘁此临时教育事业"。②

西安临时大学的教育教学活动，尽管受到抗战特殊环境的影响，但是一些常规教学依然按照要求正常进行，比如，学生毕业论文是大学教育的重要组成部分，对此临大予以高度重视，文理学院地理系要求四年级毕业论文照常进行，并拟定选题为西安地理调查，包括西安户籍调查、泾阳乡村调查、商务运输调查等；教育系学生毕业论文也紧密围绕西北教育问题及社会展开。如 1938 年，临大教育系学生毕业论文共 15 篇，其中关于西北儿童教育、中小学教育、民众教育问题等即占到 9 篇，为总数的 60%，题目有《抗战期中西安之民众教

---

① 北洋大学—天津大学校史编辑室编：《北洋大学—天津大学校史资料选编》，天津大学出版社 1991 年版，第 356—357 页。

② 《发刊词》，《西安临大校刊》第 1 期，1937 年 12 月 20 日，第 1 页。

育》《抗战期中西安之中等教育》《抗战期中西安中等学校之训育》《回教儿童
与无宗教儿童道德判断之比较》《西北儿童之好恶》《西北人民之宗教信仰》
《西北人民之日常习惯》《西北成人之好恶》《西北青年之好恶》等。[1] 另外,
1937 年底,地理系明确要求四年级毕业论文,应以西安地理调查为主题,先由
同学各自拟定大纲,然后分组进行实地调查,再请教授具体而详细指导。[2] 体
育系除体育本科教学外,还承担全校体育课程,规定课时按照要求正常进行;
工学院等临大第二院的院系,利用东北大学大礼堂之便利,正常进行所有课程
的讲授;等等。除此之外,也开设了一些非常有特色的课程或者演讲,比如,土
木系请本校张伯声教授讲过《西北地质》,陕西省导渭工程处总工程师刘钟瑞
讲过《导渭工程》,刘德润博士讲过《土壤力学》,著名水利专家李仪祉讲过《泾
惠渠之水利问题》,刘慎谔讲过《中国西北之植物地理》,刘钟瑞讲过《渭惠渠
工程概况》,等等。文科的教育教学活动,除过常规教学外,还紧密联系抗战
形势授课。如法商学院的教学一显著特点是联系抗日救国实际。抗战全面爆
发后,由于国共两党合作抗日,民主空气增强,一些教授在课堂讲授中常会论
及国内外形势和抗战等方面的问题,特别是原北平大学法商学院的一些进步
教授,公开讲授马列主义学说,联系抗日救国实际,论述全国总动员,改革政
治,实现民主及民族团结诸问题,深受广大进步青年的拥护和欢迎。[3]

　　据法商学院的一些学生回忆:西安临时大学"说她像个战时大学,不是课
程上有什么重大改革,而是说一部分课程的教学内容有了革新,教师注意理论
联系实际,有的教授把马列主义与抗日救国的实践联系起来"。比如,"沈志
远教授的《中国社会性质问题》,他以马克思的经济理论为武器,分析我国半

---

　　① 《教育系四年级学生毕业论文题目》,《西安临大校刊》第 5 期,1938 年 1 月 17 日,第
4 页。
　　② 《地理系工作报告》(自 1937 年 11 月 27 日至 12 月终),《西安临大校刊》第 5 期,1938
年 1 月 17 日,第 3 页。
　　③ 西北大学校史编纂委员会编,李永森等主编:《西北大学史稿(1902—1949)(修订版)》
上卷,西北大学出版社 2002 年版,第 206 页。

殖民地半封建的社会性质,论及抗日救国是全体人民的历史任务。"再比如,"章友江教授的《比较宪法》,他以历史唯物主义为依据,论述全国总动员、改革政治、实现民主及民族团结诸问题,指导学生从理论上认识全面抗战和抗战救国纲领"①。这些课程的开设与讲授,不仅提高了同学们的政治认识,激发起广大青年的爱国热情,而且进步教师传播马列主义思想,宣传抗日救亡运动,深得学生的尊重和信任,对抗日战争的胜利起到了积极的推动作用。

这里还特别要说明的是,临人在教育教学过程中还规定,各系学生可以互选课程,临大常委会第十六次会议对此进行了充分讨论。决议"本校课程,在可能范围内,应准各系学生互选"②。

三、西安临大的学术活动与科学考察

西安临时大学时期,无论是全校性的讲演、学术报告会或科学考察内容都十分丰富。

学术考察方面,各学科、各院系结合自身特点,积极展开调研考察活动,并充分利用陕西的特色资源与优势,服务地方经济社会发展。如,1937 年 8 月中旬开始至 1938 年初,时为北平研究院历史考古组研究员,后为西北联大教师的何士骥等人,即对西安鱼化寨的新石器时代遗址进行了考察,发掘获得了石器 8 件、兽骨 18 件、鹿角器 1 件,另有红色陶片、灰色陶片、蚌器、骨器等一批历史文物,③为陕西田野考古工作作出了开创性贡献。1937 年 9 月,西安临时大学成立不久,历史系即深感"本城考古学会所藏古物,在史学上颇有价值"④。于是,1938 年 2 月 18 日,历史系考古学班及其他同学共 30 多人,在

① 李可凤:《从抗日救亡蓬勃发展的西安临大到百色恐怖笼罩的西北大学》(1985—03 于南京),载西北大学校史编写组、李永森等编:《西北大学校史资料汇编》,1987 年,第 31—46 页。

② 《准各系学生互选课程》,《西安临大校刊》第 6 期,1938 年 1 月 24 日,第 7 页。

③ 何士骥:《长安城外鱼化寨新石器时代之遗址》,《西北史地》季刊,第 1 卷第 1 期,1938 年 2 月 15 日,第 123—130 页。

④ 《历史系参观考古学会》,《西安临大校刊》第 11 期,1938 年 2 月 28 日,第 3—4 页。

陆懋德教授的带领下,赴陕西省考古学会参观。"如新石器时代之石器、陶器、秦汉砖瓦、石刻、货币,及六朝隋唐之石刻等,不可胜举。"其中,"尤以于右任先生所寄存之汉石经,与具有西方特征之白石观音像及刻有比例尺之唐兴庆宫图及周末(?)战车照片最为宝贵"。将近下午5时,"师生乃向何先生致谢而退"。① 但"师生均无倦容,其紧张情形,较之实验室工作,有过之而无不及"②。

此外,1937年12月12日,临大工学院纺织工程系全体教授率领本系一二三四年级学生,参观西安大华纱厂,该厂石经理介绍纱厂筹备经过及沙场设施状况、运营状况等,同学们受益良多。③ 同年12月下旬,农学系教师参观陕西棉产改进所,就该所组织情形、试验种类、棉业问题、技术改良、陕棉品质研究等展开充分调研,并就从事陕棉改进研究、技术推广等进行了交流,希望进一步加强合作,为陕西棉作学研究作出贡献。④ 1937年12月,临大农学系便于该系"各门课程讲授及实习起见",派该系部分师生到陕西武功农林专科学校,征集各种作物标本及实习材料,据介绍"征集种类颇多,计有农作物穗及种粒20余种。园艺作物种子60余种,昆虫酒精浸渍及干制标本各10余种"。此行"结果颇为圆满"。⑤ 同年12月底,受陕西省建设厅委托,西安临大工学院矿冶系魏寿昆主任等率矿冶系教授三人、学生20余人,取道南郑赴安康,探查矿产。同时,致函陕西省机器局:拟"用沟探法"探矿,需用离心水泵及原动力柴油机各一架,"兹特派雷教授持函前往试用该项及其,俾克早日成行,即希赐予接洽为荷"。⑥ 魏寿昆一行20多人,经宝鸡、双石铺、汉中、西乡,至安

① 《历史系参观考古学会》,《西安临大校刊》第11期,1938年2月28日,第4页。
② 周国亭:《陕西考古学会参观记》,《西安临大校刊》第11期,1938年2月28日,第8页。
③ 《纺织工程学系参观大华纱厂》,《西安临大校刊》第5期,1938年1月17日,第2页。
④ 《农学系讲师参观陕西棉产改进所》,《西安临大校刊》第5期,1938年1月17日,第5—6页。
⑤ 《农学系征集标本》,《西安临大校刊》第5期,1938年1月17日,第5页。
⑥ 《为南达调查陕南安康矿区金矿拟借用离心水泵动力柴油机兹派雷教授持函前往试用希赐接洽由》(1937—12—31),陕西省档案馆电子档案。

康,调查汉江砂金、越河砂金,制作淘金盆、淘金床,在七里沟探区修筑小型堤坝,淘洗检样,含金试验,复往洵阳勘查地质,纠正了陆地测量和已出版地图的诸多错误。陕南安康一带,矿藏丰富,"其中尤以金矿为最有开采价值,惟将来如何开采,尚需详细研究"。并且,"以长此抗战,端赖生金银之大量开采,以资抵补军需消耗之入超"。故在当时"陕西省缺乏地质矿冶专门技术人才"的情况下,西安临大工学院矿冶系"尤宜责无旁贷,毅然担负调查研究计划之责任",①他们风餐露宿,长途奔波查清汉江流域安康、汉中汉江流域砂金矿藏储量、分布和采掘情况,为抗日战争作出了自己应有的贡献,其举动值得我们敬仰。当时,《西安临大校刊》第3期发表《陕西省建设局委托本校代为调查陕南金矿》和《矿冶系将往安康调查砂金宣传救亡》两则消息。消息称:"矿冶工程系三四年级学生,本有地质调查及矿冶厂实习共六星期之规定,拟即请该系教授率领三四年级学生前往安康区各县调查,及计划开采砂金,借以并发资源,并顺便在该区从事抗敌救亡宣传,以期唤起民众,组织民众,为抗敌之后盾也"。②

　　1938年1月24日,农学院农学系还组织同学参观了西京牧场,该场经理带领大家"参观场内各部,并对该厂营业状况及经营方针,乳牛饲养及装瓶方法等项均有详细说明"。参观历时3个多小时,"始告别而返",参观结束后还拟就"西安其它各大牧场,已于近日内前往参观"③。1938年2月下旬,西安临时大学还派李耕砚、袁志仁、张汉文等对甘肃、青海两省进行了考察。临大认为:"本大学迁陕成立以来,远以复兴西北古代文化自任",近按照国民政府的要求"指定新、青、宁、甘、陕等省为本大学活动之区,即付托本大学以发展

---

① 《陕西省建设厅委托本校代为调查陕南金矿》,《西安临大校刊》第3期,1938年1月3日,第6页。
② 《矿冶系将往安康调查砂金宣传救亡》,《西安临大校刊》第3期,1938年1月3日,第6页。
③ 《农学系畜牧组同学参观西京牧场》,《西安临大校刊》第8期,1938年2月7日,第6页。

整个西北教育之责任"。明确"本大学应树立文化上之权威,是西北一切新学术新思想胥以本大学为中心,庶乎有济于国家之生存独立"。故派员到天水、兰州、西宁等待考察,一方面,"相度地宜,衡量人士";另一方面,"探察天然资源,以为计划发展本大学及西北教育之根据"。此次考察活动,预定10天或者两个星期。①

学术报告方面,1937年11月至年底,在第二院授课的工学院等系,利用学校大礼堂之便利,除正常授课外,每周均请校内外专家学者进行大讲演或报告会,如土木工程系举行了三次学术报告,分别邀请本校地质系张伯声、土木工程系刘德润等教授,以及陕西省导渭工程刘钟瑞总工程师等作报告。另外,第二院全体举行了四次报告会:第一次,由陕西省民政厅厅长彭昭贤先生演讲,题目为《不得了,了不得》;第二次,邀请陕西省水利局局长、著名水利专家李仪祉先生作报告,报告题目为《抗战力量》,以及华北水利委员会工程队队长徐宝溥先生也讲演了《在北战场办理军事工程之经过》;第三次,邀请航空委员会第十三科科长顾校书先生讲演,题目是《防空工程》;第四次,邀请陕西省建设厅厅长雷宝华作报告,报告题目为《求学态度与抗战时期应有之修养和准备》。② 同年12月29日,工学院还邀请陇海铁路西段工程局副局长兼副总工程师李乐知先生作《隧道工程》的报告,第二院土木工系及非冶系均前往聆听。③

临大当时根据实际情况,还成立了一些学术研究组织,如1938年1月23日,农学院成立了"战时食品问题研究会",目的是:"鉴于抗战中食品问题之重要,特组织战时食品问题研究会"。随即展开工作,并于本周日"该

---

① 《本大学派员赴甘青两省考察》,《西安临大校刊》第11期,1938年2月28日,第6页。

② 《第二院每周敦请校内外专家讲演》,《西安临大校刊》第2期,1937年12月27日,第6—7页;西北大学校史编纂委员会编,李永森等主编:《西北大学史稿(1902—1949)(修订版)》上卷,西北大学出版社2002年版,第205—206页。

③ 《工学院敦请李乐知先生演讲隧道工程》,《西安临大校刊》第3期,1938年1月3日,第7页。

会 20 余名同学,携带大批表格,同赴东关十八陆军医院及各分院调查。"①
以后,还陆续对伤病员、学生及洋车夫的营养状况、食品问题等进行了各种调查,
等等。②

此外,西安临时大学还创办了《西安临大校刊》,由西安临时大学出版
组出版发行。1937 年 12 月 20 日,《西安临大校刊》第一期出版,临大常委
陈剑翛撰写了《发刊辞》,其中指出:"本刊为临时大学目前唯一之出版物"。
"凡校内规划、法令、文艺、课程、训导方针以及全体师生之学术言论思想,
悉选载之。"《西安临大校刊》,可以说是"大学'教育情报'之总汇也"。发
刊词还认为:学校"日常遭遇事件百千,瞬息万变,唯本刊文字记载或可永
凭覆按"③。

该刊于 1937 年 12 月 20 日创刊出版后,共出版了十二期,第 12 期于
1938 年 3 月 7 日出版,也是最后一期。该刊创办后发表了临大学人的不少
学术论文,比如,1937 年 12 月 27 日出版的第 2 期,刊载了李书田教授的
《适应抗战时期之生产建置与工程教育》,焦实斋的《抗战进展》;1938 年 2
月 7 日出版的第 8 期,刊载陆咏霓的《国难时期的大学教育》,李季谷的《中
国青年应有之反省》;1938 年 2 月 14 日出版的第 9 期,刊载了贾成章的文
章《如何支持长久的抗战》;1938 年 2 月 28 日出版的第 11 期,刊载贾成章
的文章《为移民垦荒进一言》,以及周国亭的文章《陕西考古学会参观记》;
1938 年 3 月 7 日出版的第 12 期,即最后一期,刊载了吴英荃的文章《士大
夫心理之纠正》等。

---

① 《农业化学系同学组织战时食品问题研究会》,《西安临大校刊》第 8 期,1938 年 2 月 7
日,第 6 页。

② 《农业化学系战时食品问题研究会工作近况》,《西安临大校刊》第 9 期,1938 年 2 月 14
日,第 6 页。

③ 《发刊词》,《西安临大校刊》第 1 期,1937 年 12 月 20 日,第 1 页。

第二节 西北联大分置前的办学机制与教育教学活动

一、西北联大分置前的校政与组织体系

西北联大在办学机制方面,分置国立五校之前,仍然不设校长,校内一切重大事项由校常务委员会会议议决。常委会下设秘书、教务、总务三大处。不久,奉教育部令颁发导师制。经校40次常务委员会议决议,增设训导处,将原属教务处之军训组和原属总务处的斋务组划归管辖,并将总务处裁撤,将出纳股改为出纳室,庶务组改为庶务室,卫生室改为校医室,会计组改为会计室,同隶属于常务委员办公室。常委中陈剑翛作为教育部特派员的身份担任此职,并兼任联大秘书主任。不久,经联大38次常务委员会决议,改聘国文系主任黎锦熙兼任西北联大秘书主任,陈剑翛不再兼任。1938年7月,陈剑翛因工作变动请辞常委职务,教育部派原重庆大学校长胡庶华接替陈剑翛常委一职。之后,西北联大常务委员会组成人员为李蒸、徐诵明、胡庶华三人。

对于西北联大的组织系统及其关系,为了使全校师生更加明了,《西北联大校刊》第1期"章则"栏目对其具体作了说明并"广而告之"。详细内容摘录如下:

本大学组织系统说明①
(民国二十七年四月十八日常委会议通过)

一、本大学分为文理学院、法商学院、教育学院、农学院、工学院、医学院等六学院。

---

① 《西北联大校刊》第1期,1938年8月15日,第28—30页。

二、本大学文理学院分为国文系、外国语文系、历史系、数学系、物理系、化学系、生物系、地理系等八系;法商学院分为法律系、政治经济系、商学系等三系;教育学院分为教育系、体育系、家政系等三系;农学院分为农学系、林学系、农业化学系等三系;工学院分为土木工程学系、矿冶工程学系、机械工程学系、电机工程学系、化学工程学系、纺织工程学系等六系;医学院(不分系)。

三、本大学行政部分为秘书、教务、总务三处。秘书处分为文书、出版两组;教务处分为注册、图书、军训三组;总务分为会计、庶务、斋务三组。

四、本大学在南郑设办事处,在西安设留守处,均系临时行政机构。

五、本大学设立各种委员会,均系设计,研究及应付特种事件性质。

六、各学院设在城固城内大学本部者一切行政事务均由本大学常委会所属各处组办理。其不设在大学本部之各处学院,由院长秉承常委会督率各该院事务室人员办理,遇有对外重要公共普遍性之事项并须由院送请常委会统筹办理。

七、凡不相关联之学系合设在大学本部以外之一处时,得组织分院院务委员会,代行院长一部分职务,但重要教务之执行,须征取相联系院院长之同意;其他事项与第六条规定同。

八、各学院或分院对于各处组仍维持原有正常关系;其行文与接洽事务均照旧规定办理。

九、在大学本部以外之各处各学院所设事务室之主任暨职员,秉承各该院院长办理一切事务。其对内(大学本部及其他各部分)行文较重要者,均由各学院以便函行之,遇有直接接洽或申请事件之必要时,事务室主任得酌用签呈或签条,但其底稿须经院长签划。普通不重要事件得由事务室主任单独处理。

十、分院院务委员会下所设之职员秉承院务委员会办理一切事务。其对内行文及接洽或处理普通事件与第九条规定同。

十一、各处学院或分院之事务室主任或职员,因职务关系,得在其主管或经办事项范围内,直接商承大学本部有关之处组办理事务,但须于事前请示与事后报告各该学院院长或分院院务委员。

十二、各处学院或分院之事务室主任,其地位相当于大学本部之组长,其职员分别相当于组员事务员书记。

十三、各处学院或分院对外行文及向会计组庶务组支款领物,或托办事项,另规定之。

十四、本件经常委会会议决议后实行。

由上可以看出,学校对组织系统的说明解释很是详细,说明事项共十四条,前两条主要是对院系设置的说明,第三条是对学校行政机构及组成的说明,第四条是对南郑设办事处,在西安设留守处的说明,第五至第十三条是对学校职能、处室职能、院系职能及办事原则、相互关系的说明与解释,西北联大组织系统说明的颁布,为联大师生办事行文进一步明确了规定,指明了方向与要求。

校政方面,西北联大成立初期还有一重大事项是确立校训与校歌。校训与校歌事关校风与学风,也反映出一个学校的精神风貌,故学校对此予以高度重视。1938年10月,国立西北联合大学第45次常委会通过决议,以"公诚勤朴"为本校校训。校训的意义按照黎锦熙教授的解释,其中"公"是以天下为公,"诚"是不诚无物,"勤"是勤奋敬业,"朴"是质朴务实。"公诚勤朴"是西北联大大学精神与大学文化的集中体现,它充分表达了联大师生开发祖国辽阔西北、振兴中华民族的壮志豪情。校歌歌词常委会推请联大国文系系主任黎锦熙教授和法商学院院长许寿裳教授撰写。歌词写成后,经校常务委员会讨论通过。歌词为:

并序连黉,卅载燕都迥。

联辉合耀,文化开秦陇。

汉江千里源蟠冢,千山万仞自卑隆。

文理导愚蒙;

政法倡忠勇;

师资树人表;

实业拯民穷;

健体明医弱者雄。

勤朴公诚校训崇。

华夏声威,神州文物,原从西北,化被东南。

努力发扬我四千年国族之雄风!①

行政管理方面,西北联大组织系统说明也已提到,为了便于处理相关事宜,西北联大成立初期,因迁陕南后校址分散,为了提高学校行政工作的效能,在汉中设有西北联大办事处,同时,在西安也设立有留守处,但均系临时行政机构,不久即先后撤销。之后,为了进一步加强管理,规定各学院设在城固城内本部者,一切行政事务均由校常委会所属各处组办理。其不设在大学本部之各处学院,由院长秉承常委会督率各该院事务室人员办理,遇有对外重要且普遍性之事项,并须由院送请常委会统筹办理。② 另外,西北联大成立初期,校政方面还有几项事宜比较重要,比如,对院系领导进行了调整,经 38 次常委会议议决,准校常委徐诵明辞去法商学院代院长兼职,聘请历史系许寿裳教授兼任法商学院院长,李季谷改任历史系主任,聘请国文系主任黎锦熙兼任西北联大秘书处主任;也增设了一些机构,比如,经第 40 次联大常委会议决议,增

① 西北大学校史编纂委员会编,李永森等主编:《西北大学史稿(1902—1949)(修订版)》上卷,西北大学出版社 2002 年版,第 218—219 页。
② 西北大学校史编纂委员会编,李永森等主编:《西北大学史稿(1902—1949)(修订版)》上卷,西北大学出版社 2002 年版,第 220 页。

设训导处,并在各学院分设导师会,与军训、斋务两组,及学生贷金管理部,同隶属于训导处。除师范学院已由部章规定专设主任导师外,并在训导处之导师会组织常务委员会。训导处主任由胡庶华委员兼任。

办学经费方面,联大非常紧张,往往是捉襟见肘,1937—1938 学年的学校经费为 8 万元,因工、农两学院独立,1938—1939 学年的经费减少到 5.1 万元,而支出方面,教职员薪资就占到 3.5 万元左右,仅余一万五六千元,包括全校公费开支在内。① 所以,在学校建设、图书资料、仪器设备的购置方面就谈不上有大的发展,仅限维持一般教学与学校日常运转。

二、西北联大分置前的教育教学活动

西北联大成立后,在教学方针、教学制度等方面,基本上沿袭抗战前三所大学的传统,但在具体执行上比战前较为宽松,没有根本的前进和发展。特别是对试验设备、实验仪器要求很高的理、工、农、医等科的影响较为明显。但是这里特别要说的是,由于战争环境的恶劣及大敌当前,反而激发了大家的教学与科研热情,师生们爱国热情高涨,创作欲望强。故而与理工科相比较文科的发展与进步比较明显,一些信奉马克思主义的进步学者,引导学生理论联系实际、探索救国救民的真理,为抗日民族解放战争和新民主主义革命,培育了一批可贵的人才。在教学上,不少教师每天在豆油灯光下工作至深夜,他们以高度负责的态度及历史使命感和责任感认真备课、讲课,给学生改笔记、批改作业。工科教师克服上述种种困难,设法坚持教学。② 在实践教学方面,学校根据陕南地区的具体条件,不同学科秉持培养人才与服务社会并行的原则进行教育教学活动。现就各学院的情况简要叙述如下。

---

① 《西北联大校刊》第 7 期,1938 年 12 月 15 日,第 34—35 页。
② 西北大学校史编纂委员会编,李永森等主编:《西北大学史稿(1902—1949)(修订版)》上卷,西北大学出版社 2002 年版,第 225 页。

（一）文理学院

西北联大文理学院汇集了一批知名专家学者，他们按照各自研究专长结合学校实际情况，开设了各种课程。全院共有教授37人，共有专任讲师、讲师、助教16人，学生共430多人。① 比如，共同科目教授有许兴凯、陈嘉琨、寸树声、温广汉，副教授有曹配言，专任讲师有齐植朵，讲师有刘北茂，史地助教吴宏中，数学助教蔡英藩，理化助教王本良、朱汝复等等，教学严谨认真负责。

文理学院下设8个系，院长刘拓，为留美工业农业化学博士，曾任北平大学及北平师范大学教授，在化学运用与民用工业方面有较多的研究与成绩，教学认真，并将研究成果运用与课堂教学。国文系系主任黎锦熙教授，外国语文系系主任佘坤珊教授，历史系系主任许寿裳教授，数学系系主任赵进义教授，物理系系主任张贻惠教授，化学系系主任刘拓教授，生物系系主任郭毓彬教授，地理系系主任黄国璋教授。

这些教授都是各领域的专家，学问好，教学认真，各显特点。比如，历史系主任许寿裳教授，曾是鲁迅在北平女子师范大学战斗时的挚友。他上课时的主讲内容为鲁迅、章太炎等师友的著作。他对于新旧文学论战及做人精神的剖析和介绍，深深地吸引了学生。凡听过许寿裳教授课的学生，都对先生渊博的知识及为人师表的学风所感动。文理、法商两学院合聘教授许兴凯，北平师范大学毕业，曾参与过《新青年》杂志的具体编辑工作，1938年来联大任教授，先后讲授《日本史》《中国经济史》等课程，讲课非常风趣。当年的学生回忆："真是逸趣横生，令人绝倒。"文学系教授的专题演讲，"自然是同学们最喜欢了解和讨论的，所以每次举行演讲会时，参加演讲的同学总是拥挤得很，要想听的清楚，就必须坐在前边，要坐在前边，就必须前去占座位"。历史系教授黄文弼，虽然"一身中山装，不知穿了多少年，两袖发亮，肘下裂缝"，但一上课"从来不说闲话，讲授

---

① 西北大学校史编纂委员会编，李永森等主编：《西北大学史稿（1902—1949）（修订版）》上卷，西北大学出版社2002年版，第223页。

材料之丰富,治学态度的严谨缜密,令人由衷敬佩"。数学系主任赵进义教授,留法数学博士,曾任国立广州中山大学数学天文系教授。再比如,物理系主任张贻惠教授,曾任北京大学和中央大学教授,学术造诣深厚、讲课深受学生欢迎。①

(二)法商学院

西北联大法商学院是由北平大学法商学院发展演化而来。学院遵从蔡元培先生在北京大学的办学思想与办学宗旨,提倡"兼容并包、学术自由"的治院原则。一时间学院专家云集,大批全国著名的进步学者,如李达、沈志远、许德珩、章友江、侯外庐等来校任教。全院共有教授、副教授14人,专任讲师、讲师15人。② 其下设法律系、政治经济系、商学系,法律系系主任黄得中教授,政治经济系系主任江之泳教授,商学系系主任寸树声教授。其他教授有王治焘、王璈、胡元义、季陶达、彭迪先、汪奠基、孙宗钰、李绍鹏、徐褐夫、赵树勋等。

这些专家学者来校兼课或讲学积极宣传自由、民主及进步思想,培育了一大批进步青年和时代新人,他们是1935年的"一二·九"运动中主要的学生骨干和成员。

在教育教学中,该院的进步教授开设了诸多思想先进的课程,比如辩证唯物主义与历史唯物主义、科学社会主义、马克思主义经济学说、社会科学方法论、苏联政治、政治经济学、比较宪法、政治学、社会学、世界经济史、经济思想史、国际法、经济地理等课程,讲求理论联系实际、实事求是的作风。有的教师还改革教学方法,将讲授内容与抗日救国的现实结合起来,并帮助辅导学生积极阅读进步书籍。章友江教授在讲授《比较法学》时,运用唯物主义的方法论述全国总动员和实现民主,实行民族大团结等问题,并指导学生阅读抗日救国进步书籍。沈志远教授的"社会科学方法论",以马克思主义的经济学理论为指导,讲述中国社会性质,分析半殖民地半封建社会的性质,论述抗日救国,实现民族独立是

① 梁严冰:《西北联大学人群体研究》,《历史教学问题》2014年第4期。
② 西北大学校史编纂委员会编,李永森等主编:《西北大学史稿(1902—1949)(修订版)》上卷,西北大学出版社2002年版,第225页。

全体中国人的历史任务。这些课程的开设及讲授,提高了同学们的思想认识,激发了广大师生的爱国热情。此外,彭迪先教授的《经济思想史》《经济史》、刘及辰教授的《唯物辩证法》、季陶达教授的《苏联政治经济学(第八版)》、曹靖华的《苏联政治经济学》等课程,在讲授的过程中理论联系实际,联系抗日民族统一战线,反对妥协投降,教育启迪了一大批联大青年,使他们走上了追求真理的道路。① 这些教授不仅课堂讲授的内容思想深刻、理论先进,而且讲课妙趣横生、各具特色与风格,如法商学院经济学教授季陶达,主讲经济思想史与货币银行学,对所讲内容熟记于心,倒背如流,"他上课甚少带讲义课本,像是一架活动留声机",而"同学们无不埋首伏案,手不停息地振笔疾书"。商学系主任孙宗钰教授,讲授会计学,以美国原著为教本,遇到艰涩难懂的地方,书之黑板,直到学生彻底了解。

(三)工学院

西北联大工学院由原北平大学工学院和天津北洋工学院合组而成,院长由西北联大常委、原北洋工学院院长李书田担任。西北联大迁陕南后三个月即 1938 年 7 月,按照国民政府教育部指令独立设置。当时,工学院全院共有教授 22 人,专任讲师、讲师、助教共 22 人。② 工学院下设 6 个系,其中,土木工程学系系主任周宗莲教授,矿冶工程学系系主任魏寿昆教授,机械工程学系系主任潘承孝教授,电机工程系系主任刘锡瑛教授,化学工程学系系主任萧连波教授,纺织工程学系系主任张汉文教授,这些专家都是各自领域具有重要影响的学者,工学院其他知名专家还有:张伯声教授、李仪祉教授、赵玉振教授、刘德润教授、李廷魁教授、何绪缵教授、雷祚雯教授、李仙舟教授、余谦六教授、樊泽民教授、李酉山教授、王翰辰教授、崔玉田教授、郭鸿文教授等。

---

① 西北大学校史编纂委员会编,李永森等主编:《西北大学史稿(1902—1949)(修订版)》上卷,西北大学出版社 2002 年版,第 225—226 页。
② 西北大学校史编纂委员会编,李永森等主编:《西北大学史稿(1902—1949)(修订版)》上卷,西北大学出版社 2002 年版,第 226 页。

西北联大工学院的教学方针、教学制度和课程设置方面与抗战前变化不是很大,本科学制仍为4年。从教育部训令工学院必修科目来看,工学学科除了专业课之外,还强调公共基础课,公共基础课除党义、体育、军训均为当然必修科目不计学分外,其他还有国文、外国文、算学、物理学、化学、应用力学、材料力学、经济学、制图、工厂实习等。工学学科对实验条件、仪器设备的要求极高,联大工学院从北平、天津搬迁至西安,再由西安搬迁至汉中,交通运输极为困难。因此,仪器设备缺乏,故而教学科研受到一定程度的局限和影响。但是,联大工学院非常重视教学科研工作,对学生要求也极为严格。工科教育注重实验和实习,但却缺乏起码的条件,学校想尽一切办法创造必备的教学条件,注重理论教学和实践的结合。比如矿冶系,前面已经提及,从西安临大开始即受陕西省政府委托对安康行政区砂金矿、汉江砂金和勉县煤矿区的地质情况进行了实地调研和勘察,并发表了《勘查安康行政区砂金矿简要报告》《勉县煤矿区之地质》等调研报告和调研文章。

(四)农学院

西北联大农学院是由原北平大学农学院组建而成的,院长由周建侯教授担任。院址位于沔县(今勉县)武侯祠。下设农学系、林学系、农业化学系三系。全院共有教授、副教授16人,专任讲师、助教、技师等15人。[①] 其中,农学系系主任汪厥明教授,林学系系主任贾成章教授,农业化学系系主任刘伯文教授。其他著名教授有虞宏正、王志鹄、易希陶、姚鋈、王益滔、陆建勋、夏树人、殷良弼、周桢、李秉权、王正、陈朝玉等。

农学院的课程设置,除专业课以外,国民政府教育部规定了共同必修科目。农学院的必修科目为:国文、外国文、化学、植物学、动物学、地质学、农学概论或农艺、经济学及农业经济、农场实习9门课,总计38—48个学分。除重视理论基础外,还特别强调农场实习。此外,共同必修科目中还规定:党义、体

---

① 西北大学校史编纂委员会编,李永森等主编:《西北大学史稿(1902—1949)(修订版)》上卷,西北大学出版社2002年版,第227页。

育、军训均为当然必修科目,不计学分;物理及算学为农业工程系、农业化学系、农林学系之分系必修科目,各校必须在第一、二两学年中讲授上述课程;化学、植物学,以及动物学、地质学、农学概论或农艺、经济学及农业经济等课程的学分之科目,各校得在此规定内,斟酌情形决定学分数。

(五)医学院

西北联大医学院由原北平大学医学院改建而成,医学院(不分系)最初由吴祥凤(鸣岐)教授任院长。1939年改由蹇先器、徐佐夏相继任院长。全院共有正副教授8人,专任讲师和助教6人。① 其他教授还有颜守民、林几、王景槐、李赋京等。院址相继设于南郑县、陕西省银行南郑中学巷九号房屋等,1939年3月后,因日机经常轰炸,院址又迁南郑城东之孙家庙、马家庙(二、三年级)及黄家坡、黄家祠(四、五年级)等处为临时课堂,一年级在城固校本部上课。医学院附属有诊所,平时也是四五年级学生实习的基地。1939年4月7日,学校与城固县政府协商,成立西北联大城固诊所,极大方便了学校师生和民众就医医疗,据记载就医者络绎不绝。西北联大医学院除上课外,还重视医学实践活动,积极参加主办了救护训练班、公共卫生训练班,并组织乡村巡回诊疗队进行巡回医疗。同时,还开办高级护士训练班。这时的医疗活动也不断扩大,1939年4月,西北联大为便利城固民众就医成立城固施诊所。之后改为西北联大医学院附属医院,分设医务、事务、看护等三部;医务又分门诊、病房二部;门诊部设内科、外科、妇产科、眼科、小儿科、耳鼻喉科、皮肤科等七科,规定门诊诊病时间为每日上午10时至12时,每日售诊券七八十张,或至一百一二十张。②

(六)教育学院(师范学院)

西北联大的教育学院是在北平师范大学教育学院西迁来陕的基础上建立

---

① 西北大学校史编纂委员会编,李永森等主编:《西北大学史稿(1902—1949)(修订版)》上卷,西北大学出版社2002年版,第227页。

② 姚远:《国黉播迁:西北联大通史》上册,陕西新华出版传媒集团、陕西人民出版社2021年版,第269页。

起来的,1938 年 7 月前,由李建勋教授任院长。院址在城固县文庙(现城固二中院内)。1938 年 7 月,国民政府教育部令联大教育学院改为师范学院。当时,全院教授共 16 人,专任讲师、讲师 13 人,助教 6 人。①

教育学院下设 3 个系:教育学、体育系、家政系。其中教育系系主任由李建勋教授兼任,其他教授有:马师儒、郝耀东、程克敬、胡国钰、金澍荣、高文源、鲁世英、方永蒸、黄政思等;体育系系主任由袁敦礼教授担任,其他教授有谢似颜、董守义、沙博格(美籍)等,专任讲师有王耀东、郭俊卿、刘月林、张光涛、陈仁睿、孙淑铨、刘振华、任安平等;家政系系主任为齐壁亭教授,其他教授有王非曼、程孙之淑,讲师有张铭西、何佩芬、陆秀等。1938 年 7 月,奉教育部令将教育学院改称师范学院,院长改由西北联大常委李蒸教授兼任。联大教育学院改称师范学院后,与之前相比较,有了一个大的发展。一是成立研究所,聘请李建勋为师范研究所主任,颁布《本大学师范学院师范研究所章程》,其中规定:研究所设主任 1 人,总理本所一切事宜;同时设教授 2—4 人,担任研究所教学工作,并研究教育问题、指导研究生的研究工作;另外,聘请助教 6—8人,助理研究教授从事研究。还规定:"研究生除专题研究外,需修满主任核准应习之学科 30 学分。"要求研究生毕业必须"完成研究论文,并经教育部复核无异议者,授予硕士学位"。② 研究所章程中还规定了学习年限、待遇、招生名额等,面向社会广而告之,研究所招收研究生 10—15 名,学习年限至少 2年,研究生在读期间免除学宿费用,研究所给每人每月发放生活津贴 15 元。③二是增加文理各系科。除原教育学院教育学、体育系、家政系三系外,师范学院成立后又增设国文系、数学系、理化系、史地系、博物系、英语系、公民训育系

---

① 西北大学校史编纂委员会编,李永森等主编:《西北大学史稿(1902—1949)(修订版)》上卷,西北大学出版社 2002 年版,第 228 页。

② 《本大学师范学院师范研究所章程》,《西北联大校刊》第 13 期,1939 年 3 月 15 日,第15—16 页。

③ 《本大学师范学院师范研究所章程》,《西北联大校刊》第 13 期,1939 年 3 月 15 日,第16 页。

及劳作专修科等系科。1938 年 9 月 24 日,国文、数学、理化、史地、体育、英语、家政等系各招收一班,每班 20 人。①

　　教学方面,课程设置分为普通基本科目、分系专门科目、教育基本科目、专业训练科目四类,学生选课实行学分制,与此同时,对学生实行导师制。在课程设置方面,以 1939 年度数学系的课程为例,分为共同必修科目与选修科目:一年级课程主要共同必修科目,强调基础知识与理论,课程设置有:党义、国文、外国文、社会科学、自然科学(算学、物理、化学、生物、人类学任选)、中国文化史、教育概论;二年级课程则为在第一学年的基础上继续扩展视野并开始讲授专业一般科目,如哲学概论、社会科学、西洋文化史、教育心理学、微分方程与高等代数等;三四年级全面展开专业科目的学习;五年级课程重点为论文讨论与专业教学实践,如论文讨论、理论力学、教学实习等。联大特别强调学生基础知识的牢固,如规定,第一学年之自然科学,以选习算学为原则,注重学生做题。另外,学校还根据实际情况开设大量选修课程,据统计,有 21 门选修课。具体科目情况,见表 3-1。

表 3-1:1939 年西北联大师范学院数学系必修选修科目②

必修课				
第一学年	第二学年	第三学年	第四学年	第五学年
党义	哲学概论	普通教学法	数论	理论力学
国文	社会科学	高等几何	向量分析	论文讨论
外国文	西洋文化史	高等分析	复变数函数	教学实习
社会科学	教育心理	近世代数	微分几何	
自然科学(算学、物理、化学、生物、人类学任选)	中等教育	综合射影几何	算学史	

① 姚远:《国黉播迁:西北联大通史》上,陕西新华出版传媒集团、陕西人民出版社 2021 年版,第 259 页。
② 姚远:《国黉播迁:西北联大通史》上,陕西新华出版传媒集团、陕西人民出版社 2021 年版,第 259 页。

续表

必修课				
第一学年	第二学年	第三学年	第四学年	第五学年
本国文化史	微分方程	解析射影几何	分析教材 教法研究	
教育概论	高等代数			

注:第一学年之自然科学,以选习算学为原则,注重学生做题。内容包括代数、几何、三角、解析几何及微积分。

选修课				
数论	向量分析	实变数函数	椭圆函数	代数函数
微分方程论	积分方程论	群论	不变量数	代数数论
图书馆学	形势几何	黎曼几何	最小二乘法	多元几何
代数曲线与曲面	几率	算学统计	天文	天体力学
弹道学	注:选修科目,不定学分年级,俾各校有伸缩余地。			

三、西北联大分置前的学术活动与科学考察

西北联大成立后,尽管条件艰苦,地处偏僻,但是一直秉持独特开放的办学理念,其学术研究与各种考察活动一显著特点,就是与西北地区实际情况紧密结合。他们在学术领域矢志钻研,苦心探索,并将社会现实需要与自己学术追求积极互动,使得西北地区一时间成为国人广泛关注的焦点与学术研究的热点。这些学术活动,不仅践行了理论与实践的结合,而且为西北开发建设提供了智力支持和学理依据,意义是重大而深远的。

西北联大南迁汉中不久,1938 年 5 月 20 日,即开学典礼 18 天后,联大常委徐诵明、李蒸与联大同仁历史系主任许寿裳教授、黎锦熙教授、李季谷教授、陆懋德教授、许重远教授、谢谓川教授、何日章教授、黄仲良教授、佟伯润教授及何士骥、周国亭等并男女学生数十人一道去城固张骞墓考察,在墓的周边地区及村落旁采得不少绳纹残砖、残瓦、花纹陶片等古迹文物。① 之后,联大历

① 何士骥等:《发掘张骞墓前石刻报告书》,《西北联大校刊》第 1 期,1938 年 8 月 15 日,第32—33 页。

史系考古委员会"为表章(应为"彰"——笔者)民族英雄张骞墓间古物,并为历史学系学生实地练习考古起见"。拟就张骞墓进行考古发掘与保护,提出初步计划8条,此外还计划进一步调查附近之萧何、樊哙、李固及勉县诸葛亮等墓,并就"褒城石门及其附近之古代之文化遗迹,亦拟调查"①。

按照计划书所提设想,联大历史系考古委员会委员许寿裳、李季谷、陆咏沂、黄仲良、何乐夫、周节常等,并聘请国立北平研究院历史研究所所长徐旭先生为指导,于1938年7月3日及1938年8月24日至9月2日,对张骞墓进行了两次考古发掘与保护工作。这两次清理与保护工作尽管由于诸多原因未能完全达到计划,但是对于文物保护起到至关重要的作用,尤其是整理出许多古物,"如灰陶片、带釉陶片、瓦罐(有两耳)、砖(墓门及全部墓道之建筑均系汉砖)、瓦片,及五铢钱等观之,已足以证明为西汉之墓"。其他重要的出土文物还有"似印范者一方(亦似封泥)篆书'博望铭造'4字,当可为此墓系博望侯墓之一证,且与《史记》所载张骞故里亦合"②。历史系考古委员会诸位先生与同学将考古出土的文物整理后,予以分类编号,于1938年9月13—14日在该系考古室陈列展览。当时,到会参观者有国民政府教育部次长顾毓琇以及联大常委李蒸、徐诵明、胡庶华,秘书主任黎锦熙教授及校内同学数百人。③西北联大对张骞墓进行考古发掘与保护工作计划周密、工作细致,联大历史系考古委员会撰写了《张骞墓间古物探寻计划》④,何士骥、周国亭两先生主持撰写了《发掘张骞墓前石刻报告书》⑤。工作完成后,还对此项工作的情况及经

①　国立西北联合大学历史系考古委员会:《张骞墓间古物探寻计划书》,《西北联大校刊》第1期,1938年8月15日,第32—36页。

②　《博望侯墓道古物校内展览记》,《西北联大校刊》第10期,1939年2月1日,第19页;梁严冰:《西北联大与西北历史研究》,《西北大学学报》2014年第4期。

③　《博望侯墓道古物校内展览记》,《西北联大校刊》第10期,1939年2月1日,第19页;梁严冰:《西北联大与西北历史研究》,《西北大学学报(哲学社会科学版)》2014年第4期。

④　国立西北联合大学历史学系考古委员会:《张骞墓间古物探寻计划》,《西北联大校刊》第1期,1938年8月15日,第33页。

⑤　何士骥等:《发掘张骞墓前石刻报告书》,《西北联大校刊》第1期,1938年8月15日,第33—37页。

过立碑以示纪念。碑文由西北联大讲师吴世昌撰写,黎锦熙教授书丹。详细内容如下:

增修汉博望侯张公墓道碑记①
国立西北联合大学讲师吴世昌谨撰
国立西北联合大学教授黎锦熙书丹

旷观我国史乘所记,以一介行人,而能跋涉万里,扬威域外,重致九译,荒服蛮夷者,得二人焉,曰博望张侯、定远班侯。然班氏藉汉明之余萌,乘西域之黑弱,运以权谲,事乃克己。未若博望,犯方张之虏焰,假危道以远袭,凿空之功,震烁古今。尝试次其勋绩,约有数端:匈奴肆虐,远稽姬、秦,山戎、猃狁,并其异称。亶父之走岐下,幽王之死骊山,惩前毖后,创痛巨深。是以诗经口歌,戎狄是膺。季子获丑,虢盘焉铭。爰及末叶,凶焰益燉。史称冠带七国,边胡者三,于是赵王高阙为塞,秦、燕限以长城。洎乎楚汉之际,中原鼎沸,塞外群胡,益增猖披。以高帝之雄略,犹不获逞志于冒顿,致有平城之厄、白登之围。下逮吕后、文、景,侵扰犹繁,驯至遣书谩骂,杀戮疆吏,匈奴之加我黄帝子孙以巨耻大辱者,久且烈矣。孝武痛祖宗之积耻,愤华胄之见凌,于是倡议灭胡,发使西征。侯持汉节,跋踬于风沙冰雪之乡,委顿于腥膻膻羺之群,再使西域,数困虏廷。廿载去国,万里经行。偕往百士,归仅二人。卒使威德遍于四海,赋贡致乎汉廷,自有生民以来,未之有也。侯既遍朔漠,识其地理水草,卫青击胡,资为向导,用能建不世之奇功,恐列祖之皇造,汉业既隆,边患斯少。尔后贰师之破大宛,定远之服鄯善,莫不蹑其芳躅,迹其故道。凡所躬历,当今甘肃新疆、俄属土耳其斯坦、阿富汗之地。副使间出,历国十余,跨世界之屋梁,通中

---

① 姚远:《国黉播迁:西北联大通史》上册,陕西新华出版传媒集团、陕西人民出版社 2021 年版,第282—283页。

西之文化,探黄河之真源,来异物于西亚。役属妫水之邦,创通西南诸夷,即今邛属黔滇诸地;苗瑶猓归化,蚕丛毕启,揆厥元功,亦莫非侯所创议,后之人君,遂得拓疆数万方里,奠我中华数千年来之伟大国基,我今日之能御侮图强,货殖恣所取给者,胥有赖焉,而乡曲鄙儒,溺于清静无为之说,安于疲软苟且之习,乃以汉武之庸武于戎工,引为后世人主之大戒,何其陋也!昔杨子云:论前朝之事,以为不一劳者不久佚,不暂费者不永宁。是以忍百万之师,以摧俄虎之啄,运府库之财,以填庐山之壑,为不悔也,借如武帝狃于故习,博望阻于(踬)步,则吾汉族之凌夷,宁待石勒、刘豫、契丹、女真乎?比年倭寇河朔,流毒海陬,国黉播迁,西暨汉中。南郑屏山襟川,炎汉以兴,灵秀所钟,实生人杰,博望之故里、陵墓,胥在城固。廿七年春,吾校历史系同人以侯墓近在咫尺,足式仰止,而东侧土层扰动,墓道凌乱,陵前石兽,长埋榛莽。若不加以修理,妥为保护,行见先贤名迹,日就陵夷。因即商榷各级政府,会同张公后裔,将墓侧原有缺口,稍加清除。所见墓道汉砖、破残马骨、五铢汉钱之属,既可断为汉墓;而散乱陶片中,间有"博望"汉隶,尤足以为张公原墓无疑。遂为鸠工培土,重加封植。蒸、诵明、庶华等,念斯文之在兹,惧典型之或失,用敢撮述其事,□□(原字模糊无法辨认)先哲,于以赞翼教化,昭明□德,策励来兹,永垂不朽。庶几□往来,韶华夏之洪译;立懦振颓,完复兴之大业也。

国立西北联合大学常务委员会李蒸、徐诵明、胡庶华谨立

中华民国二十八年五月吉日,田鸿玉刻石立

总之,西北联大此次对张骞墓的发掘整理与保护工作,是迄今为止对张骞墓唯一一次正式发掘和科学发掘,在中国文化交流史、对外开放史、外交史、对外开放史和"丝绸之路"研究上均有重要意义。①

---

①　姚远:《西北大学对汉博望侯张骞墓的发掘与增修》,《西北大学学报(哲学社会科学版)》2006年第6期。

　　除此之外,西北联大还对三国时期的文物古迹进行了考察调研活动。比如,为了"调查吾国第一流政治家,及军事家之遗迹及地理形势,以明了史实,与发现学术上有力之新贡献"①。1939 年 3 月 19 日至 21 日,由联大历史学会组织本校历史、史地两系师生,对勉县诸葛武侯墓、祠,读书台,及阳关、马超墓,定军山,并褒城石门等地古迹进行了考察。联大对考察活动高度重视,活动安排周密细致,方法得当,不仅获得"汉砖汉瓦证明其地为汉代建筑遗址",而且在学术上多有创新,纠正了以往文献所记载的一些谬误,如:"阳平关之所在地点,后代记载不一,《通典》谓:'在褒城西北';《明一统志》谓:'在宁羌州西';但《三国志·魏武纪》谓:夏侯渊死处在阳平,《黄忠传》谓:夏侯渊死处在定军山,可知阳平与定军山相近;《水经注》谓:'沔阳旧城,南对定军山',孙渊如校注谓:'定军山在今沔县(即现在之旧沔县城)东南 10 里。'可知阳平当亦在沔县附近,据《蜀志·先主传》云:先主'自阳平南渡沔水缘山稍前,于定军山势作营',是阳平在沔水北也明矣。"又"今沔县故城东门外有阁,其匾书'古阳平关',不为无据。"因此,足以证明"《通典》与《明一统志》之谬也"②。此外,对于诸葛武侯祠中各碑所载旧事及武侯读书台等的时代及真实性,提出疑问与纠正等。

　　继 1938 年 3 月西安临时大学派师生赴青海、甘肃两省进行社会考察后,1939 年 7 月 20 日至 9 月 20 日,西北联大再次组成教授考察团,对青海、宁夏、甘肃等三省进行学术考察活动。考察分为两组:一组为历史地理组,一组为政治经济组。并经过联大常委会第 27 次会议通过,成立筹备委员会,筹备委员会由张贻惠、殷祖英、袁敦礼、李季谷、徐褐夫、杨其昌、凌乃锐等七人组成,张贻惠先生为召集人。③ 同时指出,"本校讲师如有对于甘宁青三省之政治、经

①　杨其超:《本大学历史学会沔(勉)县考察记》,《西北联大校刊》第 18 期,1939 年 6 月 15 日,第 33—35 页。

②　杨其超:《本大学历史学会沔(勉)县考察记》,《西北联大校刊》第 18 期,1939 年 6 月 15 日,第 33—35 页。

③　《本校组织甘宁青暑期考察团》,《西北联大校刊》第 17 期,1939 年 6 月 1 日,第 13 页。

济、历史、地理素有研究,或对于考察工作有相当经验,愿参加者",亦可"建议常委会议通融允许之"。① 此次考察活动充分考虑各种因素,考察活动安排非常细致,对于考察地点、线路、考察范围等进行了详细筹划,决议考察活动从学校出发,经天水至兰州、西宁,由西宁返回学校。② 此外,1939 年 5 月,联大师范学院主任导师兼地理史地两系主任黄国璋教授,应中英庚款理事会之邀,受聘担任川康科学考察团副团长,对川康地区的政治、经济、文化教育、历史地理、社会发展等进行考察。考察期间,师范学院主任导师及相关事宜由袁敦礼教授代理,地理历史两系主任由谵亚达教授代理。③

　　学术研究方面,联大学人不畏艰难,进行了积极探索。1938 年 4 月,西北联大刚落脚陕南汉中,地方政府就积极和联大开展合作工作,黎锦熙教授被城固县长余正东聘为城固续修县志委员会总纂,开始编纂陕西地方志。黎锦熙教授编撰地方志书非常注意发挥群体力量与专家智慧。比如,在《城固县志》编撰过程中,他聘地质学张伯声教授承担地质、地形、水文三志编撰工作;中国文学教授罗根泽、中文系教师吴世昌及历史学教师何士骥等担任文化篇编撰工作;地理学教授黄国璋承担自然篇和经济篇编撰工作;地理系教授兼系主任殷祖英承担气候篇编撰工作;植物学教授刘慎谔承担生物志编撰工作;联大常委、水利专家胡庶华教授承担农矿志编撰工作;地理学教授谌亚达承担人口志编撰工作;陈瑾承担财政志编撰工作;薛祥绥承担人物志、艺文志及文征等编撰工作;龙文承担合作、卫生、祠祀三志编撰工作;张永宣承担大事年表、疆域沿革表的编撰事宜。④ 所聘专家学者都是各领域的知名教授,涉及语言文学、

　　① 《甘宁青暑期考察团筹备会第一次筹备会议纪录》,《西北联大校刊》第 17 期,1939 年 6 月 1 日,第 11—12 页。

　　② 《甘宁青暑期考察团筹备会第一次筹备会议纪录》,《西北联大校刊》第 17 期,1939 年 6 月 1 日,第 11 页。

　　③ 《师范学院主任导师黄海平新任川康科学考察团副团长》,《西北联大校刊》第 17 期,1939 年 6 月 1 日,第 13 页。

　　④ 姚远:《国黉播迁:西北联大通史》上,陕西新华出版传媒集团、陕西人民出版社 2021 年版,第 272 页。

历史、地理、经济、植物、农业等诸多方面。在诸位专家的共同努力下,先后完成《城固县志》《洛川县志》《同官县志》《黄陵县志》《宜川县志》等 8 部陕西地方志,出版《方志今议》《洛川方言谚谣志》等著作。其中,《方志今议》可谓中国现代地方志研究的开拓性著作,为现代方志研究指明了方向,同时也为中国现代方志学的发展作出了重要贡献;《黄陵县志》《宜川县志》《洛川县志》《同官县志》4 部志书是现代地方志编撰的楷模,被称为民国地方志典范。此外,黎锦熙在地方志编撰的过程中撰写一系列相关论文,均发表在《西北联大校刊》。比如,1938 年 11 月 1 日出版的《西北联大校刊》第 4 期,发表黎锦熙《现代方志之"三术"与"两标"》;11 月 15 日出版的第 5 期,发表其《方志广"四用"破"四障"议》;1939 年 1 月 1 日出版的《西北联大校刊》第 8 期,发表其《方志拟目·总纲之部——城固新修县志方案之一》;同年 1 月 15 日出版的第 9 期,发表其《方志拟目·自然之部——城固新修县志方案之二》;2 月 1 日出版的第 10 期,发表其《方志拟目·人口志——城固新修县志方案之三》;2 月 15 日出版的第 11 期,发表其《方志拟目·农矿志——城固县志新修方案之四》;4 月 15 日出版的第 14 期,发表其《方志农村调查法——城固县志新修方案之五》;5 月 1 日出版的第 15 期,发表其《方志拟目·工商志——城固县志新修方案之六》;5 月 15 日出版的第 16 期,发表其《方志拟目·交通志,水利志——城固县志新修方案之八》;6 月 1 日出版的第 17 期,发表其《方志拟目·合作志——城固县志新修方案之十》等。这些论文的发表,一方面是自己研究的体会与想法;另一方面也将其思想贯彻与地方志的编撰之中,对地方志的编撰起到了极大的推动作用。

在学术研究方面,联大其他教师也发表了一些论文,引起了学术界和社会上的广泛关注。比如,法商学院教授尹文敬,1939 年 3 月发表在《时事新报》上的论文《改良税制与调整地方财政》,引起了经济界的重视;历史系教授陆懋德发表了《汉中各县诸葛武侯遗迹考》;许兴凯教授发表了《抗战的经验与教训》《近代民族主义之发展及吾人应有之认识》;矿冶系教师郁士元发表了

《勉县煤矿区之地质》;谢似颜教授发表了《民族主义与道德》;历史系教授黄文弼发表了《张骞通西域路线图考》;以及一些研究报告,如周国亭的《勉县考古记实》,如前所述何士骥、周国亭两先生撰写的《发掘张骞墓前石刻报告书》,地质系撰写的《勘查安康行政区砂金矿简要报告》等,①都在学术界具有重要影响。

　　西北联大的学术研究方面,《西北联大校刊》也起到了十分重要的作用,1938 年 8 月 15 日《西北联大校刊》出版第 1 期,该刊是《西安临大校刊》的接续,办刊宗旨、刊发内容与临大校刊一样,主要是刊载教育部训令、学校组织机构、学术论著、章则、工作报告、重要会议纪要、学校各种重要事项、信息等,该刊共出版 18 期,1939 年 6 月 15 日停刊。其间发表了诸多学者的研究论文,除了如前所述黎锦熙的文章外,还发表了不少其他学者的文章。比如,1938 年10 月 15 日出版的第 3 期,刊载了联大常委胡庶华的论文《中国资源问题》;12月 1 日出版的第 6 期,刊载了历史系教师陆懋德的《汉中各县诸葛武侯遗迹考》,以及黎锦熙、黄国璋两教授的《答复教育部征询各种教育问题之意见》;1939 年 1 月 15 日出版的第 9 期,刊载了历史系许兴凯的《抗战的经验与教训》;2 月 15 日出版的第 11 期,刊载了高振业的《抗战期间城固县之民众教育》;5 月 15 日出版的第 16 期,刊载了联大常委胡庶华的《战争与文化》《精神的改造》,以及陆懋德教授的《青年节之意义》;6 月 1 日出版的第 17 期,刊载黎锦熙的《钱玄同先生传》;6 月 15 日出版的第 18 期,刊载杨人楩教授的《就六三纪念论鸦片战争及禁政》,伍德济《如何改进城固县禁政》等文章。这些文章有的是从宏观角度论述中国资源或者就教育问题答复国民政府教育部,有的是探讨抗战中的中国文化及其作用。有的是激励青年积极抗战,有的是对地方经济社会的发展提供智力支持与实现良好县政,等等。总之,联大师生的学术研究,积极为抗日战争的胜利努力和奋斗。正如,1938 年 5 月 2 日联

---

　　①　西北大学校史编纂委员会编,李永森等主编:《西北大学史稿(1902—1949)(修订版)》上卷,西北大学出版社 2002 年版,第 230 页。

大开学典礼上,原北平大学校长、西北联大常委徐诵明所说:"上前线同敌人作战是救国,我们在后方研究科学,增强抗战力量,也一样是救国"。①

这里特别要强调的是,联大在办学经费极其紧张的情况下,还是尽量采购图书,这也为联大学人展开学术研究提供了基础与保障。仅就图书组新购图书添置关于西北历史文化方面的书籍,据各期《西北联大校刊》所登载的图书目录,据笔者初步统计就有:张知道的《西京碑林》、亚新地学社出版的《陕西省明细地图》及《甘宁青三省分县新图》、冯承钧的《西突厥史料》及《多桑蒙古史》、王正旺的《中国西北部之经济状况》、宫廷璋的《西藏史》、方壮猷的《东胡民族考》、胡焕庸的《黄河志》、张含英的《黄河志》、侯德封的《黄河志》、倪锡英的《西京》、杨錬的《长安史绩考》等均列其中。我国各县县志对于本地历史、社会及风土民俗研究具有重要作用,有鉴于此,西北联大十分注重西北地区各县县志的搜集与购买。比如,地理系特请陕西省民政厅,转令各县政府代为购买全部地方志书。据记载,截至1938年8月,已寄到者不下十余种,全部可供师生公开阅览。② 这些极富特色的方志与书籍,对联大师生关于西北历史的教学与科研工作无疑具有十分重要的作用。

第三节　西北联大分置国立五校的教育教学与学术活动

西北联大成立后,国民政府为了进一步落实西北高等教育发展战略,1938年7月,国民政府教育部令西北联大农、工两学院分别独立,改为国立西北农学院及国立西北工学院,教育学院改称为师范学院。1939年9月,又奉令改

---

① 《本校城固本部举行开学典礼志盛》,《西北联大校刊》第1期,1938年8月15日,第7页。

② 《地理系工作报告》(4月17日至7月15日),《西北联大校刊》第1期,1938年8月15日,第17页。

组为国立西北大学,同时师范学院、医学院亦独立设置,改为国立西北师范学院及国立西北医学院。由此,国民政府优化、发展西北高等教育的战略谋划,得以完全实施。随后,1940年4月,教育部令西安为西北大学永久性校址。抗战结束后,1946年5月,国立西北大学迁设西安。同年8月,国立西北医学院并入国立西北大学。① 下面,对国立五校的教育教学及学术活动分别作简要论述。

一、国立西北工学院的教育教学与学术活

(一)国立西北工学院的组建与溯源

加强与发展西北高等教育,是国民政府既有之战略谋划。担负改善、优化与发展西北高等教育使命的西北联大,在成立两个月后,国民政府即开始着手对其进行分置与院校独立的战略实施工作。而西北工学院又是西北联大分置五院校中最早独立设置的院校之一。1938年7月21日,教育部发布5942号训令,指出:"查我国立专科以上学校之设置,过去缺少一定计划,故各校地域之分布与院系之编制,既未能普遍合理,又未能适合需要。"抗战以来,各校迁移后方,现根据实际需要并参照目前情形,令"自下年度起,该校(指国立西北联合大学——笔者)农工两学院应与国立西北农林专科学校,国立东北大学及私立焦作工学院,分别合并改组国立西北农学院及国立西北工学院"②。时隔一周,即7月27日,国民政府教育部正式发布"汉教第6074号训令",命"国立西北联合大学工学院与国立东北大学工学院及私立焦作工学院合并改组为国立西北工学院"。并附改组具体"办法一份""筹备委员会简章一份"。③ 具体办法就

① "教育部"教育年鉴编纂委员会:《第二次中国教育年鉴》第5编《高等教育》,商务印书馆1948年版,第602页。
② 《教育部训令》(1938年7月21日),载王学珍等主编:《北京高等教育文献资料选编(1861—1948)》,首都师范大学出版社2004年版,第772页。
③ 陕西省档案局(馆):《国立西北联合大学档案史料选编》上册,西北大学出版社2018年版,第30页。

学院经费、院系编制、教职员、学生、院产等作了详细说明,目的是保证工学院成立后,正常办学不受影响。这里要说明的是关于西北工学院的院址,当时确定国立西北工学院的院址是岷县或天水。关于院产,规定国立西北联大及国立东北大学专属于工学院,之一切设备用具及学生成绩有关文卷各项均归国立西北工学院接收,焦作工学院之设备用具归国立工学院借用。① "筹备委员会简章"对该委员会的职责、人员组成作了规定,其中指出:"本委员会职掌如下:(一)择定适当院址;(二)租用或修建适当院舍;(三)接收国立西北联合大学工学院、国立东北大学工学院及私立焦作工学院之校产、设备文卷等项;(四)编造概算;(五)拟订学院组织大纲。"还规定:"本委员会设筹备委员5人,由教育部聘请之,并指定委员1人为筹备主任。"该委员会每周开会1次,由筹备主任召集之。开会时即以筹备主任为主席。遇必要时得由筹备主任召开临时会。并明确指出该委员会期限及职务、职责"至国立西北工学院筹备完毕时为止"。②

教育部训令下达后,新组建的西北工学院于1938年8月10日成立筹备委员会,联大常委、原北洋工学院院长李书田为筹备委员会主任,胡庶华(西北联大)、张清涟(焦作工学院)、王文华(东北大学工学院)、张贻惠(西北联大)、张北海(教育部)、雷宝华(陕西省建设厅)等为筹备委员,地址设在城固县考院。筹备委员会从1938年8月12日至9月13日,共开会议19次,就西北工学院成立过程中遇到的一系列问题进行了研究与解决,并通过了各系主任、工科研究所主任及矿冶工程部主任的聘请任命,等等。③ 此外,筹备委

---

① 《国立西北联合大学工学院与国立东北大学工学院及私立焦作工学院合并改组为国立西北工学院办法》,陕西省档案局(馆)编:《国立西北联合大学档案史料选编》上册,西北大学出版社2018年版,第380—381页。

② 《国立西北工学院筹备委员会简章》,载陕西省档案局(馆)编:《国立西北联合大学档案史料选编》上册,西北大学出版社2018年版,第381—382页。

③ 《国立西北工学院筹备委员会第一至第十九次会议记录》,陕西省档案馆馆藏档案:国立西北工学院档案,档案号:61—2—39。

员会还就接收西北联大工学院等具体事宜进行了商量,制定了详细的办法。如,对联大工学院的资产、文书具体接收项目在国民政府教育部的办法上,又详细分为8个方面,包括文书、会计、庶务和斋务、卫生、注册、图书、仪器、体育和军训等,并说明与规定了接收及免于接收资产的事项、权限及数目,比如,庶务方面:油印机应接收1套,自行车应接收2辆,汽油灯应接收7架,现有运输汽车应保留工学院使用权,在使用期间,司机的工资及汽油消耗由工学院承担。①

由此,国立西北工学院正式组建。西北工学院的组建合西北联大工学院、东北大学工学院,同时又汇入中原的私立焦作工学院。尤其是私立焦作工学院的汇入,开启了国立大学与私立大学合并的先河。这无疑在中国高等教育合作办学历史上,具有重大而深远的历史意义。国立西北工学院的组建成立,不仅将现代工科高等教育制度、体系系统地植入了西北地区,而且为日后西北工科高等教育的进一步发展奠定了坚实基础,其根基既有"京源",又有"津源",同时还有东北及中原工学的汇入。现就其历史渊源,分述如下:

国立西北工学院的组建,很重要的组成部分即为西北联大工学院,而西北联大工学院又由北平大学工学院与北洋工学院合组而成。此两所学院的历史前面已经谈到,故不再赘述。

西北联大工学院的另一重要组成部分,为国立东北大学工学院。1922年7月,张作霖在奉天省公署内设立东北大学筹备委员会,筹备委员会推举王永江为主任委员。筹备委员会成立后,王永江即与吉林和黑龙江两省联系,希望三省共同举办该校。最终商议结果是奉天和黑龙江两省合办,办学经费两省共同负担,比例为9∶1。经过筹委会讨论决定,东北大学设文、法、理、工四科。1922年12月,筹备委员会推举时任奉天省长王永江为东北大学校长。② 1923

① 《国立西北工学院筹备委员会接收国立西北联合大学工学院》,陕西省档案馆馆藏档案:国立西北工学院档案,档案号:61—2—51.1—155。
② 王振乾等:《东北大学史稿》,东北师范大学出版社1988年版,第3页。

年春,留学欧洲的工学博士赵厚达(1888—1924)归国,随之被委任为东北大学工科筹备委员。同年4月,奉天省公署正式颁发"东北大学"校印,当月26日正式启用校印。5月,王永江校长任命学校各科学长,其中赵厚达为理工科学长。① 之后,学校的教师聘请、课程制定、招生筹备等工作紧锣密鼓地展开。7月,东北大学开始招收第一届学生。新招收的文法科俄语、英文、法律、政治4个系和理工科的数学、物理、机械、电工、土木5个系的预科生共300人,沈阳高等师范学校学生40人和文专学生130人亦附于校内上课,全校学生总数480人。9月,东北大学开学,10月24日,学校正式举行了开学典礼。② 1924年1月,工科学长赵厚达赴德国采购理学仪器,并订购工科教学、试验用的机械设备,为筹办大学工厂以供学生实习所用。截至1928年7月,东北大学共招收六届文、法、理、工科学生,该年工科增设建筑系,文科增设哲学系、教育系。1928年,张学良兼任东北大学校长。1929年,东北大学共设工学院、理学院、文学院、教育学院、农学院5个学院,其中,工学院设土木、采冶、纺织、电工、机械、建筑6个系。当时,东北大学的实验仪器和机械,大都购自国外,工学的机械、教学仪器有10000多件,在国内高校是比较先进的,学生实习的环境和条件是比较优越的。③

正当东北大学蓬勃发展之际,九一八事变爆发,鉴于危机形势,学校决定离开沈阳撤退到北平,1931年9月22日,东北大学师生集体乘车被迫离开沈阳。师生到达北平后,校方借到安庆会馆、江西会馆、奉天会馆等处开始复课,1932年8月,招考了入关后的第一期本科生。1933年,张学良出国考察,临行之前对幕僚和部下颇为感叹地说,举办东北大学,"当初的目的在培养实用人才,建设新的东北,以促成现代国家","谁知祸起仓促,尽失所有。师生避平

---

① 王振乾等:《东北大学史稿》,东北师范大学出版社1988年版,第4页。
② 王振乾等:《东北大学史稿》,东北师范大学出版社1988年版,第5页。
③ 王振乾等:《东北大学史稿》,东北师范大学出版社1988年版,第11页。

复学,今后训练要在'明耻自强'上注意"①。这一时期,即使是东北大学"流离燕市",但在困难的环境下办学非常认真,教育部训令第 9947 号指出:"学生尚能勤苦",尤其是"工学院教学较为认真,殊堪嘉慰"。② 又按照教育部 8551 号训令,1935 年 7 月,工学院将机械、电工两系合并,组建机电系,纺织系该年暑假暂时停办,故当时工学院暂设土木系和机电系。③ 1935 年 12 月,轰轰烈烈的"一二·九"运动爆发,东北大学学生奋勇参加。面对日本的侵略野心和不断的扩张,华北危机,致使难以放得下一张平静的书桌,在此情况下,1936 年 2 月,东北大学勘定西安西南城角原陕西农业专科学校为校址,将工学院先行迁往,作为西安分校,共有学生 263 人,教师 41 人。④ 由于办学规模不断扩大,师生人数不断增加,原校舍日益紧张,已不能满足办学需要,故张学良又在附近购买了一些土地,新修建了大礼堂、师生宿舍和教室。为了纪念东北大学西迁陕西,大礼堂门口还专门竖立一石碑,以示纪念。张学良亲自题词:"沈阳设校,经始维艰,至'九一八',痛遭摧残,流离燕市,转徙长安,勘尔多士,复我河山。"⑤(大礼堂及纪念碑现在西北大学太白校区校园内)1936 年 12 月 12 日,西安事变爆发。当时,东北大学的许多学生参加了游行活动,对于促进西安事变的发生起了重要作用。1937 年 9 月 5 日,东北大学在西安正式开学。1938 年 3 月,国民政府在令西安临大南迁汉中的同时,命令东北大学南迁四川三台县,同年 5 月 10 日复课,当时工学院院长为王文华。7 月,国民政府又命令东北大学工学院与西北联大工学院及私立焦作工学院合并改组为国立西北工学院。

---

① 王振乾等:《东北大学史稿》,东北师范大学出版社 1988 年版,第 37 页。

② 《教育部致东北大学训令》(1935 年 7 月 20 日),载中国第二历史档案馆编:《中华民国史档案资料汇编》第 5 辑第 1 编《教育》(1),凤凰出版传媒集团、凤凰出版社(原江苏古籍出版社)2016 年版,第 199—200 页。

③ 《教育部致东北大学训令》(1935 年 7 月 14 日),载中国第二历史档案馆编:《中华民国史档案资料汇编》第 5 辑第 1 编《教育》(1),凤凰出版传媒集团、凤凰出版社(原江苏古籍出版社)2016 年版,第 198 页。

④ 王振乾等:《东北大学史稿》,东北师范大学出版社 1988 年版,第 108 页。

⑤ 王振乾等:《东北大学史稿》,东北师范大学出版社 1988 年版,第 108—109 页。

国立西北工学院的另一组成部分为私立焦作工学院。焦作工学院是英商福公司 1909 年 3 月 1 日按照《河南开矿制铁以及转运各色矿产章程》和《河南交涉局与福公司见煤后办事专条》的规定,在泽煤盛厂附近创办的焦作路矿学堂,主要培养采矿、冶金及铁路方面的专门人才。1914 年,改名福中矿物学校,先办预科。1919 年春,预科毕业后续办本科。1921 年夏,改名为福中矿物大学,修业年限为预科 1 年,本科 4 年。① 1923 年,学校聘请刚从美国留学归来的张仲鲁为校长,其掌校后,参考美国大学矿冶科系的课程设置,把采矿冶金、地质、土木、机电等课程作为重要课程尽量排入课表,使学生门门都学,样样皆通,重基础、重教学,以便在毕业后不论遇到什么工作机会,都可随时适应。当时学校实行学分制,必须修满 210 学分方可毕业。② 1926 年,经教育部批准立案。1931 年 4 月,呈准河南省政府批准改为私立焦作工学院,学校除原有采矿、冶金科外,又增设土木工程科。1932 年春,由河南省教育厅转呈教育部备案,同年 8 月,国民政府教育部批准予以立案。③ 1933 年,学校聘请张清涟教授为院长。张清涟到校后,积极整顿校务,制定各项规章制度,改革教学,延聘教授,进一步加强本科教育教学,并向欧美国家订购教学仪器、设备及相关机械,学校面貌焕然一新。到 1936 年,学校设有采矿系、冶金系、路工系、水利系 4 个系,学制 4 年。④ 抗日战争爆发后,日寇侵略安阳,1937 年 10 月,学校奉教育部令迁设陕西西安,借陕西省立高中教室上课。1938 年 3 月,由于敌机轰炸频仍,学校又奉命迁到甘肃天水办学。⑤ 如前所述,同年 7 月,奉

---

① "教育部"教育年鉴编纂委员会:《第二次中国教育年鉴》第 5 编《高等教育》,商务印书馆 1948 年版,第 738—739 页。

② 《西北工业大学校史》编写组编,陶秉礼主编:《西北工业大学校史》,西北工业大学出版社 1995 年版,第 13 页。

③ "教育部"教育年鉴编纂委员会:《第二次中国教育年鉴》第 5 编《高等教育》,商务印书馆 1948 年版,第 739 页。

④ 《西北工业大学校史》编写组编,陶秉礼主编:《西北工业大学校史》,西北工业大学出版社 1995 年版,第 14 页。

⑤ "教育部"教育年鉴编纂委员会:《第二次中国教育年鉴》第 5 编《高等教育》,商务印书馆 1948 年版,第 739 页。

国民政府令合并改组为国立西北工学院。

以上为组建国立西北工学院的 4 所工科院校的历史源流及大体状况,从这 4 所高校的办学历史可以看出,它们既是近现代中国高等教育的开拓者与先行者,有较长的办学历史;又是近代中国面临"千古未有之奇变"的民族危机下,"实业救国""教育强国"的积极践行者;同时,国立西北工学院可谓汇众校所长、聚工学于一,它既有平津工学的坚实根基,又有东北工学的汇入,同时还有中原工学的加入。由此,为西北工学学科的进一步发展注入了强劲动力,也为西北社会的工业现代化提供了人才支持。

(二)国立西北工学院的教师与学生

1938 年 8 月 10 日,西北工学院筹备委员会成立后,在李书田主任的领导下积极工作,历时 4 个月艰辛筹备,11 月初各项筹备工作就绪。11 月 12 日,西北工学院举行了开学典礼,11 月 21 日,学院开始上课。与此同时,私立焦作工学院、东北大学工学院师生分别于 11 月下旬和 12 月初陆续抵达汉中古路坝,12 月 12 日,学院各系一、二、三、四年级学生约 600 人,全部正式上课。[1] 西北工学院师资阵容较为强大,并不断发展,学院筹备阶段教师 85 人,其中,教授 62 人、副教授 4 人;1946 年 6 月,拥有教师 132 人,其中,教授 46 人,副教授 16 人;1948 年 5 月 27 日统计数据,学院教师共 131 人,其中,教授 52 人,副教授 20 人。[2] 另据统计,1939—1949 年毕业生总计 2222 人。[3]

1946 年 6 月,教师当中,工程学系教授:赵玉振(1906—1993)、谢光华、李兆源、徐宽中,副教授:沈梅叶;

---

① 《西北工业大学校史》编写组编,陶秉礼主编:《西北工业大学校史》,西北工业大学出版社 1995 年版,第 15 页。

② 《西北工业大学校史》编写组编,陶秉礼主编:《西北工业大学校史》,西北工业大学出版社 1995 年版,第 47—48 页。

③ 《西北工业大学校史》编写组编,陶秉礼主编:《西北工业大学校史》,西北工业大学出版社 1995 年版,第 41—42 页。

矿业工程学系教授:任殿元(1892—1946)、张伯声(1903—1994)、李余庆、马载之(1900—1971)、石心圃、关绍宗(1906—1990);

机械工程学系教授:程干云(1891—1968)、潘承孝(1897—2003)、朱良玺、杜春山,副教授:张德(1921—1951);

电机工程学系教授:刘锡瑛(1894—1966)、王际强(1906—1995)、余谦六(1895—1991)、王翰辰(1895—1974)、徐庆春(1901—1982)、樊泽民、王钦仁;

化学工程学系教授:肖连波(1899—1977)、葛春霖(1907—?)、徐日新,副教授:刘风铎;

纺织工程学系教授:郭鸿文、张汉文(1902—1969)、任尚武(1895—1992)、吴文焜、崔玉田(1924—2016);

水利工程学系教授:彭荣阁、赵文钦(1908—1986)、田鸿宾(1906—1972)、关文启(1909—1979)、耿鸿枢(1910—?)、揭曾祐(1910—1992);

航空工程学系教授:张国藩(1905—1975)、孙常煦;

工业管理学系教授:叶守济(1958—1971),副教授:蓝贞亮;

公共学科教授:刘凤年、马纯德(1902—1988)、王焕初(1902—1989)、高怀慈、许继曾(1905—1989),副教授:刘冠勋、苑廷瑞、朱淳实、时万咸、王允升、肖涤吾、张大昕;

七星寺分院教授:郝圣符、张兆荣、段子美(1898—1997),副教授:张景淮、赵慈庚(1910—?)、郑恩德、刘寿嵩(1912—1969)、刘振华等。

抗日战争胜利后,1946年暑假,西北工学院复员迁校西安、咸阳,师资队伍有些变化。由于各自不同的原因,部分离开学校到其他学校或地方就职,学校随即各方延聘教师进行补充师资力量。据截至1948年5月27日的统计数据,西北工学院教师共131人,其中,教授52人,副教授20人。①他们是:

---

① 《西北工业大学校史》编写组编,陶秉礼主编:《西北工业大学校史》,西北工业大学出版社1995年版,第48页。

土木工程学系教授:赵文钦(1908—1986)、戚葵生、沈晋(1916—2011)、周星槎(1883—1949)、张连步(1909—1983)、胡席让,副教授:鲁承宗(1917—2012);

矿冶工程学系教授:任殿元、张伯声、李余庆、石心圃,副教授:袁耀亭、侯运广(1916—1984);

机械工程学系教授:程干云、潘承孝、朱荫桐(1904—2001)、杜春山、张德孚、徐世铭,副教授:张洪锡、游来官(1914—?)、景培瑞、朱长青;

电机工程学系教授:王际强、樊泽民、李育珍、房耀文、朱端、周清一(1921—　);

化学工程学系教授:李仙舟(1902—1981)、虞宏正(1897—1966)、赵仁铸、刘风铎、郭一清,副教授:马万兴;

纺织工程学系教授:张汉文、郭鸿文、傅道伸(1897—1988);

水利工程学系教授:彭荣阁、田鸿宾、石元正(1911—1978)、姜希贤(1913—?)、李赋都(1903—1984),副教授:李敏中;

航空工程学系教授:田培业、张钧之,副教授:吴云书(1918—?);

工业管理学系教授:苏在山、龚止敬、叶守济、蓝贞亮;

公共学科教授:刘风年、张兆荣、马纯德、王焕初、刘冠勋、赵希三、郝圣符、张寄尘、龙际云、肖涤吾、高怀慈,副教授:魏庚人、徐钦鸣、程先安、江宗植、王允升、张大昕、龚季朴、高嘉梁等。

由上可以看出,为了适应教学与科研需求,学校教师队伍总人数基本保持了稳定状态,其中,教授人数1948年和1946年相比较增加了6人,副教授增加了4名,教师的整体实力有很大增强。学院成立初期,教授占教师队伍总人数的73%,可见师资队伍实力之强,并且教授中以留美著名高校归国者居多,也有留学英国和其他国家及国内著名大学者。以1948年为例,教师中很多为全国知名专家和学者。比如,赵文钦教授,北洋大学土木工程系毕业,获英国利物浦大学工程硕士学位。曾任昆明叙昆铁路工程师,西北工学院水利系主任、总务长。新中国成立后,历任西北工学院教务长、副院长,西安冶金建筑学院副院长,陕西省科协副主席等职务,是中国著名建筑专家、桥梁专家。沈晋教授,1939年国立武汉大学毕业,为著名的水文学专家,曾执教于西北工学院、西安交通大学、西北农学院、陕西机械学院(现西安理工大学)等院校,长期从事水文水利教学、科研工作曾获"全国优秀教师"等荣誉称号。曾担任陕西省人大常委会副主任,民盟陕西省主委,全国政协委员,陕西省政协副主席等职,对我国黄河流域水文研究作出重要贡献。张伯声教授,著名构造地质学家、地质教育家,中国科学院院士。他对黄河河道的发育及秦岭水系成因等在长期实践考察的基础上,提出了开创性的学术观点,为西北大学地质学科的形成、发展作出了重要贡献,也是中国"地壳波浪状镶嵌构造学说"的创始人,在国内外第四纪地质界有重要影响。潘承孝教授,先后留学于美国康奈尔大学机械系和美国威斯康新大学研究生院,中国内燃机和汽车工程教育的奠基人之一。潘承孝教授治学严谨、教授得法,深受学生欢迎。他讲内燃机课,"使人听起来如见物体在运转,机件在滑动,有声有色,学生十分钦佩他"。"他要求严格,特别对考试纪律执行极严,被誉为严师典范。"①虞宏正教授,为胶体化学、物理化学家和教育家,1920年北京大学化学系毕业,先后担任北京农业大学教授、北京师范大学教授、北京大学教授,并赴德国莱比锡大学、英国伦敦大学和剑桥大学进修学习,回国后任西北工学院、西北农学院教授。新中国成立后,任中国科学院西北生物土壤研究所所长兼西北农学院土壤农化系主任,1955年当选为中国科学院学部委员。他提出并建立一个新的分支学科——土壤热力学,受到国内外相关科学界的高度重视。开展了改良黄土高原土壤、水土保持的科学研究,为我国西北地区的农业科学教育事业进行了开拓性工作。田鸿宾教授,为我国著名的工程教

① 《西北工业大学校史》编写组编,陶秉礼主编:《西北工业大学校史》,西北工业大学出版社1995年版,第38页。

育家、水利专家,曾留学美国伊利诺斯大学土木系,并在美国康奈尔大学完成研究生学业,回国后,先后任北洋工学院市政水利系任系主任、教授,东北大学土木系教授,西北工学院水利卫生系教授。主要从事我国西北地区河西走廊资源考察研究,新中国成立后,田鸿宾教授十分重视南水北调工程,多次参与工程的勘探、考察,还对改建三门峡水利枢纽工程作出了突出贡献。先后任西北工学院院长、西安交通大学副校长、陕西工业大学(现西安理工大学)校长。

国立西北工学院成立后,抗日战争正处在艰难时刻,物价不断上涨,教职工的生活十分困难。尽管1941年9月,国民政府行政院实行非常时期改善教职员生活办法,对教职员工家属每月每人按照2斗1升米或者42斤面粉价予以补贴,但是,由于油、盐等副食价格不断升高,以粮价为准所得津贴为数难以应付生活困难。而实际上米粮的限制又非常严格,得之不易。比如,水利工程系彭荣阁教授前妻病故时留有2女,当时彭荣阁的岳父可怜2个女儿幼年丧母,故将彭的2个女儿接到自己家中抚养照顾,后因战时生活困难,又将2个小孩送到彭的老家。彭荣阁在1941年申请米粮津贴时,未将不在身边的2个女儿填入直系亲属表。1942年3月,彭荣阁因家乡的2个女儿生活实在困难,经学院向国民政府教育部申报2个女儿的米粮津贴。教育部答复:按照非常时期改善教职员生活实施办法细则第9条,员工家属人口除新生者外不得以任何理由补报,所请增加补报水利系教授彭荣阁家属2口一节,未便照准。① 1942年夏秋之际,随着战事的不断扩大化,粮价又突飞猛涨。年初时每袋面粉价格为145元,8月18日涨至450元,时隔3日,又涨至550元,超出年初价格2倍多。② 由于物价上涨太快,米粮津贴实际

---

① 《西北工业大学校史》编写组编,陶秉礼主编:《西北工业大学校史》,西北工业大学出版社1995年版,第53页。

② 《西北工业大学校史》编写组编,陶秉礼主编:《西北工业大学校史》,西北工业大学出版社1995年版,第53页。

上已经不顶用,而教师的工资在抗战时期实际又按照 7 折发放,从而导致教职员工生活更加困难。即使在这样的情况下,教师们仍然忍痛负重,安贫乐道,严谨治学,悉心执教,严格要求自己及学生。学校还规定:"教员以专任为原则,应于学校办公时间,在校服务。"要求教授、副教授、讲师授课时间,每周以 9—12 个小时为准,担任学校行政职务或者从事实验或研究工作,可适当减少授课时间。正是这种敬业的精神,及在校训"公诚勇毅"的鼓舞下,使得抗战期间在烽火遍天下的情况下,"而本院弦歌之诵,未尝一日间断也"①。

西北工学院的学生入学考试,一贯非常严格,低于规定分数线者一律不予录取。招生考试的具体形式从 1938—1948 年,根据要求及形势的变化也经历了不同的方式。1938—1942 年,按照国民政府高等院校招生要求,实行统一招考办法招收新生。1943 年,由于抗战形势,交通阻隔,统一招生办法暂停,实行多处设招生地点的方式招生,并同时采取高中保送及甄别考试办法,即保送生经过审查合格的学生,到校后还必须参加甄别考试,优秀者入一年级就读,其余进入先修班,然后再正式入学。1944—1945 年,学院参加全国国立高等院校联合招生方式招收新生。1946—1948 年,学员采取单独招生的方式招生,报考人数随之激增。据统计,1938—1948 年学校共招生 2617 人,分别为 1938 年 260 人、1939 年 185 人、1940 年 271 人、1941 年 161 人、1942 年 352 人、1943 年 280 人、1944 年 345 人、1945 年 213 人、1946 年 263 人、1947 年 167 人、1948 年 120 人。② 学生入学后,修满规定科目并合格者即可毕业,毕业时除发给毕业证外,依据教育部学位授予办法,

① 《国立西北工学院概要》(1948 年 6 月),陕西省档案馆馆藏档案,民国档案,档案号:61—2—598.1。

② 《西北工业大学校史》编写组编,陶秉礼主编:《西北工业大学校史》,西北工业大学出版社 1995 年版,第 40—41 页。

授予学士学位。因学院对学生学业要求严格,故学生的淘汰率比较高,据统计,1939—1940 学年度第二学期留级生 57 人,占在校总人数 776 人的 7.3%,其中,一年级 24 人、二年级 22 人、三年级 11 人;1941 年,一年级学生留级人数 30 人,淘汰率 12.4%;1947 年,一年级留级生 50 人,占学生总人数的 15.2%。① 也正是这种严谨的学风,进一步促使了学生刻苦学习的良好风气。

由于西北工学院对学生要求严格,教学质量高,故毕业生就业去向很好,大部分服务于西部地区的铁路、煤矿、水利、航空等部门,深受用人单位欢迎,有的甚至提前向学校预约毕业生去服务。比如,1939 年川滇路公务局给西北工学院致函:"贵院载驰盛誉,本局为广集人才,提高效能,如有成绩优良之本届土木工程系毕业生,拟请惠予介绍 6 名来局试用。"除过正常待遇外,其他"附支各费照章支给,学生来局乘车旅费由局支付"②。再比如,西北工学院第一届毕业生共 144 人,出路都很好,除由教育部及本院分别介绍于陇海铁路管理局、军政部制呢厂、兵工署、电力厂、勘探工程处、中央广播电台、黔桂铁路工程局、中国汽车制造公司、中央机厂等处工作外,其他各生产机关,亦纷纷延聘学校毕业生,可谓毕业生大有供不应求之势。③

1939—1949 年,共毕业学生总数为 2222 人,这些学生毕业后,很多成为各领域的知名专家。比如,吴自良(1917—2008),享誉海内外的物理冶金学家、著名的材料科学家,"两弹一星"功勋奖章获得者。1935 年,考入北

① 《西北工业大学校史》编写组编,陶秉礼主编:《西北工业大学校史》,西北工业大学出版社 1995 年版,第 40 页。

② 《西北工业大学校史》编写组编,陶秉礼主编:《西北工业大学校史》,西北工业大学出版社 1995 年版,第 41 页。

③ 《〈全国专科以上学校要览〉中的"国立西北工学院"(1942 年)》,载陕西省档案局(馆)编:《国立西北联合大学档案史料选编》上册,西北大学出版社 2018 年版,第 191 页。

洋工学院,先读矿冶,后转学航空机械。1937 年抗战爆发后,随北洋工学院西迁,先后就读于西安临大、西北联大工学院及国立西北工学院,1939 年毕业。1943 年,留学美国匹兹堡卡内基理工学院冶金系读研究生,1948 年获理学博士学位,毕业后留校作博士后研究。新中国成立后,1950 年底回国。1984 年,获国家发明奖一等奖和国家科技进步特等奖。1999 年 9 月,被中共中央、国务院、中央军委授予"两弹一星"功勋奖章。史绍熙(1916—2000),我国著名的内燃机、工程热物理与燃烧学家和教育家,中国高校内燃机专业的创建者之一,曾任天津大学校长,中国科学院资深院士。1935 年考入北洋大学机械工程专业,1937 年随北洋工学院西迁,1939 年以全班第一名的成绩毕业后留西北工学院任教。1945 年,入英国曼彻斯特大学研究生院深造。由于学习成绩优异,直接攻读博士学位。1949 年 7 月,获英国曼彻斯特大学博士学位。1951 年,史绍熙几经周折,冲破重重困难,返回祖国,并到母校天津大学任教授。1980 年,当选为中国科学院学部委员。1981 年,担任天津大学校长。1987 年,主持建成了我国第一个内燃机燃烧学国家重点实验室。1980 年,史绍熙在中国首先进行了柴油机燃用甲醇的研究,1988 年该研究并取得成功,并达到了国际先进水平,该成果为中国节约了大量石油,开辟了内燃机燃料资源新途径。其研究及成果为中国社会主义建设事业作出了重要贡献。张沛霖(1917—2005),著名物理冶金学家,中国科学院资深院士,我国核燃料事业的主要奠基者之一。1940 年,毕业于国立西北工学院,为我国原子弹、氢弹研制和核电事业作出了重要贡献。王文光(1915—2000),毛纺织专家、教育家,毛纺专业教材建设的创始人之一。1937 年,王文光考入山西大学机械系。由于日本侵华战争,该校被迫停办。在逃难途中,考入西安临时大学纺织系,1941 年,毕业于西北工学院纺织系。1950 年 2 月,王文光任西北工学院纺织系副教授,1952年晋升为教授。一生为中国毛纺织工业的发展和人才培养作出了重要贡献。师昌绪(1918—2014),我国著名材料科学家、战略科学家,中国工程院、中国科学院资深院士,国家最高科学技术奖获得者。1941年,考入国立西北工学院矿冶系。1945年,以全班第一名成绩毕业。1946年,赴美留学。1949年,在密苏里大学矿冶学院获硕士学位。1955年6月,回国。2010年,荣获国家最高科学技术奖。高景德(1922—1996),我国著名的电机工程专家、教育家,中国科学院院士,清华大学原校长。1941年夏,被保送进西北工学院就读。1945年,毕业于西北工学院电机系。1948年,加入中国共产党。1956年,在苏联获得博士学位。1980年,当选为中国科学院学部委员。高景德长期从事电机和电力系统分析和控制的研究,开拓并推动了我国电力电子新学科的研究和发展,并作出了重要贡献。西北工学院为国家培养了大批优秀人才,为新中国社会主义建设和改革开放事业,在各自的研究领域作出了重要贡献。

(三)国立西北工学院的课程设置与特点

1938年3月29日至4月1日,在武汉召开的国民党临时全国代表大会的宣言中指出:"至于科学之运动,在抗战期间亦为最要。盖抗战为全国心力物力之总动员,亦为全国心力物力之总决赛。"并强调:"在技术方面,则提高自然科学的研究。"而对于"其施行之于教育者,宜知战时的科学需要,较平时为尤急"。因为"科学的探讨与设备,为抗战持久及抗战胜利之决定因素"[①]。4月1日,在该次代表大会通过的《抗战建国纲领决

---

① 荣孟源:《中国国民党历次代表大会及中央全会资料》下册,光明日报出版社1985年版,第475页。

议案》的"教育"中指出：要"改订教育制度及教材，推行战时教程，注重于国民道德之修养，提高科学的研究与扩充其设备"。并要"训练各种专门技术人员，与以适当之分配，以应抗战之需要"①。1938年，国民政府教育部对于高等院校课程体系与科系设置明确指出："各级学校之教学科目，应全部加以整理与检讨，使纵的方面互相衔接，横的方面互相贯通，不致失去联络，而合战时需要。"②对于各大学所开之课程科目"亦应延聘专家从速详细订定，依照实施"。"各大学各科系所设之科目订定后，应聘请专家，订定教授内容，以供各校参考。"③按照教育部的相关精神，国立西北工学院确定以研究高深学问、培养专门人才及发展西北工业为学院培养人才的基本宗旨。

西北工学院的学生所学课程实行学分制，修业年限为4年，按照规定学生只要修够学分即可毕业。学分的具体计算办法为，每门课程每学期每周1小时计1个学分，其余教学环节，比如课程设计、实验、实习等，1.5小时折算1个学分，各类课程及具体学分，在各系的课表中均有明确规定。

西北工学院在课程设置上，十分注意学生的理论基础及文理科知识的广博，学院各系一年级学生的课程设置完全相同，不分专业与系科，混合编班上课，每班50人左右。一年级共开设15门课程，除过专业基础课外，还设有三民主义、军事训练和体育，合计46个学分。根据1943年10月《国立西北工学院概要》及1948年6月《国立西北工学院概要》数据，学院二、三、四年级每学期课程的门数、周学时数、学分数，具体见表3-2。

---

① 荣孟源：《中国国民党历次代表大会及中央全会资料》下册，光明日报出版社1985年版，第487—488页。
② 《教育部订定之战时各级教育实施方案》(1938年)，载中国第二历史档案馆编：《中华民国史档案资料汇编》第5辑第2编《教育》(1)，凤凰出版传媒集团、凤凰出版社(原江苏古籍出版社)2018年版，第29页。
③ 《教育部订定之战时各级教育实施方案》(1938年)，载中国第二历史档案馆编：《中华民国史档案资料汇编》第5辑第2编《教育》(1)，凤凰出版传媒集团、凤凰出版社(原江苏古籍出版社)2018年版，第30页。

表 3-2：国立西北工学院课程设置①

系别项目		二年级第一学期			二年级第二学期			三年级第一学期			三年级第二学期			四年级第一学期			四年级第二学期			总门数	总学分
		门数	周学时数	学分	门数	周学时数	学分	门数	周学时数	学分	门数	周学时数	学分	门数	周学时数	学分	门数	周学时数	学分		
土木工程系		9	31	23	10	32	23	8	25	20	9	29	21	9	24	18	9	24	18	61	171
冶矿工程学系	采矿组	9	29	29	9	26	20	7	28	20	11	24	16	11	26	19	12	23	18	66	168
冶矿工程学系	冶金组							7	27	19	9	25	17	11	28	19	14	31	18	68	
机械工程系		8	28	21	9	30	21	9	33	27	10	35	27	8	26	19	9	25	19	49	178
电机工程学系	电力组	8	26	19	7	24	18	6	21	21	8	25	22	9	25	20	9	26	21	49	167
电机工程学系	电讯组							6	19	19	8	23	20	9	24	21	9	24	19	51	162
化学工程系		7	29	18	8	34	20	6	21	23	5	20	22	5	17	19	3	15	19	40	167
纺织系		8	25	21	7	22	21	9	27	27	11	30	28	10	23	23	7	15	16	54	182
水利系		7	25	19	8	28	20	8	25	18	9	31	18	9	29	19	9	22	15	60	155

① 《西北工业大学校史》编写组编，陶秉礼主编：《西北工业大学校史》，西北工业大学出版社1995年版，第41—42页。

续表

系别项目		二年级						三年级						四年级						总门数	总学分
		第一学期			第二学期			第一学期			第二学期			第一学期			第二学期				
		门数	周学时数	学分	门数	周学时数	学分	门数	周学时数	学分	门数	周学时数	学分	门数	周学时数	学分	门数	周学时数	学分		
航空系		9	33	22	10	36	21	10	29	22	11	25	24	8	26	18	8	23	19	52	172
工程管理学系	工业管理组	11	26	20	6	24	20	8	24	20	8	27	18	8	20	18	8	20	18	58	160
	工程管理组							7	20	20	7	24	16	8	19	19	8	20	20	57	161

备注:1. 机械工程学系 4 年级设选修课 9 门;2. 化学工程学系 3、4 年级设选修课 16 门;3. 纺织工程学系 3、4 年级设选修课 12 门;4. 航空工程学系 4 年级设选修课 4 门;5. 工业管理学系的工业管理组 3、4 年级设选修课 9 门,工程管理组 4 年级设选修课 2 门。

由上表可以看出,西北工学院各系均实行学分制,二、三、四年级的课程总门数多则 68 门,最少的也有 40 门;总学分最多 182,最少的也有 155;每学期各系上课门数基本上是 7—8 门,最多甚至有 14 门者。三、四年级还开设选修课,最少 2 门,最多者 9 门。总体讲,西北工学院学生开课门数多,学生学业负担较重。

西北工学院的课程设置,呈现出如下特点:一是"厚基础"。西北工学院在课程设置上,十分注意学生的"工学"学科基础知识的养成,基础知识既强调理论基础又重视技术基础,理论基础方面,所有的专业均开设如数学课、微积分和立体几何等理工科基础课程;技术课基础方面,如投影几何、工程图画外,还开设应用力学、机动学、材料力学、材料试验以及机械力学、机械设计制图、机械设计原理、电工学、电工试验等,这些课程可以说是工科学生都必须掌握的基本技能及基础知识。二是"重广博"。专业课的设置广而多,如机械系的课程设置,几乎涉及机械学的所有课程,不但必修课多,而且选修课也很多。机械系四年级的选修课多达9门,如开设汽车工程、造船工程、机车设计、机身构造、航空工程、热力炼钢、冷气工程、兵器及弹道学、金相学及冶金等。又如,化学工程学系四年级选修课程有工业会计等6门。教学过程中课程设置的多,尽管学生在校学习课业较重,但有利于学生掌握广博的专业知识,为毕业后走得更高更远打下坚实基础。三是重视人文学科及注意培养学生的人文素养。所有学生除在一年级开设三民主义及伦理学外,还在二年级开设经济学,并且一贯注重对学生的国文教育,加强学生对中华文化的了解及汉语写作水平的提高。四是课程设置上高度重视学生的体能体质教育教学。所有学生从一年级开始到四年级全部都要上体育与军训课程,尽管不计入学课学分,但是当然必修科目。这说明西北工学院高度重视学生的体能体质。五是课程设置强调"国际化"及与国际接轨。学校对外语教学一贯重视,除在一年级普遍开设英文课外,航空、化工两系在三年级还开设德语选修课;此外,很多课程在教材的使用上选用20世纪30年代英美原文教材,这样保证了学生所学知识与国际接轨,并具有良好的国际视野。

（四）国立西北工学院的科学研究与贡献

国立西北工学院在成立之初就非常重视科学研究工作,并确定以发展西北工业为其办学宗旨。1938年8月,工学院筹备期间即成立工科研究所·矿冶研究部,之后,国民政府教育部又批准设立工程技术推广部。1939年5月后,进一步充实"工科研究院暨工学技术推广部,冀对工程学术多作高深之研讨,并辅助西北生产事业之推进"[1]。1940年3月,学校与西北大学联合成立西北科学研究室,院长赖琏亲自兼任研究室主任,并以陕、甘、宁、青、新五省为研究范围。该室注重对西北五省工矿、地理、地质、交通、水利、经济等方面的

---

[1]　《1948年时的国立西北工学院概要》(中华民国37年6月),载陕西省档案局(馆)编:《国立西北联合大学档案史料选编》上册,西北大学出版社2018年版,第215页。

实地调研与研究。此外，截至 1942 年 2 月，学校还先后成立了水利学会、纺织学会、机械学会、电工学会、土木工程学会、边疆问题研究会等群众性学术团体，推动学术研究发展。

为了推动学术交流，展现学院师生最新研究成果，学院编辑出版《国立西北工学院季刊》，主要由本院教师撰稿，内容包括一切工程学术研究性之论著、有关自然科学的论文，或者调查及与抗战建国有关之具体建设计划等，同时也刊载讨论我国一般物质建设问题及工程人员修养的文章。栏目主要有：论著、计划、调查、设计、特载等，由西北印务局印刷出版。该刊 1939 年 9 月出版第一卷第一期，印了 500 份。① 院长赖琏撰写《发刊词》，其中指出："吾国工程刊物，无论数量与质量，均难与欧美各国相比衡。在此抗战建国之大时代中……工业人才已感供不应求，工程刊物尤有尽量扩展之需要。"故而，"编纂定期季刊，发表本院师生研究考察之所得，增进全国技术人员研讨工程学术之兴趣"等至关重要，且尤为必要。他还期望刊物登载的论著、考察报告等，"调查统计，力求确切；研究计划，务期周祥"②。创刊号发表了一批知名专家、学者的文章，比如，陆宗贤《战前水泥之输入及我国之水泥工艺》、张清涟《钢铁书籍提要》、张伯声《陕西城固地质志》、杨大金的《公路桥梁之设计》等。此外，学院编译委员会还编译出版了相关丛书。丛书主要分为两大类：第一类为工程学术及自然科学类，当时定名为《国立西北工学院丛书》；第二类为工程学术之通俗读物或译著，当时定名为《国立西北工学院通俗工程丛书》，主要目的是适合当时从事工学工作的中级实际工作人员使用。《国立西北工学院季刊》和《国立西北工学院通俗工程丛书》由学院出版组出版，《国立西北工学院丛书》则由香港英皇道商务印书馆等大的且有影响的书店出版。

---

① 《西北工业大学校史》编写组编，陶秉礼主编：《西北工业大学校史》，西北工业大学出版社 1995 年版，第 45 页。

② 赖琏《发刊词》，载"国立西北工学院"编译委员会：《国立西北工学院季刊》创刊号，西北印务局 1939 年 9 月。

　　除了学院的季刊及两套丛书外,如前所述学院成立的各工程学会还各自出版有学术刊物,如《西工土木》《西工矿冶》《机工通讯》《化工通讯》《纺织通讯》等。此外,1940年10月,学院校友总会还编辑发行反映校友动态的《西工友声》。《西工友声》主要刊登"服务社会之经验,研究学术之心得,以及改革事业之建议",以及校友动态、校友分会之工作开展情况、诗歌、散文等,其使命是把母校、校友、社会和国家联系起来。创刊号刊登有校旗、校歌、训词等。学校复员西安后,1948年初,学校编译委员会还编辑《西工月刊》《西工论著》《西工一览》等刊物。据统计,《西工月刊》,1948年1月至1949年1月共出版5期,内容主要为:院闻、论述摘要、校友通讯、图书仪器介绍、新到教师介绍、建设概况、教授介绍、重要记录、法令摘要、名人演讲、广播预告等10个栏目。① 在《发刊词》中,"编者"指出创办该刊物的主要目的为"学校应有经常性定期刊物","纵的方面:检讨过去,策励将来使前事不忘,后事之师;横的方面:更需随时报道学校进步情况,希望有关机关社会贤达,给予宝贵批评和指导"。同时,"也可利用这种刊物,来作沟通意见,联系感情的工具。"②

　　图书馆是学校的重要组成部分,在学校办学及教学科研方面起着至关重要的作用。对此,学校对图书馆的建设高度重视。据1940年6月统计,学校图书馆藏书共计15177册,其中,中文图书11370册,西文图书3807册。之后,图书不断增加,到1944年,图书馆藏书达到17790册,其中中文图书12842册,西文图书4948册。抗战胜利后,学校复原咸阳、西安,又克服重重困难,添置图书,并向国内外订购了一批图书。再比如,由教育部拨配及美国林肯电焊公司、英国文化委员会、重庆中英科学合作馆等还赠送了一批图书。截至

---

① 《西北工业大学校史》编写组编,陶秉礼主编:《西北工业大学校史》,西北工业大学出版社1995年版,第45页。

② 编者:《发刊词》,载"国立西北工学院"编译委员会:《国立西北工学院月刊》创刊号,1948年1月。

1947年6月,学校图书馆的藏书达到17400册,其中,工程技术类图书3800册,自然科学类图书1900册,社会科学及文艺类图书1200册。此外,外文杂志达到7252册,中文杂志90余种。① 不断扩充及较为丰富的图书资料,为师生扩展学术视野、开展学术研究提供了条件与保障。

此外,西北工学院为开发西北、建设西北及满足自身日常生活工作需要,做了大量的科学研究工作,主要表现在以下几个方面:

(1)关于陕南油脂工业原料与植物油蜡烛、肥皂的研究。1939年5月,学院在对陕南巴山漆树广泛考察调研的基础上,研制出了肥皂、蜡烛,解决了学校肥皂使用和夜晚照明问题,在生产和经营中总结出不少经验。由于木蜡的研制成功,从1940年1月起,学院照明一律改用蜡烛。此项研究因地制宜,既利用了陕南当地原材料,又为广大师生夜晚学习、研究提供了方便。

(2)关于陕南巴岭与秦岭地质、矿藏的考察。1939年6月,学院工程学术推广部派人在四川广元、昭化至平武调查金矿,调查队探得金矿后,并开始试探工作。1942年3月,工科研究所矿冶研究部石心圃教授在对陕南煤矿地质进行大量调查研究的基础上,撰写出《关于调查沔县、略阳一带煤铁等矿井并采集矿物及岩石标本的报告》,内称:"沔县民生公司所产之煤,经试验所炼之焦(炭),为全省之冠。沔县窑沟及略阳一带铁矿质量均佳。"②1942年,教育部又指令工科研究所矿冶研究部进一步调查西北矿产资源情况。经过半年多的实地考察调研,石心圃、马载之教授撰写出《佛坪县铁矿调查报告》,认为该县铁矿品质优良,硫磷极低,为炼钢的极好材料。

(3)校外合作及其他方面。由于抗战时期,环境险恶,学校与其他机构合

① 《西北工业大学校史》编写组编,陶秉礼主编:《西北工业大学校史》,西北工业大学出版社1995年版,第57—58页。
② 《西北工业大学校史》编写组编,陶秉礼主编:《西北工业大学校史》,西北工业大学出版社1995年版,第45页。

作开展研究事项不是很多,但是有的却对抗战十分重要。比如,国民政府资源委员会委托学校开展油脂化验及陕南炼焦原料之试验,尤为重要。① 此外,国立西北工学院还组织师生进行了改良汉江淘金工具的研究,改良陕南制糖工艺的研究;1944年,学校还上报国民政府教育部国立编译馆,请求对工程机械系赵国华教授的著作《高等材料热力学》《热机原理》及国文讲师汪震的专著《杨朱哲学》等论著、教材进行审查出版。

(五)国立西北工学院的校园文化与抗日救亡活动

校园文化是指一所学校,在其发展历史过程中形成积淀的价值观念、制度契约等价值观体系,它具有特定的精神环境和文化气氛,是全校师生的精神家园,决定着学校的发展目标和精神追求。积极而健康的校园文化,可以提升学校教育内涵、陶冶学生情操、促进学生心智及全面发展。国立西北工学院成立后,尽管处在战时,办学条件艰苦,环境险恶,但学校非常重视校园文化建设工作,在制度文化建设方面,不断健全学校组织体系,使人尽其才,事无偏废。除了一般高等院校的组织机构外,为了推动与提升学校办理事务的效能,在陕南汉中古路坝时期,学院即设置成立了各种委员会,如建筑委员会、编译委员会、物价查报委员会、图书仪器迁运委员会、学生公费审查委员会、学生贷金审查委员会、生产合作事业设计委员会等机构。这些机构分为临时机构与永久机构,临时机构所办事宜结束即行裁撤,永久机构一般为期一年。此外,为了规范议事程序及加强执行力,学院还建立完善各种会议制度,如确立了院务会议、教务会议、总务会议、训导会议及系务会议的规则,还规定了每一会议的会议任务、参加人员及会议程序。尤其注重与加强教学管理,不断完善教学规章制度,特别注重考试制度、升留级、退学制度的严格性与规范性。西北工学院制度文化的建设,不仅完善了学校各类规章制度,而且丰富了校园文化生活。

---

　　① 《1939年间的国立西北工学院视察报告》,载陕西省档案局(馆)编:《国立西北联合大学档案史料选编》上册,西北大学出版社2018年版,第186页。

　　国立西北工学院在古路坝时期确定了学院院训为"公诚勇毅","公",即公为天下、报效祖国;"诚",即诚实守信、襟怀坦荡;"勇",即勇猛精进、敢为人先;"毅",即毅然果决、坚韧不拔。院训反映了西工学子天下为公,果敢勇毅,敢为人先,勇于探索的科学精神与探索精神。院训以后一直被西北工业大学沿用至今,激励着一代代青年学子不断奋进向前。学院还制作了院旗,谱写了院歌,院歌由厉汝尚作词、阎绍华作曲。歌词曰:"西岳轩昂,北极辉煌;泽被万方,化育先翔;威哉学府,焕乎文章;厚生教养,国乃盛强;千仞之墙,百炼之钢;镂木烁金,唯工所长;公诚勇毅,永矢勿忘;光华灿烂,西工无疆。"①校歌反映了西北工学院学子扎根西北、建设工业强国,服务祖国西北边疆,壮志凌云翱翔祖国蓝天的梦想,也抒发了西工学人对自己学科特色引以为豪的情怀。

　　西北工学院学生缺衣少食,平时走路、爬山、早晨跑步大多是赤脚穿草鞋,冬季无棉衣棉袜,便穿着单衣御寒。但是,在艰难困苦的条件下,他们刻苦读书,努力钻研,挑灯夜战,常常学习至深夜,晚上教室里、宿舍里的灯光往往一直到天亮,远远望去古路坝小区灯光星星点点,故而有"坝上长夜""七星灯火"的佳话。刻苦学习之外,为了丰富课外生活,同学们还开展了多彩的文化娱乐活动,极大丰富与提升了校园文化品位与学生的课外生活。当年课余饭后,校园内外、树丛中、山坡上、简易操场上,不时回响着嘹亮的歌声,每到校庆及节假日,学校文艺团体"古风社"上演京剧,话剧组表演话剧,歌咏队组织歌咏比赛或者举办音乐晚会,以舒缓学习带来的紧张情绪。同学中还有一些擅长美术的学生组织了一个"艺风画社",他们平时利用课余时间潜心作画,节假日则展出水墨画、水彩画、钢笔画、铅笔画等,其中,既有栩栩如生的人物画像,又有美如真境的山水画,前来欣赏者络绎不绝。评语本上写满了赞美之词,既有诸如"美不胜收""精心杰作""琳琅满目"等老生常谈之类的评语,又有"坝上集锦""坝上天堂"之类的新词语,表达了学生以苦为乐、积极向上,战

----

　　① 《西北工业大学校史》编写组编,陶秉礼主编:《西北工业大学校史》,西北工业大学出版社1995年版,第21页。

时困难的乐观精神。

西北工学院成立之际,正值抗日战争最困难的时期,学院办学经费紧张,师生生活困难重重,但他们并没有被困难所吓倒,始终秉持校训"公诚勇毅"的精神,积极投身于抗日战争的历史潮流。如,1944年,国民政府教育部号召广大青年从军支持抗战,学院随即召开大会动员,会上师生群情激昂,积极签名踊跃报名参军,当时全院有90%以上的同学都签了名,愿意参军到前线抗战,时任院长潘承孝教授带头签名,在当时产生了很大的影响。最后,因为上级只给学院分配了40个名额,于是又重新报名,由于大家抗战热情高,报名人数多,最终共有130名同学参加了抗战队伍。① 从军学生离校时,尽管当天雪花纷飞,但是广大师生还是冒着严寒一直徒步相送到5里之外的板凳崖,有部分同学甚至一直相送到汉中。由此,体现了西北工学院师生抗日救国的热情与精神。

1938年10月,广州、武汉失陷后,抗战形势发生了很大的变化,国民党副总裁汪精卫叛国投靠日本帝国主义。12月23日,他在河内发表了为日本侵略辩护的所谓"艳电",并劝中国投降。汪精卫的倒行逆施,遭到了全体国人的痛斥。为此,西北工学院全体师生发表电文,坚决反对投降主义,表达抗战到底的决心和爱国热情。电文如下:

> 汪逆兆铭,背叛党国,谬倡屈辱和平,签订卖国密约,凡我华胄,莫不痛恨。近复包藏祸心,变本加厉,僭窃本党名义,扮演傀儡组织,公然认贼作父,屈膝事仇,逆迹更为昭著。虽其伪组织之丑行,不能影响我建国大策之秋毫,而庆父不除,鲁难未已。本院员生,同仇敌忾,义愤填膺,当前胜利之期将至,除奸之念更切,誓在总裁领导下,一致拥护国策,扫荡汉奸,用伸公愤,谨电声讨,敬补垂鉴。②

---

① 《西北工业大学校史》编写组编,陶秉礼主编:《西北工业大学校史》,西北工业大学出版社1995年版,第22—23页。

② 《西北工业大学校史》编写组编,陶秉礼主编:《西北工业大学校史》,西北工业大学出版社1995年版,第54页。

抗日战争期间,面对国难及日益严重的民族危机,西北工学院全体教职员工和学生,发扬艰苦奋斗的爱国主义精神,除兢兢业业地搞好教学科研工作外,还提倡节约运动,并且捐款抗日,支援前线。比如,1938年,全校师生捐款2130元,购买棉衣棉裤等御寒物品,作为前方战士的过冬衣服;1939年初,李书田、潘承孝等16名教授发起《国立西北工学院教职员提倡节约运动公约》,节衣缩食,住宿以简单朴素为主,提倡节俭,尽量为国分忧,绝不铺张浪费,节约下来的钱物慰问前方战士,希望他们英勇杀敌;1940年,学院又捐款500元,慰问古路坝出征军人的家属,帮助他们渡过难关,改善他们的生活,尽力为前方战士减少后顾之忧;1941年,学院又开展了捐献活动,共捐款项2251元;1944年,为了慰问前线负伤战士,使他们早日康复,学院又捐款5275元慰劳士兵。① 这些举措,反映了西北工学院师生在国难面前,心系国家、热爱祖国、共克时艰的情怀与爱国精神。

总之,中华民族在遭受侵略之际,为了谋求和平与世界的正义,全民族展开了全面的、持久的、全民的生死斗争。西北工学院的学子们与中国人民尤其是广大热血青年们一样,有些抛开了他们喜爱的课本,有些离开了他们热爱的学校,参加到军队里去,用他们的血肉去保卫自己的国家和人民;有些组织起游击队,领导与保卫着战区的民众,抵抗敌人的侵略,配合着前线的军队作战;有些青年则随同学校迁到内地来,在后方继续他们的研究和学习,进一步充实自己、武装自己的头脑,准备担当起抗战建国的大任。"总而言之,这个伟大的民族已经觉醒而且负起了他在全世界的正义与和平而应负的重大任务了。""既战争不能不有牺牲,在前线和敌人作战的,受风霜,忍饥寒,血染了每一个村庄,每一个角落。在战区里和敌人争斗的,不顾一切困难和危险,留下了许多可泣的事迹,他们的勇气和志节,将永为人们所怀念。"② 迁到后方的大

---

① 《西北工业大学校史》编写组编,陶秉礼主编:《西北工业大学校史》,西北工业大学出版社1995年版,第54页。

② 《〈抗战中的学生〉中的〈抗战的产儿——国立西北工学院〉》(1942年),载陕西省档案局(馆)编:《国立西北联合大学档案史料选编》上册,西北大学出版社2018年版,第191页。

批爱国青年,包括西北工学院的莘莘学子们,他们刻苦学习、努力研究,怀着报国的热诚,抗战的决心,时时准备着去为国家效命,争取抗战的早日胜利,和平的早日到来。

总之,国立西北工学院的组建与成立,是国民政府完善与优化西北工科高等教育布局、提升西北工科高等教育水平的重要战略性举措。国立西北工学院的源流和组建,可谓"海纳百川",熔于一炉,其组建成立为西北地区建立了永久性工科高等教育机构,并为日后进　步发展西北工科高等教育奠定了坚实基础。西北工学院组建成立后,立足西北、放眼世界,教学中始终秉持厚基础、重广博的办学思路,并重视培养学生的人文素养与爱国情怀。国立西北工学院师资阵容较为强大,院系设置及学科专业较为齐全,一时间名家云集、云蒸霞蔚,他们在潜心研究学问、专注教书育人的同时,始终服务国家战略需求,聚焦国家重大战略部署,以开发大西北、建设大西北为己任,为国家培养了大批优秀人才,这些人才不仅在当时为开发西北贡献重大,而且为日后西部大开发积累了宝贵的人力资源和文化资源,并在国防研究领域作出了重要贡献。

二、国立西北农学院的教育教学与学术活动

西北联大分置国立五校的过程中,西北农学院是其中之一。国立西北农学院的组建成立,其基础既有"京源"北平大学农学院,又有"陕源"西北农林专科学校,同时还有中原农学的汇入。学校虽然处在抗战的艰难环境之中,但教师无不努力教学、严谨治学,学生无不刻苦学习、奋发有为,他们共同书写了西北开发史、中国抗战史和教育史的光辉篇章。国立西北农学院的课程安排中,既按照要求开设大学农学院共同必修科目,又在内容上重视与西北地区实际的相结合,强调为西北地区农林事业服务,具有鲜明的"西北"特点。学校积极肩负发展与改进西北农业复兴的使命,努力从事教学科研工作,并将所获得的新技术有效推广于广大农村、农民。与此同时,学校高度重视校园文化建设工作,并践行与开展了多种形式的抗日救亡活动。

（一）国立西北农学院的组建与溯源

西北联大成立后,对于全国的高等教育布局与设置,国民政府明确指出:"全国各地各级学校之迁移与设置,应有通盘之计划,务与政治经济实施方针相呼应。"并强调"每一学校之设立及每一科系之设置,均应规定明确目标与研究对象,务求学以致用,人尽其才,庶几地尽其利,物尽其用,货畅其流之效可见"①。为了实施国民政府西北建设战略及早已谋划、设想的改善西北高等教育的总体部署,1938年7月,教育部令西北联大农学院独立设置,改称国立西北农学院。

这里需要特别指出的是,在国立西北农学院组建时,国民政府决定:国立西北联合大学农学院、国立西北农林专科学校、河南大学农学院合并,组建国立西北农学院。② 国立西北农学院组建的过程中,国民政府成立了筹备委员会,负责相关事宜的具体落实、实施与院校接收。1938年9月20日,举行了筹备委员会第一次会议,讨论事项主要有:确定陕西武功为学校永久地址,但沔县校址目前继续保留;在专业及系科设置上,除农艺、林学、农业化学、畜牧、农业工程五个系决定设置外,添设园艺、农业经济、植物病虫害三系,其他还有西北农学院经费筹划案及各主要教职员拟定案等相关事宜。③ 同年11月9日,又举行了筹备委员会第二次会议,主要讨论对西北联大农学院及西北农专的接收问题,并确定曾济宽、周建侯、王恭睦等为接收委员,议定从该年11月10日开始接收西北农专,联大农学院的具体接收日期由接收委员确定。④ 同

① 《国民党临时全国代表大会通过之战时各级教育实施方案纲要》(1938年4月),载中国第二历史档案馆编:《中华民国史档案资料汇编》第5辑第2编《教育》(1),江苏古籍出版社1997年版,第14页。
② 《工农两学院分别合并独立》,载西北联合大学出版组:《西北联大校刊》第2期,1938年10月1日,第9页;《西北农林科技大学史稿》编审委员会:《西北农林科技大学史稿(1934—2014)》,西北农林科技大学出版社2014年版,第9页。
③ 《国立西北农学院筹备委员会第一次会议记录》,载陕西省档案局(馆)编:《国立西北联合大学档案史料选编》上册,西北大学出版社2018年版,第355页。
④ 《国立西北农学院筹备委员会第二次会议记录》,载陕西省档案局(馆)编:《国立西北联合大学档案史料选编》上册,西北大学出版社2018年版,第356页。

年 11 月 11 日,西北农学院筹备委员会拟定学校校训为:勤朴勇毅。① 最终经国民政府教育部审核,确定校训为"诚朴勇毅"。11 月 26 日,曾济宽向校筹备委员会报告了到沔县接收西北联大农学院的具体经过。② 加之,先前于 1938 年 6 月已经到达武功的河南大学农学院畜牧系。③ 这样,截至 1938 年 12 月,国立西北农学院筹备工作基本就绪,筹备委员会将具体情况上报国民政府教育部。1939 年 4 月 20 日,筹备工作结束,国立西北农学院正式成立。与此同时,国民政府教育部任命原西北农专校长辛树帜为国立西北农学院院长。④

国立西北农学院的成立,不仅将现代农林高等教育制度、体系系统地植入了西北地区,而且为日后西北农林高等教育的进一步发展奠定了坚实基础,其坚实基础既有"京源",又有"陕源",同时还有中原农学的汇入。现就其历史渊源分述如下:

国立西北农学院的组建与成立,其重要组成部分首先是西北联大农学院,而西北联大农学院为西迁来陕之前的北平大学农学院,北平大学农学院的前身又为晚清政府于 1905 年 10 月筹备京师大学堂分科大学中的农科大学。对此,前面在北平大学历史溯源中已经谈及,在此不作赘述。

国立西北农学院的另一重要组成部分为"陕源"——西北农林专科学校。为什么要设立西北农林专科学校? 一是同其他国立西北四校的设置一样,为改善、优化我国高等教育布局的现实需要。近代以来中国的高校在地域上畸形发展,主要集中于东南沿海及平津等地,分布极不均衡。据 1934 年国民政府教育部统计,所有全国专科以上学校总计 110 所,教员 7200 余人,职员 5300

① 《国立西北农学院筹备委员会第三次会议记录》,载陕西省档案局(馆)编:《国立西北联合大学档案史料选编》上册,西北大学出版社 2018 年版,第 356 页。
② 《国立西北农学院筹备委员会谈话记录》,载陕西省档案局(馆)编:《国立西北联合大学档案史料选编》上册,西北大学出版社 2018 年版,第 356 页。
③ 河南大学校史修订组:《河南大学校史》,河南大学出版社 2012 年版,第 41 页。
④ 《西北农林科技大学史稿》编审委员会:《西北农林科技大学史稿(1934—2014)》,西北农林科技大学出版社 2014 年版,第 9 页。

余人,在校生 41700 余人,毕业生 9600 余人。110 所高等学校中,又其中纯设实科者(理工农医),共 32 校(大学 3,独立学院 15,专科 14);纯设文科者(文法教育商),共 33 校(独立学院 16,专科 17);文实两科兼设者共 45 校(大学 38,独立学院 7)。这些院校就其分布区域而言,东部的京、沪有 30 余校,位居第一;北部的平、津 20 余校,居第二位;中部的川、鄂、湘 10 余校,居第三位;南部的广州等地居第四位。① 而诺大的西北地区,高校寥寥无几,因此,为统筹全国专科以上学校之分布,国民政府从战略高度向西北布局为必然发展趋势。就学校学科性质而言,全国高校文科多理工科少,不适应国家工业化发展实际需要,亟待加强。为此,早在 1932 年,国民政府的一些人即提出要优化与加强农工医等学校建设及区域分布,认为:"查国家办理教育之主旨,原为培植各项人才,以供社会需要,吾国二三十年来,学校课程,当偏重于文法,而忽视农工医各门。"据当时数据统计,"在 58 个公私设立之大学中,约 70% 设有文科,49% 设有法科,22% 设有农科,27% 设有工科,12% 设有医科。又农工医专校,合计亦仅有 19 个左右而已"②。此种情况,造成国家"若干建设事业,不能得专门人才为之推进"。因此,必须"重订教育方针,造就若干适用人才"。具体为:"中央应即依照 10 年内之建设计划,规定造就农工医各项专门人才之数目,分别指定各专门以上学校切实训练,以便应用。"从而"促进工农业之发展",并要"斟酌地方需要,分别改设农工医等科"③于若干区域。而其间,优化、发展西北的农林高等教育事业又显得尤为重要。1932 年 5 月,戴传贤、于右任、张继等国民政府要员起草了《筹建建设西北专门教育初期计划议案》,提出:"今后西北新兴之大学,应以理科为中心,而农林矿工医各实科,为之血

---

① 《最近全国高等教育概况》,载黄季陆主编:《抗战前教育概况及检讨》,《革命文献》第 55 辑,台北"中央"文物供应社 1971 年版,第 141—142 页。

② 陈果夫:《改进教育初步方案》,载黄季陆主编:《抗战前教育政策及改革》,《革命文献》第 54 辑,台北"中央"文物供应社 1971 年版,第 397 页。

③ 陈果夫:《改进教育初步方案》,载黄季陆主编:《抗战前教育政策及改革》,《革命文献》第 54 辑,台北"中央"文物供应社 1971 年版,第 398 页。

脉四肢",并"先办农林专科学校"。① 1932 年 10 月,该议案经国民党中央执行委员会第 327 次政治会议原则通过,准予实施。1931 年九一八事变后,面对日本侵略者的狼子野心与步步紧逼,国民政府及社会各界人士普遍认为西北是中国未来"建国的根据地"。故而,"开发西北""建设西北"的呼声一浪高过一浪,一时间关于西北开发与建设的各种考察活动屡屡举行,与之相关的各种学术机关、研究机构、学术团体等像雨后春笋般层出不穷,各类冠名"西北"的学术刊物、杂志也相继创刊出版。② 为了应对时局变化,国民政府对教育方针及实施原则也做了适当调整。1931 年 11 月 17 日,国民党第四次全国代表大会对 1929 年 3 月 15 日国民党第三次全国代表大会提出的《教育方针及其实施原则案》做了修正,再次明确提出:"大学及专门教育,必须注重实用科学,充实学科内容,养成专门知识技能,并切实陶融为国家社会服务之健全品格。"③并且,要求各省市普设农、工、医三种专业学校实施方案,实业部会同教育部、内政部通令全国各省市遵办农业推广机关。在国民政府的推动下,全国高等农业学校不断发展。据统计,截至 1931 年底,全国公私立农业专科以上学校发展到 12 所,学生 1183 人。但西北地区竟无一所。而西北开发首重人才,因为,"任何事业,均需人才,开发西北是件很大的事业,当然要先有更多的、更专门的人才,庶足以言开发"④。否则开发等于空谈,但是,"因西北如一白纸","无论西北现有人士,不足以负此重任,即东南普通人才,亦不足以当此大事"。⑤ 故,必须设立专门高等教育学校,彼此通力合作,共同努力,同知开发西北的重要性,才能够真正见到开发建设西北的实效。在此背景下,

---

① 戴季陶:《关于西北农林教育之所见》,南京新亚细亚学会出版科 1934 年版,第 4—5 页。
② 方光华、梁严冰:《抗战前后国民政府的西北建设战略》,《南开学报(哲学社会科学版)》2014 年第 3 期;梁严冰、方光华:《抗战前后国民政府的西北工业建设战略》,《广东社会科学》2015 年第 3 期。
③ "教育部"教育年鉴编纂委员会:《第二次中国教育年鉴》(第一编 总述),商务印书馆 1948 年版,第 2 页。
④ 郭维屏:《开发西北谈》,《新西北》第 1 卷第 3、4 期,1932 年 11 月。
⑤ 马鹤天:《开发西北的几个先决问题》,《开发西北》第 1 卷第 1 期,1934 年 1 月。

1932 年 5 月,前揭文国民政府一些要员提交了《筹建建设西北专门教育初期计划议案》,认为在西北兴办专门教育,需按照本地实际情况,分批逐次进行。并先办西北农林专科学校。1932 年 10 月,议案经国民政府通过后,议定学校隶属国民政府教育部,并于同年 12 月成立"建设西北农林专科学校筹备委员会",筹备委员会设在南京,公推于右任、张继、戴传贤为常务委员。1933 年一至五六月间,筹备委员会先后在陕西咸阳、宝鸡等地选址。最终,于右任亲自来陕确定武功张家岗为学校校址,戴传贤等筹委会常委均以为妥善。因为,武功为中国农业之发祥地,即古周原地,系我国明农后稷教稼之区,在此建校,讲习农林,继往开来,具有深远历史意义,"尤足激发青年崇高伟大之思想"。加之武功南与南山相连,北与北山相近,将来学校大约可经营林场不下十万亩。教学、研究均为极好之地理位置。[①] 同年 7 月,学校筹委会同意了选址报告,遂开始购买土地,进行各项建校工程,并建设学校农场、林场及园艺各场。8 月,国民党中央执行委员会第 371 次、第 393 次会议分别加推邵力子、王世杰为西北农林专科学校筹备委员会委员。[②] 1934 年 3 月,学校筹委会公推于右任为校长(实际并未到任)。同年 4 月 20 日,学校教学大楼在武功张家港隆重举行,国民政府考试院院长、校筹备委员会常委戴传贤出席,并致奠基祝词,其中云:民为国本……食为民天。炎黄立国,首裕民食。……木贵松柏,宝重金刚。坚贞之性,百物之良。立教兴学,志在成人。……建国之业,教学为先。……光荣历史,从此开篇。[③] 1936 年秋,国立西北农林专科学校教学大楼告竣,占地 4 亩,楼高共 7 层,时称"西北第一高楼"。同年 7 月,学校筹备工作结束,国民政府教育部任命辛树帜为校长,国立西北农林专科学校正式成立。8 月 1 日,学校开始招收农艺、森林、园艺、畜牧、农业经济、水利等专业学生,

---

① 戴季陶:《关于西北农林教育之所见》,南京新亚细亚学会出版科 1934 年版,第 33—38 页。

② 《西北农林科技大学史稿》编审委员会:《西北农林科技大学史稿(1934—2014)》,西北农林科技大学出版社 2014 年版,第 4 页。

③ 戴季陶:《关于西北农林教育之所见》,南京新亚细亚学会出版科 1934 年版,第 1—6 页。

由此开启了西北现代农林高等教育的历程。

国立西北农学院组建时另一组成部分为河南大学农学院畜牧系,而河南大学农学院畜牧系又源于1912年11月创办的河南公立农业专门学校。1927年6月,河南省政府决定以中州大学为基础,成立"国立开封中山大学"(广州为第一中山大学,依序排列,又称为第五中山大学)。同年7月,河南省政府决定改国立开封中山大学为省立中山大学,下设文、理、法、农4个科,农科为其重要组成部分之一(主要河南公立农业专门学校的基础)。1929年8月,国民政府公布大学规程,明定大学组织法,大学下设各学院,河南中山大学遂将各科改为学院,计有文、理、法、农、医5个学院,其中农学院有农学系、畜牧系、森林系、园艺系(不就取消)4个系。[1] 1930年,国民政府在《改进全国教育方案》中关于"整理现有省立大学并规定增设大学地点办法"中要求:"河南中山大学应改名河南大学",[2]同年9月7日,河南省第三届议会议决,批准将河南中山大学改名河南大学,13日,河南省政府颁发河南大学印章,[3]河南大学正式成立。当时学校依旧设文、理、法、农、医5个学院,学院下设系。农学院设农艺系、园艺系、林学系、畜牧系等4个系,还设有农事试验场及农业推广部。抗日战争爆发后,1937年12月,日军进攻黄河流域,豫东、豫北相继沦陷,河南省城开封危在旦夕。在此情况下,国民政府教育部、河南省政府决定河南大学南迁,具体为文、理、法3个学院迁往豫南鸡公山,农、医二学院迁至豫西南镇平。迁到镇平后,农学院设有畜牧、农艺、森林3个系,但是畜牧系师生感到教学科研无法开展,因为镇平没有畜牧基础。[4] 经校方请示国民政府教育部与河南省政府后,教育部批准畜牧系迁往陕西,并入即将组建的国立西北农学院。

① 河南大学校史修订组编:《河南大学校史》,河南大学出版社2012年版,第25—26页。
② 《改进全国教育方案》,载黄季陆主编:《抗战前教育政策及改革》,《革命文献》第54辑,台北"中央"文物供应社1971年版,第165页。
③ 河南大学校史修订组编:《河南大学校史》,河南大学出版社2012年版,第35页。
④ 河南大学校史修订组编:《河南大学校史》,河南大学出版社2012年版,第41页。

(二)国立西北农学院的教师与学生

国立西北农学院在抗战的艰难困苦环境下,教师无不努力教学、严谨治学,学生无不刻苦学习、奋发有为,他们胸怀远大抱负与民族振兴理想,不仅共同书写了西北开发史、中国抗战史和教育史的光辉篇章,留下了辉煌的历史记忆,而且对保证中华文明血脉延伸具有重大意义。根据国立西北农学院教职员名录,笔者初步统计,1939 年,学校共有教职员 346 人(含林场、农场、肥料试验场及不属系教员),其中,教师 219 人、职员 127 人,教师中教授 39 人、副教授 13 人、讲师和助教及其他教员 167 人;[1]1944 年 9 月,学校共有教职员 305 人(含附设高级农业职业学校及附设小学),其中,教师 176 人、职员 129 人,教师中教授 47 人、副教授 19 人、讲师和助教及其他教员 110 人。[2] 另据截至 1940 年的统计,西北农学院当时共计学生 586 人,农学系农艺组有学生 85 人、农学系植物病虫害组有学生 8 人、农学系农业经济组有学生 86 人,森林学系有学生 77 人,园艺学系有学生 52 人,畜牧兽医学系有学生 88 人,农业化学系有学生 41 人,农业水利学系有学生 55 人,附设农业经济专修科有学生 94 人。[3] 据 1946 年毕业生名册,农艺系、植物病虫害系、农业经济系、森林系、园艺系、畜牧兽医系(含畜牧组及兽医组)、农业化学系、农业水利系 8 系,共毕业学生 153 人。[4] 据统计,该年度在校生总计 743 人。[5] 又据 1947 年 3 月 1 日西北农学院教务处统计,当时教职员总数 297 人,其中,教师 176 人、职员

---

① 《1939 年国立西北农学院教职员名录》,载陕西省档案局(馆)编:《国立西北联合大学档案史料选编》上册,西北大学出版社 2018 年版,第 738—747 页。

② 《1944 年国立西北农学院教职员名册》,载陕西省档案局(馆)编:《国立西北联合大学档案史料选编》上册,西北大学出版社 2018 年版,第 752—763 页。

③ 《〈全国专科以上学校要览〉中的国立西北农学院》,载陕西省档案局(馆)编:《国立西北联合大学档案史料选编》上册,西北大学出版社 2018 年版,第 218 页。

④ 《国立西北农学院三十五年毕业生名册》,载陕西省档案局(馆)编:《国立西北联合大学档案史料选编》下册,西北大学出版社 2018 年版,第 1124—1129 页。

⑤ "教育部"教育年鉴纂委员会:《第二次中国教育年鉴》第五编 高等教育 第三章公私立独立学院概况,商务印书馆 1948 年版,第 700 页。

121 人；截至 1946 年 12 月 25 日，西北农学院共毕业学生 1230 人，其中，农艺系 170 人、植物病虫害系 24 人、农业经济系 201 人、森林系 89 人、园艺系 70 人、畜牧兽医系（含畜牧组及兽医组）20 人、畜牧兽医系畜牧组 81 人、畜牧兽医系兽医组 48 人、农业化学系 105 人、农业水利学系 152 人、特设农业经济专修科 234 人。① 另外，从 1945 年度第一学期开始，西北农学院农科研究所农田水利学部招收研究生，当年共招收研究生 4 名。其中，1 名来自国立西北工学院水利系，3 名来自本院农业水利系。②

由上可以看出，西北农学院的教师与学生呈现出如下特点：(1)教师人数总体规模相对稳定。民国时期教师的流动相对自由，加之抗战的艰难环境，又西北地区在当时生活尚显苦寒，因此，教师引进是一大难题。但学院在办学中教职员队伍数量与规模一直保持相对稳定态势，总人数在 300—350 人，尤其值得一提的是，专任教师在教职员中的绝对数量与比例一直比较稳定。以农业水利系为例，据统计，1939 年西北农学院成立时，该系教师共 15 人，其中教授 5 人；1944 年 9 月，该系教师共 14 人，其中教授 6 人。在严酷的战争环境考验下，5 年间教师人数仅减少 1 人，教授人数不减反而增加 1 人，又系主任沙玉清及余立基、徐百川等 3 名教授，一直在学院任教。再比如，1939 年西北农学院成立时，农业经济组共有教师 13 人，其中教授 6 人；农业经济组改为农业经济系后，1944 年 9 月，教师人数依然为 13 名，其中教授还是 6 名。③ 而就农学院总体来说，教授、副教授人数呈不断增长态势。1939 年，教授 39 人、副教授 13 人，计 52 人；1944 年 9 月，教授 47 人、副教授 19 人，计 66 人，增加了 14 人。这说明联大农学院在办学过程中始终注重教学工作，不断加强教师队伍

① "教育部"教育年鉴编纂委员会：《第二次中国教育年鉴》第五编 高等教育 第三章公私立独立学院概况，商务印书馆 1948 年版，第 700 页。
② 《农科研究所》，载陕西省档案局（馆）编：《国立西北联合大学档案史料选编》上册，西北大学出版社 2018 年版，第 519 页。
③ 《1939 年国立西北农学院教职员名录》，载陕西省档案局（馆）编：《国立西北联合大学档案史料选编》上册，西北大学出版社 2018 年版，第 741—742、745 页。

建设。(2)职员的编制与人数相对稳定。联大农学院在1939年成立时职员人数为127人;1944年9月,职员人数129人;1947年3月,职员人数121人。以1939年和1944年为例,1939年,农学院成立时学院的行政与教学服务部门主要有:筹备委员会(部分为教授兼任)、教务处、注册股、图书馆、仪器室、总务处(包括文书股、庶务股、医务股、印刷室、出纳股等)、训育处、推广处、会计室、园艺场、林场、畜牧场、肥料试验场等;1944年9月,农学院的行政与教学服务部门主要有:院长办公室、教务处、注册股、出版组、图书馆、仪器室、训导处、生活管理组、体育卫生组、课外活动组、总务处、文书组、庶务组、出纳组、会计室、公费生审查委员会、农业推广处、场务管理委员会、林场、农场、园艺场、畜牧场等,另外还有附设高级农业职业学校、附设小学也设有文书、教务、训育、庶务、出纳、军训教官、事务员等教学服务岗位。前后对比发现,1939年,学院的行政与教学服务部门共计13个;1944年,学院的行政与教学服务部门共计22个,比1939年增加了9个,另外,还有附设高级农业职业学校、附设小学的行政与教学服务岗位等。但是,随着机构的扩充与增加,职员人数并没有明显变化,只多了2名。这也进一步说明:一方面,联大不断完善教学服务体系与功能,加强行政及教辅部门对教学的服务;另一方面,严格控制行政与教学服务部门岗位与人数。(3)学生人数呈不断上升态势。据以上数据,1940年的统计,西北农学院当时共计学生586人,按4个年级计算,平均每级有学生约146人;1946年,在校生总计743人,按4个年级计算,平均每级有学生约186人;又据1946年12月25日的统计,西北农学院成立7年共毕业学生1230人,按照毕业生总数,1939年至1946年,平均每年毕业人数约为176人。由此,可以推断,西北农学院的招生人数及在校生规模呈不断上升状态。(4)西北农学院的招生及学生所学专业,涵盖现代农业科学的几乎所有学科与专业。1940年,西北农学院分农学系、农业化学系、畜牧兽医学系、农业水利学系、森林学系、园艺学系等6个系。1941年暑假后,由于招生规模的扩大和学科发展的需要,农学系的农艺、植物病虫害、农业经济等3个组,分别由组改为系,单独开始招生。这样,1946 年 7 月前,西北农学院招生的专业与系科有:农艺学系、植物病虫害学系、农业化学系、农业水利学系、农业经济学系、畜牧兽医学系、森林学系、园艺学系等 8 个系,及农业经济专修科。1946 年 7 月,学院又增办农产制造学系及农业机械学系,[①]学科设置进一步完善,招生规模也进一步扩大。如前所述,从 1946 年底的情况来看,各系的毕业学生都比较多,大部分正常完成学业,人数都在 100 人以上。其中,农艺系达 170 人,特设农业经济专修科达 234 人。总体而言,西北农学院的学科内涵不断丰富,招生人数在不断扩大,学生所学专业涵盖各个领域。尤其值得一提的是,为了适应经济社会发展的需要,1944 年秋季学期开始,该院森林及畜牧兽医学系改为双班招生。[②]（5）农学研究生教育开始起步。研究生教育的开始,标志着西北地区农业科学研究与教育教学,迈上了一个新的更高台阶,也标志着人才培养向着更高的目标发展。

抗战时期,西北地区与其他地区相较而言,环境更为贫寒,生活更为艰苦,但西北农学院汇集了一批饱学之士与知名专家学者,他们学术造诣高深,享有很高的社会声誉。比如,辛树帜（1894—1977）,著名农业教育家、生物学家和农史学家,两度执掌西北农学院,为中国西北地区的农林教育和科学事业作出了卓越贡献,毛泽东曾称赞他"辛辛苦苦,独树一帜"。李仪祉（1882—1938）,著名水利学家和教育家,我国现代水利建设的先驱者之一。章文才（1904—1998）,著名果树学家、柑橘专家、园艺教育家,中国现代柑橘学科奠基人之一。1945 年 12 月至 1947 年 2 月,任国立西北农学院院长。为我国柑橘事业及果树园艺作出了重要贡献,培养了大批优秀人才。王正（1901—1950）,林学家、森林土壤学家,中国森林土壤科学的奠基人之一。先后就读于德国慕尼

---

①　《国立西北农学院概况》（1947 年 4 月）,载中国第二历史档案馆编:《中华民国史档案资料汇编》第 5 辑第 3 编《教育》（1）,江苏古籍出版社 2000 年版,第 263—264 页。

②　《国立西北农学院概况》（1947 年 4 月）,载中国第二历史档案馆编:《中华民国史档案资料汇编》第 5 辑第 3 编《教育》（1）,江苏古籍出版社 2000 年版,第 264 页。

黑大学、莱比锡大学和萨克森森林学院,获林学博士学位和理学博士学位。1929 年回国后,被聘为国立北平大学农学院森林系教授(后兼任森林系主任)。1938 年 8 月至 1949 年,先后担任国立西北联合大学农学院教授、国立西北农学院教授兼森林系主任及教务长。在国立西北农学院任教期间,亲自带领森林系的学生到秦岭西南侧的原始林区进行实习、考察。虞宏正(1897—1966),著名胶体化学、物理化学家和教育家,在西北农学院任教期间,做了大量的有关热力学和胶体化学的研究工作,为我国西北地区的农业科学教育事业进行了开拓性研究。沈学年(1906—2002),著名农学家,农业教育家,为我国耕作学领域作出了突出贡献,是中国现代耕作学创始人之一,也是西北农学院农艺学系的创建者之一。齐敬鑫(1900—1973),著名森林学家。慕尼黑明星大学林业研究森林学博士,曾任西北农学院教授、林场主任、教务长,对我国国防用材核桃木,以及抗旱树种、气象学、水土保持学等作出重要贡献。王绶(1897—1972),著名的作物育种学家,长期从事大豆、大麦研究,为我国培育了几代农业科技人才。涂治(1901—1976),著名农业科学家、植物病理学家,曾任西北农学院农艺组(后为农艺学系)主任、教务主任、教学试验农场主任。吴耕民(1896—1991),著名园艺学家、园艺教育家,中国现代园艺事业的奠基人之一。毕生致力于园艺教育,培养了我国几代园艺人才。薛愚(1894—1988),药物化学家和药学教育家,曾任西北农学院教授兼农业化学系主任,为中国药学教育事业的奠基者之一。路葆清(1899—1964),著名家畜育种学家,曾任西北农学院畜牧兽医学系教授、畜牧场主任,为我国西北地区畜牧兽医事业的发展及人才培养作出了重要贡献。刘慎谔(1897—1975),植物分类学家、中国植物学科的奠基人之一。1931 年曾参加中法科学家组成的"中法西北学术考察团",主要就西北地区的植物和森林状况进行了考察。盛彤笙(1911—1987),我国著名兽医学家、微生物学家和兽医教育家,是中国现代兽医学奠基人之一。1939—1940 年,任西北农学院教授、兼学院畜牧兽医学系主任,为西北地区及中国畜牧兽医事业的发展作出了卓越贡献。

周建侯(1896—1973),农业化学家、教育家,中国农业化学学科的先驱者之一,为中国培养了第一代的土壤农业化学人才。先后担任国立北平大学农学院院长、西安临时大学农学院院长、西北联合大学农学院院长。祁开智(1906—1969),著名物理学家,为我国的导弹、卫星运载工具的理论研究作出了重要贡献。李赋都(1903—1984),我国著名的黄河问题专家、水利工程学专家,曾任西北农学院水利系主任。沙玉清(1907—1966),我国现代农田水利学科的创始人之一,西北农学院农业水利学系的创建者之一。周昌芸(1903—1977),我国著名的土壤学专家,曾任西北农学院农业化学系教授。王志鹄(1905—　　),农学家、农业化学家,两度出任西北农学院教授。1934年获意大利皇家大学农学院农学博士学位,先后任国立北平大学农学院农业化学系教授,1938年任国立西安临时大学农学院教授,1940年任国立西北农学院教授兼农业化学系主任,1946年重返国立西北农学院担任教授。谌克终(1899—1989),著名果树蔬菜和花卉园艺专家,与吴耕民、章君瑜一起被称为我国果树蔬菜和花卉学的"三大宗师",一度共同任教于西北农学院,成为学界美谈。章君瑜(1897—1985),我国著名的花卉园艺学家,中国高等教育园林专业创建者之一。殷良弼(1894—1982),林学家、林业教育家,中国高等林业教育的开拓者之一。在木材炭化方面,曾发明二重障壁制炭窑及烧制磨炭法。先后任北平大学农学院教授、西北联大农学院教授、国立西北农学院森林学系教授。林镕(1903—1981),著名植物学家,中国植物学科和菌类学研究的先驱者之一。1939—1941年任西北农学院教授期间,与辛树帜、刘慎谔等共同筹办了西北植物调查所。西北农学院的一些进步学生因响应全国抗日救亡运动而被捕入狱,他与学校虞宏正、金树章及一位物理学教授多方设法营救,使这些学生最终获释出狱,其正义行动广为传颂,被誉为"武功四君子"。金树章(生卒年月不详),植物保护及病虫害防治知名专家,曾任西北农学院植物病虫害学系教授、主任。曾济宽(1883—1950),林业教育家,曾任国立北平大学农学院院长、国立西北农学院筹备委员会委员、西北农学院校务委员等职,在林政学及林产化学方面造诣颇深,具有重要影响。

国立西北农学院成立后,秉持"诚朴勇毅"的校训,在民族危难之际为国家培养了大批高质量的专门优秀人才。如前所述,截至1946年底的统计,学院共毕业学生1230人。这些学生就籍贯而言,主要来自陕西、河南、山西、河北、四川、山东、江苏、湖北、湖南、甘肃、宁夏、青海、察哈尔、辽宁等省,而其中又陕西及河南两省人数最多,其余各省人数则相对较少。①就家庭职业而言,学院学生多为农家子弟,来自各省农村,其生活习惯,虽因各省之略有不同,就大体来说,均尚相差不远。日常饭食,大多以面食为主。据当时统计,学院2/3学生家庭,沦入战区,因之大半经济来源已告断绝。②这就使得本已清苦的学生日常生活,变得更为艰难。但这一切并未影响与吓倒学生,相反"奋发图强与努力求知之风气,亦因之而造成"③。正是这种坚强的意志和良好的学风、校风,使得西北农学院的毕业生在当时深受用人单位欢迎,并且日后不乏杰出者。比如,赵洪璋(1918—1994),著名小麦育种专家,1940年毕业于西北农学院,1942年调回西北农学院工作。至此,他一面进行教学科研工作,一面进行小麦杂交育种实验。先后培育成功小麦优良品种"碧蚂1号""碧蚂4号""西农6028"等优良品种,对发展陕西、山西、河南、安徽、江苏等地小麦增产,起到了很大作用,种植面积迅速扩大。其中,"碧蚂1号"年种植面积的最高纪录,达九千多万亩,将研究成果书写在祖国大地。毛泽东曾亲切地称他"挽救了新中国",人们把他和后来的水稻育种专家袁隆平并称为"南袁北赵"。④路端谊(1915—1991),作物病理学家,小麦条锈病研究专家。1943年

①《〈全国专科以上学校要览〉中的国立西北农学院》,载陕西省档案局(馆)编:《国立西北联合大学档案史料选编》上册,西北大学出版社2018年版,第219页。

②《〈全国专科以上学校要览〉中的国立西北农学院》,载陕西省档案局(馆)编:《国立西北联合大学档案史料选编》上册,西北大学出版社2018年版,第219页。

③《〈全国专科以上学校要览〉中的国立西北农学院》,载陕西省档案局(馆)编:《国立西北联合大学档案史料选编》上册,西北大学出版社2018年版,第219页。

④方光华:《记住西北联大》,《光明日报》2012年8月19日。

毕业于西北农学院植物病虫害系,留校任教。他是我国锈病科技界的重要开拓者之一,致力于小麦品种抗病性鉴定和条锈菌生理小种动态监测的研究。科研成果获 1978 年全国科学大会奖、1989 年国家自然科学二等奖,1983 年被中华全国妇女联合会授予"三八红旗手"称号。刘荫武(1916—1990),著名畜牧专家、奶山羊专家,1940 年毕业于西北农学院畜牧兽医系,后留校任教。为我国奶山羊的发展作出了重要贡献,大大缓和了国内的奶粉紧缺局面,并出口国外。1978 年,其主持的西农莎能奶山羊纯种选育和推广获全国科学大会奖。1980 年,获国家农业部农牧技术改进一等奖。被农民朋友亲切地称为"我们的羊教授",并曾担任第六、第七届全国人大代表。陆帼一(1921—2018),我国蔬菜栽培和生理生态学专家,1947 年西北农学院园艺系毕业。西北农林科技大学蔬菜学博士点创始人,培育出"西农 72—4"番茄新品种。作为第七届、第八届全国人大代表,她建议国家重视发挥杨凌农业示范作用,为国家杨凌农业高新技术产业示范区的设立作出了贡献。王光远(1924—　　),结构力学和工程设计理论专家,1946 年毕业于国立西北农学院水利系。在地震工程理论的研究与运用方面作出重要贡献,1994 年当选为中国工程院首批院士。于天仁(1920—2004),著名土壤学家,中国土壤电化学研究的创始人。1941 年考入西北农学院农业化学系,1945 年毕业。中国科学院院士(生命科学和医学学部)。对土壤电化学的研究作出了重要贡献与进展,并在国内外学术界产生了广泛影响。李振岐(1922—2007),著名植物病理学家和小麦锈病专家。1945 年退伍转入国立西北农学院植物保护系学习,1949 年毕业留校任教。1997 年当选中国工程院院士(农业、轻纺与环境工程学部),我国小麦条锈病研究的主要奠基人之一、中国植物病理学科发展的带头人和积极推动者,曾获农业科教奖。

(三)国立西北农学院的课程设置与特点

国立西北农学院的课程安排中,既按照教育部的要求开设大学农学院共同必修科目,又按照实际系科设置开设本专业必修与选修课程。在共同必修科目中,1939 年 6 月,国民政府教育部根据抗战形势,通令全国公私立以上专科学校,依其科系性质酌量增设一些课程,其中规定,农科性质的学校要开设"战时食粮问题"①。1939 年 11 月 2 日,教育部令又指出:"本部以大学各院系课程,缺乏共同标准,未能发挥大学教育之一贯精神。"故"员聘专家从事厘定,以期树立大学各院系课程之完善基础"②。并且,要求从 1939 年度招收的新生起开始执行新的共同科目,各大学遵照执行。其中,大学农学院共同科目见表 3-3。

表 3-3:大学农学院共同必修科目③

科目	规定学分	第一学年		第二学年		备注
		第一学期	第二学期	第一学期	第二学期	
国文	4	2	2			每两周须作文一次
外国文	6—8	3—4	3—4			每两周须作文一次
化学	6—8	3—4	3—4			农业化学系得增加学分另授
植物学	6	3	3			
动物学	3—6	3	3			畜牧兽医学系桑蚕学及植物病虫害得增加学分另授
地质学	3—4	2	3	2—3		兽医学系免修
农学概论或农艺	4	2	2			
经济学系及农业经济	4—6				2—3	
农产实习	2	1	1			
总计	38—48	17—21	17—21	2—3	2—3	

附注:1. 除表中所列必修科目外,党义、体育、军训均为当然必修科目不计学分;2. 物理及算学为农业工程系、农业化学系、农林学系之分系必修科目,各校得于第一二两学年中教授之,未列本表之内;

3. 表中所列三至四、三至六或者六至八学分之科目各校得在此规定内,斟酌情形决定学分数。

---

① 《教育部训令》,陕西省档案馆馆藏档案:国立西北大学档案,档案号:67—5—446.1。

② 《教育部训令》,陕西省档案馆馆藏档案:国立西北大学档案,档案号:67—5—446.1。

③ 《大学农学院共同必修科目表》,陕西省档案馆馆藏档案:国立西北大学档案,档案号:67—5—446.1。

由上表可以看出,农学院的共同科目呈现出如下特点:一是强调国文和外语的学习。对照工学院、商学院、文学院等其他专业共同科目,发现国文和外国文均列其中,这说明民国时期的大学教育教学中,普遍重视国文和外国语言文字的教育与学习,目的是扩大学生学术视野,培养学生扎实而"完善之基础"。二是西北农学院在教育教学中非常重视对学生体能、体格及健全人格的培养,并有助于形成顽强意志与良好作风。三是注重农产实习。第一学年的第一、第二学期都安排1个学分的农产实习,这说明教育教学中重视理论与农产实践的结合。四是共同科目虽然为必修科目,但各个学校可以在此规定内,斟酌情形决定学分数。这说明,学校根据自身的办学特点,可以适当调整学分,有所侧重。总之,当时国民政府教育部之所以要规定、完善大学课程共同标准,主要目的就是要使学生得到良好的基本训练,避免学生所学知识"支离破碎",从而"融汇一科学术之要旨",以达到"培养高深学术人才之道"。①

西北农学院在课程设置上,除按照国民政府教育部的要求开设农学共同必修课外,还根据所设系科,自行设定安排了各系相应的课程。明确规定,本科按照修业年限为4年设置,专科以2年为修业年限设置。下面以西北农学院1940级课程为准,以农艺学系、农业经济学系、农业水利学系为例,说明农业生物、农业经营管理、农业工程方面的课程总则及其课程设置情况。

比如,农艺学系的课程总则为,要求以造就农艺专门人才为目的。学习过程先授以基础理论课程,次授以专业基础课程。要求学生学习主要农作物的栽培和原理和方法,熟悉育种原理及良种选育等技术,并对田间技术、实验研究方法的设计也应该给予高度重视。在此总则之下,具体设置的必修课程有:定量分析化学、农艺分析化学、有机化学、农业微生物、遗传学、肥料学、经济昆虫学、育种学、作物学、食用作物学、稻作学、棉作学、麦作学、农业经济学、制丝学、农具学、旱农学、灌溉管理学,以及农场管理、农村合作、生物统计学、田间

---

① 《教育部训令》,陕西省档案馆藏档案:国立西北大学档案,档案号:67—5—446.2。

技术等;选修课程有定性分析化学、林学、遗传学等。农业经济系的课程总则为,适应西北经济社会的发展与建设的需要,主要培养乡村建设及各种农业经济人才,要求学生学习农林、园艺、畜牧等生产基本科学,学习经济学的基本原理及农业经济的各种应用知识,重视实地调查训练,使理论与实践并重,以达到学生毕业后能单独研究各种农业农村问题的目的。所设必修课程有:经济地理学、经济思想史、经济史、农村经济学、植物学、土地经济学、银行学、统计学、农村社会学、农场贸易学、农业金融学、果树园艺学、农田水利、作物学通论、法学通论、农村教育、农业推广、农业政策、农业仓库、合作金融、农场管理、农业经济、垦殖学、设计实习等;选修科目主要有:经济原理、农具学、肥料学、气象学、应用化学、货币学、土壤学等。1940 年后,选修课陆续有增加,如有高等数学、中国通史、中国经济史、西洋经济史、哲学概论、经济地理学、地质学、政治学、农业经济地理学、农村教育、高级英语、农业金融、工程作图、昆虫学、植物生理学、植物分类学等等。农业水利系的学程总则为:以造就高级农业水利人才为宗旨。课程先授以基本科学及必要的农林知识,次及工程原理,再注重水利专门问题。教学方法,平时注重授课,多做习题,假期必须从事工程实习,或者分散农村服务,以获得实地之经验。所设必修课程有:地质学、工程作图、投影几何、工程材料学、作物学通论、平面测量学、材料力学、铁道工学、灌溉工学、电工学、污水工程、河工学、水力学、渠工学、给水工程、灌溉原理、结构学、农业经济、棉作学、河渠水力学、防洪及排水、水土经济、钢筋混凝土、结构设计、砖石拱桥设计、钢筋混凝土设计、水工设计等。选修课程有:国民经济学、应用化学、土壤学、工程力学等。1940 年后陆续增加选修课有:高等测量、微分方程、工程数学、防洪及排水、高等水力学等。①

　　国立西北农学院各系的学程总则及课程设置中,重视两个方面:一是在内容上重视与西北地区实际的相结合,强调为西北地区农业、林业及园艺事业的

---

① 《西北农林科技大学史稿》编审委员会:《西北农林科技大学史稿(1934—2014)》,西北农林科技大学出版社 2014 年版,第 18—19 页。

服务;二是重视学生实际工作能力及独立从事研究工作能力的养成,课程安排中,除体育与军训外,试验、实习及调查课等内容约占全部课程的 40%。比如,在《畜牧兽医讨论及研究》专题中,提出"畜牧专业要注重西北家畜品种研究,以定改良方针";兽医专业要"注重西北兽医预防问题"。在《森林问题讨论及研究》专题中,规定该专业"讨论及研究关于西北所有之造林、护林及森林利用与林业改革等问题";在农艺实验中侧重"西北主要农作物的栽培、育种"。而《农艺问题研究》则明确提出要"养成学生独立研究农艺问题之能力,整理研究成果之技术,及著述科学论文之艺术";在《农艺讨论》中要求"训练学生使有阅读农艺参考文献及探讨农艺问题之能力";在农业经济组的设计实习中规定:"教导学生实地练习研究农业经济问题,其研究所得材料,将来作为毕业论文。"①

由于西北农学院对学生严格要求,在课程设置上重视与西北地区的结合、重视学生独立从事研究工作能力的养成,使得在当时的各种比赛中学生表现良好,成绩突出。比如,抗战时期,国民政府教育部举办大学生抗战建国论文比赛,国立西北农学院的学生李翰如获得第二名的好成绩;1946 年,教育部对全国高等学校学生进行统一考试,农业经济系和专修科取得较好成绩,经在重庆复试,前三名都是西北农学院的学生。②

(四)国立西北农学院的学术研究与科技推广

国立西北农学院成立后,面对民族危难,学校积极肩负改进西北农业复兴与发展西北农村的使命,努力从事教学科研工作,取得了诸多显著成效。这些科研成果不仅对西北农业改进与农村发展起到了重要作用,而且对于工业建

---

① 《西北农林科技大学史稿》编审委员会:《西北农林科技大学史稿(1934—2014)》,西北农林科技大学出版社 2014 年版,第 18 页。

② 《西北农林科技大学史稿》编审委员会:《西北农林科技大学史稿(1934—2014)》,西北农林科技大学出版社 2014 年版,第 20 页。

设及西北开发多所助益。下面分别进行论述。

1.积极创办学术刊物

自 1905 年京师大学堂建立农科大学起,中国现代意义上的高等农业学科及其学术研究开始起步,到 20 世纪三四十年代取得了长足发展。但是,与同时期其他学科相比,农业刊物为数甚少,西北地区尤为缺乏。鉴于此,早在西北农林专科学校创办伊始,学校就高度重视学术刊物的出版工作,1936 年 7月 14 日,西北农林专科学校校刊《西北农林》出版发行,于右任亲自题写刊名。在创刊号上,发刊词即明确指出:一方面,"倘能因本刊之发行,而引起农业机关、农业学校以及社会贤达之注意,类此刊物,风起云涌,则尤为本刊衷心所求"。另一方面,"我国农业技术落后,农民生活贫苦,其主要原因,即在新科学研究实验与实际农业脱节"。故"本刊之发行,在使本院研究教学诸方面所获得之新技术与新方法,以有效推广于农民,并对西北之农业,作更深切之了解,俾教学研究更能超乎实际"①。国立西北农学院成立后,对学术刊物的出版更为重视。当时,学校专门成立了由著名地质学家王恭睦教授任主任的出版委员会,成员包括周建侯、曾济宽、张丕介、贾成章、沙玉清、谌克终、盛彤笙、齐敬鑫、王志鹄、涂治、金树章、路葆清、张小柳等 13 人。② 在出版委员会的指导下,学校先后出版了 20 余种刊物,具体详见表 3-4。

表 3-4:1938—1947 年国立西北农学院学术刊物一览

序号	刊名	创办年份
1	西北农林	1936 年创刊,1939 年停刊,1947 年复刊
2	西北农学院通讯	1938
3	李仪祉先生纪念刊	1938
4	中国西北植物调查所丛刊	1939

① 《发刊词》,国立西北农林专科学校编审委员会:《西北农林》创刊号,1936 年 7 月 14 日。
② 《1939 年国立西北农学院教职员名录》,载陕西省档案局(馆)编:《国立西北联合大学档案史料选编》上册,西北大学出版社 2018 年版,第 747 页。

序号	刊名	创办年份
5	西农通讯	1940
6	西农青年	1940
7	农业经济通讯	1940
8	农艺学会丛刊	1940
9	西北农学院院刊	1941
10	秦农	1941
11	农业化学	1941
12	艺园	1942
13	蜀农会刊	1942
14	农化通讯	1942
15	农艺通讯	1942
16	西北水声	1943
17	西北畜牧	1943
18	西北园艺	1944
19	西北农学院院刊	1946
20	西北农报	1946
21	昆虫与艺术	1946
22	昆虫学通讯	1946
23	中国之昆虫	1946
24	西农通讯	1947

这些学术刊物多为西北地区最早创办的学术杂志,它们立足西北,面向全国,注重对外交流,内容涉及农学领域的农、林、水等各个学科,并将学术性、科普性、实用性很好结合,相关刊物的创办对于推动学术研究,及向广大读者尤其是西北地区的读者,普及各种农事问题起到了重要作用。如,《中国之昆虫》,为昆虫学研究高深之杂志,发表昆虫学专业"纯正的与应用的"研究报告,并用中、英、意、拉丁文四种文字刊载。《昆虫学通讯》则与美、英、日、意大利等国学者有广泛交流。再比如1946年创办的《西北农报》月刊,共出版13期,刊载论文119篇,128人次在该刊上发表文章。其中,多为知名专家学者,

有的甚至一人发表多篇论文。比如,王绶在第 1 卷第 1 期发表了 2 篇文章《泾阳 302 号小麦示范与推广》及《本院新育成之大麦良种 3102 与 3120》、在第 1 卷第 2 期与他人合作发表《介绍马铃薯良种——"七百万"》、第 1 卷第 3 期与他人合作发表《变异数分析之自由度分离》、第 2 卷第 8 期与他人合作发表《大麦之遗传》等共 5 篇文章,王正在第 1 卷第 1 期发表了《近今木材利用之趋向》,熊伯蘅在第 1 卷第 1 期发表了《农业建设与土地改革》、第 1 卷第 2 期发表了《农业建设与保护佃农》、第 2 卷第 1 期发表了《创设自耕农政策的意义和方法》、第 2 卷第 2 期发表了《爱尔兰创设自耕农政策和成绩》等 4 篇文章,王志鹄在第 1 卷第 3 期发表了《土壤中胶体之组成与离子置换》、第 3 卷第 1 期发表了《土壤微生物学研究之新途径》等 2 篇文章,谌克终在第 2 卷第 2 期发表了《再论经营果园之理论与实际》、第 2 卷第 3 期发表了《园艺种苗消毒之重要及其方法》、第 2 卷第 4 期发表了《植物荷尔蒙在农业上之应用及其功效》、第 2 卷第 5 期发表了《日长作用与春化处理之理论及其应用》、第 2 卷第 7 期发表了《维他命 C 与人生之关系》等 5 篇文章,沈学年、赵洪璋等在第 2 卷第 7 期发表了《本院农场最近育成之三个优良小麦品种》,吴达璋在第 2 卷第 1 期发表了《重要家畜害虫及其防治概要》、第 2 卷第 7 期发表了《重要家畜害虫及其防治概要(续)》等 2 篇文章,等等。另外,《西北农报》还开辟"农事顾问"专栏,聘请学校知名专家、各系负责人向读者解答有关植物病虫害、畜牧兽医、土壤肥料及其他各种农业事宜;开辟"农村文艺"专栏,发表与农事相关的散文、随感、随笔、农业常识等作品及科普小文章,使刊物既将学术性与普及型相结合,又生动活泼而大众化。比如,在第 1 卷第 2 期发表编者感言《九月农情》及《秦岭一带之丁香》,在第 1 卷第 3 期发表编者感言《十月农情》,在第 1 卷第 4 期发表编者感言《冬月农情》,以及科普小文章《黄河流域行道树之选择》《从春化发育观点看冬麦与春麦》《农业、农学与农学生》等,在第 2 卷第 1 期发表署名"建民"的散文《武功"骡马会"素描》,在第 2 卷第 1 期发表署名"任省鉴"的科普小文章《农谚》以及《一月农情》,等等。《西北农报》在编辑好自己发表的文章外,为了使读者了解学术信息、扩大学术视野,还积极介绍推广校内出版刊物及其学术著作,介绍过的书刊。比如,熊伯蘅等编著:《陕西省土地制度调查研究》(西北农学院西北经济丛书之一);安汉遗著:《西北农业考察》(西北农学院丛书之一);熊伯蘅、万建中合编:《陕西省农业经济调查研究》;以及熊伯蘅著作:《农业政策》;等等。介绍过的杂志,如《昆虫与艺术》、《中国之昆虫》等等。

2.努力开展科学研究

国立西北农学院的科学研究工作,坚持理论与实践相结合,并主要依托所属之农场、林场及试验场(站)进行,对西北地区的农业、林业、园艺、畜牧等方面的研究与推广取得不少令人值得称道的科研成果。为了更好开展科研工作,早在 1936 年,国立西北农林专科学校就与北平研究院联合组建了西北植物调查研究所。1940 年,国立西北农学院成立后又与“中央”水工试验所合办武功水工实验室。另外,西北农学院接收并继续使用西北农林专科学校时期的教学试验农场、林场及园艺场,农场场址在武功三道塬杜家坡村,林场分设在眉县齐家寨、咸阳周陵、武功法禧寺 3 处,园艺场分设果树、花卉、蔬菜 3 区,地址分别在武功二道塬和三道塬,占地约 440 亩。畜牧场设在学校西侧。另外,还有上海吴淞示范农场。1946 年 8 月,国立西北农学院成立农林试验总场,下设农场、林场、园艺场、畜牧场,共占地 3582 亩;此外,林场眉县分厂和咸阳分场占地 9585 亩。[①] 试验场、站的发展与建设,极大保障与满足了科学研究工作的顺利开展。

比如,农艺学科所进行的重要作物育种及栽培试验工作,取得显著成果。1940 年,已有小麦“陕农 7 号”“泾阳 60 号”“泾阳 129 号”“泾阳 302 号”“武功 27 号”等优良纯系育成问世。1942 年,为了进一步培育小麦良种,学院开始研究选用抗条锈病、茎秆坚硬、复粒性强的外来品种“碧玉”麦和“中农 28

---

① 《西北农林科技大学史稿》编审委员会:《西北农林科技大学史稿(1934—2014)》,西北农林科技大学出版社 2014 年版,第 31 页。

号"小麦改良陕西当地的蚂蚱麦。① 另外,截至1947年4月,该学科开展的重
要研究工作还表现在:举行小麦纯系育种及杂交育种,并对小麦、黑麦杂交小
麦成熟期抗雨生长促短遗传及栽培,作了理论及应用探讨;举行了棉作育种及
棉作研究试验;举行了杂粮方面大麦、大豆、玉米及马铃薯育种试验;举行了旱
作育种及抗旱育种,并作作物之田间需水量测定,黄土水分研究,旱地适应性
栽培,中国旱区之调查统计,成立食用作物标准区;举行了蚕之育种及饲育方
法之改良;选获武功之17号小麦产量较农家种高出10%,引进优种武功14号
产量高出武功27号11%;获得棉花较优种4个;获得优良品种大麦武功3102
及3120号大豆、武功白玉米及马铃薯Chippema旱作育种,其他各项多已获有
成果;育成良种小米"西农8""66高粱"等品种;育成优良蚕种西农一、西农二
至西农一三、西农一五。② 植物病虫害系主要进行了:关中昆虫相之调查;关
中植物相之调查;昆虫标本之采集(包括经济昆虫);病菌标本之采集;关中经
济作物病虫害之调查;豌豆相之生活史及其防治试验;金龟子生活史之研究;
除虫菊栽培试验;蚜虫之研究;太白山、楼观台、华山之植物标本采集大部分已
完成;采集经济昆虫标本60余种、病菌标本80余种;开展了渭河流域植物社
会之研究及陕西之昆虫研究;等等。农业经济系开展的研究工作主要有:关中
区各项调查;编制了武功县物价指数;出版《关中农村人口调查》《关中土地制
度调查》《关中区土地利用调查》;编制完成《农产品农用品价格指数》及《张
家岗生活费指数》2种;已出丛书《土地经济学》(刘潇然著)及《农场管理学》
(王德崇著);刊行《农经汇刊》及《农经通讯》。此外,以上研究均有相关论文
发表。园艺系开展的研究工作主要有:《陕西彬县之梨》《河南灵宝之枣》《山
西清源之葡萄》《陕西关中之柿种》《秭归毛坪甜橙》等之调查;白菜品种比较

① 《西北农林科技大学史稿》编审委员会:《西北农林科技大学史稿(1934—2014)》,西北
农林科技大学出版社2014年版,第23页。
② 《国立西北农学院概况》(1947年4月),载中国第二历史档案馆编:《中华民国史档案资
料汇编》第5辑第3编《教育》(1),江苏古籍出版社2000年版,第264—265页。

及种植时期试验;茄子肥料三要素试验;葡萄田间试验之区形大小及重复次数之研究;苹果枝条之成长测定;武功之气候与桃之栽培;Colchicine 在花卉育种上之应用;西北风土与葡萄之栽培;武功葡萄之生长与花芽分化;苹果储藏试验;已出版吴耕民著《蔬菜园艺学》、路广明著《桃之栽培》及章君瑜著《温室园艺》3 种;出版园艺通讯、园艺及西北园艺等刊物。森林学系开展的研究工作主要有:从事树木标本、木材标本、树木种子标本、森林昆虫生态标本、森林动物标本、木材分类标本、森林副产物标本之采集与制作;调查秦岭各区天然林之森林状况;播种发芽及苗木移植之研究;试验沙滩造林;森林育苗、苗床整理,以及各种苗木土壤之适应性研究;气象测候等。畜牧兽医系畜牧组主要开展:牧草栽培及保藏之研究;《土种鸡与白色单冠来航鸡生产能力之比较研究试验》,与孵化育雏等试验;武功土种猪与盘克猪生殖能力之比较试验;《影响乳用山羊乳量及乳汁含量因子之研究》等。畜牧兽医系兽医组开展的研究工作主要有:数种市售普通染料对于细菌之染色试验;数种市售普通染料之防腐灭菌及治疗能力试验;新法制造牛瘟脏器苗之试验;牛瘟绿脏器苗之制造;抗黄牛出血性败血病血清之制造;液体石蜡在制造家畜出血性败血病血清之应用;制造兽医防治血清菌苗等。农业化学系主要开展的研究工作主要有:关于电解体吸着之一新公式;表面平衡热力学之研究;荆峪沟土壤之土性与水土保持;脂解酵素作用之动力学;张家岗发面酵母之分离;渭水灌溉与土壤性质之增肥之研究等。农业水利学系主要进行:西北黄土区之水文、水利、水工、灌溉、防冲、工程材料、水力机械之研究等。①

总之,农业技术在我国虽然有数千年的历史,但农业劳动与农业生产基本上靠经验传授,缺乏科学依据。在某种程度上讲,我国西北地区只有农业劳动而无农业科学。西北农学院成立后,其办学宗旨及学术研究,特别强调农业科学学术之阐明,并将应用研究与理论阐释相提并重,从而增加大多数农民之利

---

① 《国立西北农学院概况》(1947 年 4 月),载中国第二历史档案馆编:《中华民国史档案资料汇编》第 5 辑第 3 编《教育》(1),江苏古籍出版社 2000 年版,第 265—266 页。

益,增进大多数人民之福利,借以增加西北农业生产,发展西北农村经济,改善西北农民生活,最终谋求整个国家农业之发展与技术之改进。

3.积极推进科技推广工作

国立西北农学院成立后,高度重视科技推广工作。首先,专门成立科技推广机构,在组织领导上加强科技推广工作。1939 年,国立西北农学院成立伊始,即将农专的农村事务处改为农业推广处,下设生产指导、农村合作、农村教育及编辑宣传等 4 个组,通盘筹划和推动农业科技推广工作。[①] 其次,积极进行农事科普宣传,开展生产和技术指导。一方面,西北农学院在学校所办的刊物上,根据农业生产时令,普及宣传不同时间、不同季节的农业生产注意事项及农业常识等小文章,以普及与指导农民进行科学合理的农业生产。另一方面,学校推广处组织相关领域专家,专门编辑印刷农业科学知识的通俗读物,销售或分送给农民指导农事,发行量较大的有:《田间选种法》《植棉浅说》《治蝗浅说》《造林浅说》《合作社簿记浅说》《防除棉虫浅说》等。学校推广处还通过举办农产品展览会、农村教育及经常派专人到农村各地,在不同时令指导农民选种、育种及防治病虫害,并指导农民进行科学有效的农业生产方法。比如,1940 年,学校组织专家举办新旧农事讨论会,召集附近农民讨论农事,解答农民耕作疑难问题。另据 1947 年 2 月 15 日出版的《西北农报》载,学校推广处先后举行过 3 次农产品评比展览会,邀请了武功、扶风、周至、乾县、眉县、兴平等 6 县农民参加,其中,第三次规模较大,展览会共收集农、林、牧、园等农产品及农村副业、农家工艺品 644 件。同时,学校推广处还陈列了各种优良的农、园品种及农、林、牧、园标本及产品 910 件,供农民观摩、评比及选择使用和培育。[②] 第三,将农业优良品种推广到农村,提高农业产量。比如,国

---

① 《西北农林科技大学史稿》编审委员会:《西北农林科技大学史稿(1934—2014)》,西北农林科技大学出版社 2014 年版,第 24 页。

② 《西北农林科技大学史稿》编审委员会:《西北农林科技大学史稿(1934—2014)》,西北农林科技大学出版社 2014 年版,第 25 页。

立西北农学院在陕、甘、宁、青等省采集小麦 3 万单穗,经纯系选育得"武功 27 号",属于西北地区的小麦良种,产量较当地农家品种高 20%,1939 年推广面积 400 多亩,20 世纪 40 年代在西北各地广泛种植。① 再比如,国立西北农学院培育的"碧蚂一号"和"6028"两品种在 1940 年代的西北地区推广也比较广,亩产量大幅提升。"碧蚂一号"和西农"6028"麦种的培育成功,标志着西北地区小麦育种技术达到一个新的水平。② 不仅如此,西北农学院培育的优良品种,一些还走向国际。比如,王绥教授育成的大麦品种,被美国学者定名为"王氏大麦",在美国推广。并列入"1945 年美国与加拿大大麦分类"中,成为美国大麦的著名品种之一。③ 第四,指导农民成立各种农村合作社。学校推广处以农村合作社作为农业推广的基层组织,深入农村、农民及乡间地头,指导农民采用学校培育的优良农业品种,并积极宣传建立合作社的意义及作用。据统计,学校先后辅导扶风、武功二县成立麦、棉生产合作社 170 个,信用合作社 265 个,社员达 3251 人。④ 合作社的建立,对于推广优良品种、调剂劳动力、抵御自然灾害及农业互助合作起到了很好的作用。同时,合作社还积极指导社员修路、植树及兴修水利工程,使农民进行农业生产的条件及基础设施得到了较好的改善,也使农民得到了合作的真正实惠。

4. 国立西北农学院的学校文化建设与抗日救亡

大学以"研究高深学术,养成专门人才"为职志,大学教育的成败得失,不仅关系民族文化的兴衰,而且与国家富强、民族昌盛息息相关。因此,每一所

---

① 张波:《西北农牧史》,陕西科学技术出版社 1989 年版,第 407 页。

② 何炼成:《历史与希望:西北经济开发的过去、现在与未来》,陕西人民出版社 1997 年版,第 130 页。

③ 《王绥教授育种贡献在美国——"王氏大麦"》,载西北农学院编辑出版委员会:《西北农报》第 1 卷第 4 期,1946 年 12 月 15 日,第 10 页。

④ 《西北农林科技大学史稿》编审委员会:《西北农林科技大学史稿(1934—2014)》,西北农林科技大学出版社 2014 年版,第 25 页。

大学在其建立与发展的过程中都高度重视自身文化的建设与其精神的养成。
1938年11月,西北农学院在其筹备的过程中即确定学校校训为:"诚朴勇
毅",这与西北联大的校训"公诚勤朴",可谓一脉相承。

何谓"诚朴勇毅"?按照笔者的理解,"诚":诚者,信也,就是要告诫西农
学人,为人处世,须以诚为本;"朴":朴者,质也,就是要求西农学子追求真理、
治学经世,须以质朴修身;"勇":勇者,气也,就是崇尚科学,必须勇于创新、以
勇求进;"毅":毅者,力也,就是实现国家富强、人民富裕及建功立业,必须要
有坚韧不拔的毅力与坚强的意志。国立西北农学院"诚朴勇毅"的校训,既是
其办学理念的核心思想,也是20世纪中国大学精神的重要表现。

1939年9月,由时任学院院长周伯敏作词、于松云谱曲的校歌正式启用,
其歌词为:"巍巍乎高岗,巍巍乎高岗,乃在后稷公刘文武周公之故乡。昔以
农业开基者,今以农业充实我民生与国防。膴膴周原兮辟作农场,皑皑太白兮
赐我以博厚洁白之光,莘莘学子兮不断地光大与发扬,使我校之精神永为全民
族之太仓。"①歌词不仅表达了西农学子继承中国"以农业开基"文明史的雄
心壮志,而且彰显了广大师生"光大与发扬"民族优良传统及强国富民的远大
抱负。其意义发人深省、令人肃然起敬!

著名果树学家、农业教育家,1945—1947年曾任国立西北农学院院长的
章文才,在1946年创刊的《西北农报》第1期发表了《今后我国农业教育之使
命》,题目冠名为"我国",其实也是对西北农学院校训、校歌所蕴含的思想与
理念在实践中的进一步阐发,同时,又是对学校办学"使命"及如何培养人、培
养什么样的人的具体解释与明确要求。他在文章中指出:农业教育因系新兴
事业,因此,农业教育的使命,对于今后人民生计与国家之生存,所关至巨。有
鉴于此,他提出了我国农业教育必须遵循的原则与承担的使命:(1)农业教育
应配合农业工业化与机械化之推行。因为"欲图全国农业之改进,实有待于

---

① 《西北农林科技大学史稿》编审委员会:《西北农林科技大学史稿(1934—2014)》,西北
农林科技大学出版社2014年版,第12页。

农业之工业化,尤其是机械化。故,农产制造与农业机械人才之培养,实为今后农业教育之迫切要图"。(2)农业教育应着重经营之企业化与分配之社会化。因为"农业系百业之一,不论其经营之大小,均须以企业为原则,方得致富于国家"。所以"今后我国农业研究,农业教学,乃至农业之推广示范,均莫不当以经营之企业化与分配之社会化为对象,方能使我国农业逐渐改良"。(3)研究、教学、推广三部事业之应密切联系。因为只有"加强研究工作,则教学始可日新月异,推广始有实际材料"。"是故农业研究,教学与推广,实为三位一体,互有其连环性,缺一不可。"(4)农业生产、制造、储藏、运销之应综合发展。从事农业教育者,必须从生产、制造、储藏、运销整个过程中培养人才。"是故农产制造,农产储藏与农产运销,均不能拚诸农业范围之外,而应视为农业教育中不可或缺之一部门,有志青年,应致意焉。"(5)农业教学研究与发展工业及外销特产之需要相配合。因为"今后我国之工业化,已为举国一致所公认"。而"发展轻工业所需之原料,无一不仰给于农业,必须在农业上先树立良好之基础,始可以言工业之发展"。故"农业教学与研究,应积极发展经济作物,俾能增加生产,改进品质,并减低生产成本,达到标准化与商品化,高价输出,易取重工业机器进口。此为我国发展工业之先决条件,亦即今后农业教育与工业需要不能分离之主因"。(6)实事求是之教学与整个国家技术人员之需要相配合。因为"农业建设,事烦责重,所需之人才,数量既须庞大,品质复须优良,因之人才之增加与训练,实为目前刻不容缓之事"。但是"我国目前曾受高等教育之人才,全国不过五千余人(指农业——笔者),在量的方面,距离应需数量尚远,在质的方面,未能适合应有标准,而在用的方面,亦多未能人尽其才"。所以"今后农业教育,首重实事求是,以国家建设之需要为对象,培养优秀之技术人员,俾建教彻底打成一片,教学更能深合需要"。①

历史与实践证明,章文才的教育思想对指导西北农学院的教学、科研、科技推

---

① 章文才:《今后农业教育之使命》,载西北农学院编辑出版委员会:《西北农报》第1卷第1期,1946年9月15日,第5—8页。

广及人才培养起到了十分重要的作用,可谓内化于西农学子之"心"、外化于学校人才培养之"行",成为学校办学的目标追求与文化建设的重要组成部分。

国立西北农学院还十分重视学校制度建设和对外学术文化交流。制度文化建设不仅有利于学校发展形成一种制度文化的氛围,保障各种政策、措施公平公正实施,而且会潜移默化浸染着学生的心灵,保证其健康成长。国立西北农学院实行校长负责制,学院成立之初,为了确保各项事宜有章可循、有规可遵,学校成立了由教职员工组成的各种委员会,如训育委员会、出版委员会、工程委员会、购置委员会、图书仪器委员会、公费生战区贷金生及贫寒服务生资格审查委员会、推广委员会、经费稽查委员会等议事机构。[①] 重视国际合作与学术文化交流。1942年,学校派农田水利系学生李翰如、余恒睦等赴英国学习交流,之后又派虞宏正、吴信法、王栋等赴美国进修访学交流。1943年,学校邀请美籍专家蒋森教授、英籍专家柏威德分别到学校进行学术交流,并讲授畜牧学和农作物病害防治。当时,学校还先后和列宁格勒研究所、德塔兰堤世界林业研究所、纽约华美协进社、印度国际大学中国学院等开展了多方位的文化学术交流,并进行了植物种子、刊物、资料交换等学术、文化活动。[②] 1946年8月23日,学校邀请以美国加利福尼亚大学副校长兼农学院院长赫济生为团长的中美农业技术合作团到学校进行学术文化交流活动,该团先后参观了学校的农、林、牧、园各场及国民政府农林部推广繁殖站,并在学校召开了500多名师生参加的讨论会。活动期间,章文才院长建议中美两国在农牧品种资料、农业科学研究、农业技术专家及农业学生之间展开广泛的合作与交流,并倡导在两国设立永久性农业技术合作交流机构。赫济生团长对西北农学院的教学

---

① 《1939年国立西北农学院教职员名录》,载陕西省档案局(馆)编:《国立西北联合大学档案史料选编》上册,西北大学出版社2018年版,第747—749页。

② 《西北农林科技大学史稿》编审委员会:《西北农林科技大学史稿(1934—2014)》,西北农林科技大学出版社2014年版,第28页。

科研等给予充分肯定,认为"西北农学院教学、科研及科技推广事业,规模宏大,工作切实,堪与美国著名之农科大学标准相同"①。如前文所述,西北农学院主办的一些学术刊物也用中、英、意、拉丁文等文字刊载,并与英、美、意、日等国学者有很好的交流,等等。这说明国立西北农学院在建立与发展过程中,始终重视以包容与开放的姿态进行各国间的文化交流与国际合作,始终注意融汇世界农业文明及农业思想文化。

图书馆或者图书资料的建设无疑是大学文化的重要组成部分。在某种意义上说,图书馆或者图书资料都以"在场"的物质形式,蕴含与传承着"不在场"的大学文化传统与大学精神,它是催生成长新的个体和大学群体精神文化的重要基础。因此,西北农学院非常重视图书馆与图书资料的建设工作。在西北农学院成立之初所设的委员会当中,图书仪器委员会是一重要机构,专门负责图书资料等的购置与采集。此外,学校沿用西北农林专科学校时期1935年修建的图书馆,并尽量购置相关中西图书资料。在国立西北农学院成立之前,据1937年统计,西北农林专科学校的藏书计中、日文26749册,西文图书3259册,杂志154种,共计30162册。在此基础上,1938年又接收了由前西安临时大学移交的相关中文图书87册。西北联大分置组建西北农学院后,学校又购置了一批图书。这里要特别强调的是,国立西北农学院首任校长辛树帜在学校建立之初,即尤其强调学校图书资料的建设工作。1939年,在抗战形势日趋紧张、办学经费日益困难的情况下,学校还是筹措经费购进全套《国闻周刊》《东方杂志》及《万有文库》的第一、二集,以及《四部丛刊》《四部备要》各1部。1945年,抗日战争胜利后,学校又接受国外赠送图书3批,并补充了所缺期刊数种。② 从而使西北农学院的图书资料更加丰富,这些高质

---

① 《西北农林科技大学史稿》编审委员会:《西北农林科技大学史稿(1934—2014)》,西北农林科技大学出版社2014年版,第29页。

② 《西北农林科技大学史稿》编审委员会:《西北农林科技大学史稿(1934—2014)》,西北农林科技大学出版社2014年版,第30页。

量的图书文献资料,既保证了西农高水平的教学科研工作,又为西农学子报效国家提供了丰厚的精神食粮,同时对丰富与提升校园文化生活不无裨益。

国立西北农学院,虽然身处抗战大后方,但是面对日本帝国主义的侵略却不甘屈服,全校师生同仇敌忾,爱国热情高涨,开展了多种形式的抗日救亡活动。1938年,国立西北农学院还在筹备过程当中,面对日益严重的民族危机,学校决定不放寒假,组织一部分学生赴陕南、宝鸡、甘肃等地进行抗日救亡宣传。一部分学生赴山西临汾参加战地服务团工作,另外留校的一部分学生分成农业生产、军医救护、军事通讯、军事工程、防空防毒、民众教育等小组,一则进行应用技术训练,一则随时准备参加抗日救亡活动。当时,学生还自觉创办了"救亡园地"壁报,积极宣传抗日救亡思想。1944年9月,学生又自觉创办了"亢丁"壁报,"亢"即"抗"字去掉偏旁,"丁"即士兵的意思,意思一为西农学子都为抗战的坚强士兵,一为西北"高亢的山岗上,挺着一群硬汉子"[1],决心争取民族独立,誓死抗战到底。壁报每期有一核心内容,都与抗战救亡和追求光明正义有关。1945年,校园内又相继出现了"时代剪报"、"新野岗"报、"汨罗江"报、"新根社"壁报以及附设高级农业职业学校的"烽火"壁报等,都积极宣传抗日救亡及民主思想。

此外,西北农学院的师生积极宣传与参军支援抗战,决心将青春与热血挥洒于西北乃至整个中国抗战大地。1940年2月9日至15日,学生以每队15人,共编为39个分队,在学校附近30里内各乡镇村庄,进行扩大兵役宣传,以增加抗战力量。[2] 1941年12月8日,太平洋战争爆发后,国际援华物资通道被日军切断,西南大后方岌岌可危,为打通西南国际交通线,中国政府组成远征军,赴印度、缅甸与盟军联合作战。在此期间,西农学子祝三友、彭介民、刘

---

① 曹方久:《张家岗上的一株劲草——记"亢丁社"的初期活动》,西北农学院:《西北农学院1934—1949爱国民主革命活动》,1984年,第90页。
② 闫祖书:《西农抗战记忆》,西北农林科技大学出版社2015年版,第44页。

玉民等积极报名参加远征军,被编入 202 师投身抗战。① 1944 年 10 月,国民政府发起了 10 万知识青年从军运动,据 1944 年 11 月 24 日学校给陕西省知识青年志愿从军征集委员会的电文,当日即有教职员 3 名,学生 20 名,总计 23 名师生报名参军。② 另据陕西省档案馆馆藏档案"国立西北农学院附设高级农业职业学校三十三年度十一月份志愿从军名册",当月高职共有 125 名学生参军。其中,既有男学生,也有女学生,女生竟然达 18 人,占参军总数的 14%多。从籍贯看,来自全国各地,包括陕西、甘肃、山西、河南、绥远、江苏、河北、辽宁、宁夏、山东、湖北、湖南、贵州、四川、江西、青海、福建、安徽等 18 个省。③ 另外,特别值得一提的是,在知识青年从军热潮中,时任西北农学院院长邹树文带头报名参军,④在当时引起很大反响,在其影响下学校教职工、院本部、附高、附中学生纷纷报名参军。这说明在国家危难之际,西农学子不顾个人安危、不甘民族受辱,自觉践行校训、校歌精神,走出相对宁静的书斋校园,勇敢地走到抗战最前线,献身于伟大的抗日战争之中。他们的行为理应受后辈尊敬,值得铭记!

　　总之,西北联大成立后分置国立西北大学、国立西北农学院、国立西北工学院、国立西北师范学院、国立西北医学院五校,是国民政府加强与发展西北高等教育的国家战略性布局。而分置院校之一的国立西北农学院的成立,则改变了广阔的西北地区无一所现代农科大学的面貌,其意义无疑是重大而深远的。至少表现在以下几个方面:第一,它优化与改善了现代西北农林高等教育。我国以农立国,西北地区土地广袤、幅员广阔,又是中国农业的发祥地,但

---

① 闫祖书:《西农抗战记忆》,西北农林科技大学出版社 2015 年版,第 84 页。

② 《国立西北农学院关于员生从军报名人数给陕西省知识青年志愿从军征集委员会的代电》(征字第 0507 号),陕西省档案局(馆)编:《国立西北联合大学档案史料选编》下册,西北大学出版社 2018 年版,第 860—861 页。

③ 《国立西北农学院附设高级农业职业学校三十三年度十一月份志愿从军学生名册》,载陕西省档案局(馆)编:《国立西北联合大学档案史料选编》下册,西北大学出版社 2018 年版,第 867—871 页。

④ 闫祖书:《西农抗战记忆》,西北农林科技大学出版社 2015 年版,第 85 页。

近代以来尚无一所现代意义上的高水平农科大学,国立西北农学院的成立及抗战结束后学校永留西北,使得其将现代农林高等教育制度、体系完整地植入西北大地,由此奠定了中华人民共和国成立后进一步发展西北农林高等教育的坚实基础,回想至今仍肩负民族重任的西北农林高等教育,更彰显其意义之重大。第二,它改变了西北地区农业、农村与农民的面貌,推动了西北经济社会的发展。近代以来,西北的农业状况基本保持在传统的落后状态,虽然也有一些家庭手工业,但大部分属于个别经营,彼此缺乏联系。因此,并无现代农林高等教育理念指导之下的农业现代化与机械化的广泛推行,致使西北地区的农业、农村较中国东南沿海等地更为落后,农民更为贫穷。国立西北农学院成立后,西农学子肩负发展与改进西北农业复兴的使命,秉持"诚朴勇毅"的校训,扎根西北大地,深入农村田间地头,融教学、科研、推广"三位一体",紧密围绕国家战略与西北地区发展需要,积极开展面向西北农业生产实际的科学研究与技术推广,在诸多领域取得重大突破与成就,并形成鲜明的西北特色与创新优势,一些优良农产品的广泛推广,由此改变了农民生活、农村面貌,进而推动了西北地区整个经济社会的发展。第三,为中国农业事业发展及日后西部大开发培养与储备了大批优秀人才。国立西北农学院作为西北农业最高学府,不仅师资力量雄厚、专业门类齐全,而且人才培养体系完整。学科设置既有农学又有植物学、森林学,还有园艺学及畜牧兽医学等,可谓涵盖现代农业科学的所有学科;人才培养体系既有职业教育、社会教育、短期培训,又有专科教育、本科教育,同时还有研究生教育。历史与现实已经证明,国立西北农学院优良的校风、优质的教育教学资源、完整的人才培养体系,不仅在当时,而且为以后我国农业事业发展及西部大开发培养与储备了大批优秀人才。

三、国立西北师范学院的教育教学与学术活动

(一)国立西北师范学院的独立设置与组织机构

国立西北师范学院是由北平师范大学直接演化而来,故其历史源流比较

清楚,前面对北平师范大学的历史已做过考察,在此不做赘述。下面就国立西北师范学院独立设置情况及组织机构做一梳理。

1939 年 8 月 14 日,国民政府教育部就西北联合大学移交事宜给"国立西北师范学院院长李蒸"发来"渝 197 号训令":"案查国立西北联合大学改为国立西北大学、国立西北师范学院及国立西北医学院一案,业经本部奉行行政院核准;国立西北师范学院院长一职,并经本部聘任该员(李蒸)充任,各在案。"并附三所高校"改组办法"一份:"国立西北联合大学改组为国立西北大学、国立西北师范学院及国立西北医学院办法",其中规定:"国立西北师范学院,仍照国立西北联合大学师范学院原有编制设国文、英语、史地、数学、理化、教育、体育、家政、博物、公民训育等 10 系及劳作专修科,并设师范科研究所。"①1939 年 10 月,国民政府颁发"国立西北师范学院关防",原"北平师范大学""校印缴部"。

1939 年,独立设置初国立西北师范学院的学生总数为 521 人,1944 年增加到 1010 人(部分在兰州校址)。全院教职员 302 人,其中,教员 159 人,专任教授 44 人,兼任教授 7 人,副教授 26 人,管理部门职员 66 人,附属单位职教员 77 人。② 学校实行院长负责制,院长以院务会议的方式进行决策,院长办公室负责日常事务工作。院长办公室设秘书 1 人,办公室内设文书组、会计室,学校行政管理机构设教务处,教务处设主任 1 人,总理全院教务,黎锦熙先生任教务主任兼国文系主任,教务处内设注册组、图书组,图书组后改为图书馆,又在教务处增设出版组。设训导处,训导处设主任导师 1 人,综理全院圳导事宜,袁敦礼先生任训导主任,训导处内设卫生组、军事管理组。设事务处,后改为总务处,设事务(总务)主任 1 人,综理全院事务,事务处内设庶务组、出纳室。庶务组又下设斋舍股、印刷股、保管股、杂务股。同时,设有附属中

---

① 西北师范大学档案馆馆藏档案,档案编号:民国档案 33 号全宗 0005 卷,见刘基等主编:《西北师范大学校史(1902—2012)》,教育科学出版社 2012 年版,第 86—87 页。

② 刘基等:《西北师范大学校史(1902—2012)》,教育科学出版社 2012 年版,第 94 页。

学、附属小学。另外,为便于民主管理,学院还设有各种委员会,比如,教育研究委员会、卫生委员会、学生生活指导委员会、出版委员会、图书仪器委员会、校舍建筑委员会、公费及贷金审查委员、物价查报委员会等。

学院下设:国文系、史地系、数学系、理化系、英语系、教育系、体育系、公民训育系、博物系、家政系、劳作专修科 10 个系 1 个专修科及研究所组成。各系设主任 1 人,均由知名教授专家担任。

国立西北师范学院的院系设置及组织系统具体见下图:

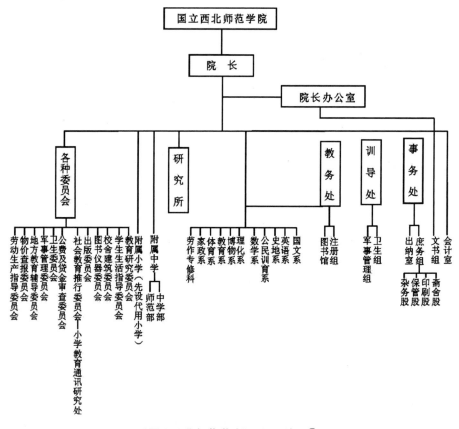

"国立西北师范学院"组织系统图①

---

① 姚远:《国黉播迁:西北联大通史》中册,陕西新华出版传媒集团、陕西人民出版社 2021 年版,第 708 页。

国立西北师范学院在城固期间,校舍建筑分为城内、城外及场圃三部分:城内有办公室八大间,校工作室三间;城外在城东校场坝购租萧何墓祭田、县农会地和民地;场圃主要将隙地开辟为劳作科农艺园,用于教学实习。1940年4月,国民政府为了进一步实施西北高等教育战略布局,国民政府教育部签署"渝字1528号训令",要求国立西师范学院迁往兰州,并将甘肃省立甘肃学院之文史、教育两系并入,共以甘肃学院院址作为西北师范学院院址。训令指出:"查本部前为奠定西北高等教育之基础,于二十七年、二十八年度(即1938年、1939年——笔者)先后将国立西北联合大学、西北农林专科学校及私立焦作工学院等校,分别改组为国立西北大学、西北工学院、西北农学院、西北师范学院及西北医学院在案,惟各该校改组以后,仍多集中于南郑、城固一隅,不足以应西北广大社会之需要。"为了西北高等教育的发展,教育部统筹谋划,决定:"西北大学迁设西安,西北工学院迁设宝鸡,西北农学院仍设武功,西北师范学院迁设兰州,西北医学院迁设平凉。西北大学与西北工学院本年暑假暂缓迁移。西北师范学院迁移兰州后,原有甘肃省立甘肃学院之文史、教育两系即并入办理,并以其院址作为该院之院址",并要求"迁移事项应于本年暑假内办理完竣"。①

国民政府要求西北师范学院迁设兰州的命令下达后,西北师范学院根据办学实际情况,研究决定分年迁移兰州。之后,李蒸院长亲赴甘肃兰州勘定校址,购置土地。并建议教育部,西北师范学院是西北最高的师资训练处所,故校舍建筑不能凑合,校址不能离城太远,但也不能太近,交通用水等要方便。最终,国立西北师范学院校址选定在兰州黄河北岸十里店,1941年设立西师分院并开学,原河北女子师范学院院长、西北联大家政系主任齐国梁教授任主任,同年城固校本部停止招生。1942年本部由城固迁兰州,城固改为分院。

1944年11月,西北师范学院全部迁移兰州。同年,城固分院学生全部毕

---

① 《规定西北各院校永久校址教育部训令》,《国立西北师范学院校务汇报》第11期、第12期合刊,1940年5月1日。

业,宣布撤销城固分院。1946 年 7 月下旬,教育部电令西北师范学院继续独立设置。其相继设有国文、数学、理化、博物、教育、体育、英语、史地、公民训育、家政 10 系,及劳作、国文、史地、理化、国语、体育 6 个专修科,以及师范研究所、附中、附小、附中师范部、劳作师资班、优良教师训练班和先修班等。是年,全校教职员 225 人,学生 1010 人。至抗战胜利,"北平师范大学西迁陕甘有九年之久,毕业学生 1300 余人"①。不仅为国家培养了大批优质师资,而且对西北高等教育事业也有相当影响,他们绝大部分留在了大西北,在平凡的岗位上,兢兢业业,为培养教育人才,贡献了自己的全部精力。

(二)国立西北师范学院的教师与学生

国立西北师范学院独立设置后的 1940 年,除当年以国立西北师范学院招收的新生外,还有一部分是北平师范大学以前的老生,尽管学校在颠沛流离中办学上课,但广大师生始终兢兢业业,传承弘扬北平师大优良传统。因此,北平师大的历史传统在西北师院办学过程中一直延续未断,正如西北师范学院院长李蒸所言:西北师范学院和北平师范大学的传承关系,也是当时政府及社会各界的共识。②

西北师范学院教师当中汇集了一批知名专家,除过如前所述的各系系主任均由著名教授担任外,其他各系还有一批著名学者任教授或者副教授,如国文系聘请的教授有:谭戒甫、何士骥、李嘉言、易忠箓、刘朴等,副教授王如弼、张建侯;英语系聘请的教授有:包志立、叶意贤、傅岩、易价、罗海澜、孔柏德华、王新甫(还兼任理化系教授)等;史地系聘请的教授有:陆懋德、殷祖英、邹豹君、张云波等,副教授王心正、林占鉴;公民训育系聘请的教授有:卿汝楫、李镜

① 北京师范大学校史编写组:《北京师范大学校史(1902—1982)》,北京师范大学出版社 1982 年版,第 120 页。
② 李蒸:《北京师范大学历史上的存废之事》,载李溪桥主编:《李蒸纪念文集》,中国社会科学出版社 1996 年版,第 79 页。

湖;数学系聘请的教授有:傅种孙、张德鑫、李恩波、汪如川、刘亦珩、张世勋等;理化系聘请的教授有:张贻侗、杨立奎、刘世楷、蔡钟瀛、朱有宣等;博物系聘请的教授有:孔宪武、汪堃仁、吴仲贤等;教育系聘请的教授有:马师儒、郝耀东、金澍荣、程克敬、高文源、鲁世英、胡国钰、唐得元、康绍言、方永蒸、慈连焖等,副教授左学礼、郭鸣鹤;体育系聘请的教授有:董守义、徐英超,副教授刘月林、郭俊卿;家政系聘请的教授有:王非曼、孙之淑;劳作专修科有:冒兴汉、贾慎修、孙一青、冒兴汉、贾慎修、龙文等。①

据统计,截至1944年11月,学校教授总数达51人,副教授26人,教师人数159人,职员66人,附属机关教职员工77人。②

西北师范学院地处偏僻,当时聘请全国知名专家教授方面有诸多困难,李蒸先生作为院长,有深切感受,他说:"第一,西北交通不便,第二,生活较苦,生活程度又高,除非与本校有历史关系的,多不愿来。"③但在校方多方努力与奔走呼号下,国立西北师院仍聚集着一批著名学者。他们当中大部分是随北平师范大学西迁而来的,当时在西北师院工作的诸位前辈,筚路蓝缕,历尽艰辛,克服种种困难,不计个人利益,教书育人,不仅对西北师范学院的发展作出了重要贡献,而且为西北乃至中国师范教育的发展功不可没。他(她)们为我们留下的不仅是一所大学校园的物质财富,更重要的是还包括大量散发着扎根西北、服务西北、师资为先等人文光辉思想。

这里需要说明的是,虽然西北联大分置为国立五校,但是,分置后教师互聘、教室共用、合班讲授、学生宿舍合住、图书馆共同阅览,比如城固时期的西北师范学院与西北大学隔壁为邻,可以说完全处于合而未分的状态。"至于教授、讲师,虽各有专任,但大多数始终是在西大和西师互相兼课"④。西北师

---

① 刘基等:《西北师范大学校史(1902—2012)》,教育科学出版社2012年版,第96页。
② 刘基等:《西北师范大学校史(1902—2012)》,教育科学出版社2012年版,第96页。
③ 李蒸:《第三次总理纪念周上的讲话》,《西北师范学院校务汇总》第2期,1939年11月6日。
④ 北京师范大学校史编写组:《北京师范大学校史(1902—1982)》,北京师范大学出版社1982年版,第115页。

范学院和西北大学合聘的教授很多,据不完全统计,诸如黎锦熙、马师儒、陆懋德、黄文弼、李季谷、周传儒、杨人楩、罗根泽、杨晦、谭戒甫、刘朴、何士骥、易忠箓、许寿裳、程克敬、胡国钰、郝耀东、张瞬琴、李建勋、齐国梁、唐得源、包志立、鲁世英、方永蒸、金澍荣、袁敦礼、董守义、徐英超、王耀东、罗章龙、黄国璋、谌亚达、殷祖英、傅种孙、张德馨、杨永芳、刘亦珩、郭毓彬、李镜湖、邹豹君、郁士元、刘拓、张贻惠、张贻侗、蔡钟瀛、岳劼恒、汪堃仁、李中宪、吴世昌、杨立奎、赵学海、赵进义、刘汝强、雍克昌、王汝弼等,①现今皆被列入西北大学和西北师范大学两校学人谱。汪堃仁先生后来回忆说:"西北大学与西北师院仅一墙之隔,两校都设有生物系,两系教授均不齐全。我带头先为西北大学生物系讲授动物生理学等课程,仪器设备也互通有无,使两系的学生都得到益处,提高了教学质量。"②而"西北师范学院独立建校时,原来北平师范大学的教师和毕业生,有一部分留在了西北大学"③。这也是我们为什么把西北联大的历史研究扩展到抗战胜利后的重要原因之一。

西北师范学院秉持北平师范大学传统,对学生的教育极为严格。李蒸认为,当时的师范学院在制度设计上重视师资培养,并有诸多优点,但对学生在高深学问的研究方面定位偏低。为此,他特别强调师范学院学生的使命和坚守,高度重视学生"钻研高深学问""探讨宇宙真理"。1941年,他对新生讲话时说:本院的前身为北平师范大学,"故本院的使命为继续师大尚未完成的使命,本院的校风系沿袭师大固有的校风。师大所负的使命是双重的,一是实施教育专业训练……二为钻研高深学术,探讨宇宙真理……师大自成立以来,三十余年间,培养毕业生5000余人,其中80%以上均服务于教育界,且能以教育

---

① 北京师范大学校史编写组:《北京师范大学校史(1902—1982)》,北京师范大学出版社1982年版,第115页。

② 姚远:《国黉播迁:西北联大通史》中册,陕西新华出版传媒集团、陕西人民出版社2021年版,第706页。

③ 北京师范大学校史编写组:《北京师范大学校史(1902—1982)》,北京师范大学出版社1982年版,第111—120页。

为终身事业,卓然有所建树,久已誉满士林。师大已为国家培养数千青年导师,组成国家的教育干部,筑成踏实的社会基层。本院继承师大的光荣历史,产生于抗战建国的伟大时代中,负起西北各省中等学校师资训练之重大使命,期有以付国家之重托,并能维持师大精神于不坠"。北平师大奉令迁陕以来,流离转徙,除大部分教授与一部分学生随校西来,其余学校一切图书设备、校舍校具均遗落故都,物质基础一扫而空。经过四年艰苦努力的经营,又在祖国西北粗具规模,因此,作为学校发展的引领者,不得不思考:师大的精神与校风究竟是什么? 李蒸先生概括为"刻苦耐劳、诚笃朴实、埋头苦干、不尚宣传"①。

西北师范学院的学生人数,据统计,截至1940年10月,总计有学生521人,其中男生396人,女生125人,籍贯分布在全国28个省市,其中河北最多,有学生124人,河南(104人)、四川(67人)、陕西(48人)次之。1940年第一学期,学生的院系分布具体情况为:国文系38名,一年级16名,二年级13名,三年级9名,四年级43名;英语系32名,一年级10名,二年级12名,三年级10名;史地系60名,一年级20名,二年级22名,三年级18名;公民训育系14名,一年级9名,二年级5名;数学系18名,一年级7名,二年级6名,三年级5名;理化系31名,一年级11名,二年级10名,三年级10名;博物系17名,一年级13名,二年级4名;教育系151名,一年级62名,二年级42名,三年级26名,四年级21名;体育系59名,一年级12名,二年级25名,三年级13名,四年级9名;家政系44名,一年级15名,二年级9名,三年级7名,四年级7名;劳作专修科38名,一年级26名,二年级12名,三年级10名,;师范研究所16名,一年级12名,二年级4名;二部国文系3名,均为一年级。其中,教育系学生最多,史地系、体育系次之。② 由于西北师范学院师资力量雄厚、教学严谨、

① 李蒸:《本院的使命与校风》,载李溪桥主编:《李蒸纪念文集》,中国社会科学出版社1996年版,第185—190页。
② 姚远:《国黉播迁:西北联大通史》中册,陕西新华出版传媒集团、陕西人民出版社2021年版,第712—713页。

学校学术声誉好,招生人数不断增多,据统计截至 1944 年 11 月,学生总数达到 1010 人。①

另外,1939 年开始,西北师范学院师范研究所招收研究生。据统计,1942 年,研究期满经国民政府教育部审核批准授予硕士学位者 4 名;1943 年,研究期满经国民政府教育部审核批准授予硕士学位者 3 名;中途退学和休学者多人,至 1944 年,共有在读研究生 17 名。研究生在读期间刻苦努力、重视科研,研究成果和论文质量很高,截至 1944 年 11 月,师范研究所出版研究成果 9 种,都是导师指导研究生所做课题的成果。②

为了树立良好道德风尚,国立西北师范学院一年级学生一直坚持推广黎锦熙先生倡导的学生写作"修养日记"和"读书札记"的做法,效果良好。写"修养日记",就是要求学生逐日在临睡前,对于自己一天的生活、学习与认识进行反思,记述其每日起居、行动、治学、应事、待人、思想、言语、修己等方面的情况,也可以自由发表本日之感想。写作时,文言白话随便,但需养成使用标点之习惯,字体不限,但须整洁不潦草。教师审阅学生修养日记时,要注意学生思想状况,并向导师汇送有关情况,以利训导。学生则要将"修养日记"每学期汇订一册,作为个人之历史资料保存。写"读书札记",要求于每日读书有得或有疑时,随手写记。一事一条,下注年月日,篇幅长短不限。但必须是以课外参考或浏览的书籍、报刊为依据,且不可与听课笔记重复,也不可随意空谈。教员在评阅学生"读书札记"时,对"有疑"各条,要及时予以指导。要求学生在每条札记前,按照图书馆"图书十大部分类法"标注符号,待届满一学期或一学年,按标注符号分类检集,分标题目,积久即为各种专题研究论文之资料。"读书札记"每学期至少应写满 2 册(每册 15000 字)。③

---

① 北京师范大学校史编写组:《北京师范大学校史(1902—1982)》,北京师范大学出版社 1982 年版,第 113 页。
② 刘基等:《西北师范大学校史(1902—2012)》,教育科学出版社 2012 年版,第 150 页。
③ 刘基等:《西北师范大学校史(1902—2012)》,教育科学出版社 2012 年版,第 110 页。

另外,西北师范学院还要求学生本着自愿、自动、自觉、自律的精神、习惯和倾向,养成良好德性,参加学校组织的各种活动,比如迎新活动、毕业同学会、新年同乐会、远足旅行等活动。师院学生在课余还组织了国剧社、话剧社、诗社、文会、歌咏队、书画社、读书会、演讲会、体育比赛会,等等。同学们都积极参加,尤其是参加国剧社的学生人数达到300余人。①

(三)国立西北师范学院的课程设置与教学管理

在教学方面,西北师范学院实行学分制。但在实际执行的过程中,也不是完全意义上的学分制,实际实行的是"半学分制"或者说是"学年兼学分制"。因为,当时国民政府教育部颁布的《大学课程》规定:学生每年所修学分须有限制,不得提早毕业。1940年3月26日,学校教务会议通过了《国立西北师范学院学则》(以下简称《学则》)。《学则》规定,西北师范学院学生修业年限为5年,共开设普通基本科目、教育基本科目、分系专门科目、专业训练科目4个大类课程。其中,学分分布情况为:普通基本科目52学分、教育基本科目22学分、分系专门科目72学分、专业训练科目24学分,四大类课程共计170个学分。② 这实际上是要求学生在5年之内修够170学分。

学生学业成绩评定分为甲、乙、丙、丁、戊五个等级。其中,甲等:80—100分;乙等:70—79分;丙等:60—69分;丁等:45—59分;戊等:45分以下及不及格。丙等以下为不及格,戊等必修课要重修。西北师范学院的学生成绩实行百分制,具体构成为:学业成绩占比70%,毕业考试成绩占比15%,论文成绩占比5%,社会服务与实践占比5%,教学实习成绩占比5%。③

课程设置方面,如前所述分为四大类,其中共同必修科目中普通基本科目包括:三民主义、国文、外国文、社会科学,而社会科学中学生可在政治学、经济

---

① 刘基等:《西北师范大学校史(1902—2012)》,教育科学出版社2012年版,第111页。
② 刘基等:《西北师范大学校史(1902—2012)》,教育科学出版社2012年版,第98页。
③ 刘基等:《西北师范大学校史(1902—2012)》,教育科学出版社2012年版,第98—99页。

学、社会学、法学通论4门课中任选两门；自然科学中学生可在物理、化学、生物学、人类学4门课中任选1门；专业训练科目包括教育实习和各科教材与教法研究。各系专门科目设置情况具体如下：

国文系：国文（甲）、国文（乙）、中国文学史、历代文选、各体文习作、各体文法实习、历代诗选、要籍目录、中国文学专书选读一（群经诸子）、中国文学专书选读二（四史，以《史记》《汉书》为主）、训诂学、中国文学批评、小说戏剧选读、传记研究、文字学概要、小说史（上述课程的"国文（甲）"相当于现在大学所开的"大学语文"；"国文（乙）"相当于现在的"现代汉语"——笔者）。

史地学系：史学通论、中国上古史、中国中古史、西洋上古史、西洋中古史、法国史、考古学、气候学、地形学、地图阅读、人文地理、自然地理、中国地理、中国史学专书选读。

英语系：英文、英语语音学、英文散文选读及作文、英文文法及修辞学、英语会话演说及辩论、小说选读、戏剧选读、法文。

公民训育系：政治学、社会学、经济学、法学通论、青年心理。

数学系：初等微积分、高等微积分、高等解析几何、物理学、微分方程、数学复习、方程式论、近世代数、近世几何、级数论。

理化学系：物理学、化学、微积分、微分方程、理论力学、物理学及实验、热学及实验、定性分析及实验、电磁学、定量分析及实验。

博物系：生物学、化学、有机化学、比较解割学。

教育学系：普通心理学、伦理学、实验心理学、心理及教育测验、社会学、教育统计、中国教育史、西洋教有史、中等教育、心理学、教育行政、学科心理、社会心理、学校管理、公文程式、发展心理学、教育哲学、论文研究、动物心理、各国教育行改、学务调查、教育与职业指导、统计应用数学、英文教育名著选读、战时民众教育。

体育学系：普通化学、体育原理、人体解剖学、人体生理学、测验、童子军、竞赛指导及评判法、救急术与按摩术、游戏、机巧、竞技、球类、无数、体育统计、诊断学与健康检查、体育教学法。

家政学系：普通化学、家政学概论、伦理学、有机化学、生物学、生理学、织品与衣服、定性定量分析化学、营养学、食物选择与调制、服装学、儿童保育、家庭管理、家事教学实习、论文研究、家庭工艺。

劳作专修科：木工、农业概论、自在画、图案画、用器画及木工制图、金工、金工制图、机构学、木样制造法、工艺图案、园艺学、造园学。①

此外，师范研究所研究生必修科目有：高等教育心理学、高等教育统计、教育研究方法、学务调查、论文研究等；选修科目有：课程论、教育实验法、教育哲学问题、学术研究。研究生入学后，学习年限两年，修完规定课程，完成研究论文，方可按照相关规定与程序授以硕士学位。

以上各系所开课程的考核方式，分为平时、学期和毕业考试三种。平时考试由任课教师随时进行，方式多样，教师根据平时考查、考核等成绩合并计算；学期考试在每学期期末进行；毕业考试由国民政府委派院长和校内外专家组成，分为笔试和口试两种方式，口试注重考查学生的思想、态度、品行及语言表达能力等，笔试则要测试学生 5 年内所学全部课程内容。与此同时，西北师范学院十分注重学生社会服务与社会实践工作，规定学生在寒暑假必须进行社会服务或者劳动服务，可以进行农业实习，也可以进行工厂实习或者社会调查，方式可以自由选择，但时间必须至少要有 4 个星期，无社会服务或社会劳动者不得毕业。②

（四）国立西北师范学院的学术研究与学术活动

西北师范学院提倡"研究高深学术"，教师从事科学研究的积极性很高。但由于条件限制，文科方面取得的研究成果尤为显著。比如，前面已经谈到黎锦熙教授的研究成果很是突出，1937 年，随北平师范大学一路西迁西安、城

① 刘基等：《西北师范大学校史（1902—2012）》，教育科学出版社 2012 年版，第 97—98 页。
② 刘基等：《西北师范大学校史（1902—2012）》，教育科学出版社 2012 年版，第 100 页。

固、兰州等地,先后任西安临时大学教授、西北联大国文系主任、西北师范学院教授兼教务主任、国文系主任、院长等职;1945 年,兼任中国大辞典编纂处总主任,先后编辑出版《国语辞典》《新部首国音字典》《增注国音常用字汇》《增注中华新韵》等。在国立西北师范学院期间,完成了《洛川县志》《黄陵县志》《同官县志》《宜川县志》,出版了《国语运动史纲》《钱玄同传》《汉子形义通典》《中华新韵》《词类大系》《洛川方言谣谚志》《同官方言谣谚志》等专著,著述颇丰,涉及领域广泛,对于语言学、文字学、音韵学、语法学、修辞学、教育学、目录学、历史学、地理学、词典学、佛学等诸多领域,都有很深的造诣。李建勋教授出版了《战时与战后教育》,孔宪武教授完成专著《中国西北植物图志》《兰州植物志》。截至 1940 年 6 月,师范研究所程克敬的《师范学校训育》,已经发出问卷,收齐后开始整理;金澍荣的《改进西北师范区中等学校师资之研究》,已经寄回调查表格,正着手编辑整理;鲁世英的《师资人格》,研究材料正在搜集中;王镜铭的《战时民众组织与训练》,已经征得大部分民训法材料,将开始整理。① 1943 年,劳作专修科教师冒兴汉、赵擎寰发明了一种"速算机",且便于提携,受到国民政府教育部奖励;劳作专修科还发明了"国字四巧板",体育系教师发明了"板羽球",一些学校索求资料,拟进行推广;同年 12 月,《国立西北师范学院校务汇刊》开设"西北论集"栏目,发表了不少知名教授的演讲记录。②

另外,西北师范学院还出版了一批刊物,主要有《国立西北师范学院学术季刊》《师声》《国立西北师范学院校务汇报》,以及全国国立各师范学院联合刊物《中等教育季刊》,发表了不少西北师范学院教师的文章。比如,1942 年 3 月 15 日创办的《国立西北师范学院学术季刊》,为季刊,每年出版 4 期,每期 10 万字,发行 500 份,内容为学术性质作品,主要栏目有:"西北区特殊文化"

---

① 姚远:《国黉播迁:西北联大通史》中册,陕西新华出版传媒集团、陕西人民出版社 2021 年版,第 719 页。

② 刘基等:《西北师范大学校史(1902—2012)》,教育科学出版社 2012 年版,第 153 页。

"固有文化与近代科学""有关抗战之文学作品""中学师资与专业训练"等。尽管由于经费困难,只出版了3期,但所发表的研究成果多为大家手笔。如黎锦熙教授的《中国古今语文综合的研究》,王汝弼的《左徒考》,顾学颉的《李后主传论》,等等。由于出版经费困难,一些很有学术价值的稿件不得不转由《西北论坛》和《新光》杂志各出一期国立西北师范学院师生学术专辑。之后,西北师范学院于1943年12月开始,编辑出版半月刊《师声》,该刊共出版5期。另外,1941年,西北师院还创办了《建进》月刊。还有多期学术专号,如"国文专号""小学教育实际问题专号""史地专号"等等。

四、国立西北医学院的教育教学与学术活动

(一)国立西北医学院的独立设置与组织构成

西北联大继1938年7月工学院、农学院、师范学院独立设校后,1939年8月再次改组,医学院独立设置,称国立西北医学院。西北联大分置国立五校中西北医学院的成立,同其他四校一样对西北高等教育影响重大,其设立不仅开创了西北现代高等医学教育之先河,将现代高等医学教育植根于西北大地,而且有力地支撑、支援了抗日战争,培养了大批优秀人才,具有重要而深远的历史意义。

1939年8月8日,国立西北医学院自西北联大分出独立设置,校址在陕西省汉中市南郑县新民乡。西北医学院所处地方北有汉宝公路,通西安;东有汉白公路,通湖北;西南有川陕公路,通四川;校舍既有旧祠庙及民房加以整修,也有部分重新修建的房屋、教室及宿舍。共有教室、实习室、办公室、学生宿舍及医院诊室、病房等150余间。学校北望秦岭,南邻汉江,山环水抱,临近旷野,风景佳丽,空气清新,于卫生疗病颇为适宜。西北医学院由于不分系,故学校校舍当时设有解剖、生理、细菌寄生虫、妇产科、眼科、内科、外科、小儿科、耳鼻喉科等教室。学校的组织体系为:院长下设教务处、总务

处、训导处、会计室。其中总务处又下辖注册组、图书组、仪器室,训导处下辖军事管理组、生活管理组、体育组、卫生组。此外,西北医学院还设有医学研究所和附属医院。

同年 9 月 18 日,国立西北大学、西北师范学院、西北医学院接收委员会于西北大学校长室举行第一次联席会议。医学院黄万杰、余梦祥、冀侣僧;师范学院汪如川、袁敦礼、刘拓;西北大学苏雅农、张贻惠、赵学海等人出席,由张贻惠任主席。会议商讨接收前西北联合大学事宜,并就图书仪器、校产公物分配原则及办法做出规定:将原西北联大公物分为十份,西北大学接收五份,西北师范学院接收三份,西北医学院接收二份。① 在设备方面,西北医学院独立设置后,进一步充实、购置。截至 1941 年,学校有中文图书 624 册,西文图书 237 册,西文杂志 1282 册,日文图书 50 册,共计 2183 册。在仪器方面,有基础仪器 2052 件,临床仪器 2458 件,共计 4510 件。体育用具有:体育场 2 处,面积约 4 亩;排球场、垒球场各 1 处;单杠 1 个,双杠 4 个;篮球架 3 副。其他用具有:木器、锅炉等 2449 件;医学教学实验用动物有:羊、狗、白鼠、天竺鼠、家兔、青蛙等。② 由此,国立西北医学院完成独立设置,开始了新的征程。

学院独立设置后,1939 年 12 月 4 日,陕西籍国民政府元老、检察院院长于右任返回重庆经过南郑,到学校视察工作,视察结束后,在附属医院对全院师生发表讲话,其中指出:"现今大学之入乡村,多因敌机肆扰的原故……医学虽可医人,救人于不死,但对于炸伤者常常不及医治。……军人在抗战中固然责任很重,唯我医学界之责任尤大,尚望大家格外尽力。同学方面应负起自己的责任,用心学习。抗战固赖之于军人,建国却系于我等,建国大业正待大

① 《西北联合大学改组由国立西北大学、西北师范学院、西北医学院接收,前北平大学遗失印信公物收支计算书查处情形》,载中国第二历史档案馆馆藏档案第"五·2162"号。参见姚远:《国黉播迁:西北联大通史》中册,陕西新华出版传媒集团、陕西人民出版社 2021 年版,第 653 页。
② 姚远:《国黉播迁:西北联大通史》中册,陕西新华出版传媒集团、陕西人民出版社 2021 年版,第 657 页。

家努力也。"①于右任的讲话说明了国民政府对西北医学院的成立高度重视，并对学院使命提出了要求，认为抗战中"医学界之责任尤大，尚望大家格外尽力"，并希望同学们"负起自己的责任，用心学习"。

国立西北医学院成立后，先后有三任院长：1939 年 7 月，国民政府教育部聘任西北联大常委、原北平大学校长、著名医学专家徐诵明为国立西北医学院院长，但徐诵明因种种原因未就职。随后，1939 年 8 月，教育部又任命徐佐夏教授为学院院长，徐佐夏任职时间到 1944 年 5 月。其间，1941 年 4 月 26 日，徐佐夏院长会同西北师范学院长李蒸前往天水、兰州、平凉等处勘察新院址，拟迁院甘肃，院长一职由马馥庭教授代理。1944 年 5 月 30 日，国民政府教育部聘请著名生理学家侯宗濂教授为国立西北医学院院长和国立西北大学医学院院长，任职到 1947 年 5 月。

这里需要指出的是，国民政府曾有意在甘肃设立西北医学院分院的计划。1942 年 4 月，经国民政府批准，以创建于 1933 年的甘肃医学专修科为基础，在兰州组建了"国立西北医学专科学校"，招收 5 年制的专科班。1944 年，改为国立西北医学专科学校，设置 4 年制和 6 年制的医学专业。1945 年初，教育部将国立西北医学院与国立西北医学专科学校合并，原国立西北医学专科学校改为"国立西北医学院兰州分院"，任命侯宗濂教授为院长，汪美先教授代理院长职务。1945 年 8 月，抗战胜利后，原北平大学医学院要求返回北平继续办学，国民政府教育部不准搬迁北平，要求西北医学院搬迁至西安建校，并将西安崇礼路（今西五路）原西北制药厂厂址和附近空地作为国立西北医学院及其附属医院院址，迁兰计划未能实施，两院校也未能实现合并。②

1946 年 8 月初，国民政府教育部又决定将国立西北医学院并入西北大

---

　　① 姚远：《国簧播迁：西北联大通史》中册，陕西新华出版传媒集团、陕西人民出版社 2021 年版，第 654 页。
　　② 姚远：《国簧播迁：西北联大通史》中册，陕西新华出版传媒集团、陕西人民出版社 2021 年版，第 654 页。

学,改为国立西北大学医学院。8月中旬,开始从陕南搬迁,历时两个月,迁回西安。1947年春,西北大学医学院附属医院开始医院基础设施建设工作,同年11月建成开诊就医,当时设病床40张,由王立础任院长。

（二）国立西北医学院的教师与学生

国立西北医学院独立设置后,各项工作逐步进入正轨,除奖励服务年限较长的教授以外,也从全国各地陆续聘任了一批教授到校。据统计,1941年3月,国立西北医学院在校教师共计31人,其中,教授7人,副教授11人,讲师6人。[①] 1941年1月上旬,学院小儿科颜守民教授服务医学界满20年,他当时也是国内唯一的小儿科大夫,为表彰其对中国医学的贡献,国民政府教育部明令褒奖,并奉令在南方休假一年,进行南方小儿病研究。1941年2—3月这一时期,学院新聘教授陆续到校的有:德国威慈堡大学医学博士、前河北医学院院长、时任军政部第一陆军医院院长马馥庭先生,受聘西北医学院后担任药理学教授;北平协和医学院毕业、曾留美研究外科、当时服务于应城红十字会、号称国内著名的外科"圣手"的万福恩先生,受聘西北医学院后担任外科教授;北平大学医学院毕业、留学日本的张济乡先生,受聘西北医学院后担任耳鼻喉科教授;德国柏林大学医学博士王顾宁先生,受聘西北医学院后担任本院解剖学、胚胎学、组织学、三科教授;毕业于杭州医学院刘遯先生,来校后担任本院调剂学教授兼药局主任。[②] 截至1942年底,医学院与附属医院的教授有:外科教授万福恩、组织解剖学教授王顾宁、药理学教授马馥庭、耳鼻喉学教授张济乡、皮肤花柳科教授赵清华、细菌学教授纪学参,另有王兆麟、霍炳蔚、黄国钦、张之湘、孙撷芬、李景颐、梁福临等优秀毕业生留校任教。

---

① 姚远:《国黉播迁:西北联大通史》中册,陕西新华出版传媒集团、陕西人民出版社2021年版,第654页。

② 姚远:《国黉播迁:西北联大通史》中册,陕西新华出版传媒集团、陕西人民出版社2021年版,第654页。

1944年5月,侯宗濂担任学院院长后,又陆续聘任一批教授,师资力量进一步增强。先后到任的有:病理学教授李赋京,细菌学教授张效宗、汪美先,病理学教授李佩琳,眼科学教授潘作新,内科学教授汤泽光等。

1946年5月,教育部令国立西北医学院汉中部分并入国立西北大学。在国立西北大学医学院时期,汤泽光教授、侯宗濂教授相继兼任院长。这一时期学院教授有侯宗濂、李佩琳、董克恩、陈阅明、陈作纪、毛鸿志、翟之英(兼院长办公室主任)、李学禹、支永振、谢景奎、王云明(德文教授)、贾淑荣、孙国桢、刚时、马志千等,兼任教授马宝㷖、刘士琇;副教授有曲漱蕙、许可、徐浩、彭绪让、隋式棠、汪功立等;兼任副教授朱维志,讲师有霍炳蔚、张纬武、张怀瑶、孙撷芬、刘皑、李景颐、王兆麟、傅春池(体育)、兼任卫生学讲师寇燮,助教有胡用霖、李星全、尚天裕、蔺崇甲、周宪文、张宝赞、刘耀南、赵清越等。

西北医学院教师上课认真,教学严谨,多年后学生回忆起来,仍然对他们的敬业精神表示敬仰,如药理学教授徐佐夏"博学善教,讲词平实纯美,令人有亲切之感,深入浅出,引人入胜;偶然加几句笑话,更能提神解颐"。解剖学教授王顾宁"可谓苦学之士,治学极为严道,不苟言笑,其语调常带有外国味。上课时,语速极快,好似开快车,学生一只手拿着骨头,一只手翻讲义,常常赶不上王教授的语速,但学生们却并不以此为苦,他的德文讲义写得很清晰和有条理,很受学生欢迎"。他出身书香世家,但命运多舛,周岁丧父,1943年,始任国立西北医学院解剖学教授。眼科教授潘作新"长得一表人才,衣着时尚,美髯当胸,令人望而起做。同学们背后皆称其为'潘胡子'。其改良睑内翻手术,一向享有盛誉"。在此,不一一列举。由上可以看出,尽管西北医学院学人讲课风格各异,但他们对教学工作认真、执着及敬业的精神,赢得了学生的尊敬!

西北医学院对学生要求非常严格,每日6点起床,7点早操,并举行升旗礼。8点后上课。西北医学院尽管条件艰苦,校风学风严谨,要求学生恪守誓言,遵守一切法令规章,努力求学。报考者络绎不绝,1942年9月20日西北区各院校招生考试录取新生名单在城固公布,西北区各院校总计录取新生1167 人,其中西北医学院录取 57 人。据统计,截至 1941 年 3 月,医学院有学生五班共计 196 人,其中男生 142 人,女生 54 人;[1]加上 1942 年 9 月招的新生57,全院学生共 253 人。

西北医学院办学过程中培养了一大批优秀医学人才,绝大部分服务于祖国大江南北的医学界。毕业生中,除 1939 年,西北医学院毕业学生 3 名,仍发北平大学医学院毕业证外,从 1940 年起,毕业生全部颁发国立西北医学院毕业证。自 1940 年至 1946 年,西北医学院历届毕业人数总计 205 人。[2] 1940年至 1949 年毕业生人数如下:1940 年,17 名;1941 年,22 名;1942 年,35 名;1943 年,30 名;1944 年 35 名;1945 年,32 名;1946 年,34 名;1947 年,46 名;1948 年,41 名;1949 年,55 名。其中,1942 年第三班有 21 名毕业生应征入伍,分配至军政部战时卫生人员训练所、军政部军医署等处。1940 年至 1949年,共毕业学生 347 名。[3]

这些学生后来大多在各自领域作出了重要贡献,比如,1940 年毕业于西北医学院的李景颐(1911—1991),为我国著名的皮肤病学专家;同年毕业生陈向志(1912—1992),为心胸外科专家;同年毕业的王询礼,毕业后留校任教,为我国外科专家;同年毕业的王兆感,毕业后留校任教,为我国耳鼻喉科专家;1941 年毕业的孙撷芬,留校任教,为我国妇产科专家。此外,还有 1942 年毕业留校任教的外科专家张之湘;同年毕业,后留校任教的耳鼻喉科专家梁福临;1943 年毕业,后留校任教的外科专家张宝缵;同年毕业,后留校任教的外科专家刘耀南;同年毕业,后留校任教的小儿科专家朱子扬;同年毕业,后留校任教的内科专家刘锡衡;1937 年考入西安临时大学医学院,1944 年于西北医

① 姚远:《国黉播迁:西北联大通史》中册,陕西新华出版传媒集团、陕西人民出版社 2021年版,第 689 页。
② 杨汉名等:《陕西近现代高等学校沿革》,陕西师范大学出版社 1995 年版,第 120 页。
③ 姚远:《国黉播迁:西北联大通史》中册,陕西新华出版传媒集团、陕西人民出版社 2021年版,第 689 页。

学院毕业留校的我国中西医结合骨伤科专家尚天裕;1944 年毕业,后留校任教的内科专家初允伦;1943 年考入西北医学院,1948 年毕业留校任教的细菌学专家宋方玉;1944 年保送至西北医学院,转入西北大学医学院,1950 年于西北医学院毕业,之后留校任教的我国著名皮肤病学与麻风病学专家邓云山;1946 年考入西北医学院,1950 年毕业留任附属医院,曾参加抗美援朝国际医疗队、后为外科专家的刘文善;1946 年考入西北大学医学院,1951 年自西北医学院毕业的我国病理生理学研究专家卢兴;1946 年考入西北大学医学院,1951 年于西北医学院毕业,后留校任教、为我国地方病作出重要贡献的内科专家王世臣;等等。① 他们绝大部分留在了西北地区,为新中国的医疗卫生及教育事业作出了重要贡献。

(三)国立西北医学院的课程设置与实践教学

国立西北医学院的学制,沿袭北平大学医学院的传统,为 6 年制。课程设置与实践教学

按照 6 年设计、进行,其中,前 3 年称为前期部,主要讲授基本医学课程,后三年称为后期部,主要讲授临床学科并进行实习。

西北医学院的课程设置与分年级课程名称、课时情况如下:

一年级主要讲授公共基础课,具体课程名称与课时为:三民主义,每周 2 学时;国文,每周 3 学时;数学,每周 4 学时;物理,每周 4 学时;化学,每周 6 学时;德文,每周 8 学时;英文(选),每周 4 学时;日文(选),每周 4 学时;体育,每周 4 学时。

二年级的课程设置为:解剖学,每周 8 学时;生物学,每周 8 学时;化学,每周 4 学时;生理学,每周 3 学时;德文,每周 8 学时;教育学,每周 4 学时。

三年级的课程设置为:生理学,每周 6 学时;药理学,每周 8 学时;生物

---

① 姚远:《国黉播迁:西北联大通史》中册,陕西新华出版传媒集团、陕西人民出版社 2021 年版,第 690—691 页。

化学,每周 6 学时;解剖学,每周 6 学时;德文,每周 4 学时;体育,每周 4 学时。

四年级的课程设置为:内科,每周 4 学时;外科,每周 6 学时;热带病,每周 4 学时;小儿科,每周 2 学时;实验诊所,每周 2 学时;门诊实习,每周 12 学时;体育,每周 1 学时。

五年级的课程设置为:内科,每周 6 学时;外科,每周 4 学时;妇产科,每周 4 学时;小儿科,每周 4 学时;眼科,每周 4 学时;皮肤科,每周 2 学时;门诊实习,每周 12 学时;体育,每周 2 学时。

六年级的课程设置为:实习。①

西北医学院在课程设置上,按国民政府教育部的规定,开出了全部 42 门课程,并且教学质量有很好的保证,如前所述,基本上都是专家上课。之后,1946 年到 1947 年对学院的课程做了些修订,增加了一些社会科学课程、自然科学基础课程,进一步丰富了教学内容,并增加了一些学科史课程。

由上可以看出,国立西北医学院的课程设置呈现出如下特点:一是强调医学理论基础的学习,即基本医学课程在设置中占很大比例,厚基础、强根基;二是每天的课程安排强度大、时间安排满,学生课业安排紧张有序;三是重视外语学习,前三年的课程设置上都有外语课,并且在德文以外,可选择英语或者日语;四是重视体育,一年级至五年级学校均开设体育课,说明学校对体育的高度重视与强调。

医学院的学科性质决定了,学生必须重视实习,对此学校予以高度重视,根据实际情况,分设了一些研究室。比如,有解剖学、病理学、药理学、生理学、细菌学、寄生虫学、生化学研究室等。另外,附属医院设有内科、外科、眼科、耳鼻喉科、妇产科、小儿科、皮肤花柳科等诊疗及研究室,配备了专用设备,各学科都建立了独立的实验室或研究室,供学生实习,及做医学研究工作。学校还

---

① 姚远:《国黉播迁:西北联大通史》中册,陕西新华出版传媒集团、陕西人民出版社 2021 年版,第 655 页。

重视开展社会教育。1941 年 3 月 20—22 日,学校组成公共卫生宣传队,分成 12 个分队,绘制 60 张图画,在新民乡、灵泉乡各村落宣传卫生。其内容包括天花预防、改进膳食、疥疮预防、沙眼预防、求医指导等,同时施种牛痘和散发本院附属医院施诊券 500 余张。①

此外,1940—1941 年间,医学院及其附属医院有较大的发展。1940 年秋,始建成药理学实验室,并开始实习,逐渐发展,可进行植物成分检验、矿物成分检验、化学解毒药、药物排泄、原浆毒物即驱虫剂、腐蚀及刺激物、消毒剂、吸凝与溶解亲和力、局部麻醉、平滑肌之张力试验、司徒傅氏心、蛙心之直接灌流等 23 项试验。生物化学实验室,有仪器 609 件,药品 102 种。生理实验室,可做肌肉、心脏呼吸、灌流、脏器容积量、内脏功能、血压、血循环等试验。同时,附属医院新建筑病房 22 间,医务室、检查室、调剂室、手术室等皆齐备,共有病床 80 张。平均每日住院病人 60 名左右,门诊病人 80 名左右。1941 年 2 月,西北医学院院新购的部分仪器由成都运到学校 20 余箱仪器,均分配到各实验室及其附属医院使用。② 这都极大地增强了医学院学生的实践环节与实践能力。

(四)国立西北医学院的学术研究与学术活动

学术研究是大学的重要使命之一,西北医学院对此非常重视。1942 年 7 月发布的《本院组织大纲》中明确指出:西北医学院"以造就医学专才,并研究医学高深学术及发展西北医疗卫生事业为宗旨",可见"研究医学高深学术"和"发展西北医疗卫生事业"是其两大重要任务。1942 年,即开始筹设中药研究所和地方病研究所等学术研究机构。1947 年,学校又成立医学研究所。

---

① 姚远:《国黉播迁:西北联大通史》中册,陕西新华出版传媒集团、陕西人民出版社 2021 年版,第 656 页。

② 姚远:《国黉播迁:西北联大通史》中册,陕西新华出版传媒集团、陕西人民出版社 2021 年版,第 657 页。

著作和译著方面,1941年4月,徐佐夏院长的著作《药理学》重新发行出版。该书的出版,为西北医学院的教学工作也起到了很大的帮助。1943年,学院王同观教授翻译的日本学者安井修平的著作《妇科学》出版。论文发表方面,依据1941年5月,教育部统计情况:"教员研究贡献或重要著作计(一)院长兼药理教授徐佐夏有:(1)肝内蛋白溶解酵素之提取法;(2)滤纸对于酵素之吸收作用;(3)细胞内游子平衡之研究(均载德国《生物化学杂志》发表);(4)异性同性凝集现象之研究;(5)温热对于蛙心之影响(均载德国《药理学杂志》);(6)浮萍之研究(载《北平研究院杂志》)。(二)教务长杨其昌先生之著作有:(1)神经性鼻炎对于涂布之过敏现象(载德国《耳鼻喉科杂志》);(2)嗅觉与人生;(3)肺结核与国民病(均由北平医光社出版)。(三)公共卫生教学区主任兼公共卫生教授黄万杰之著作有:北平市饮水井污染来源及其改善方策(在北平发表)"①。

学术社团方面,1941年5月,学生成立有医学进修社、各科研究会等社团;1942年,三年级学生赵敏树等发起成立药物研究会,力求做到药物自给自足;另外,还有医学学习会,每周五晚间均有专题演讲,科主任和主治医师亦出席会议,参加讨论。

此外,1940年12月1日,学校主办的《国立西北医学院院刊》月刊创刊出版,院长徐佐夏题写刊名,并撰写《发刊词》。其栏目除教育部训令、学校规章制度、院务通告、会议记录、学校新闻等外,还发表了一些学术论文。论文既有教师的成果,也刊发学生的论文。比如,1941年第6期发表了本院五年级学生李星全的论文《怎样改善患者的心理》,同年还发表了《生物化学与医学之关系》《略论蛋白质》《法定传染病》《关于公医制度的探讨》;第16—17期,发表了一年级学生杜潜的论文《抗战建国期间的卫生问题》等。

---

① 姚远:《国黉播迁:西北联大通史》中册,陕西新华出版传媒集团、陕西人民出版社2021年版,第659—660页。

另外,西北医学院尽管受到环境的限制,但是也有少量的国际学术交流。比如,1946 年,西北医学院病理学教授毛鸿志,被国民政府教育部选派赴加拿大多伦多大学医学院病理科进修学习,并对加拿大和美国的医疗状况、医学发展作了考察,1948 年回国。

五、国立西北大学的教育教学与学术活动

(一)国立西北大学的独立设置与组织构成

国立西北大学的独立设置,如前所述,似乎更符合社会舆论期盼与西北经济社会发展的需求。1939 年 9 月,按照国民政府的指令国立西北大学独立设置后,正式开学。据统计,1939 年 9 月学校正式开学时,全校教职工 216 人,学生 851 人。① 办学行政体制改西北联大时期的校务委员会制为校长负责制,行政机构设教务处、总务处、训导处三处,全校设文学院、理学院、法商学院共 12 个系。《国立西北大学组织规程》指出:"本大学定名为国立西北大学",学校"以研究高深学术、陶铸健全品格、培养专门人才为职责"。②

行政组织体系与构成方面,国立西北大学设校长 1 人,总理全校校务,校长由国民政府任命。学校设秘书 1 人,也可设 3 人,由校长聘任,办理校长交办的事务。教务处设教务长 1 人,教务处下设图书组、出版组、注册组,三组各设主任 1 名,图书组于 1940 年 12 月改为图书馆。训导处设训导长 1 人,下设生活指导组、军事管理组、校医室、体育卫生组等,各设主任 1 人。总务处设总务长 1 人,下设庶务组、出纳组、会计室、文书组四组,各设主任 1 人。

院系组成为:文学院下设中国文学系、历史系、外国语文学系;理学院下设数学系、物理系、化学系、生物学系、地质地理系;法商学院下设法律系、政

---

① 西北大学校史编纂委员会编,李永森等主编:《西北大学史稿(1902—1949)(修订版)》上卷,西北大学出版社 2002 年版,第 270 页。

② 《本大学组织规程》,《国立西北大学概况》,西北大学图书馆藏图书,1947 年 2 月印,第 16 页。

治系、经济系、商学系。各院系还设有先修班。此外,学校还设有各种委员会,比如,建筑设备委员会、社教推行委员会、体育委员会、出版委员会、仪器委员会、战区学生贷金审查委员会等。1939 年 12 月 29 日,国立西北大学校务委员会制定通过了《国立西北大学组织大纲》,①其组织体系具体情况如下图所示:

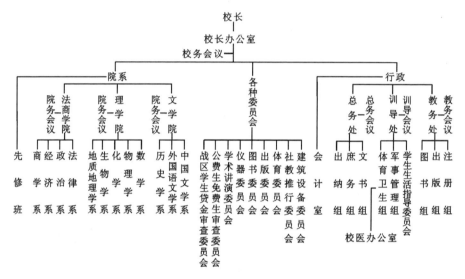

"国立西北大学"组织系统图②

国立西北大学上述组织机构与院系设置,在城固时期没有大的变化,只是在 1944 年以后,训导处的下设机构稍有变化,将原下设军事管理组、生活指导组、体育卫生组、校医室,改为课外活动组、生活管理组和体育卫生组三个组。另外,1944 年 9 月,学校在文学院增设边政学系,并在该学期开始招生。③ 首任系主任为王文萱教授,教授还有王子云,副教授有郑安伦、杨兆钧等先生。

① 西北大学校史编纂委员会编,李永森等主编:《西北大学史稿(1902—1949)(修订版)》上卷,西北大学出版社 2002 年版,第 271 页。

② 西北大学校史编纂委员会编,李永森等主编:《西北大学史稿(1902—1949)(修订版)》上卷,西北大学出版社 2002 年版,第 272 页。

③ 梁严冰:《西北联大与边政学研究》,《西北大学学报(哲学社会科学版)》2016 年第 2 期。

在陕南城固时期,西北大学边政系共招收两届学生,共 34 人。① 边政系成立时设藏文组和维文组,1947 年夏增设蒙文组,"以造就畅晓蒙、维、藏各族文字的专门人才"②。同年,经国民政府教育部批准改属国立西北大学法商学院。③ 之后,委任黄文弼教授为系主任,教授有马宏道等,副教授有谢再善、宫碧澄、杨兆钧等先生,讲师有阎锐、杨福龄等。④

国立西北大学在城固时期先后有 4 任校长,分别是胡庶华、陈石珍、赖琎和刘季洪。胡庶华的任职时间为 1939 年 8 月至 1940 年 8 月;陈石珍的任职时间为 1940 年 10 月至 1942 年 4 月;赖琎的任职时间为 1942 年 5 月至 1944 年 2 月;刘季洪的任职时间为 1944 年 7 月至 1946 年 5 月。各学院的院长均为知名专家学者,如文学院院长先后由刘拓教授、马师儒教授、萧一山教授担任;理学院院长先后由刘拓教授、赵进义教授担任;法商学院院长先后由刘鸿渐教授、赖琎校长及曹国卿教授担任。

(二)国立西北大学的教师与学生

国立西北大学师生尊崇"公诚勤朴"的校训,按照《国立西北大学组织规程》之"研究高深学术""陶铸健全品格""培养专门人才"的要求,全校师生勠力同心,以"恢复(我国)固有文化""注重考古工作""奠定全中国文化之基础,并作为全中国文化之重心"为己任。⑤ 积极进行开发西北,建设西北的开拓性工作,汇集了一大批优秀学子。

据统计,国立西北大学在城固时期全校教职工总数,一般固定维持在 230

---

① 西北大学校史委员会编,李永森等主编:《西北大学史稿(1902—1949)(修订版)》上卷,西北大学出版社 2002 年版,第 297 页。

② 西北大学校史委员会编,李永森等主编:《西北大学史稿(1902—1949)(修订版)》上卷,西北大学出版社 2002 年版,第 389 页。

③ 《边政学系奉准改隶法商学院》,《国立西北大学校刊》第 32 期,1947 年 12 月 15 日。

④ 《国立西北大学概况》,西北大学图书馆馆藏图书,1947 年 2 月印,第 48—49 页。

⑤ 刘志聪:《西北最高学府的风光》,《西北学报》1941 年第 1 期。

人左右。1945年底,全校教师总计146人,其中,教授67人、副教授25人、讲师24人、助教30人;职员总计87人,其中校长办公室1人、教务处30人、训导处26人、总务处30人;全校教职员工总计233人。① 另据1947年6月的统计,西北大学共有教职员工231人,职员154人。17个系科共有专、兼职教授101人,副教授43人,讲师48人,助教39人。②

国立西北大学的教职员实行聘任制度,全校教职员来自全国各地,也有随原京津地区三校迁校来陕后,历经西安临时大学、西北联合大学和西北大学的一批教师。西北大学独立设置后,西北师范学院虽然也独立设置,但在1944年底以前,与西北师范学院的教室、图书馆,宿舍等都与西北大学合用,长时期两校相关系科及其课程是合班讲授,因此,不少教师是同时接受西北大学和西北师范学院的聘书,有的教师还同时是两个系的教授。1940年8月,教育部公布《大学及独立学院教员资格审查暂行规程》,以"学术审查"的名义,对教师进行思想、组织上的审查和控制,规定各校教师均须"呈部审核",并发"合格证书"后,方可由各校聘任。西北大学按照国民政府教育部的指令与要求,凡每学年开始两个月内,都造具教员名册,呈报国民政府教育部审核备案。西北大学教师的聘任期限,按照相关规定,第一次和第二次聘任,聘期均为1年;以后若继续聘任,每次续聘期限为2年。③

据统计,1940年,国立西北大学共同科目教授有马师儒、郝耀东、胡国钰、汪奠基、曹配言、鲁世英、唐得源,后又增加王子云(兼任学校西北文物研究室主任——笔者)、孙道升。体育为全校学生必修课,学校非常重视,故而教师人数也比较多。副教授有王耀东(同时兼任体育卫生组主任——笔者),讲师

---

① 西北大学校史编纂委员会编,李永森等主编:《西北大学史稿(1902—1949)(修订版)》上卷,西北大学出版社2002年版,第308页。
② 姚远:《国黉播迁:西北联大通史》中册,陕西新华出版传媒集团、陕西人民出版社2021年版,第487—488页。
③ 西北大学校史编纂委员会编,李永森等主编:《西北大学史稿(1902—1949)(修订版)》上卷,西北大学出版社2002年版,第311页。

有李鹤鼎、宋秉林、郭鸣鹤、贾晰光、杨宏论(音乐)、张光涛、刘月林、罗爱华、王伟烈,后来又增加王树棠、李呈瑞、齐锦春、杜运奎、刘振华、单演义等。1947年,全校共同科目教授有王子云、张兆荣、曹配言、孙道升等,副教授有刘月林、张润之、李呈瑞、刘振华、王树棠、齐锦春等。①

城固时期,西北大学各学院的教师情况如下:

文学院在城固时期的教师总数,一般为40—50人,该院各系教授包括副教授人数一般在10人左右。中国文学系,1940年时,系主任为黎锦熙教授,教授有谭戒甫、罗根泽,之后又增加了杨慧修、易忠箓、刘朴、段凌晨、高亨、戴君仁、张纯一、徐朗秋、卢怀琦、张西堂、高明、朱人瑞等14人。该年,该系讲师有卢宗漶、卢怀琦、唐祖培、吴世昌、张焘、薛祥绥、谭文伯、曹鳌、何士骥(兼历史系讲师——笔者)等,全系学生人数60人左右。② 外国语文学系,1940年时,教授有张舜琴、杨间钟、包志立、钟作猷,后增徐褐夫、吴志毅、于赓虞、田恩霈、孙珍田、孔柏德华、霍自庭、姜寿春、王衍臻、刘杰、金家桢、钮心淑、孔保罗、郝圣符等18人,人数最多。该年副教授有刘佛年、盛澄华、孙晋三、金保赤,讲师有贾蕴玉、刘北茂,助教有张万里、何梅志等。全系学生100人左右,为文学院人数最多的系。历史学系,1940年时,陆懋德教授兼任系主任,教授有黄文弼、周传儒、杜光埙、蓝文征、刘朴、蒋百幻,后又增加萧一山、王子云、邹邦梁、许兴凯、张云波、辜勉、蓝文征、卿汝楫、易忠箓、涂序瑄、林冠一、陈述、杨宙康等。1940年时,历史系讲师有何士骥、周国亭、何竹淇等。城固时期全系学生70人左右。边政学系,在城固时期,王文萱教授兼任系主任。教授有王子云,副教授有杨兆钧、郑安伦等。共计招生两届,一、二年级总计学生34人。1947年,黄文弼教授兼任系主任,教授有马宏道,副教授有谢再善、杨兆钧、宫碧澄,

① 姚远:《国黉播迁:西北联大通史》中册,陕西新华出版传媒集团、陕西人民出版社2021年版,第488页。
② 西北大学校史编纂委员会编,李永森等主编:《西北大学史稿(1902—1949)(修订版)》上卷,西北大学出版社2002年版,第295页。

讲师有杨福龄、阎锐,助教有朱懿绳。教育学系,在城固时期,高文源教授兼任系主任,教授有包志立。1947年,教授有马师儒、郝耀东、包志立、鲁世英等,副教授有徐郎秋,助教有张传梓。学生只有一年级,共29人。①

理学院在城固时期的教师总数,最多时达到54人,最少38人;全院学生300人左右。② 数学系在城固时期,赵进义教授、刘亦珩教授先后任系主任,教授有傅种孙、张德馨、杨永芳、刘书琴、段子美等,副教授有魏庚人、赵桢等。1947年,教授有赵进义(兼理学院院长——笔者)、傅种孙、杨永芳、刘书琴,副教授有魏庚人、赵桢,讲师有张以信、王协邦、李宝光,助教有吴乃久、赵根榕、张玉田等。物理学系在城固时期,张贻惠教授、岳劼恒教授先后担任系主任,教授有杨立奎、蔡钟瀛、谭文炳、吴锐、王普、王象复、龙际云、张佩瑚等。讲师有刘竹筠,助教有吕秉义、王杰。全系学生50—60人左右。化学系在城固时期,刘拓教授和张贻侗教授先后任系主任,教授有赵学海、朱有宣、唐尧衢、徐日新、王毓琦、赵永昌、李家光、苏弗第等,副教授有曹居久等。1947年,该系教授有徐日新、于滋潭、郭一,副教授有刘致和、曹居久,讲师有余虹,助教有冯师颜、张庆余、陈运生、李铸、李轼等。生物学系在城固时期,雍克昌教授和刘汝强教授先后担任系主任,教授有吴仲贤、汪堃仁、徐凤早、郑勉、董爽秋、许庆祥、嵇联晋,副教授有李中宪、陈惠芳、王振中、王伟烈等。1940年时讲师有李中宪,助教有刘杏影。1947年,该系教授有常麟定、郑勉,副教授有王振中、李中宪、张炎,讲师有吴养曾,助教有陆秀芳。全系学生约30人。地质地理学系在城固时期,黄国璋教授、殷祖英教授先后担任系主任,教授有张伯声、谌亚达、郁士元、董绍良、杨曾威、王华隆等,副教授有何作霖、李善棠、王庆昌、李式金、王均衡等。全系学生60—70人。1947年,西北大学复员西安时,该系分

---

① 西北大学校史编纂委员会编,李永森等主编:《西北大学史稿(1902—1949)(修订版)》上卷,西北大学出版社2002年版,第300—302页。

② 西北大学校史编纂委员会编,李永森等主编:《西北大学史稿(1902—1949)(修订版)》上卷,西北大学出版社2002年版,第298页。

为地质、地理两系。地质系由王恭睦教授兼任系主任,教授有张伯声、蔡承沄、郁士元,讲师有黄泽机、袁耀亭。地理系由郑资约教授任系主任,教授有梁祖荫、沈汝生、王心正,副教授有张英骏、刘天民,讲师有萧廷奎、刘钟瑜、韩宪纲,兼任讲师荣若绅,助教有王铭。[①]

法商学院的前身是北平大学法商学院,该院历史悠久,师资力量雄厚。城固时期,全院教师人数在 35 人左右。其中教授人数 1941 年 25 人,1943 年 21 人,1945 年 20 人。全院学生城固时期在 500—600 人,1944 年 577 人,1945 年 561 人。[②] 据统计,1940 年时,教授有隆炳熊、何宇铨、李宜琛、王璇,以后陆续又增加李向渠、严可为、薛铨曾、李镜湖、吴清葵、贾万一、赵翰九、孙春海、胡毓杰、杜元载、薛庆衡、党松年等;副教授有刘毓文、罗青镠,讲师有杨俊山、贾万一,助教有梁念曾。政治学系在城固时期,先后由杨伯森教授、张育元教授、王治焘教授、杜元载教授等任系主任,教授有汪奠基、杜光埙、许兴凯、张宗元、杨兆龙、卿汝楫、程克敬、原政庭、萧洛轩、吴志毅、尹禄光、张育元、凌乃锐、杨振先、王守礼、宓贤璋、赵石萍、王仙舟等。1947 年,西北大学复员西安,系主任由杜元载教授,教授有许兴凯、萧洛轩、宓贤璋、林维渊、曾繁康、杨炳炎等,副教授有贾占豪、赵和民,助教有周乃昌。经济学系在城固时期系主任先后由尹文敬教授、曹国卿教授担任,教授有季陶达、罗仲言、沈筱宋、林穆光、孙茂柏、张师亮、叶瑛桐、王文光、张延凤、孙珍田、许炳汉、刘君煌、武蔓佐等。1947 年,复员西安时期,罗仲言教授任系主任,教授有吴澄华、孟广镕、武梦佐、陈澄之、张研田等,副教授杨珍,讲师有赵玉珉、张芳笠,助教有王懿修、刘淑端、庞荫华等。商学系在城固时期系主任先后由沈筱宋教授、李安教授、孙宗钰教授担任,教授和副教授有赵树勋、徐褐夫、林穆光、胡道远、于鸣冬、刘溥仁、刘君

---

① 西北大学校史编纂委员会编,李永森等主编:《西北大学史稿(1902—1949)(修订版)》上卷,西北大学出版社 2002 年版,第 311 页。

② 西北大学校史编纂委员会编,李永森等主编:《西北大学史稿(1902—1949)(修订版)》上卷,西北大学出版社 2002 年版,第 304 页。

煌、盛礼约、杨宗培、郭文鹤、安藩之、邵尚文等。1947 年，西安复员时期，系主任由孙宗钰教授担任，教授有刘纪之、王含英、刘景向，兼任教授吴林柏，副教授廖着骏，兼任讲师范宝信，助教有梁月君、陈贵印。①

　　西北大学的教师们如前所述尽管所处的环境恶劣、条件艰苦，但他们治学严谨，教学工作认真负责，当年的同学们多年后回忆起来仍然难以忘怀。如，历史系主任陆懋德教授："老先生讲起课来，轻松幽默"，"他的课程，从无人缺席或偷懒"。许兴凯教授讲日本史，"真是妙趣横生，令人绝倒！"同学们听课"包你提神醒脑，睡意全消"。历史系的黄文弼教授，一年四季"一身中山装，不知穿了多少年"，但一上课"从来不说闲话，令人由衷敬佩。"②法商学院教授季陶达"上课甚少带讲义课本，像是一架活动留声机"。商学系孙宗钰教授，讲授会计学，遇到学生听不懂的地方，在黑板上将所讲内容写出来，直到学生弄明白为止。③ 药理学徐佐夏教授"博学善教，讲词平实纯美，令人有亲切之感"④。地质地理系殷祖英教授，书香门第，课堂上讲起课来"诲人不倦，使人有如坐春风之感"，学生们听过他讲课的人，感觉就像是一种享受，毕业后多年同学们想起来当时的情景，依然"永矢难忘，萦绕于怀"⑤。由上可以看出，西北大学教师们讲课尽管风格各异，方式有别，但他们对教育事业的执着与敬业精神，足以令人敬仰！⑥

　　西北大学的学生人数，在城固时期在校生一般在 1100 人左右。据统计，

　　① 姚远：《国黉播迁：西北联大通史》中册，陕西新华出版传媒集团、陕西人民出版社 2021 年版，第 499—502 页。
　　② 向玉梅：《怀城固，念西大，怀师长》，载《国立西北大学建校三十周年纪念刊》，台北"国立"西北大学校友会，1969 年，第 49—50 页。
　　③ 张鸿春：《忆城固师友》，载《国立西北大学建校三十周年纪念刊》，台北"国立"西北大学校友会，1969 年，第 60—61 页。
　　④ 史志超：《医学院琐忆》，载《国立西北大学建校三十周年纪念刊》，台北"国立"西北大学校友会，1969 年，第 21 页。
　　⑤ 于书绅：《怀念恩师殷伯西先生》，载《国立西北大学建校三十周年纪念刊》，台北"国立"西北大学校友会，1969 年，第 65 页。
　　⑥ 梁严冰：《西北联大学人群体研究》，《历史教学问题》2014 年第 4 期。

1939 年至 1943 年五届毕业学生共计 1149 人,从学生籍贯来看,河南最多,计 216 人,河北 150 人,山西 127 人,陕西 110 人,其他省市 546 人。又据 1945 年底统计,国立西北大学在校学生总计 1120 人。其中河南 289 人,陕西 217 人,这两个省的人数最多;其他各省市依次为:河北 192 人,山东 85 人,江苏 47 人,甘肃 39 人,安徽 36 人,湖北 12 人,浙江 11 人,北平市 10 人,湖南 7 人,青海 7 人,四川 5 人,绥远 5 人,江西 5 人,广东 5 人,吉林 4 人,上海 4 人,福建 3 人,察哈尔 3 人,南京 2 人,天津 2 人,热河 1 人。[1] 之后两年,学生人数不断增加,截至 1947 年 6 月,学生总数共 1598 人,包括先修班学生 62 名。其中文学院学生 351 人,理学院学生 278 人,法商学院学生 614 人,医学院学生 293 人。[2]

西北大学的学生中,除极少数官僚富商子弟外,大多数都是出身于中产阶级,也有极少数家境贫穷的学生。由于战事的影响,绝大部分学生家庭经济断绝来源,因此,大多数学生经济极为困难。对此,按照国民政府教育部的要求,1943 年以前实行贷金制,1943 年起,改为公费制。抗战的特殊情况下,物价飞涨,贷金和学生补助很难及时足额发放,学生的生活也非常困难。但是,这并没有影响学生学习的积极性,并且在毕业后的工作中积极投身自己所学领域。据统计,西北大学在城固时期的 1939 年至 1946 年,共毕业学生 7 届,总计全校毕业生 1632 人,其中男生 1429 人,女生 203 人。毕业生中文学院 369 人,理学院 382 人,法商学院 891 人。这些毕业生诸多留在了西北的教育部门、行政部门和经济部门工作,将青春与热血奉献在各自热爱的领域。据 1947 年 7 月的调查统计,7 届毕业生在经济部门工作者 493 人,占毕业生总数的 30.2%,教育部门 432 人,占毕业生总数的 26.4%,行政部门工作者 285 人,占

① 西北大学校史编纂委员会编,李永森等主编:《西北大学史稿(1902—1949)(修订版)》上卷,西北大学出版社 2002 年版,第 311 页。
② 姚远:《国黉播迁:西北联大通史》中册,陕西新华出版传媒集团、陕西人民出版社 2021 年版,第 487—488 页。

毕业生总数的 17.4%。其他领域,如工程领域 152 人,军事领域 130 人,党务部门 121 人,其他部门 19 人。①

（三）国立西北大学的课程设置与特点

国立西北大学独立设置后,尽管处在战争环境当中,生活、教学条件艰难困苦而简陋,但相比较而言也还算稳定,教学活动逐渐走向正规。西北大学在课程设置与教学过程中,实行学分制,必须修够所规定的学分,并始终秉持"通才"与"专才"并重的方针,注重通识人才的培养。各院系在教学过程中,呈现出如下特点:

一是在教学和课程设置上重视国文、历史和外国语等基础学科的学习和训练。重视学生对中华优秀传统文化的继承、历史知识的学习和语文知识的掌握。比如,国文是各系一二年级的共同必修科目,内容分讲读、课外阅文、精读指导等,规定二至三周作文一次,每次作业,教师必须批改,并加评语。文理科必须开设历史课程,英语也是各系一年级学生的必修科,考试相当严格,西北大学的学生也比较重视外语的学习,这也说明学校对学生对外交流高度重视。

二是十分重视基础学科的教学。按照国民政府教育部大学文、法学院共同必修科目,学生在学习的过程中,必须修够 52—56 学分。除国文、外语、伦理学、历史、哲学、科学概论（以上两门任选一种）为文法学科必修科目外,还必须选学六门自然科学中的一门,并在政治学、经济学、社会学三科中任选两种作为共同必修科目。理科学生除必修国文、外语、中国通史、高等数学、微积分外,还要选学政治学、经济学、社会学三门课中的一门,并在物理、化学、生物、地质四个科目中选学两门。共同必修课必须完成 46—54 学分。这些课程的设置,目的是培养学生要有较为广博的基础知识,不仅使文、法学科的学生

---

① 《国立西北大学校刊》复刊第 31 期,见西北大学校史编纂委员会编,李永森等主编:《西北大学史稿(1902—1949)(修订版)》上卷,西北大学出版社 2002 年版,第 315 页。

具有一定的自然科学知识,而且使理科学生也具有一定人文社会科学的基础知识和文字表达能力。

三是注意实习和应用环节的教学。无论文、理、法、商学生,三、四学年阶段都因根据学科特点和教学要求,开展相关的教学实习和考察。①

具体的课程设置各院系既有共同必修科目又有选修科目,以文学院为例,除三民主义、体育、军训为当然必修科目外,全院共同必修科目为:(1)国文、外国文、伦理学、中国通史、西洋通史、哲学概论、科学概论(后2门课程任选1门)。共计36个学分。(2)数学、物理、化学、生理学、生物学、地质学(以上6门课程任选1门)。共6—8个学分。(3)政治学、经济学、社会学(以上3门课程任选2门)。共12个学分。全院共同必修科目,总计54—56学分。此外,各系还开设专业必修课和选修课两种。

文学院各系课程设置情况如下:

中国文学系专业必修科目和选修科目有:读书指导、训诂学、中国文学史、文字学、声韵学、专书选读、文选(及习作)、词选(及习作)、曲选(及习作)、诗选(及习作)、小说戏剧选、外国文学及世界文学史、毕业论文等。选修科目有文学专书选读、唐诗研究、中国文学批评等。

外国语文系分英文组和俄文组。其中英文组开设的必修课有:英文散文选读及习作、英国文学史、英诗选读、英语语音学、欧美文学名著选读、小说选读、戏剧选读、文学批评、翻译、毕业论文等;选修课有:应用英文、英文教学法、现代英美文学等。

俄文组开设的必修课程有:基本俄文、俄文文法、俄文散文选读及作文、俄文会话、俄文短篇文背诵、俄国小说、俄国文学史、俄国文学名家全集选读、分期俄国文学研究、欧洲名著选读、俄文翻译、毕业论文等;选修课有:第二外国语、法国文学、应用俄文、维吾尔文等。

---

① 西北大学校史编纂委员会编,李永森等主编:《西北大学史稿(1902—1949)(修订版)》上卷,西北大学出版社2002年版,第289—290页。

历史系开设必修课有:中国近世史、中国断代史、西洋近世史、西洋国别史、亚洲诸国史、专门史、中国沿革地理、中国史学史、西洋史学史、史学方法、史学通论(后四门选学两门)、毕业论文等;选修课有:史前史、中国史部目录学、史籍名著、西北边疆史、中国美术史等。

边政学系下设维文组和藏文组。开设的必修课有:政治学、经济学、社会科学概论、社会学、心理学、法学概论(以上七门任选两门)、科学概论、普通数学、普通物理学、普通化学、普通生物学、地学通论、普通地理学、普通地质学(以上八门任选一门)、边政学概论、中国边疆历史、边疆语文、中国边疆地理、(蒙、藏、回任选一种)、人类学、语言学、考古学、民族学、边疆社会调查、边疆实习研究、毕业论文等必修的社会科学、自然科学和专业课程。①

再以理学院为例,和文学院一样,全院除三民主义、体育、军训为当然必修科目外,全院共同必修科目为:(1)国文、外国文、中国通史、高等算学、微积分(后2门课程任选1门)。共计24—28个学分。(2)物理、化学、地质学、生物学(以上4门课程任选2门)。共16—20个学分。(3)社会学、政治学、经济学(以上3门课程任选1门)。共6个学分。全院共同必修科目,总计46—54学分。由上可以看出,西北大学对理科生的国文、历史等文科知识有明确的学习要求。另外,各系还开设专业必修课和选修课两种。

数学系开设的必修课有:微分方程、方程式论、近世代数学、复变数函数论、群论、数理统计等近20门课程。

物理学系开设有普通物理学、理论力学、物理实验、热力学、光学、无线电实验、物性及声学、电磁学、光学实验等近20门必修课,另外还有大量选修课。

化学系开设的必修课有:普通化学实验、理论化学实验、定性分析化学、化学教学法、有机分析化学、毒气化学、工学化学、工业分析化学、专题研究及毕业论文等;选修课有:高等无机化学、热力学、有机分析化学实验、原子构造等。

---

① 西北大学校史编纂委员会编,李永森等主编:《西北大学史稿(1902—1949)(修订版)》上卷,西北大学出版社2002年版,第295—297页。

生物系开设的专业必修课设有：生物学、组织学、植物生理学、动物生理学、种子植物分类学、无脊椎动物学、脊椎动物比较解剖学、无脊椎动物学实验、脊椎动物比较解剖学实验、脊椎动物胚胎学实验、脊椎动物胚胎学、植物解剖学实验、植物解剖学、植物形态学实验、植物形态学、生物教学法及毕业论文等；选修科目有细菌学等。

地质地理系开设的必修课有：地理学、地理通论、矿物学、地质学实习、测量学、测量实习、地形学、气象学、非洲地志、澳洲地理、北美地理、政治地理学原理、中国区域地理、地理教授法与教材研究、毕业论文等；选修课有西北地理等。[1]

国立西北大学除对学生选课有严格要求外，对教师授课也有非常明确的规定。关于教师授课时数的要求，根据 1939 年底《西北大学教员服务暂行规程》：教授、副教授，每周上课 10—12 小时，不足 10 小时，在 7 小时以上者，按照讲师扣薪；教授兼系主任者，每周上课 8—9 小时，教授兼院长、教务长、训导长、总务长、秘书或组主任等职务者，每周上课 6—7 小时；专任讲师每周授课时数为 8—12 小时。[2] 由此可以看出，西北大学教师上课的任务相对还是比较重的。

（四）国立西北大学的学术研究与学术活动

国立西北大学在城固时期的学术研究，尽管受到图书资料、实验条件等的限制，但仍然取得了显著成绩，尤其是文科方面尤为突出，其中又以文学、历史学、经济学、边政学等最为活跃。

如 1941 年 9 月 1 日创刊的《西北学报》，在创刊号上较为全面地介绍了当

---

① 西北大学校史编纂委员会编，李永森等主编：《西北大学史稿（1902—1949）（修订版）》上卷，西北大学出版社 2002 年版，第 300—303 页。

② 西北大学校史编纂委员会编，李永森等主编：《西北大学史稿（1902—1949）（修订版）》上卷，西北大学出版社 2002 年版，第 308 页。

时西北大学学人的学术论著与成果。据编者统计,截至当时有:刘鸿渐教授的著作《中华民国民法论》,约 100 万字,著作分为 4 部;刘毓文教授的著作《民事诉讼法》,10 余万字,撰写中的著作还有《强制执行法》《土地法》《法院组织法》《破产法》;李宜琛教授的著作《民法总则》,约 24 万字,《民法概要》约 20 万字,出版中的著作还有《亲属法与继承法大意》;于鸣冬教授的著作《日文文法》,20 余万字,翻译中的有佐藤宽次所著的《信用合作社》,该译著约 100 万字;徐褐夫教授的著作《航空字典》,约 4 万字,另一部专著《东方的战祸》,10 余万字;曹国卿教授的著作《中国财政问题与立法》,约 10 余万字;孙宗钰教授的《统计学》,约 80 万字,分 2 部;许兴凯教授的著作《中国政府》,30 余万字,另一部著作《中国地方政府》,80 余万字;贾晰光教授的著作《三民主义教程》,20 余万字,共分 5 编,撰写中的著作有《中国外交史》等。《西北学报》创刊号还发表了西北大学一些教授的学术论文,比如,历史学系教授许兴凯的《陕西建省沿革史》,地质地理系教授殷祖英的《由地理上认识西北》,历史学系教授兼系主任黄文弼的《吐鲁番古代之文化与宗教》,以及王季平教授的《建设西北应理解之两问题》等。[①] 此外,1943 年 11 月,《西北学术》第 1 期发表了历史系教授陆懋德的《汉中区的史前文化》,第 2 期发表了张振泽的《两汉选举制度》,第 4 期发表了陆懋德教授的《汉中古迹杂咏》及历史系黄文弼教授的《吐鲁番之历史与文化》;1943 年 6 月,《西北学报》复刊,续为第二卷第 1、2 期合刊,发表了历史系教授何士骥的《研究中国之古外国语文与研究西北》,以及该系杨向奎教授的《夏商两代与西北》等。[②] 1946 年,历史系西北文物研究室举办了一系列西北文物、文化展览,如西北历代金石拓片展、敦煌艺术展、汉唐陵墓艺术展等。1947 年 8 月,该室还将特殊拓片分成 7 类 87

---

① 西北大学校史编纂委员会编,李永森等主编:《西北大学史稿(1902—1949)(修订版)》上卷,西北大学出版社 2002 年版,第 290 页。
② 梁严冰《西北联大与西北历史研究》,《西北大学学报(哲学社会科学版)》2014 年第 4 期。

种,送国民政府教育部展出。诸如,商代青铜器拓片、秦汉瓦当拓片、西北名碑拓片、古代彩陶摹绘、唐墓壁线刻画等等。该年 11 月,又将其中一部分遴选送往联合国教育科学文化会在墨西哥举行的教育科学文化展览。① 西北文物研究室还整理编辑了一批文物资料和专集,主要有《中国装饰图案》《西北史迹文物踏查纪实》《敦煌艺术》《关中碑石考》《汉唐陵墓图考》。这些图书资料史料翔实,图文并茂。例如,《汉唐陵墓图考》之第一编《汉代陵墓图考》中,即附图片 200 余幅。《关中金石》中之《秦汉瓦当文字图录》编,就收入历史与艺术价值的瓦当 120 余种。②

西北大学在城固时期,经济史研究方面最突出的成就,是 1945 年 1 月罗仲言教授的新著《中国国民经济史》,该书由商务印书馆出版,分为上、下两册,此书考证详博,取材丰富,堪称我国经济史中的重要著作,曾获国民政府教育部学术审议会奖金,被当时国民政府教育部指定为大学丛书之一种。诸多名家如史学家钱穆、顾颉刚,人口经济学家马寅初及商章孙等著名专家学者,对这一著作均给予了很高的评价。1943 年 7 月,罗仲言教授在《西北月刊》创刊号上还发表了《五千年来中国经济史观》等文章。复员西安后,1947 年 1 月17 日,该系开始编印《经济新潮周刊》,每周 1 期,每期约 8000 字,一学期共出刊 32 期,刊登论文 140 余篇,该年暑假后改为季刊。1947 年 2 月,该系开始筹建西北大学经济研究所,并就经济史、经济哲学、经济政策、经济理论等展开研究。1947 年 11 月,该所与陇海铁路局商定合组西北经济考察团,对西北经济社会展开深入调查。③

边政学研究方面,1947 年,杨兆钧副教授主编的《维汉字典》出版;

---

① 姚远:《国黉播迁:西北联大通史》中册,陕西新华出版传媒集团、陕西人民出版社 2021年版,第 543 页。

② 姚远:《国黉播迁:西北联大通史》中册,陕西新华出版传媒集团、陕西人民出版社 2021年版,第 543 页。

③ 西北大学校史编纂委员会编,李永森等主编:《西北大学史稿(1902—1949)(修订版)》上卷,西北大学出版社 2002 年版,第 388 页。

1948 年,谢再善教授开始编纂《蒙汉辞典》。此外,1947 年 6 月,边政学系师生赴甘肃青海一带考察,历时三月有余,收集到大量原始资料,及古迹名胜照片 100 多帧。1948 年暑假,该系四年级学生 21 人,由谢再善等教授率领,赴新疆一带见习,历时 4 个多月,行程 20000 里。调查汉、维、蒙、哈各族经济社会生活,测绘旅行沿线地图,采访沿途民族故事等。还实地考察了焉耆唐代古城遗址、库车千佛洞、敦煌莫高窟等名胜古迹 10 处,并在迪化、喀什还举行了各族青年文化座谈会,对沟通内地与边疆的文化产生了积极影响。①

中文系在关学研究、西北方言研究、搜集整理西北民歌等方面,研究取得了重要进展。自 1947 年开始该系组织部分教授,着手将历代关学主要代表人物的遗著汇集成书,并收集整理西北民歌,考察研究西北方言及民情民俗等。张西堂教授著有《尚书引论》《春秋六论》《诸子论丛》《尚书引论》《王船山学谱》《颜习斋学谱》等专著 18 种,其中《颜习斋学谱》一书荣获国民政府教育部 1946—1947 年度学术奖励哲学类二等奖;高元白先生的著作《我国文字形体的源流》、傅庚生先生的著作《中国文学批评通论》《中国文学欣赏举隅》等,都在学术界有较大影响。②

地理系注重陕西及学校所在地区区域地理的研究。迁校西安后,又着重进行关中地区地理考察研究。如 1948 年春,由韩宪纲、刘锺瑜率三年级学生、聂树人率二年级学生分别对华山地区、临潼地区进行实地考察。考察了渭北河谷冲积地及营土台地的农业分布与发展情形,其与自然环境的关系,容易发生水灾旱灾的原因,交通概况及人民聚落的位置、形式;华山附近植物垂直分布形态及梯田修筑;临潼地区的农牧、工商、林矿诸方面及其人

---

① 梁严冰:《西北联大与边政学研究》,《西北大学学报(哲学社会科学版)》2016 年第 2 期。

② 姚远:《国黉播迁:西北联大通史》中册,陕西新华出版传媒集团、陕西人民出版社 2021 年版,第 542—543 页。

地之互相关系等；在骊山山麓考察了湖坝冲积地、山地侵蚀切割、溪流联合冲积扇等，还开展秦岭与骊山脉络的关系，渭水浸蚀的河曲带、循环台地、土地堆积等探究。为这些地区的农业、牧业、林业及经济建设发展提供理论基础。1948 年 10 月，全系恢复开设专题讨论会，每周举行一次，由一位教授主讲，参加师生共同讨论。师生们称赞这一方法对树立良好学风很有推动作用。[1]

西北大学在当时还创办了一些学术刊物，当时全校性的学术刊物有《西北学术》《西北月刊》《西大校刊》《西大学生》等。《西北学术》在其创刊号上指出，创办的目的是"恢复历史的光荣，创建新兴的文化"，该刊"专以研究学术，融合东西文化，发展民族精神为主旨"。《西北学术》从 1943 年 11 月创刊，到 1944 年 2 月停刊，共发行 4 期，发表论文 41 篇，由西北大学出版组出版，全国各大书局销售。发表的论文有：张纯一《老子通释》，高亨《周易古今今注》上、下册，罗仲言《磁针与火药考》，曹国卿《评我国现行所得税制》，黄文弼《吐鲁番之历史与文化》，张贻侗《偶极矩与分子构造》，岳劼恒《酒石酸甲脂之旋光研究》，赵进义《非完整质点系与阿伯尔氏方程式》，傅种孙《释数学》，杨永芳《近代若干种点集合之发见》等。除此之外，1943 年 7 月，《西北月刊》在城固创刊。其中，发表有严可为教授的《论立法与法治》，董绍良教授的《漫谈国防与地理》，罗仲言教授的《五千年来中国经济史观》，李式金教授的《西陲喇嘛教盛行之原因》，于庚虞教授的《孔子的诗文观》等学术论文。其编辑后记指出："为本刊撰稿的各位先生，他们多半是国内的名家，现皆为西北大学的教授，他们为本刊撰稿不取分文稿费，是纯为了帮忙这个'文化拓荒者'来完成使命。"[2]《西大校刊》也发表一些学术文章，并大力提倡学术研究的风

---

① 西北大学校史编纂委员会编，李永森等主编：《西北大学史稿（1902—1949）（修订版）》上卷，西北大学出版社 2002 年版，第 387 页。

② 西北大学校史编纂委员会编，李永森等主编：《西北大学史稿（1902—1949）（修订版）》上卷，西北大学出版社 2002 年版，第 292 页。

气。为了提倡学术研究、鼓励学生写作,1945 年,刘季洪任校长时创办了《西大学生》(月刊)。此刊由 1945 年 10 月至 1946 年 6 月止,共出 7 期,发表了不少学生的习作。① 之外,萧一山、王文萱、董绍良教授负责的《史地》《边疆文化》《经世》《科学》等四种副刊,每半月出一期,刊载文章多为本校教授撰写。城固时期西北大学主办的学术期刊,具体情况见表 3-5。

表 3-5:城固时期国立西北大学主办的期刊②

刊名	创刊时间	停刊时间	主办单位	地点	刊期	备注
西大理学院第一班预科毕业纪念特刊	1939 年 7 月		国立西北大学医学院	城固	纪念刊	存四川图书馆
师大 37 周年纪念特刊	1939 年		西北联大、北师大校友编印刊行		纪念刊	仅出 1 册
精诚半月刊	1939 年 1 月	1939 年 8 月	西北联大精诚半月刊		半月刊	时事政治刊物总 1 至 12 期
西大学报	1939 年 3 月		西大出版委员会		月刊	仅见 9 期
三民主义青年团中央直属西北大学分团部周年纪念特刊	1940 年		国立西北大学分团部	城固	纪念刊	
师大 38 周年纪念特刊	1940 年 12 月		国立西北大学、西北师院	城固	纪念刊	仅出 1 册
西北学报	1941 年 9 月 1 日		国立西北大学、西北师院联合主办	城固、兰州		西北高校联合成立的西北学会会刊,第 1 期在城固,第 2 期在兰州出版
国立西北大学校刊	1941 年 11 月	1946 年 5 月	国立西北大学出版组		半月刊	仅见 54 期

① 西北大学校史编纂委员会编,李永森等主编:《西北大学史稿(1902—1949)(修订版)》上卷,西北大学出版社 2002 年版,第 292 页。
② 姚远:《国黉播迁:西北联大通史》中册,陕西新华出版传媒集团、陕西人民出版社 2021 年版,第 505—506 页。

续表

刊名	创刊时间	停刊时间	主办单位	地点	刊期	备注
通俗国语语音周报	1941 年		国立西北大学中国文学系国语学会		周刊	黎锦熙主编石印
城固青年	1941 年	1942 年	国立西北大学、西北师院三民主义青年团联合主办	城固	季刊	1941 年西北大学主编出版,1942 年西北师院主编出版,出版 1941 年 1、2、3—4 合刊,5—6 合刊,1942 年 1,2—3 合刊
笃行学报	1942 年		笃行学社			张千祥、张守敬、庞瑚、柳毓钟等负责
国立西北大学校友通讯	1943 年 4 月		西大校友总会			仅见 1—3 期
西北月刊	1943 年 7 月	1944 年 2 月	校编委会	城固	月刊	仅见 1 期
西北学术	1943 年 11 月	1944 年 2 月	校编委会	城固		共出 4 期
西北大学陕西同学会刊	1944 年 10 月 20 日		西北大学陕西同学会	城固	仅见第 2 期	于右任题写刊名,西北文化出版社出版,发表有戴培厚的《科学与建国》等论文
法学月报	1945 年 1 月前		法律研究会			俞萍负责
数学学报	1945 年 1 月前		西北数学会			白尚恕负责
物理学报	1945 年 1 月前		西北物理学会			舒贤治负责
地学学报	1945 年 1 月前		地质地理学会			魏振平负责
政治学报	1945 年 1 月前		政治学会			
法律学报	1945 年元月前		法律学会			
西大学生	1945 年 10 月	1946 年 4 月	校出版组、训导处	城固	共出 7 期	

续表

刊名	创刊时间	停刊时间	主办单位	地点	刊期	备注
西大周报	1946 年	1948 年 6 月	西北大学		共出 75 期	
自然科学	1947		理学院			作为西安《正报》副刊,赵进义主编

(注:有些尚难确认是壁报还是印刷本)

六、国立西北联合大学导师制研究

西北联大与西南联大一样,是抗战时期国民政府组建的一所大学共同体,他们不仅保证了民族危难之际中国高等教育弦歌不辍,而且在中国抗战史上留下了浓墨重彩的一笔,创造了辉煌的教育成就。学术界对于西南联大的导师制研究无论是"通史"性著作还是专题探讨的学术论文,其中都有所涉及。近年来,长期淹没于历史尘埃之中的西北联大也颇受学界关注,并对其研究取得了相当进展。[①] 但是,对当时及以后产生重要影响并颇受争议的导师制却少有系统研究。以下通过对西北联大导师制较为系统的梳理与考察,希望对抗战时期的中国高等教育及西北联大的大学管理、大学教育、政府与大学的关系等,提供一观察视角。

---

① 代表性成果主要有:方光华:《为什么要纪念西北联大》,《西北大学学报(哲学社会科学版)》2012 年第 3 期;姚远:《国立西北联合大学的分合及其历史意义》,《西北大学学报(哲学社会科学版)》2012 年第 3 期;梁严冰:《西北联大的组建与分置》,《光明日报》2012 年 10 月 14 日;储朝晖:《寻觅西北联大的生命密码——西北联大的兴衰及其启示》,《高等教育研究》2013 年第 4 期;潘懋元、张亚群:《薪火传承 文化中坚——西北联大的办学特色及其启示》,《西北大学学报(哲学社会科学版)》2013 年第 1 期;刘海峰:《历史需要诉说:西北联大的命运与意义》,《高等教育研究》2013 年第 9 期;梁严冰、方光华:《西北联大的民族主义与民主观念》,《高等教育研究》2014 年第 1 期;梁严冰、方光华:《抗日战争与中国高等教育》,《高等教育研究》2015 年第 10 期;梁严冰:《西北联大与西北历史研究》,《西北大学学报(哲学社会科学版)》2014 年第 4 期;陈钊:《左右之争与大学校政:陈立夫、徐诵明与西北联大法商学院的整顿》,《抗日战争研究》2018 年第 1 期。

（一）西北联大导师制实施的背景

1937 年 7 月 7 日,抗日战争全面爆发后,日本帝国主义为了彻底毁灭中华文脉,肆意对我大学及文化机构进行轰炸及破坏,尤其是平津沪及东南沿海各大学损失严重。如北平沦陷后,日军即开进北京大学、清华大学,有意践踏损毁,昔日美丽的校园变成了日寇的兵营、马厩、牢房及伤病医院。北大的损失仅图书、仪器及教具一项即达 60 万元之巨。① 民族危难之际,为保存中国高等教育血脉,国民政府决定:"以北平大学、北平师范大学、北洋工学院和北平研究院等院校为基干,设立西安临时大学。"②同年 11 月,太原失陷。1938 年 3 月,临汾沦陷,日军直逼陕西门户潼关,西安遭到频繁轰炸。迫不得已情况之下,4 月 3 日,国民政府又令西安临时大学再迁陕南汉中,并"向西北陕甘一带移布",同时改称国立西北联合大学,但院系仍旧。③ 西北联大成立后,1938 年 6 月 17 日,国民政府以训令形式颁布《中等以上学校导师制纲要》,并要求:"各校应即遵照办理,于文到一月以内将遵办情形具报。"而"导师报告格式及训导纲要,在本部未颁布以前,得先由各校酌拟,呈报主管教育行政机关备案"。④ 可见要求之紧急。那么,具体而言,抗战全面爆发后,国民政府为什么要在中等以上学校实施导师制呢? 笔者认为,主要由以下几个方面的原因:

第一,"放任主义与个人主义思潮泛滥"。中国的大学教育,萌生于近代中国社会结构发生急剧而频繁变动的晚清末年,它的诞生与发展既是整个中

---

① 顾毓琇:《抗战以来我国教育文化之损失》,《时事月报》第 19 卷第 5 期,1938 年 10 月 15 日,第 35 页。

② 《国民政府教育部令(节选)》(二十六年第 16696 号),载陕西省档案局(馆)编:《国立西北联合大学档案史料选编》上册,西北大学出版社 2018 年版,第 102 页。

③ 《教育部拟定之平津沪战区专科以上学校整理方案》(1937 年),载中国第二历史档案馆编:《中华民国史档案资料汇编》第 5 辑第 2 编《教育》(1),江苏古籍出版社 1997 年版,第 11 页。

④ 《教育部训令》,《西北联大校刊》第 1 期,1938 年 8 月 15 日,第 1 页。

国社会走向现代化的产物,也是其重要组成部分,并在某种程度上引领了社会思潮。尤其是中华民国建立后,各类教育包括高等教育迅速发展。五四运动以来,我国的学校教育一方面制度、体系逐步规范化,另一方面各种新教育思想包括西方实用主义、自由主义等思想广泛传播,特别是高等教育的新思潮汹涌高涨。[①] 新的教育思潮对大学行政管理体系、办学理念、办学指导思想产生了重大而深远的影响,蔡元培在北京大学当校长期间所提出的"兼容并包、思想自由"的办学理念,正是在这样的大背景下产生的。并且,在此之后,蔡元培的"兼容并包、思想自由"的办学理念,与著名史学家陈寅恪所倡导的"独立之精神、自由之思想"的学术追求,一起成为 20 世纪上半叶中国大学精神的代表。[②] 但是,这种"思想自由"的大学理念,与南京国民政府成立后所极力推行的党化教育产生了严重矛盾,持不同意见者议论纷纷。早在 1929 年 10 月,国民党元老胡汉民就对蔡元培倡导的"兼容并包、思想自由"办学理念予以严厉指责,认为:"教育不可无主义,主义只能宗于一。""我国教育界中,向有认为教育不应该拘执一端,故步自封,而当包罗万象,以见其博者。直到现在,还有一班人如此主张。细为设想,流弊实大!"并指出:"我们必不能让所谓'包罗万象'摇动了我们已定的教育宗旨!""必不许教育独异于此唯一的主义而有所兼容。"他还特别强调:我们的教育一切应以民族为本,"自当民族在前,个人在后。公性不张,个性何用?"故"教育先遵被教育者去发扬民族精神,再谋发展人的个性不迟"。1930 年 5 月,时任国民政府考试院院长的邵元冲,对此也有批评。他认为:过去教育的病根在于"促成了个人主义的发展",从而导致"教的人和学的人的目的,也就都走到只求自己能够得到特殊利益或特殊地位的方向上去"。同时,"又有许多人接受了西方物质文明和资本主义的影响,就形成了一种损人利己的思想""对于各种事情,总是先想到自己的

---

① 金以林:《近代中国大学研究》,中央文献出版社 2000 年版,第 160 页。

② 梁严冰、方光华:《抗日战争与中国高等教育》,《高等教育研究》2015 年第 10 期。

利益。"为此,1932 年 2 月,教育部特别训令各教育厅对于"党义教育是否实施?""所有党义教员及训育主任,是否受检定合格?"以及"中等以上学校是否已遵章不以宗教科目为必修科?"等各点,要"严密查察"。① 而教育界的这样一种状况,在国民政府最高当局看来,抗日战争全面爆发后,依然没有什么变化。为了阻止此种情况继续蔓延,故而决定实施导师制,并在教育部发布的《实施导师制应注意之各点》中,明确指出:"至近十余年前放任主义与个人主义之思潮泛溢全国,遂影响于教育制度。"②

第二,"教育偏于知识传授而忽于德育指导"。抗日战争全面爆发后,1938 年 4 月,国民政府在战时各级教育实施方案纲要中指出:"教育为立国之本,整个国力之构成,有赖于教育,在平时然,在战时亦然。"并且,"我国古代教育,向以德、智、体三育为纲,礼乐射御书数六艺为目,故德智并重而不偏废"。但是,"今检讨过去我国所谓新教育之病根,大要不外数端,学校徒偏重课本之讲授,而忽略德行之指导,由此于修已合群之德育,未加重视"。故而,"今后教育之实现",其方针很重要的:一是"三育并进",另外,"对于吾国固有文化精粹所寄之文史哲艺,以科学方法加以整理发扬,以立民族之自信"③。其实,对于当时教育界偏于知识传授而忽略德育方面的教育,在战前社会各界包括教育界就多有指责。1932 年 4 月 21 日,时任浙江大学校长的程天放即指出:大学教育,首先是人格的教育。"但是过去的教育,太忽略了人格的熏陶。"从而使国家"非常的贫,非常的弱,非常的乱,非常的危急"的"一个大原因"。所以,"我们现在要使中国由贫而富,由弱而强,由乱而治,由危机而安全,非先由大学中造成一班能够牺牲,能够奋斗,能够团结,不贪污,不腐化,有远大志趣,而又有热烈的情感的青年出来"。1934

---

① 《教育部训令》(第 129 号),《教育部公报》第 2 卷第 7 期,1930 年 2 月 16 日,第 24 页。
② 《教育部训令》,《西北联大校刊》第 1 期,1938 年 8 月 15 日,第 2 页。
③ 《国民党全国临时代表大会通过之战时各级教育实施方案纲要》(1938 年 4 月),载中国第二历史档案馆编:《中华民国史档案资料汇编》第 5 辑第 2 编《教育》(1),江苏古籍出版社 1997 年版,第 13 页。

年 6 月,时任上海市长的吴铁城在上海纽约大学的演讲中,也强调大学的时代使命,就是要"在智识上求进步,在学术上求发展,以创建民族科学文化的基础"。尤其是广大青年学生,"应该行健自强,不能偷安享乐。人生的意义,是一刻不懈的向上奋斗。民族的生命,是全体国民努力的总绩"。如果"离开了努力,就没有民族的生存"。故,鉴于德育教育在以往的教育中未受重视的情况,国民政府教育部在实施导师制的训令中,开门见山即指出:本部为矫正现行教育之偏于智识传授而疏于德育指导,制定导师制纲要,并颁发施行。

第三,"免除师生关系之日见疏远而渐趋于商业化起见"。我国过去教育,本以德行为重,师生之间的关系,亲如家人父子,即所谓"一日为师终身为父"。但是,伴随着 20 世纪 20 年代高等教育"大发展""大学热"现象的出现,一方面大学的数量迅速增加,一方面大学的教育质量有所下降。① 大学越来越不注重"人"自身的培养,师生关系日趋疏远,功利性、商业化趋势明显。如上海的法政学院、法学院、持志学院等,这几所大学只要交齐学费,并不要求学生认真上课,混过 4 年,不愁文凭不能到手。② 这些现象引起了社会各界的高度关注,当时活跃于教育界和政界的朱家骅,在 1931 年 8 月 31 日的一次演讲中认为:"高等教育苦于浮滥","教授在讲堂授课之外,对于学生研究之指导,人格之修养,几于全不负责。教授成了知识的贩卖者,大学成了知识的贩卖"。同年 9 月 4 日,南京《中央日报》的社论也指出:"以我国各大学之教授现状而论,大学教授于规定教授时间外,对于学生不愿负任何指导之责任。""事实上教授与学生接触之机会少,自无从以身作则,施以人格之感化。"③为什么会出现此种情况?诸多人士认为,很重要的原因是当时教育逐渐商业化。

---

① 陈玉玲:《国民政府初期对教育的整顿:1927—1937》,中国社会科学出版社 2018 年版,第 42—43 页。
② 金以林:《近代中国大学研究》,中央文献出版社 2000 年版,第 186 页。
③ 《大学教育之危机与改进》,《中央日报》1931 年 9 月 4 日。

如,1933 年 6 月,在清华大学、厦门大学、浙江大学、中山大学等多所大学担任过教职的庄泽宣认为:今日中国高等教育的缺点很多,但归纳起来很重要的一点即是"形式方面的商业化",可谓"其躯体则周身无一不具商业色彩"。而此种情况又与大学缺乏科学思想结合起来,互为因果,从而使"社会更恶化更腐化,几至于不可救药"。针对上述问题,国民政府教育部在《实施导师制应注意之各点》的训令中也指出:"师生之关系,仅在口耳授受之间。在讲堂为师生,出讲堂则不复有关系。师道既不讲,学校遂不免商业化之识。凡此情形,不仅使教育失效,实为世道人心之患。"①故,为"免除师生关系之日见疏远而渐趋于商业化起见"②,实施导师制势在必行。

第四,提升整体高等教育水平的需要。前面已经提及,中国高等教育兴起于 19 世纪末,到 20 世纪二三十年代有了一个很大的发展。诚如朱家骅在《第二次中国教育年鉴》的"序言"中所写:"慨自国民政府成立,20 年来,我国教育科学文化均在不断与作改进之中。抗战前 10 年……各级教育俱有甚大进步,蓬勃之气象,殊为实施新教育以来所罕见。"③但是,"蓬勃之气象"的背后,如上所述也出现了诸多问题,这些问题中最突出的后果是学生质量难以保证。对此,有人指出:"年来见大学毕业生觅事者,颇有国文欠通,英算欠熟,常识不及中小学生,专门学科不知所云者,殊令人为之短气。"④有人甚至认为:"今之所谓大学生,但见其量的激增,而未见其质的改善。"而"号称已得学士学位之大学毕业生,询其所习学科,滔滔不绝于口,而于文字方面一经考验,往往令人失望焉"。更何况,"欲求通晓中西文字,程度优良者,正如凤毛麟角之不易多得矣"。针对大学办学质量问题及弊端,《中央日报》发表社论认为:如此下去,"大学生在社会中又有何事可做,失业人数之增多,殆为不可免之

---

① 《教育部训令》,《西北联大校刊》第 1 期,1938 年 8 月 15 日,第 2—3 页。

② 《教育部训令》,《西北联大校刊》第 1 期,1938 年 8 月 15 日,第 1 页。

③ "教育部"教育年鉴编纂委员会:《第二次中国教育年鉴》,商务印书馆 1948 年版,"序"第 1 页。

④ 陆费逵:《滥设大学之罪恶》,《中华教育界》1924 年,第 14 卷第 4 期。

现象"。故"吾人以为欲救此弊,在积极方面,当力求改善日前教授之制度,采用英国各大学之导师制"①。

总之,抗日战争全面爆发后,中国教育何去何从成为国民政府当局刻不容缓,亟待解决的问题。一方面,国民政府在1938年订定战时教育实施方案中明确强调:"教育为立国之本,本固则国强。""教育之责任,至今而益加重焉。"②由此,国民政府最终确定"战时须作平时看"的教育方针。这样,抗战前在高等教育中暴露出的诸多问题,必须切实加以解决,以利于整个高等教育的健康发展。另一方面,面对抗日战争的民族危机,自有前线的将士忠勇卫国,浴血奋战;又有后方的民众忍苦耐劳,竭尽全力供应战时物资,为抗战的最终胜利作出积极贡献。但大量汉奸的存在同样也是不可讳言的事实。故而有人认为:"这些汉奸卖国贼,不能说没有受过教育,已不能说没有相当知识,其知识或足以济其奸,谁应负这责任,教育界同人不能不加以猛省!"③这就进一步促使各界开始更加严肃地反思我国的教育,反思德育的缺失,并最终成为教育部决心扭转教育中德育不振、实施导师制的一剂催化剂。

(二)西北联大导师制的实施及过程

国民政府教育部在1938年正式发布实施导师制之前,国内外均有先例。国外,导师制(Tutorial System)滥觞于英国牛津大学,抑是牛津大学最有特色的教育制度。1379年,学校固定为导师支付报酬的有偿导师制,此为牛津大学制度化导师制的最初确立。不过开始时,导师制的宗教色彩比较浓厚。1871年,英国议会废除了宗教审查法案,这使得牛津大学不再以宗教修养水

---

① 《大学教育之危机与改进》,《中央日报》1931年9月4日。
② 《教育部订定之战时各级教育实施方案》(1938年)(密20号),载中国第二历史档案馆编:《中华民国史档案资料汇编》第5辑第2编《教育》(1),江苏古籍出版社1997年版,第16—17页。
③ 叶松坡:《导师制与师资训练》,《闽政月刊》1939年,第2卷第4期,第6页。

平作为入学条件,导师制遂成为一种世俗的教育制度。① 其实,中国古来教育授业与修身不分,所谓"师者,传道授业解惑也",从孔孟至宋儒都秉承这一精神,甚至在某种程度上讲,"传道"比"授业"更加重要。中国现代大学教育兴起后,早在 1929 年,时任大夏大学副校长的欧元怀等教育界人士即提倡在大学实行导师制,他指出:"清末因有见及于科举制流弊,学校遂代之而兴,而今学校制度亦弊端百出,又将采用何法,以补救之耶?"他认为:"除改善师资,充实课程外,惟有实行导师制可以纠正之。"②之后,大夏大学首先于 1929 年 4月开始试行导师制,接着,国立浙江大学、国立清华大学、国立北平大学、省立安徽大学、私立北平辅仁大学、私立厦门大学等都有实行过导师制。③ 但是,这些学校的导师制总体而言是各校的独立行为,彼此之间虽然有一定的共性,但没有统一标准。1938 年,教育部下达训令后,全国范围内才开始大规模的施行导师制。

西北联大接到教育部的训令后,学校高度重视,并立即按照教育部的精神及要求,着手在全校实施导师制。

1. 在学校校刊及时转发教育部相关训令

为了在全国中等以上学校实施导师制,教育部在 1938 年 1 月 3 日,制定了《中等以上学校导师制纲要》《实施导师制应注意之各点》等实施方案并报行政院备案、批复,国民政府行政院在 1938 年 5 月 3 日,以"渝字第 3361 号训令"形式,批复教育部遵照执行,并指出:"除分令外,合行令仰知照,并转饬所属一体知照。"④接到行政院批复后,教育部于 1938 年 6 月 17 日,连同行政院的批文一起发布,并以训令形式发至全国各教育主管部门及大学。西北联大

---

① 孟云峤:《英国牛津大学之导师制(上)》,《新生周刊》1935 年,第 2 卷第 5 期,第 11—12 页。
② 欧元怀:《大夏周报》1929 年,第 65 期,第 3—4 页。
③ 吴家镇:《我国大学导师制之初步考察》,《教育研究》(广州)1936 年第 71 期。
④ 《教育部训令》,《西北联大校刊》第 1 期,1938 年 8 月 15 日,第 3 页。

遵照教育部的要求,在全校范围内实施,并于 1938 年 8 月 15 日出版的《西北联大校刊》第 1 期第 1 至第 3 页,全文登载了国民政府行政院及教育部的训令,广而告知全校师生。

2.成立专门组织机构,建立和完善相关规章制度与实施细则

首先,学校增设负责导师制实施的专门机构——训导处。为了全面贯彻与落实教育部实施导师制的精神,西北联大经第 40 次常务委员会会议决议,增设训导处,训导处主任由西北联大常委胡庶华兼任。并在各学院分设导师会,与军训、斋务两组,及学生贷金管理部,同隶属于训导处。当时,除联大师范学院已由教育部按照章程规定,专设主任导师外,还在训导处的导师会专门组织成立常务委员会,①以便统一商议、协调、决定相关重要事宜。

其次,制定《训导处组织章程》。该章程共 7 条,第一和第二条主要说明学校成立训导处的原因及其训导主任的职责,指出:"本大学为积极训导学生思想、行为、学业及身心摄卫起见,组织训导处。""本处设主任 1 人,主持全校学生训导事宜。"并特别强调训导处主任,"由本大学常务委员会议推选常委 1 人兼任之"。第 3 至第 7 条,对训导处具体职责、人员设置、数额及成立导师会等作了明确规定,该章程最后指出:"本章程由本大学常务委员会议通过施行。"②

第三,制定《导师会组织章程》。该章程共 7 条,第一条首先说明:"本会定名为国立西北联合大学导师会"。第二至第七条,对学校设立导师会的职责、人员组成、各学院导师会的设立及其他相关事宜作了明确规定。并在第六条具体规定:"本会每学期开会 2 次,由训导处主任召集之,本会常务委员会每星期召开 1 次,由常务委员会主席召集之。"③

第四,制定《训导大纲》。该大纲共包括 5 个大的方面:(1)"训导目标";

---

① 《增设导师处》,《西北联大校刊》第 2 期,1938 年 10 月 1 日,第 9 页。
② 《训导处组织章程》,《西北联大校刊》第 3 期,1938 年 10 月 15 日,第 13—14 页。
③ 《导师会组织章程》,《西北联大校刊》第 2 期,1938 年 10 月 1 日,第 5—6 页。

（2）"训导纲要"；（3）"训导要目"；（4）"训导方式"；（5）"成绩评定"。在每一个方面之下，又对具体训导要求、方式、目标等进行了详细而明确的规定。如，在"训导目标"中明确指出：要使学生切实"养成德智体群美兼备之人"；在"训导要目"中关于思想性方面，要使学生培养"正大、宏达、服务之观念"，对民族要"培养自信、自尊、自强之意志"；在行为方面，要"振作、勤苦、谨慎、整洁、谦虚、知足、廉洁、俭朴"，"待人"要"诚实、信义、仁爱、宽恕、礼节、忍让、劝善"，"治事"要"公正、守法、精细、敏捷、果断、负责、沉着"，"家庭"要"孝顺、亲爱、忍让"，"社会"要有"服务、合作、改进之精神"；在言论方面，要"扼要、明确、诚恳"，文字要"明畅、正确、敏速"；学业方面，治学要"切实、虚心、有恒创造之精神"；在治学方法上，要"指导学生对于日常课业及课外研究，作合理的设计"。进而，"增进学生阅读书籍杂志及发表能力"。①

第五，制定《导师制实施细则》。西北联大遵照教育部颁发的《中等以上学校导师制纲要》第 11 条之规定，及学校《训导大纲》等，特制定《本校导师制实施细则》。该细则共 12 条，进一步详细规定了西北联大导师制的方式、方法及具体要求，并经学校常务委员会通过实行。该细则规定，本大学学生：按照系别年级分组，每组设导师 1 人；每学院设主任导师 1 人，分别担负各院各组学生训导之责；还要求各组导师除随时接见本组学生施以个别训导外，每月召集本组学生举行谈话会等，并将各项团体活动翔实记录；各学院主任导师及导师于每学期开始及结束时，各举行导师会议 1 次，讨论全校训育方针及学生操行成绩事宜等，由联大训导处主任召集。同时，规定如果各组导师认为学生不堪训导时，可予退训。其受退训的学生，由训导处另行制定导师受其训导，如再经退训时，即由学校除名。② 另外，在学校导师制实施细则的基础上，各院系也制定了相应的导师制实施细则。

---

① 《本校训导大纲》，《西北联大校刊》第 8 期，1939 年 1 月 1 日，第 32—35 页。
② 《本校导师制实施细则》，《西北联大校刊》第 8 期，1939 年 1 月 1 日，第 35—36 页。

3.聘定各院系各年级导师

为了将《导师制实施细则》落到实处,并切实贯彻执行教育部的导师制精神,联大特别聘请了各院系的具体导师。担任导师的人,大多为各领域的著名专家学者。比如,文理及师范两院系各年级聘请导师的情况为:文理学院:国文系:四年级导师黎锦熙,三年级导师唐祖培,二年级导师罗根泽,一年级导师谭戒甫;外文系:四年级导师佘坤珊,三年级导师谢文通,二年级导师饶孟侃,一年级导师张舜琴、包志立;历史系:四年级导师许重远,三年级导师胡鸣盛,二年级导师谢兆态,一年级导师李季谷、陆懋德;数学系:四年级导师杨永芳,三年级导师傅种孙,二年级导师张德馨、刘珩,一年级导师赵进义;物理系:四年级导师杨立奎,三年级导师岳劼恒,二年级导师林晓,一年级导师张贻惠、蔡钟瀛;化学系:四年级导师刘拓,三年级导师张贻侗,二年级导师朱有宣,一年级导师赵学海、陈之霖;生物系:四年级导师金树章,三年级导师雍克昌,二年级导师林镕、刘汝强,一年级导师郭毓彬;地理系:四年级与三年级导师谌亚达,二年级导师殷祖英,一年级导师黄国璋。师范学院:教育系:四年级心理组导师程克敬,行政组导师马师儒,三年级行政组导师金荣、心理组导师郝耀东,二年级导师鲁世英、胡国钰,一年级导师李建勋、高文源;家政系:四年级导师齐国梁,三年级导师王非曼,二年级导师孙之淑,一年级导师齐国梁先生兼任;体育系:四年级导师谢似颜,三年级导师徐英超,二年级导师董守义先生,一年级导师袁敦礼。之外,又规定新生导师为各系主任,故国文系:一年级导师黎锦熙;理化系:一年级导师刘拓;数学系:一年级导师赵进义;体育系:一年级导师袁敦礼;史地系:一年级导师黄国璋。①

由上可以看出,西北联大不仅认真贯彻落实了教育部关于导师制的精神及要求,而且高度重视。担任导师的教师大多是各领域的著名专家学者,他们不仅学养深厚、学问一流,而且对教育教学高度负责,无不尽心尽力。据学生

①　《聘定文理师范两院系各年级导师》,《西北联大校刊》第7期,1938年12月15日,第24—25页。

回忆:化学系赵学海教授:"学识渊博,待人诚恳和睦。""讲课时严肃而略带微笑,真令我们口服心服,敬佩之至。"历史系的陆懋德:"老先生讲起课来,轻松幽默。""蓝布大褂,瓜皮小帽,上课时,先写上满满一黑板,这一黑板,刚好讲到下课,不多不少。"只要他上课,学生中从未有缺席或逃课者。地质地理系主任殷祖英教授,上课"气宇轩昂,诲人不倦,使人如有坐春风之感"。再比如,黎锦熙先生曾经担任过毛泽东的老师,为著名语言学家,对学生认真负责、关怀备至;而医学院徐佐夏教授,为人忠厚和祥,乐施善教,上课"深入浅出,引人入胜"。细菌学教授汪美仙"讲课时两小时一气下来……字字贯耳,且出口成文"。

4. 开展了内容丰富,形式多样的指导工作

一是充分了解学生个人情况,开展有针对性的指导。以西北联大教育系为例,该系将每年级学生分为两组,每组一位导师,在各年级导师以固定为原则的基础上,在实行过程中注重导师对学生个人状况的了解及个性的体察。每学年起始,导师都要对学生进行个人、家庭及思想、行为等方面状况进行调查,并制定了详细的《学生个人情况调查表》《学生家庭状况调查表》《学生个性考察表》《学生思想性行评判表》等调查表。① 通过调查,导师对于学生的籍贯、经济状况、家庭背景、婚姻状况、生活经历、交友情况、兴趣爱好以及基本的学习状况与学习兴趣都有较为详细的了解,以此来作为进行进一步指导的基本依据。同时,导师要每周规定与学生个别谈话的时间,一位导师要与其负责的一组学生轮流作个别谈话,以此来观察每位同学不同的个性,并加以指导使其改进。在此过程中,尤其强调:注意为学生解决实际问题;校正学生过于自负之心理;养成学生重礼貌之习惯。②

---

① 《国立西北联合大学教育系导师制训导纲要及实施办法》,载许椿生等编:《李建勋教育论著选》,人民教育出版社 1993 年版,第 232—239 页。

② 《教育系导师联席会议纪录》(1938 年 11 月 24 日下午),《西北联大校刊》第 10 期,1939年 2 月 1 日,第 15 页。

　　二是对学生学业进行指导。对被指导学生在学业上的关心是西北联大导师制的重要组成部分。除上文所提的个别谈话外,学期开始时,各组导师要负责指导本组学生选课及改选课程事宜。在这一过程中,导师应使学生了解各科目在全部课程中的意义及地位,指导学生对其自身学业作出较为周密的计划,让学生以此为基础选课,同时也对学生日常课业及课外研究作合理的设计。学生在课程选妥后,须先请导师签字再送交系主任签字。为更加清楚学生的学业状况,以教育系为例,每学期末,导师要召集所有自己的导生商定假期中工作与学习计划,而导生在每学期到校之初,必须将假期中工作及进修状况报告给导师。同时,导师还督促学生举行各种学术讨论会,以扩大与增强学生学术视野与研究能力,并养成学生寻求及讨论问题的习惯及兴趣。

　　三是注意学生团体意识及团结精神的养成。因为正值抗战时期,所以西北联大在导师制实施的过程中,十分注意对学生团体意识及团结精神的培养。西北联大规定,导师应指导本组学生举行如谈话会或讨论会、讲演会、读书会、研究会等各项团体活动每月一项或数项。谈话会或讨论会,可由导师指定题目,亦可由师生共同选定题目,事前通告学生,令其预为准备,以便开会时能够集思广益,达到讨论目的。并且为了发展学生团结一致、服务社会,以更好适应抗战需要,导师还鼓励学生从事各种与抗战有关的社会服务或劳动服务工作。比如,通过进行远足会、演唱会以及通俗讲演、话剧表演、创办民众学校等,进行义务教育服务、社会服务和宣传抗战。比如,1938 年 7 月 10 日,教育系联络家政系举行学生和导师远足会,晋谒民族英雄张骞墓,约请历史系教授许重远讲演张骞史略及历史贡献,听者莫不动容。之后,同学等分组表演武术、唱歌及讲故事等游艺,最后师生共唱"当我们在一起"歌。①

　　四是重视日常管理,丰富课外活动。导师除了上述对于学生的学业指导外,对于学生的管理责任非常明确。西北联大规定,所有在读学生,于每学期

---

　　① 《教育系自本校迁移以来所经办之重要事项记要》,《西北联大校刊》第 1 期,1938 年 8 月 15 日,第 17—18 页。

到校 3 日内,除了向注册组、教务处报到外,必须向本组导师及系主任办公室报到;学生如有因事请假在 3 天以上的情况,除了向教务处、军训处呈准外,还必须分别向本组导师及系主任来函或亲自说明。同时,学校规定各组对学生一切情形及现况,要随时与系主任商讨,每学期末,以考查报告形式报告主任导师 1 次,由主任导师报告训导处。另外,导师对于学生管理最为明确的一点还在于,导师需要为学生思想性行进行打分。而思想性行的最终评定是要根据导师的考核、学校各处组的参考意见、训导纪要、学生个性考察表等方面来最终确定成绩,成绩对于学生申请评优、考核、贷金等至关重要,是基本依据。比如,考虑到学生战时经费紧张,国民政府给学生发放贷金以资助学生完成学业,而申请贷金时思想性行分数是重要的评定条件。为此,学校还专门由训导处主任、西北联大常委胡庶华等兼任校学生贷金审查委员会委员。[①] 之外,为了进一步加强指导,丰富学生的课外活动,学校导师会常务委员会还专门制定了较详细的课外活动项目及日期安排。以 1939 年第一学期为例:1938 年 12 月 25 日(星期日)校内体育比赛开始;1939 年 1 月 1 日(星期日)新年共进会;1 月 7 日(星期六)国语演说竞赛会;1 月 15 日(星期日)远足会;1 月 21 日(星期六)英语演说竞赛会;1 月 28 日(星期日)音乐会;2 月 3 日(星期日)国语辩论会;2 月 11 日(星期日)农村调查;2 月 17 日(星期六)时事问题讨论;2 月 25 日(星期六)英语辩论会。[②]

(三)西北联大导师制的作用与评价

1938 年,国民政府教育部发布在全国中等以上学校实施导师制的训令后,各高校反应不一,具体实施情况不同,认识上也有差异。西北联大实施的

---

① 《聘请胡常委庶华等兼任学生贷金审查委员》,《西北联大校刊》第 7 期,1938 年 12 月 15 日,第 24 页。

② 《本校导师会常务委员会规定本年度第一学期课外活动项目及日期表》,《西北联大校刊》第 8 期,1939 年 1 月 1 日,第 43 页。

导师制产生了什么作用,如何评价? 下面,谈谈自己的认识与看法。

1. 西北联大是实施导师制最为有力的高校之一

国民政府教育部颁发实施导师制纲要后,如前所述,西北联大根据该纲要中第 11 条:"各专科以上学校得依本纲要另订导师制施行细则"①之要求,制定出导师制施行细则,并布告全校师生遵照执行。同时,为了更好地实施导师制,西北联大对于学校的行政结构也做了调整,增设了训导处,而裁撤原有的总务处。由此,训导处实则把学校原有的训育工作融入导师制后所创立的部门,此后训导处的工作虽然名为训导,但就其职责范围与开展工作的内容而言,实为负责全校的训育工作。之后又陆续制定、出台了一系列具体规章制度与实施细则。比如,先后出台了《训导大纲》《导师制实施细则》《导师会组织章程》《导师会常务委员会章程》等,进一步健全、完善了导师制与整个训导体系。1939 年 3 月,国民政府召开第三次全国教育会议,会议重要议题之一即是讨论教育训导问题,之后,训导制更是被推向全国。参加这次会议的西北联大常委胡庶华,在同年 3 月 27 日联大校本部举行的该年度第一次纪念周演讲中谈道:"在大学教育方面,全国各大学实施训导制度,采用国立西北联合大学设立训导处办法。"②原北平大学校长、西北联大常委徐诵明在 4 月 3 日该年度学校第二次纪念周演讲中也指出:"教部提出专科以上学校设立训导处的方案,这种办法,我们学校算是首创,教部也说是仿照国立西北联合大学来设立的。"③可以说,西北联大在推行国民政府教育部导师制方面是积极的,可谓"率先垂范",为全国典型院校之一。

相比之下,西南联大就没有那么积极与踊跃,甚至有抵触情绪。正如有学者指出:"重庆当局实行导师制的建议激怒了联大教师。他们注意到,在道德

---

① 《教育部训令》,《西北联大校刊》第 1 期,1938 年 8 月 15 日,第 2 页。
② 《本大学校本部本学年第二学期第一次纪念周记录》,《西北联大校刊》第 14 期,1939 年 4 月 15 日,第 4 页。
③ 《本大学校本部本学年第二学期第二次纪念周记录》,《西北联大校刊》第 15 期,1939 年 5 月 1 日,第 6 页。

说教和乞灵于牛津—剑桥模式的背后,隐藏着迫使教授负责宣传官方制定的政治和道德规训的阴谋。然而,质疑正统价值观的重要性是不明智的,否认教育有道德的一面也是不可取的,于是大部分批评者(指西南联大教授——笔者)把矛头指向建议的可行性。"①朱自清与冯友兰首当其冲,反对在大学实施导师制,并发文对导师制提出了批判,②冯友兰更是直截了当地说:所谓的牛津剑桥导师制不必学也学不了。因为,"导师制是一个西洋底名词。推崇此制者,多引英国的牛津剑桥二大学为例"。而这两个学校实施导师制的背景、原因以及学生、教师与我国截然不同,并断言:"现在所可说者,即教育当局现所拟推行底导师制,在大学教育中,大概不容易有成效底。"③最终,"面对联大教授铺天盖地的反对,这项倡议从一开始就沦为一纸空文"④。之外,大夏大学作为国内最早实行导师制的学校,在接到教育部颁布全国统一实行导师制的训令后,也未能认真准备、积极执行,学校认为教育部导师制"带有很明显思想控制的意味,与大夏大学之前实施的导师制相悖,但迫于教育部的压力,大夏大学进行了选择性的吸收,并对导师制条例进行了合理的调整。……但对于教育部过度加强教师与学生思想上的控制条款,大夏大学则仍旧按照之前的导师制相关政策实施"⑤。

2. 客观上加强了学校的日常管理,密切了教师与学生的关系

　　就世界范围而言,自从大学诞生以来始终追求真理至上、高度自治与学术自由,这一理念可以说始终贯穿于西方大学的历史发展过程。前文已经提及,近代以来的中国大学本身是在"西潮"冲击下的产物,在创办与发展过程中不得不受西方思潮的影响。加之,近代以来随着知识的丰富与专业的细化,本使学问有专门化的倾向,而西方功利主义与实用主义教育又在某种程度上进一

①　[美]易社强:《战争与革命中的西南联大》,饶佳荣译,九州出版社2012年版,第92页。
②　朱佩弦:《论导师制》,《新动向》1938年,第1卷第12期,第378—380页。
③　冯友兰:《论导师制》,《今日评论》1939年,第1卷第1期,第9—10页。
④　[美]易社强:《战争与革命中的西南联大》,饶佳荣译,九州出版社2012年版,第92页。
⑤　喻永庆:《民国时期大夏大学导师制实施考察》,《高教探索》2018年第10期。

步推动了学问的专门化,并使得学校趋于商业化。教师只负责教书,不负责育人,学生缴学费入校求学,只为得知识,求实用,遇某一教师则求其某一专门学问,学得一技之长,对于教师自身的道德品行不太考虑;学校在聘任教师的过程中首先考察的是其学历,看重其是否为某一学科之专门人才,但此专门人才是否为一合格"教师",则似乎关注不够。长此以往,导致教师成了单纯的知识贩卖者,师生关系自然疏远,偏于商业化,进而教育的道德教育功能在逐步减弱。对此,时人对大学只注重"教书"的弊端亦有所观察,"教育的本意在'教人做人',而现代我国新教育受重知主义的影响,却变成只教人'读书',不教人'做人'了。其流弊所至,所谓教育云云,其意义简直就同于书本,教育就是书本,书本就是教育"①。有的甚至认为:"我们从学校里亲自体验到现行教育的机械化,一切依旧侧重教育的形式……有些教师教授的目的只是为了钟点的代价而教课,无形中教育已沦入了买卖式,商业化的变态了。"②这些问题的出现,一方面,归因于大学本身"松散式"管理的特点,使得平时在各方面疏于管理;另一方面,也说明客观上中国大学在20世纪二三十年代还属于"幼年期",教育教学缺乏细化的规则、制度及相关章程的完善。为此,在1930年4月召开的国民党第二次全国教育会议闭幕词上,蒋介石即指出:中国近年来的教育"觉得太散漫太萎靡了","教育界里面的视线,太错乱了。思想是片段的,政策是零碎的"。因此,教育不得不加以严格。而西北联大实施导师制后,出台了一系列规章制度及细则,这些规章制度与细则,既有对学校管理方面的"顶层设计",又有对教师日常教育教学的详细规定,同时对学生的学业、思想表现、行为规范有明确要求,并强化了师生的"互动"。总之,西北联大实施导师制后,在学校方面加强了日常管理,对于教师要求不仅要"教书"还要"育人",学生不仅要接受知识传授,且要注重思想品性的教育。

① 陈礼江:《教书与教人——导师制的基本意义》,《教育通讯》(汉口)1938年,第32期,第1页。
② 沈萍:《学校实施导师制之检讨》,《三民主义教育通讯》1938年,第19期,第1页。

而这些措施的贯彻与执行，又在客观上密切了教师与学生的关系，加强了彼此的"互动"。

3. 在抗战的民族危难面前，加强了青年学生的团体意识、团结精神，增强了抗战的勇气

对于高校青年学生思想与行为的散漫、放任，如前所述，教育界及社会各界早在抗战之前就多有指责与批评。抗日战争全面爆发后，面对日益严重的民族危机，加强全民族团结抗战，鼓舞国人士气，争取抗战最后胜利，成为国民政府思想意识形态工作的重中之重。为此，1938 年国民政府教育部制定的战时各级教育实施方案中，一方面强调教育界"思想复杂亟待齐一"，另一方面检讨"自抗战发生以来，国人感觉过去我国之教育未能完全适合战时之需要"，故对战区"教师学生之救济，特种教育之实施，军事训练之加紧，战时服务之训练"等必须切实办理。① 因此，在抗日战争的民族危难之际，导师制还富含着精诚团结、同舟共济的意蕴。西北联大实施导师制后，在此方面多有注意与加强。西北联大校歌"努力发扬我四千年国族之雄风"②，反映了联大师生不甘屈辱、精诚团结，抗战到底的决心与勇气。具体而言，一是通过参观考察西北历史文化古迹，缅怀先烈的果敢与勇毅，增强民族自豪感与自信心。比如，1938 年 5 月 20 日，西北联大常委徐诵明、李蒸与联大历史系主任许寿裳等，率领联大师生数十人一道去城固张骞墓考察，瞻仰缅怀张骞在中国历史中的地位，以及他对中西文化交流所作出的杰出贡献，并计划进行科学发掘工作，以保护此古迹文物。③ 再比如，1938 年 9 月 13—14 日，联大历史系在全校范围

---

① 《教育部订定之战时各级教育实施方案》(1938 年)(密 20 号)，载中国第二历史档案馆编：《中华民国史档案资料汇编》第 5 辑第 2 编《教育》(1)，江苏古籍出版社 1997 年版，第 25 页。

② 《西北大学校史》委员会编，李永森等主编：《西北大学史稿(1902—1949)(修订版)》上卷，西北大学出版社 2002 年版，第 219 页。

③ 何士骥、周国亭：《发掘张骞墓前石刻报告书》，《西北联大校刊》第 1 期，1938 年 8 月 15 日，第 33 页。

内,举办了西北文物考古陈列展览,当时到会参观者有国民政府教育部次长顾毓琇,联大常委胡庶华、李蒸、徐诵明及校内师生数百人。① 参观过程中,师生莫不深受鼓舞。二是如前所述,通过导师制在广大学生中积极举行讲演会、读书会、讨论会、谈话会或研究会等各种集体活动,增强学生的团体意识与团结协作精神,这在客观上又增强了教师与学生情感上的联系,并丰富了校园文化生活。三是通过积极服务抗战,增强学生及民众抗战的决心与勇气。如,当时西北联大的学生剧团经常在陕南城固、南郑等县的农村和城镇,进行抗日内容的话剧演出,深受陕南民众欢迎。1939 年暑假,联大剧团还到抗战前线慰问抗日将士,成为当时很有影响的一支抗日宣传力量。② 再比如,1938 年 9 月 8 日,全校组织 734 名学生参加了为期两个月的陕西省学生军训活动。联大还成立了战时义务宣传队、救护训练班、公共卫生训练班、民众学校、体育训练班等,服务抗战,服务民众。这些活动既锻炼了学生,又使学生与广大民众对日本帝国主义的暴行有了较清楚的认识,"抗日情绪,逐渐高涨",而民众"热烈情绪与夫民族意识之勃发,匪言可喻"。③

4. 国民政府的导师制在实施中,逐渐由教育制度变为特殊的"训导"制度,客观上束缚了师生思想,又在实际操作中多有困难,因此最终归于失败,西北联大的导师制依然

西北联大的导师制是当时全国高校实施导师制最为有力的院校之一,实施过程中也确实起到了一些积极的作用,并对全国具有示范作用。但是,实际中困难与矛盾难以切实解决。首先,导师人选就是一实际困难。正如西北联大在答复教育部征询教育问题的意见书中所言:"盖凡事不患无治法而患无治人。导师即负训导青年之责,其本人之品学,非能为青年表率不可,故各校

---

① 《博望侯墓道古物校内展览记》,《西北联大校刊》第 10 期,1939 年 2 月 1 日,第 20 页。
② 《西北大学校史》委员会编,李永森等主编:《西北大学史稿(1902—1949)(修订版)》上卷,西北大学出版社 2002 年版,第 246—247 页。
③ 《本大学下乡宣传队近讯》,《西安临大校刊》第 7 期,1938 年 1 月 31 日,第 8 页。

对导师人选殊难决定。如青年对其导师无敬仰心,决不能发生实效。"①按国民政府教育部规定,导师制中的导师,需要具备许多优点,但客观上这些优点很难在一人身上体现。如果是仅仅从学识方面考虑,自然相对容易,但是导师制更注重导师的道德品格,而这一点既不好确定标准又难以实际考察。同时,导师应该善于与学生沟通交流,并要具备相关专业知识,但西北联大许多导师并未受过师范类的专门教育与训练,在与学生的相处上,自然又存在诸多问题。其次,实际实施过程中与现有教育部及学校规定、制度多有矛盾与冲突。如,黎锦熙、黄国璋二位教授曾指出:教育部"新订之导师制,用意至善,惟欲见诸实行,尚略有困难"。因为,客观上"训导工作繁重,有碍教师授课。如减少授课时间,势必增加学校教授之数额,而经费亦必比例加增"②。此问题如何解决,没有详细规定,而在实际中西北联大也很难解决。当时,西北联大规定:"教授兼系主任者,任课8—9小时。教授兼院长或秘书教务、训导各处主任或研究所主任者,任课6—7小时。教授兼系主任再兼院长或处主任者,任课5—6小时。教授兼性质相同之两系主任者,任课7—8小时,再兼院长或处所主任者,任课4—5小时。院长或系主任由常务委员自兼者,得不任课。"③又"专任讲师每周授课时数定为8—12小时,体育专任讲师并须担任课外运动。……专任讲师兼任校内其他职务者,其授课时数得酌减之"④。同样,以联大教育系为例。当时,教育系四年级心理组导师为程克敬先生,行政组导师为马师儒先生;三年级行政组导师为金澍荣先生,心理组导师为郝耀东先生;二年级导师为鲁世英、胡国钰两先生;一年级导师李建勋、高文源两先生。⑤

　　①　《答复教育部征询各种教育问题之意见》,《西北联大校刊》第6期,1938年12月1日,第25页。

　　②　《答复教育部征询各种教育问题之意见》,《西北联大校刊》第6期,1938年12月1日,第25页。

　　③　《处主任、院长、系主任任课规定》,《西北联大校刊》第2期,1938年10月1日,第8页。

　　④　《规定讲师授课时数及待遇办法》,《西北联大校刊》第3期,1938年10月15日,第14页。

　　⑤　参见《聘定文理师范两院系各年级导师》,《西北联大校刊》第7期,1938年12月15日,第24—25页。

这 8 位导师,除胡国钰先生为讲师外,都为教授,可大致估计每位先生每周上课 9 小时,而此时教育系共有学生 88 人,一年级 27 人,二年级 15 人,三年级 29 人,四年级 17 人。① 按规定,每位导师大约带 10—15 位学生,导师每周都要与导生进行个别谈话不少于 1 小时,也就是说导师在约 9 小时的教学任务外,每周还要承担起码 10—15 小时的训导工作,对导师来讲这个任务是相当繁重的。导师在上课之余,自身还需要备课及进行科研工作,以及相应的学校行政性事务、琐事,除此之外,导师除个别指导外,还要进行团体训导,这也要花去大量时间,作为导师来讲,不论时间还是精力都受到了极大挑战,实际很难完全按照规定完成指导任务,进而指导工作大打折扣。再如,李建勋教授,不仅是教育系主任,同时还是师范学院院长,同时兼北洋同学会会长等社会职务,虽然师范学院规定以系主任为一年级新生导师,但实际指导很难落到实处,正如当时导师与学生谈话记录:"所抱憾者即李先生无一年级课程,且因指导研究工作,及其他行政事务,终日甚忙。恐诸君现时无机深刻认识其人。"所谓个别指导,实际也做不到由导师规定时间学生前来,"更盼今后多自动,时向李先生请益"②。由此可见,导师制在很大程度上是有"名"而无实。第三,抗战时期教师薪金难以保障,造成家庭生活拮据,经济紧张,诸多教师又拖家带口,为了生存需要及养家糊口,教师兼职现象普遍,加之又有诸多家庭及私人琐事要处理,这些都在一定程度上影响了导师制的实际执行。

当然,对学生思想行为的过度束缚和控制显然也是导师制失败的重要原因之一,教育自有其发展规律,高等教育尤其强调思想的"兼容并包"与学术的独特创见,而导师制实施的过程中,国民党力图通过强化"党化教育"来控制各大学的人事及思想,这既导致了诸多大学的反感与抵制,客观上又不利于

---

① 《国立西北联合大学二十七年度上学期在校学生人数统计表》,《西北联大校刊》第 9 期,1939 年 1 月 15 日,第 17 页。

② 《教育系一年级导师与学生谈话会记录》《西北联大校刊》第 9 期,1939 年 1 月 15 日,第 16 页。

大学自身的学术发展与进步,故失败是必然的。

　　总之,通过对西北联大导师制的研究,一方面,在某种程度上反映了当时大学、教师与政府的关系。本来加强对学生的思想品德教育,增强抗战的自信心,并对学生加强学业指导,是教育的应有之意,但国民党的腐败及对大学的过度干预,不仅使导师制没能收到预期成效,反而使其向相反的方向发展。另一方面,国民政府在全国中等以上学校实施的导师制,归根结底是面对 20 世纪二三十年代以来教育中出现的诸多问题与弊端,而采取的学习欧美国家教育经验的一次尝试。在实施过程的初期,确实也起到了一定的积极作用,但也暴露出诸多难以解决的矛盾与冲突,加之国民党在各方面包括意识形态领域,企图掌控与"党化"高等院校的思路,使得导师制逐渐由教育制度而转变为一种特殊的"党化训导"制度。这又客观上束缚了师生思想,有违教育发展规律,故而遭到诸多学校的反对与抵制。西北联大本是全国高校实施导师制最为有力的院校之一,在实施过程中,同样遇到了在事实上无法解决的矛盾及现实问题、困难,导师实有应接不暇之感,长此以往难以坚持。故而,西北联大的导师制与全国其他高校一样,最终归于失败。

第四章 西北联大的抗日救亡活动与校园文化

西北联大是抗战的产物,在民族危难之际自觉肩负起国家重任,不仅保证了中国高等教育弦歌不辍,树立了高远的学术目标与学术追求,而且发扬中华民族优良传统,积极服务抗战事业,服务国家战略,服务经济社会发展,为国难时期兴学强国担负起了应有的责任、作出了应有的贡献,而这一切又发展与高扬了中国大学精神。

第一节 西安临大的抗日救亡活动与校园文化

西安临时大学是在民族危机、国难当头之际建立起来的。临大师生在教学科研的同时,积极进行抗日救亡宣传与抗日民主活动,积极培养抗日干部、组织支前工作,并贯彻党的全面抗战路线和抗日民族统一战线政策,围绕抗日救亡积极开展校园文化活动。

一、西安临大的抗日救亡宣传

西安临时大学组建不久,学校即指出,全校师生要"尽匹夫匹妇救亡之责"。1937年12月20日,西安临时大学校刊发刊词指出:"为适应战时之特殊需要,特于课外厘定军事、政治、救护、技术等训练,并由教授指导学生组队出发,下乡宣传(抗战)。"①之后,临大常委会决定:本校学生均有下乡宣传的义务,下乡宣传的目的为唤起民众及灌输抗战常识,以期民众之组织化及发挥自卫能力。宣传材料以简明图书为最佳,宣传方法可以是谈话交流,也可采用组织歌咏队、漫画班、话剧团、写标语、出墙报等形式,并要求宣传人员对民众必须要有谦和的态度,以收到良好的效果。②

西安临大学生下乡宣传,师生分期实行,时间以2周至3周为限,宣传队以20—30人为一队,教师1—3人作为领队,指导学生具体宣传。临大时期,校歌咏队经常到西安等地群众中去宣传、演唱抗日救亡歌曲,以增强民众抗战的信心。当时,演唱的歌曲有《义勇军进行曲》《松花江上》《大刀进行曲》《打回老家去》《黄水谣》等。当时,学校还规定,师生下乡宣传不得收受任何费用、接受任何礼金,并在宣传的过程中要有谦虚谨慎的态度。"自已所用之行李,必须能自身携带。"③在下乡宣传出发前,先期进行一周时间的培训,参加宣传队下乡宣传的学生,作为学业成绩的一部分。宣传的形式以讲演和各种生动活泼的文艺形式为宜,如前所述除组织歌咏队、漫画班、话剧团等形式外,还通过演戏、唱歌、绘画、出墙报、写标语等多种方式宣传抗日救亡。当时,从武汉去延安在西安停留的作曲家贺绿汀,漫画家张汀、陶今也等,利用空隙时间来校指导,为全校培养了一批抗战宣传人员。据记载,贺绿汀操着满口湖南腔,给同学教唱抗日歌曲、唱"到敌人后方去"的神情,在当年的临大学生当中留下了深刻的印象。临大时期,学校话剧团还在西安上演过舞台剧《飞将军》和街头活报剧《放下你的鞭子》等。④ 同时,学校歌咏队也经常到群众中去演

---

① 《发刊词》,《西安临大校刊》第1期,1937年12月20日,第1页。
② 《西安临大校刊》第1期,1937年12月20日,第5—6页。
③ 《西安临大校刊》第1期,1937年12月20日,第6页。
④ 《西北大学校史》委员会编,李永森等主编:《西北大学史稿(1902—1949)(修订版)》上卷,西北大学出版社2002年版,第210页。

唱抗日救亡歌曲,如《义勇军进行曲》《大路歌》《松花江上》《打回老家去》《开路先锋》《新莲花落》《大刀进行曲》《黄水谣》等。临大师生的这些抗日救亡活动,一方面锻炼了学生,另一方面对于鼓舞民众坚持抗战到底,树立必胜的抗战决心,起到了很好的作用。

西安临大在抗日救亡方面还有一件值得一提的事情是,1937 年 12 月 1 日,临大医学院由药理学教授徐佐夏、妇产科副教授王同观带队,率该院 30 多名师生的宣传队经宝鸡翻越秦岭,抵达陕南汉中进行抗日救亡的宣传工作,这是临大师生第一次抵达陕南。宣传队于该年 12 月 11 日抵达汉中留坝县。师生宣传队除在陕南南郑、凤县、沔县、留坝、褒城等地开展抗战宣传以外,还向当地群众进行防毒气知识的宣传,并调查地方病情况和为群众开展诊病治疗等工作。1938 年 2 月,该宣传队接学校命令返校。据记载,临大学生宣传队第三队于 1937 年 12 月 5 日由宝鸡乘骡马驿车出发,经大湾铺、观音堂、东河桥、黄牛铺、草凉驿以及凤县县城、南星、榆林铺、庙台子、双石铺、留凤关等地,于 1937 年 12 月 11 日抵留坝县城。途中车行维艰,加之沿途各驿站缺乏食粮,故而宣传队自带粮食、锅灶等用品,每日炊食两次,沿途均铺草席地而眠,每房间容三四十人。① 由此可见,其工作之艰辛和路途之劳顿。

二、培养输送抗日干部,组织支前工作

党中央和中央红军到达陕北后,陕西逐渐成为全国抗日救亡的中心地区,尤其是西安事变发生后,西安抗日救亡的声浪更是一浪高过一浪。组成西安临时大学的原北平大学、北平师范大学具有"一二·九"运动的光荣传统,他们的到来,更增加了西安这座古老城市抗日救亡的声势。

1937 年 11 月,在中国共产党地下党组织的领导下,组成了中国共产党国立西安临时大学支部,因当时处在国共合作时期,临大党支部和中华民族解放

① 姚远:《国黉播迁:西北联大通史》上册,陕西新华出版传媒集团、陕西人民出版社 2021 年版,第 187—188 页。

先锋队（简称"民先队"）分队部与西安七贤庄八路军办事处经常保持联系。与此同时,西安临时大学的一批专家学者、知名教授还经常到西安八路军办事处,向林伯渠请教有关抗日救亡和最新抗战形势等问题。①

尤其是民先队在组织支前工作、培养抗日干部等方面做了大量卓有成效的工作。西安临大组建成立后,北平大学、北平师大、北洋工学院三校的老民先队员,随学校西迁西安,到了西安后他们在中国共产党的领导下开展各种抗日救亡运动,成为学生抗日救亡运动的先锋和模范。1937 年 11 月,中共中央军委副主席周恩来到西安七贤庄八路军办事处,作有关团结抗日的报告,西安临时大学民先队负责人、原北平大法商学院系四年级学生郭有义等人,代表全校民先队出席会议,认真聆听周恩来所作的报告。② 之后,西安及陕西关中地区的民先队组织在西安召开会议,讨论民先队的下一步工作和联合行动计划,当时西安临时大学民先队也派代表参加此次会议。会后,校民先队与西安民先队还经常共同举行抗日救亡活动。比如,多次动员群众赴山西、河南等前线进行抗日宣传、参加战地工作等。随着民先队在学校抗日救亡运动工作的开展,其队伍也在校内不断发展壮大,成为西安抗日救亡的一支重要力量。

此外,为了做好支前工作,1937 年 11 月至 12 月,"西安临大战地服务团"服务团陆续去陕西潼关、华阴等地开展工作,1938 年春回到西安。不久,"西安临大战地服务团"与"长沙临大战地服务团"合并,在凤翔县组成"第一军随军服务团",为抗日战争、救亡运动、支前工作等做了大量艰苦细致的工作。③

三、贯彻党的抗日民族统一战线政策

西安临时大学积极响应中国共产党的全面抗战路线和抗日民族统一战线

---

① 《西北大学校史》委员会编,李永森等主编:《西北大学史稿(1902—1949)(修订版)》上卷,西北大学出版社 2002 年版,第 207 页。

② 《西北大学校史》委员会编,李永森等主编:《西北大学史稿(1902—1949)(修订版)》上卷,西北大学出版社 2002 年版,第 208 页。

③ 《西北大学校史》委员会编,李永森等主编:《西北大学史稿(1902—1949)(修订版)》上卷,西北大学出版社 2002 年版,第 208 页。

政策,激发学生爱国热情。比如,学校师生积极参加陕西省及西安市社会各界举行的抗日群众大会、抗战形势报告会、抗战座谈会等,主张坚持抗战,反对"亡国论"等妥协投降论调与倾向,表现了强烈的爱国主义精神。

举凡西安举行的抗日群众集会、游行,临大师生要么是主要参加者要么是积极组织者。法商学院沈志远教授就曾在西安各界举行的抗日集会上,发表积极抗日的演说。一些教授还手举小旗,经常参加西安群众抗日救亡游行,并在西大校史馆保存有珍贵照片。1937 年,彭德怀将军在西安作抗战形势的报告,消息传出后,临大师生心情振奋、欣欣鼓舞,蜂拥前去,聆听党的声音。当时常有西安八路军办事处的工作人员及路过西安的八路军政工人员,被邀请到临大来作报告,他们就国内外政治及前线军事形势和敌后群众运动分别论述,理论与实际结合,生动感人,说服力强。对激发学生爱国热忱,增强抗日胜利的决心起到了很好的效果。同学们听后,普遍支持中国共产党的全民抗日主张和政策,称赞八路军将士英勇善战。西安临时大学在中国共产党地下党支部的组织领导下,还经常举办各种专题座谈会,邀请相关知名人士出席指导,到会的同学们情绪激昂、表现踊跃。当时,应邀作报告或讲演的有:新中国成立后被称为马克思主义史学"五老"之一的侯外庐教授,以及西北战地服务团团长、女作家丁玲,杨虎城将军主陕时的秘书长、陕西抗日大同盟杨明轩,民主同盟主要负责人之一梁漱溟教授等。①

四、西安临大的校园文化

校园文化是一所学校精神风貌的体现与反映,它也是大学文化与大学精神的重要组成部分。西安临时大学成立后,尽管处在战时,但是还是开展了丰富多样的校园文化活动。一是举办不同学科的校园学术活动。比如,文理学院地理系在 1937 年 11 月底到 1938 年初,举行了一系列学术讲座,系主任黄

① 《西北大学校史》委员会编,李永森等主编:《西北大学史稿(1902—1949)(修订版)》上卷,西北大学出版社 2002 年版,第 209 页。

国璋教授邀请陕西省水利局局长李仪祉局长和工程师刘钟瑞到校讲演《泾惠渠之水利问题》，请刘慎谔教授演讲《中国西北之植物地理》，请刘钟瑞演讲《渭惠渠工程概况》，请孙健初演讲《甘肃青海两省之地质》，请史悠明演讲《甘肃青海两省之见闻》，请卫楼博士（Dr.Willer）演讲《中国西北之地形》，请利查逊（Dr.Richardson）演讲《甘肃之地理与农业》等；另外，如前所述，学校还邀请西安八路军办事处的工作人员来校讲形势政策与党的政策；也邀请著名马克思主义史学家侯外庐教授，女作家丁玲，陕西抗日大同盟杨明轩先生，民主同盟主要负责人之一梁漱溟教授等，来学校作报告或演讲，这些报告或者演讲既扩大了同学们的学术视野和学习兴趣，又极大激发了同学们的爱国热情。

二是非常重视学院体育文化活动。如，临大体育系除体育本科教学外，承担全校体育课程，学校尽管分处西安三个不同地方办学，环境条件受限制且简陋，但仍然组织有"课外运动委员会"，并开展了多项课外体育活动，截至1937年12月8日，参加学生560余人。[1] 男子体育活动项目有：篮球、排球、足球、垒球、竞走、体操、国术、月夜赛跑；女子项目有：篮球、排球、小足球、体操等。要求，"凡本大学学生每人以必选一项为原则"[2]。此外，学生还组织了极富战时趣味的各种篮球队，如"潜水艇男子篮球队""铁鸟男子篮球队""乌云男子篮球队""黑铁男子篮球队""先锋男子篮球队"；以及以抗战为名的各种篮球队和排球队，如"老北风男子排球队""复兴女排队""平倭男篮队""八一三男子篮球队""战队男子篮球队""游击男子篮球队""七七男子排球队"；也有以籍贯、原校名、系科命名的，如"湘队男排""华豫男子篮球队""北洋二十九年班男篮队""北农垒球队""商先男子篮球队"等。1938年1月15日下午，在庙后街的第一院，举行了一、三年级与二、四年级间的姊妹班排球友谊赛，同学

① 《本校课外运动办理经过》，《西安临大校刊》第6期，1938年1月24日，第8页。
② 《课外运动委员会第一次会议记录》，《西安临大校刊》第6期，1938年1月24日，第9页。

们还组织了啦啦队助威比赛。虽然当日天气阴寒,出场者和观众仍非常踊跃。比赛结果为,一、三年级队 2∶1 战胜二、四年级队获胜。① 另外,第一院于 1938 年 2 月 1 日下午,还举行了女同学篮球友谊赛,特别邀请第一院女同学所组织之篮球队比赛,场面非常激烈,博得了不少掌声,同学们情绪格外振奋。②

三是注意课外学术社团活动。比如,农学院在教学活动之余,积极开展学术社团活动。农业化学系同学会,在 1938 年 2 月 22 日,即在举行虞宏正教授和苏麟江先生自欧洲返国回校欢迎大会时,分别由虞宏正教授和苏麟江先生,以及刘伯文、王思九等教授和罗登义副教授进行演讲,报告他们游欧经过,并向同学们介绍国外化学研究最新进展,激励"国难中吾人应有之责任"③。

四是积极认购救国公债和进行抗日义卖募捐活动。西安临大师生在学习的同时,积极用自己的实际行动,支持前线抗战。教职员积极认购救国公债,按校常委会决定,"本校教职员一律以一个月薪金认购救国公债"。自 1937 年 10 月至 1938 年 2 月止,分 5 个月扣缴,全校教职员缴第一期救国公债计国币共 7655.44 分。④ 与此同时,响应陕西省新生活运动促进会"一日一分运动",设置钱箱,每日每人于生活费中节省出一分钱来,投入钱箱,每三天由负责人当众点清,汇存银行,以源源接济前方战士抗战需用。⑤ 之外,学校还进行抗日义卖募捐活动。比如,家政系女生于 1938 年 1 月 28 日、2 月 4 日在学校大礼堂举行了两次"实习成绩义卖捐赠抗战将士鞋袜"活动,显示了家政系师生的手艺绝活。之外,当时出售的物品有饼干、花生饼、油煎饼、香园酱、柠檬酱、橘子汁、可可糖花生、肉干、笋豆、糖花生、花生、蛋糕、芝糖、鸡排、柠檬排、小蛋糕等食品数十种。

---

① 《第一院女同学姊妹班排球赛》,《西安临大校刊》第 6 期,1938 年 1 月 24 日,第 8 页。
② 《女同学篮球友谊赛》,《西安临大校刊》第 8 期,1938 年 2 月 7 日,第 7 页。
③ 《农业化学系同学会举行欢迎会》,载姚远主编:《西北联大史料汇编》,西北大学出版社 2012 年版,第 443—444 页。
④ 《本校教职员认购救国公债》,《西安临大校刊》第 1 期,1937 年 11 月 20 日,第 3 页。
⑤ 《一日一分运动》,《西安临大校刊》第 1 期,1937 年 11 月 20 日,第 3 页。

第二节 西北联大分置前的抗日救亡活动与
校园文化

1938 年 3 月,西安临大奉命迁陕南汉中更名国立西北联合大学后,秉持革命优良传统,读书不忘救国,开展了丰富多样的抗日救亡活动。一是在中国共产党地下党组织的领导下,进行全校群众性的社团组织活动,阅读、研究马列经典著作等;二是举办抗战救亡的座谈会和纪念会,动员、组织群众参加抗日救国工作;三是在西安临大剧团基础上建立起来的西北联大剧团,继续在陕南城乡积极开展抗日救亡宣传;四是联大民先队南迁汉中后,继续坚持抗日斗争与救亡工作;五是联大师生面对国民党的倒行逆施,进行了反对解聘进步教授和迫害学生的运动。

一、中共地下党组织领导下的联大进步社团活动

西安临大的中共党组织在西安时,受西安市学委领导。西安临大迁陕南汉中改为西北联大后,西北联大地下党组织,除部分党员因工作需要去延安或抗日前线外,数百要求往延安的进步学生或党员,诸如申健等,均按中共西安市学委的劝导随校南迁完成学业,改称中国共产党西北联大党支部。在西北联大分置国立五校前的时一年多的时间里,先后任支部书记和陕南学委负责人的有刘长蓁、陶稷农、袁敏、刘骏、余士铭等同志。这一时期,联大党支部先由中共汉中工委直接领导,后改由中共汉中地委直接领导。当时担任中共汉中工委、地委的负责同志先后是:余洪远(王德)、董学源、李铁轮、赵希愚、江侠(何生产)等。① 西北联大分置前,虽处于国共第二次合作时期,但鉴于实际情况,联大党组织的活动基本上处于半公开或隐蔽状态,大

---

① 《西北大学校史》委员会编,李永森等主编:《西北大学史稿(1902—1949)(修订版)》上卷,西北大学出版社 2002 年版,第 235 页。

多数工作仍只能通过合法组织或进步社团等形式来开展。

这一时期,在西北联大党组织领导下,全校群众性的社团组织主要有:

(一)社会科学研究会

1938年春末夏初,西北联大社会科学研究会成立,它是西北联大地下党组织领导的第一个大型读书会组织。该读书会是在进步教授沈志远、章友江、韩幽桐的启迪和帮助下,由法商学院的一些民先队员学生发起的。其主要学生成员有李昌伦、唐义慧、万迁、桂奕仙、张富林、田泽芝、张人俊、余士铭、伍诗绥、姚健吾、孟子奇、陈恕人、张治平、刘养桐、肖富国、胡笑微、郭锦惠、马培英、傅道义、傅静君等。除法商学院的学生外,联大文理学院、工学院、师范学院等也有不少进步学生参加,各学院成立有分会或研究小组。研究会的目的在于学习有关马列主义哲学、政治、经济、时事等著作和文章。研究会成立后,先后请沈志远、彭迪先、章友江等教授作过学术讲演。组织会员学习的主要内容有:列宁的《国家与革命》《苏联共产党(布)历史简明教程》,苏联《政治经济学》和毛泽东的《论持久战》《论新阶段》,以及著名马克思主义哲学家艾思奇的《大众哲学》和重庆生活书店出版的大量进步书刊等。① 该读书会活动非常积极,国民党对此早有关注并表示强烈不满。1938年7月,有人举报章友江教授在课堂上散步所谓的不当言论,当局强烈要求学校解聘章友江教授,章友江教授被解聘后到了重庆,复返学校在城固居住,指导学生运动,1939年夏离城固,按周恩来的指示,打消去延安念头,相继在成都、重庆后方工作。

(二)展望社

西北联大展望社于1938年秋成立,最初由中共党员陈志立、马介云、伍诗

---

① 《西北大学校史》委员会编,李永森等主编:《西北大学史稿(1902—1949)(修订版)》上卷,西北大学出版社2002年版,第236页。

绥、余士铭等人发起组织，开始只有八九人，以后该社逐步扩大到 30 人左右。① 展望社成立后，相继建立图书室，集资订阅、购买进步报刊和进步书籍，供社员阅览和借阅；成立《资本论》学习小组，并通过办壁报发表学习心得体会，宣传抗战，团结进步力量；另外，展望社还组织宣传队下乡开展抗日救亡宣传。同时，该社还进行农村调查，开展文体、节日联欢等活动，团结进步青年，参加联大党支部组织的活动，营救被捕进步同学等。据回忆：展望社成立后，读书空气甚浓，抗日救亡宣传活动很活跃。他们组织师生阅读恩格斯的《费尔巴哈论》，列宁的《帝国主义论》《国家与革命》，列昂捷夫的《政治经济学》《辩证唯物论与历史唯物论》《经济学说史》，毛泽东的《论持久战》《论新阶段》《新民主主义论》，李达的《社会科学大纲》，田原的《政治学》以及延安《解放》杂志等。之外，大家阅读《资本论》十分认真，特别是对商品、货币、资本、剩余价值等问题反复研讨。对于弄不清楚的问题，则找教授解释。学习讨论都是在老百姓的房子里秘密进行的，书籍也是秘密收藏的。②

（三）自励社

自励社于 1938 年底开始酝酿筹备，1939 年春正式成立，是西北联大地下党组织直接领导成立的读书会组织。当时联大党支部认为读书会组织不宜庞大，以免树大招风，故而指定法商学院中共党员伍诗绥另外筹组一读书会——自励社。社址设在法商学院一年级学生刘养桐、张治平两同学在城固西门外仁义村的住处，该住所远离县城，不为外人注意，于是成了联大法商学院追求进步的热血革命青年的自由天地。其第一批成员 20 多人，后来逐步发展到

① 《西北大学校史》委员会编，李永森等主编：《西北大学史稿（1902—1949）（修订版）》上卷，西北大学出版社 2002 年版，第 237 页。
② 黄流：《在那暴风雨的日子里——忆在 1937—1941 年在西北联大、西北大学法商学院学习斗争生活》，载西北大学校史编写组编，李永森等主编：《西北大学校史资料汇编》，1987 年，第110—117 页。

30 多人。凡参加自励社的同学,他们共同的政治思想基础是:思想要求进步,主张抗战到底。自励社主要成员之一的江树森还为该社写了《社歌》,头两句为:"我们是西北拓荒者,把革命种子撒遍西北原野……"①

自励社建社初期,其活动一是开展阅读进步书报活动,一是举办壁报。阅读进步书报活动方面,自励社成立后,大家捐资建立了一个图书室,大约有近千册社会科学、新文艺方面书籍以及几份报纸杂志,如《新华日报》和《解放》杂志等,都是捐献或集资购买,供社员平时自由借阅。有时个人得到有价值的新书,也交给图书室传看。在读书和讨论的间歇,为了活跃生活,历史系女社员陆玉菊总是发挥自己的特长,利用这个机会教唱抗日流行歌曲,如《在太行山上》《红樱桃》《黄河大合唱》等。举办壁报方面,自励社定期出版墙报,内容主要宣传抗日救亡,反对投降妥协,通过对国内外政局发表评论,对校内重大事件发表言论,对学习社会科学理论,讲述见解,进行对外宣传。主办壁报的同学都很有经验,像刘养桐,曾经于 1938 年在法商学院独自出壁报《剪集》,将进步书刊中的抗战内容,经过编排,张贴出去,还出过诗歌专号、希特勒专号、三八节专号等。出了七八期以后,校务委员会委员张北海就此找刘养桐训斥,才没有再出②。再比如,1939 年 9 月,中共地下党员罗光永写得壁报《纪念"九·一八"八周年》,和王绍祖的《学习·革命·人生观》一文,均遭到校方在法商学院全体大会上的点名训斥。可是一经点名,一些过去没有看过这一壁报的同学,都带着分辨是非和好奇的心情拥向《自励》壁报,《自励》的声誉更高了。③

自励社活动一特点是在读书会中发展党的组织,并在党组织安排下组织

---

① 《西北大学校史》委员会编,李永森等主编:《西北大学史稿(1902—1949)(修订版)》上卷,西北大学出版社 2002 年版,第 237—238 页。

② 刘养桐:《自励社始末》,载西北大学校史编写组,李永森等主编:《西北大学校史资料汇编》,1987 年,第 136—141 页。

③ 《西北大学校史》委员会编,李永森等主编:《西北大学史稿(1902—1949)(修订版)》上卷,西北大学出版社 2002 年版,第 239—240 页。

了下乡慰问、宣传。此外,还不定期地举行聚餐、郊游、唱歌等活动,用以联络感情,增进友谊。通过读书会一系列活动,促进了同学们政治上的成长,加深了同学友谊,使大家至今不忘。①

(四)文艺学习社

文艺学习社成立于 1939 年暑假前后。由岳邦珣、郑文惠、孙绳武等人发起,主要成员有白诗甫、祁东海、王清润、王建、卞重芸、伍诗绥、刘衡、王雨农、于森、陆玉菊等。其主要活动:一是阅读讨论进步文艺作品,如讨论过《纺车复活的时候》《华威先生》等作品和对马克思主义文艺理论进行探讨;二是进行创作实践,相互研讨习作,并向进步报刊投稿;三是出刊大幅墙报,团结、吸引爱好文艺的同学。该年 7 月初,进步作家、中共党员蒋牧良从老河口前线来到城固,在联大地下党组织的安排下,由该社发起人之一的岳邦珣等人联合法商学院爱好文艺的同学,在城南一家茶馆里欢迎他,并请他介绍了抗战前线的新闻、文艺、文艺创作及党关于文艺的政策等,大家听了都受到很大的鼓舞。

文艺学习社出刊的大型文艺壁报《学习》,推文学院于满川、法商学院王建为编辑,每半月 1 期,张贴在校部门首,非常具有吸引力。每期内容都有小说、诗歌、散文、杂文、理论文章等。壁报第 1 期于 1939 年 7 月 16 日出刊,发刊词是这样写的:

"这是一个纯文艺的刊物。"

"这个刊物的产生,并不是仅仅由于对文艺的爱好的缘故,而是我们感到也认识到文艺的力量和作用。我们认识文学和战士们认识他手中的枪一样……"

"历史在剧变的时候,是最灿烂的,我们的时代是悲壮而残酷的;同时,也是最美丽的。许多金色的故事,是从血泊里长出来的,是

---

①　张容林:《伏枥志》,广西人民出版社 2008 年版,第 6—7 页。

带血腥气味的——这气味可以使人更崇高、奋发向前。文学不仅应
该把它忠实地记录下来,以作为人类的夸耀,更应该发挥出教育、启
发和推助时代的作用。"①

总之,从1938—1939年暑假,西北联大的读书会及各种进步社团组织非
常活跃,通过各种活动极大地提高了同学们抗日救亡的自觉性。

二、举办抗战救亡的座谈会和纪念会

1938年5月初,迁校事毕,西北联大正式开始上课后,全国抗日战争的形
势日趋严重,前线战事紧张。当时,抗日前线的形势牵挂着每个爱国青年的
心,抗战的形势如何发展?如何坚持抗战?这是大家非常关心的问题。当年
暑假,一些进步师生在法商学院北楼二层敞厅教室(这是当时法商学院最大
的一个教室),首次召开全校性的大型座谈会。这个会的名称是"《抗战建国
纲领》座谈会",会议由法商学院学生主持,不少教授前来参加。据记载,有法
商学院的沈志远教授、寸树声教授、章友江教授、季陶达教授等;文学院的许寿
裳教授、李季谷教授、曹联亚教授、许重远教授等。全校师生很多人来参加,连
走廊里都站满了人。当时召开这样的大会,由于没有电灯或气灯,只好在教室
的四周点燃一支支土制的蜡烛,师生济济一堂,烛光熠熠发光,真是一派战时
的景象。会上,进步教授沈志远在发言中,从理论上透彻地分析了这个纲领,
章友江教授的发言慷慨激昂,对当局的抗战不力愤而击案,进行了有力的抨
击。② 这次座谈会,有力地宣传了中国共产党的全面抗战主张。座谈会热烈
的气氛,有力地鼓舞了同学们的抗日爱国热情。类似的座谈会,联大还召开过
多次。

---

① 《西北大学校史》委员会编,李永森等主编:《西北大学史稿(1902—1949)(修订版)》上
卷,西北大学出版社2002年版,第240—241页。

② 《西北大学校史》委员会编,李永森等主编:《西北大学史稿(1902—1949)(修订版)》上
卷,西北大学出版社2002年版,第243页。

除此之外,学校敌后抗援会还经常举行一些抗日纪念会,比如,1939 年 1 月淞沪抗战 7 周年时,全校召开了纪念大会,学校领导和一些教授发表了纪念演讲,大大激发了同学们的爱国热情。之外,家政系将平日实习成果全部献出义卖,所得资金全部捐赠给前方将士,联大师生用实际行动积极支援了抗日战争。

三、联大剧团在陕南城乡的抗日救亡宣传

西北联大剧团是在西安临时大学话剧团的基础上建立起来的。联大剧团传承西安临时大学话剧团的传统,积极进行抗日救亡宣传。联大地下党组织支部委员袁敏,联系民先队员、原临大剧团成员李昌伦等人,在陕南汉中重组成立"国立西北联合大学剧团",决定由李昌伦担任剧团团长,田泽芝、陈恕人、桂奕仙等担任剧务、总务,形成了马介云、桂奕仙、伍诗绥、唐义慧、余士铭等骨干力量。剧团下设有歌咏队、口琴队等,当时演员虽说仅几十人,但围绕剧团活动和支持剧团活动的民先队员和进步学生,则不下一二百人。特别是剧团有一些著名演员,特别是男主角商学院学生王禄贞、女主角教育系学生王文琦等,表演深受大家欢迎。剧团除上演传统抗日剧目外,还及时创作了一些内容新颖的节目。比如,联大剧团成立后,上演的第一个剧目《放下你的鞭子》,就是新创作的。联大剧团不但经常在陕南城固、南郑等县的农村和城镇巡回演出以抗战为内容的街头剧和中小型话剧,而且还到汉中大戏院演出大型话剧,深受陕南群众的欢迎。1939 年暑假,剧团还到汤恩伯驻成都部队演出,宣传并慰问抗日将士。[①]

联大剧团的抗日宣传对于唤起民众,激发群众爱国热情,坚定群众的持久抗日决心起到了很好地激励和宣传作用。

---

① 《西北大学校史》委员会编,李永森等主编:《西北大学史稿(1902—1949)(修订版)》上卷,西北大学出版社 2002 年版,第 246 页。

四、联大民先队的抗日救亡工作

联大迁陕南汉中以后，民先队工作逐步适应新的环境，积极开展抗日救亡活动。这一时期，联大全校有民先队员 120 多人，设区队部，负责人为郑登材，下设城固、勉县、古路坝三个分队。当时民先队的成员以法商学院为多，不少共产党员同时又是民先队员，同样，不少民先队员后来又转为中共党员。因此，党的活动仍然是通过各种公开合法的组织形式开展工作的。当时，民先队的骨干分子在法商学院有郑登材、金玉琨、刘大震、刘长菘、张坚、陈汝森、陈志立、王绍祖、祁东海、冯连璋、李诚、牟敦炜等。其他院系有袁敏、陆玉菊、刘骏、胡笑微、曹大中、张仁纯、卢运乾、夏聿德、蔡得中等。一些进步教授积极指导民先队工作，比如章友江教授、曹联亚教授就经常指导民先队的工作。当时开展的工作主要有：积极发展民先队组织，壮大抗日进步力量；举办民先队壁报《行列》，宣传抗战理论，与妥协投降及"先安内后攘外"的顽固势力展开斗争；组织演唱小队，利用业余时间和假期在城固县城和附近农村进行抗日宣传；反对国民党当局解聘进步教授和支持营救被捕进步学生等。① 1938 年底，校方根据国民党当局的意见，曾张贴布告"禁止学生参加民先队任何活动"。布告称："如有违背，一经查出，严加处分。"②在此情况下，民先队的活动只好转入地下，秘密开展工作。

民先队的活动尽管转入地下，但是还是取得了很好的成绩。1939 年 2 月21 日，中共陕西省委青年工作委员会在《两年来的陕西青年运动及其发展》的报告曾指出："临大（联大）本来是极复杂的，但民先力量相当大，又加上过去在平津做民先队工作的经验，遂在汉南对民先队的工作有了相当大的帮助，推动了汉南青年运动的发展。"③由此可见，联大民先队的工作得到了中共陕西

① 《西北大学校史》委员会编，李永森等主编：《西北大学史稿（1902—1949）（修订版）》上卷，西北大学出版社 2002 年版，第 244 页。

② 《禁止学生参加民先队任何活动》，《西北联大校刊》1938 年第 7 期。

③ 《西北大学校史》委员会编，李永森等主编：《西北大学史稿（1902—1949）（修订版）》上卷，西北大学出版社 2002 年版，第 245 页。

省委青年工作委员会的充分肯定。

五、联大师生反对解聘进步教授和迫害学生的运动

1938年夏，西北联大南迁汉中后，教学工作逐渐转入正轨、学校运转逐渐正常。但是，国民党对西北联大的控制确日益加强，尤其是对西北联大中共党组织的活动严加防范，并严密监视进步教授的讲课内容和进步学生的相关活动及一举一动。由此，引起了大家的反感，从而引发了一场学生运动。事情的大体经过是这样的：

1938年7月，为了加强对西北联大的控制，国民政府教育部下令改组国立西北联合大学校务委员会，先后增聘胡庶华、张北海为校务委员，胡庶华同时兼任国民党陕西省党部委员，一身二任，实际上代表国民党控制西北联大。张北海在任西北联大校务委员之前，以教育部督学名义常驻学校，其责任就是监督学校，强化国民党对学校的管控。张北海曾担任上海影检所所长和国民党中央调查统计局专员，故其到来实际上负有特殊使命。同年9月，新学期开学时，徐诵明向学校请辞法商学院代院长一职，并经联大第38次常务委员会议决定，聘请鲁迅挚友、西北联大历史系主任许寿裳教授为法商学院院长。此任命一出，反动势力大为不满，一些三青团成员首先发难，对许寿裳进行无理攻击，而进步同学也不相让，据理力争，双方差一点在许寿裳的履新会上发生肢体冲突。由于双方矛盾冲突激烈，故而许寿裳无法到院办公，许寿裳直言"士可杀而不可辱"，遂使法商学院院长一职空悬。对于西北联大当时的情况，据一些人后来回忆，"常委徐诵明为左倾分子所包围，竟于廿七年七月向常会提议聘请左倾教授许寿裳为法商学院院长，许就职后，要求常委会停发吴西屏等的聘书，并新聘……邓和民、吴清友、彭迪先为教授，因他获得常委徐诵明的支持，常委会予以同意。因此，西北联合大学顿时充满了陕北抗日大学的气氛"。由此可见，西北联大民主气氛之浓厚，学校充满了"陕北抗日大学的气氛"。

对于西北联大的人事变更,消息传到最高当局,最高当局罕见地以重新任命张北海为法商学院院长来表达立场。为何"罕见",因为,按国民政府大学组织法规定,大学校长为教育部任命,校内各学院院长由校长聘任,西北联大此次院长任命教育部直接干涉,可见事态之严重,也说明最高当局对西北联大之关注。然而,张北海任联大法商学院院长,又激起了全校进步师生的强烈反对。法商学院沈志远、章友江、曹联亚、彭迪先、黄觉非、刘及辰、李绍鹏、韩幽桐等10余名教师集体开会,反对张北海到任法商学院院长,挽留许寿裳,并指责张北海不配当大学的院长。校内外对此反应强烈,由此在校内掀起了一次学潮。①

张北海面对师生的强烈反对,他恨之入骨。并与复兴社骨干分子杨立奎、李在冰等人联合勾结,商议对策,甚至出动特务学生对进步师生跟踪监视,对进步教授采取不安排授课或者削减授课时数,实施排挤打击。还有一名特务学生,蓄意在彭迪先教授的课堂上蓄意制造事端,提问:有一个教授每月领"国难薪"二三百元,但讲的是马克思主义经济学,试问:从"边际效用学说"看来,这有无"边际效用"?对学生的发难,当即遭到彭教授义正词严地驳斥。②1938年底,国民党当局严斥西北联大法商学院讲授马列主义观点的社会科学课程,并认为课堂讲授引进共产党学说。故下令学校要求解聘法商学院曹联亚教授等12人。1939年春天,沈志远教授、章友江教授、彭迪先教授、寸树声教授等一批进步教师先后被解聘。与此同时,教育部又通令全国各院校:解聘教授,他校一律不准再予聘任。③

当局的倒行逆施,不仅没有吓退学生,反而激起了师生的极大愤慨。法商

---

① 《西北大学校史》委员会编,李永森等主编:《西北大学史稿(1902—1949)(修订版)》上卷,西北大学出版社2002年版,第249—251页。

② 《西北大学校史》委员会编,李永森等主编:《西北大学史稿(1902—1949)(修订版)》上卷,西北大学出版社2002年版,第251—252页。

③ 《西北大学校史》委员会编,李永森等主编:《西北大学史稿(1902—1949)(修订版)》上卷,西北大学出版社2002年版,第252页。

学院推举曹联亚、彭迪先二人作为被迫害教授的代表,前往校本部抗议,两位代表拍案怒斥道:"不遵守聘约,不讲信义,不讲民主,迫害教师,就是摧残教育!"彭迪先教授年方31岁,更是怒不可遏。西北联大全校进步学生得知这个消息后,在中共地下党组织的领导下,立即向国民党和校方开展了一场请愿斗争。与此同时,法商学院学生余士铭、伍诗绥、陈志立、马介云、刘养桐等积极发动同学进行声援。文学院院长黎锦熙教授也表示强烈不满,公开支持进步师生的斗争。对于这些进步活动,张北海恼羞成怒,并以法商学院的名义宣布对李昌伦、王仲雄两位参与请愿的学生"记大过"处分一次,以示惩罚。

1939年1月9日,教育部派人到西北联大平息事态。中共联大地下党组织在章友江等进步教授的支持下,围绕反对解聘教授这一主题,向教育部官员请愿,并取得了进步师生的同情和支持。但是,国民党积极反共的政策日趋明朗,并将中共联大地下党支部书记刘长菘等3人逮捕审问。事发后,中共联大党支部在上级党组织的领导下,积极进行营救和组织进步师生探监慰问。加之进步教授沈志远等的多方奔走,国民党当局电令陕南当局释放被捕学生。在社会各界的关心与多方施加压力下,国民党当局最终释放了学生,但又于暑假之前借故将进步学生江效楚等三人开除了学籍。1939年夏天,按照周恩来的指示精神,联大地下党组织利用敌人派系矛盾保存左派力量,积极组织撤退。暑假前夕,被解聘的十多位进步教授,在西北联大分别向学生讲完最后一课后,先后被迫离开西北联大,解聘风潮遂告一段落。①

西北联大师生反对解聘进步教授和迫害学生的运动虽然告一段落,也不可能完全取得成功,但它却有积极的意义,其为学校保存了一部分进步教授的力量,也保存了西北联大地下党组织,这使得西北联大抗日的、进步的革命火种并未熄灭,并在以后发挥了重要作用。正如章友江教授后来在给周总理的

---

① 《西北大学校史》委员会编,李永森等主编:《西北大学史稿(1902—1949)(修订版)》上卷,西北大学出版社2002年版,第256页。

一封信中写道:"1938 年我在西北联大任教时,在党的领导和影响下,积极支持和领导了学生的抗日反蒋活动,为此被国民党解聘教职,并被通令全国各大学不得再聘请我任教。在这次斗争中,我曾专程去重庆八路军办事处向您请示,您和其他领导同志曾用请客吃饭的掩护方式,给了我很多重要指示。遵照这些指示进行斗争,在学校里保存了一部分左派教授的力量,充分利用了国民党派系间的矛盾。"①

第三节　西北联大分置国立五校后的抗日救亡活动与校园文化

西北联大分置国立五校后,继续秉持原有各校及联大的优良传统,并在中国共产党全面抗战、团结、进步方针的影响下,开展了以抗日救亡为中心,以抗日爱国为主要内容的一系列活动,进步力量尽管受到种种限制和摧残,但一直此起彼伏,并与全国各高等院校遥相呼应,彼此配合。

一、国立西北工学院的抗日救亡活动与校园文化

国立西北工学院独立设置后,全体教职员工和学生面对国难当头,积极发扬爱国主义精神,艰苦奋斗,在兢兢业业搞好教学科研工作的同时,还进行了一系列抗日救亡活动,同时校园文化丰富多彩,体现出明显的战时特征。

(一)积极讨汪反奸,反对对日投降

1938 年 10 月,武汉、广州相继沦陷后,抗战军事形势发生了很大的变化,全国抗战进入了战略相持阶段。之后,日本军国主义加强了对国民党的诱降,其他一些帝国主义国家也极力劝降国民党。12 月 23 日,国民党副总裁汪精

---

① 傅道义:《抗日战争时期西北联大政治斗争散记》,载李永森等主编:《西北大学校史资料汇编》1987 年,内部资料,第一辑,第 107 页。

卫和他的夫人陈璧君等人,偷偷地乘飞机离开昆明,转越南河内投敌去了,同时也有一批国民党要员投敌。29日,汪精卫按照与日本帝国主义早就秘密约定的计划,在河内发表了响应日本首相近卫声明的所谓"艳电",奴颜婢膝地为日本侵略者辩解,并劝重庆国民党中央投降。

西北工学院师生得知汪精卫叛逃的消息后,非常愤慨,至为痛根,在全校开展了持续的讨奸运动。全校教职员工坚决反对投降主义,主张积极抵抗,保卫国家,坚决反对侵略者。特通电专声讨,"用期除奸,以维国策"。并且,学校师生员工987人签名。①

西北工学院师生的讨汪电文,反映了国难当头之际,全校师生反对投降卖国,积极抗战到底的决心和爱国热忱,表现了强烈的爱国主义精神,也反映了当时全国人民的共同心声。

（二）提倡节约,捐献抗日前线

抗日战争期间,条件艰苦,物价不断上涨,师生员工的生活十分困难,西北工学院的教职员工只能节省食用以度时日。即使在这样的条件下,大家仍能安贫乐道,严谨治学,悉心执教,努力提高教学质量。并且,大家学习不忘救国,还大力提倡节约运动,捐款抗日,支援前线。比如,早在1938年,师生即捐棉背心款送到抗战前线。1940年,又将保护葡萄、酿美酒义卖,充当前方战士寒衣捐款2130元。同年,慰劳古路坝出征军人家属500元。1941年,开展了关于1元捐献运动,共捐款2251元。1944年,为了负伤将士早日康复,重上前线,以达到"虽残不废"的目的,给慰劳抗战将士委员会捐款5275元。②

之外,1939年,李书田教授、赖琏校长、潘承孝教授等16人发起《国立西

____

① 《西北工业大学校史》编写组,陶秉礼主编:《西北工业大学校史》,西北工业大学出版社1995年版,第54页。
② 《西北工业大学校史》编写组,陶秉礼主编:《西北工业大学校史》,西北工业大学出版社1995年版,第54页。

北工学院教员提倡节约运动公约》签名响应者 60 人。《公约》提出："衣饰：以整齐清洁,经济实用为主,利用旧衣,少制新衣,并绝对不用外国布呢及化装品;饮食：以养生为主,不吸食外国食品及饮料,并绝对不酗酒;住行：住所以简单朴素为主,行路以徒步为应有之美德;婚丧：以尽礼为主,绝不盛大举行;馈赠：婚丧寿诞,每人馈赠不超过国币 2 元;宴会：非遇必要时不举行,如有特别事放,必须宴客,每席以不超过 8 元为原则,有事相商而需聚餐时,聚餐费平均分摊之;娱乐：以提倡高尚娱乐为主,绝对不赌博！"①而这些节省下来的经费,如前所述,绝大部分捐给了前线抗敌的战士,以期抗日战争尽早取得胜利。

(三)进步社团的抗日民主救亡活动

在西北工学院地下党组织的领导和支持下,学校陆续建立了一些进步社团,积极开展抗日救亡和宣传马克思主义思想。这些进步社团和活动情况大体如下：

路社,成立于 1944 年,由共产党员殷开泰、张樾、张乐育等人发起,社名是根据鲁迅先生"路是走出来的"而来,也为纪念西北工学院所在地"古路坝"而定名。当时,西北工学院的图书馆基本上都是科技书刊。为了宣传进步思想,扩大同学的领域,满足同学阅读哲学社会科学类书籍及进步书刊的愿望,路社还采取公开征集书刊的办法,自愿集中书刊 700 多册,成立了"路社流动图书馆"。书刊中大多为苏联和中国进步作家的作品,社会科学的书刊有《大众哲学》《唯物辩证法》《政治经济学》等书籍,还定有《民主周刊》《自由论坛》《新观察》《世界知识》等刊物,以及生活书店、三联书店所发行的小册子多种。另外,还定有进步报纸《秦风工商日报联合版》《民主报》《华西日报》等贴到阅报栏供大家阅读。由此,成为宣传进步思想的重要阵地。当然,为了掩人耳目,其中也摆了一些反动书刊,以免招惹麻烦。这些活动与举措,既丰富了学

①《西北工业大学校史》编写组编,陶秉礼主编：《西北工业大学校史》,西北工业大学出版社 1995 年版,第 54 页。

校文化活动,也使得进步力量进一步发展壮大,路社流动图书馆自创办之日起,一直继续到解放前夕。1945 年 3 月,路社又组织了曙光歌咏队,歌咏队选唱的大部分是进步歌曲,如《抗战的烈火》《太行山上》等,还有苏联的歌曲《囚徒歌》《顿河的哥萨克》等。歌咏队的歌声,响彻古路坝的山冈,给宁静的校园增添了活力,同时激发了广大师生的抗战爱国热情。据统计,参加路社的成员先后有 40 余人,其中多数人于 1948 年暑期先后进入解放区工作。①

新动向社,成立于 1945 年上半年,发起人为陈米驹("民青"成员)、杨天恩、吴华樑和孟宪熷。他们了解到西北工学院许多同学对国民党的反动统治日益不满,对个人前途感到迷茫,为了引导大家探讨"中国向何处去?"的问题,故决定以"新动向"命名社团。新动向社成立后,首先搜集进步书籍,组织读书会,开展课外学习,当时搜集到的书籍主要有《大众哲学》《通俗唯物论》《自然辩证法》《反杜林论》《论列宁主义基础》《新民主主义论》《资本论》等社会科学方面的书籍,以及生活书店出版的青年自学丛书等。此外,还有中共地下党员带来的《七大文献》《论党内斗争》等党的文献。新动向社成立后,还出刊壁报,壁报内容多为介绍辩证唯物主义知识和评论时事。比如,毛泽东赴重庆谈判期间,以整个版面论述国共两党合作与破裂对国家兴衰的关系,并系统搜集资料加以说明。② 这些进步书籍和活动,对引导当时的西北工学院学生认识和普及马克思主义思想,以及正确认识"中国向何处去?"起到了十分重要的作用。

除路社和新动向社外,1945 年 9 月,西北工学院还成立了"旗社"和"学习社"。前者之所以取名为"旗",即取"红旗"之意,很明显地代表了该社的政治倾向。后者"学习社",取自列宁所说"学习、学习、再学习"的教导。这两个进

---

① 《西北工业大学校史》编写组编,陶秉礼主编:《西北工业大学校史》,西北工业大学出版社 1995 年版,第 64 页。

② 《西北工业大学校史》编写组编,陶秉礼主编:《西北工业大学校史》,西北工业大学出版社 1995 年版,第 64—65 页。

步团体,对于抗日战争胜利后,中国的走向及启迪广大青年的思想认识,同样起到了重要作用。

(四)丰富多彩的校园文化活动

国立西北工学院的广大学生在艰苦条件下,刻苦学习,努力上进,常常学习到深夜,有"坝上长夜""七星灯火"的佳话。与此同时,同学们积极开展校园文化活动,以多样的娱乐活动缓解战争带来的苦难。当时,课余饭后,校园内外,山坡上,树丛中,不时荡谈着嘹亮的歌声。据记载:每到校庆和春节时,古风社演京剧,话剧组演话剧,歌咏队唱歌或举行音乐演奏会,还有小型除夕同乐晚会。除夕晚会的桌上,堆着平日很少问津的城固鲜红橘子和落花生,满堂的歌声和笑语,甚是热闹。大家一起,痛痛快快地玩几天,宽舒一下一年来为忙于学习而紧张的心情。年年如此,可谓弦歌之诵不绝。同学们当中,还有一些人平日课后潜心作画,每逢佳节便在校园展出铅笔、钢笔和水彩画,配色鲜艳的粉笔画,令人如临其境。评语簿上,除了"琳琅满目""美不胜收""精心杰作"等老生常谈外,还有"坝上集锦",甚至"坝上天堂"之类的新词句,表示人们似乎忘掉了坝上的艰苦。①

校园文化方面,还有一件事情十分重要,那就是国立西北工学院独立设置后,确定了院训、院歌。确定国立西北工学院的院训为"公诚勇毅";谱写了厉汝尚作词的院歌,歌词如下:西岳轩昂,北极辉煌;泽被万方,化育先翔;巍哉学府,焕乎文章;厚生教养,国乃盛强;千仞之墙,百炼之钢;镂木铄金,唯工所长;公诚勇毅,永矢毋忘;光华灿烂,西工无疆。② 国立西北工学院的校训,体现了西北工学院学子天下为公,忠诚朴实,勇敢坚毅的优良品质。而校歌不仅将校

---

① 《西北工业大学校史》编写组,陶秉礼主编:《西北工业大学校史》,西北工业大学出版社1995年版,第53页。

② 《西北工业大学校史》编写组,陶秉礼主编:《西北工业大学校史》,西北工业大学出版社1995年版,第21页。

训及学校精神恰如其分融入其中,而且表达了西北工学院学子希望国家富强,民族昌盛的美好愿景!

二、国立西北农学院的抗日救亡活动与校园文化

抗日战争时期,西北农学院和西北联大其他国立四校一样,虽然处在大后方,但也遭到了日本侵略者的轰炸。西北农学院广大师生同仇敌忾,对日本帝国主义的侵略从未屈服,爱国热情高涨,开展了各种方式的抗日救亡活动,为国家前途和中华民族命运奋力斗争。

(一)积极开展募捐,组织相关慰问活动

1939 年 9 月 12 日,学校募捐救国公债总数为法币 9675.3 元,其中大学部 8154.5 元,附设高职 582.8 元,附设小学 114 元,西北植物调查所(系西农与北平研究院合办)464 元。同年 10 月 16 日,学校发动募集棉衣运动,许多教授家属组织起来亲手缝制棉衣。至 12 月 18 日,全校向"非常时期难民教济委员会陕西分会"交送募捐缝制棉衣 50 多件、单衣 38 件、鞋 707 双、袜子 110 双、被子 2 条。学校抗战后援会成立后,教职员及学生代表 11 月 28 日携带慰问品、报纸、杂志赴武功慰问受伤士兵。12 月 5 日又开展了二次慰问,救亡剧团还表演了救亡剧,组织了写信队,临时为各将士书写家书或亲友函件。① 此外,学校还曾组织慰问团赴西安慰问。对于转到武功第 71 后方医院的伤员,在每次下火车时,学校派师生去车站迎接,扶助下车,搬运行李及供给茶水和食品,并于星期日去武功后方医院为伤员教唱歌、演剧等。

(二)广泛开展抗日救亡宣传与民主革命斗争

早在 1938 年,学校就不放寒假,专门组成救亡剧团、农村工作团、回乡工

---

① 闫祖书:《西农抗战记忆》,西北农林科技大学出版社 2015 年版,第 42 页。

作团,分赴陕西关中、陕南及甘肃等地开展抗日宣传。学校教职员工总动员进行筹备,在校内布置抗敌宣传品展览室、卫生展览室及民众图书馆各一处,学校民众教育委员会还邀请附近群众讨论进行小学生教学方法,以便推广乡村民众教育。学核还组织寒假农村工作团二十余人,前往宝鸡宣传抗敌。1939年,陕西省各界抗敌后援会西农分会救亡剧团第一队团员19人,前往蓝田、商县、商南、洛南、华县、渭南、临潼演剧宣传抗日。这样,由进步学生发起的抗日救亡宣传活动,就由学校走向了社会。

1944年夏,西农高职学生、地下党员白清珍、牟富生寻找党组织,但未能接上关系。地下党员梁得柱于1944年底和1945年1月由"西北民主青年社"负责人之一李敷仁(地下党员)两次派来学校了解情况并开展工作。抗日战争胜利后,1946年12月间,牟富生、白清珍与党组织接上了关系。不久,牟富生回原籍扶风工作,白清珍和梁得柱接受上级组织指示,以学习为掩护在校从事革命活动,为西北农学院民主革命的发展起了重要作用。

这里要特别说明的是,1946年夏秋,中共陕西省工委派俞正与西北农学院党组织联系,并指示成立支部,由白清珍担任支部书记。支部成立后,在上级党组织的直接领导下,西北农学院的党组织逐步得到了发展,并领导了以后的民主革命斗争。当时,地下党组织还多次组织护送进步学生到解放区,至1947年底去陕北、华北等解放区的学生有十多人,还派多名进步青年去关中地委干校和抗大学习。①

(三)师生积极参加青年远征军

1944年,抗日战争处在非常艰险的时期,大片国土沦丧,人民流离失所。随着太平洋战争爆发,国际援华物资通道被切断,西南大后方岌岌可危。国民政府动员知识青年入伍,组成"中国青年远征军";西北农学院也发出布告,号

---

① 《西北农林科技大学史稿》编审委员会编:《西北农林科技大学史稿(1934—2014)》,西北农林科技大学出版社2014年版,第35页。

召师生员工中符合条件者报名应征参军。国民政府宝鸡专署专员温崇新来到学校,在大礼堂进行了知识青年从军动员。国立西北农学院院长邹树文带头,教职工、院本部学生、高职学生、附中学生共计247人踊跃报名,经过体格检查,最后确定合格者68人。他们参军出发之日,学校举行了隆重的欢迎仪式。68名学子在西安集结后,赴云南曲靖军营接受军事调练,后调往印度兰姆伽接受军用汽车驾驶训练,先后在印度和缅甸执行了军运任务,后被调到印领边界的雷多,穿梭于被称为"野人山"的深山丛林中,担当军运任务,过着艰难的野营生活。后奉命回国参战,接收并运输一批英援军用汽车,沿着还没有完全修好的泥泞的滇缅公路前行,冒着大雨向国内进发,在经历重重生死考验后胜利回到昆明。之后,1946年五六月,参加青年远征军的西农学生退役。随后他们请求按规定回校复学,并于当年七八月间到校报到,恢复学生生活。这部分学生中,很多人成为进步学生运动的骨干力量。①

（四）校园文化突出抗日救亡主题

校园文化方面,一是以进步学生社团为主题,以壁报为载体,宣传民主抗日。1944年9月,学校进步学生创办"亢丁"壁报。1945年以后,相继出现了"时代剪报"、"新野岗"报、"汨罗江"壁报、"新根社"壁报以及高职的"烽火"壁报等,宣传民主抗日思想,并同学校的反动势力进行斗争。1945年后,由亢丁社成员筹办成立"邹岗书刊供应社",秘密供应和传阅进步书刊。② 1947年,全国爆发了"反饥饿、反内战、反迫害"的学生运动,在南京发生了震惊全国的"五·二〇血案"。全国60多个大中城市的学生决定在6月2日举行罢课,抗议美蒋勾结。学校进步学生在地下党的领导和进步教职工的支持下,举

---

① 《西北农林科技大学史稿》编审委员会编:《西北农林科技大学史稿(1934—2014)》,西北农林科技大学出版社2014年版,第33—34页。
② 《西北农林科技大学史稿》编审委员会编:《西北农林科技大学史稿(1934—2014)》,西北农林科技大学出版社2014年版,第35页。

行了"六·二"罢课,声援和支持全国的爱国学生运动,在当时陕西高校中影响很大。二是确定校训校歌。1938 年,国民政府教育部在《颁发国训及青年守则训令》中指示:"查全国各级学校……每一学校各有其不同之历史环境及一贯之精神,故每校应依其所有的特征,制定校训校歌,昭示诸生,以必遵之准绳。"训令规定:"全国公私各级学校务各制一特有之校训及校歌,限一个月内呈报教育部备核。"按照教育部训令,西北农学院在筹建的过程中,即开始制定校训校歌。同年 11 月 11 日,国立西北农学院筹委会第 3 次会议讨论通过了"勤朴勇毅"作为国立西北农学院的校训。对此的解释是:民生在勤,农业尤重;浮而不朴,农者所忌;朴而无勇,流为无用之人;勇而不有毅力、毅心,亦难有建树。[①] 1939 年,学校筹委会将校训呈报国民政府教育部,请求备饬。后经教育部审核,最终修改确定以"诚朴勇毅"为国立西北农学院的校训。之后,1939 年 9 月,由西北农学院院长周伯敏作词、于松云谱曲的校歌启用。其歌词为:"巍巍乎高岗,巍巍乎高岗,乃在后稷公刘文武周公之故乡。昔以农业开基者,今以农业充实我民生与国防。膴膴周原兮辟作农场,皑皑太白兮赐我以博厚洁白之光,莘莘学子兮不断地光大与发扬,使我校之精神永为全民族之太仓。"[②]国立西北农学院校歌不仅气势宏大,寓意深邃,而且具有鲜明的特色,歌词不仅表明中国"以农开基"的文明史,而且申明了学校选址于中华民族农耕文化的发祥地——后稷"教民稼穑"故地的历史潮源,更表达了学校继往开来、弘扬农业,强国富民的理想和办学宗旨。

三、国立西北师范学院的抗日救亡活动与校园文化

国立西北师范学院独立设置后,开始在汉中城固办学,之后陆续迁移至兰

---

① 《西北农林科技大学史稿》编审委员会编:《西北农林科技大学史稿(1934—2014)》,西北农林科技大学出版社 2014 年版,第 12 页。
② 《西北农林科技大学史稿》编审委员会编:《西北农林科技大学史稿(1934—2014)》,西北农林科技大学出版社 2014 年版,第 12 页。

州办学。尽管学校办学地址不断迁移,但除了秉持学校优良传统,不断加强教学科研外,还努力根据学校师范教育的自身特点,积极开展抗日救亡与民主革命运动,校园文化活动十分活跃。

(一)辅导地方中小学教育,提升师资水平,积蓄抗战力量

面对旷日持久的抗日战争,如何增强抗战力量,培养抗战必胜的信念,是国家必须面对的重要问题。要解决此问题,中小学教育至关重要,而要加强中小学教育,首先必须加强中小学师资的教育与教学工作。1941年,国民政府教育部按当时全国7所师范院校所在地,划定了7个师范学院辅导区,其中,划定西北师范学院辅导区为西北五省区及河南省。同年8月,国立西北师范学院在汉中城固组织召开了本辅导区中等教育辅导委员会第一次会议,提出了培养教师、指导现任教师进修和辅导各省改进中等教育的任务。同时,各省立中学给西北师范学院提供学生实习的便利,并由西北师范学院区中等教育辅导委员会聘请本校教授为辅导专员,或由各省教育厅聘任本校教授为督学,以便于到各省中学实施辅导。① 之后,西北师范学院按照要求自觉举办了多次各科师资训练班、教员讲习班等活动,以达到提升师资水平,提高教育质量的目的,从而为抗日战争培养大量有用人才。

之外,国立西北师范学院还设有"小学教育通讯研究处",实行函授教育。主要是解答小学教员所提出的教育疑难问题及通信指导小学教员进修等工作。之外,为了进一步加强工作的实效性,西北师范学院通讯研究处还招收"研究生"。"研究生"分为两种:一种是普通研究生,主要是对所提出的问题予以解答;一种是特别研究生,除对提出的问题进行解答外,还必须以通信方式修习研究处设立的普通教学法、小学各科教材及教学法、儿童心理、教育心理、民众教育等课程,并规定每学期任选两门课程研修。研究处将学

---

① 刘基等主编:《西北师范大学校史(1902—2012)》,教育科学出版社2012年版,第113页。

生通信提出的问题分为教学、社会活动、行政、管训四大类,行政类问题包括法规、学制、人员、儿童、事务、组织、经费、设备、学籍编制、卫生、统计、调查、推广等其他方面;管训类问题包括联络、环境、训导、考查、奖惩、特殊儿童、其他等方面。① 国立西北工学院的这些工作开展得卓有成效,不仅受到了国民政府教育部的表彰,而且为积极做好抗战工作,培养抗战力量,起到了很好的作用。

(二)积极开展民众教育,服务地方社会抗战

国立西北师范学院在城固时期,为了服务地方社会抗战需要,增强民众抗战知识,学校在城固郊区开展了民众教育及社会教育工作。学校设有社会教育推行委员会,院长任主席,每学年召开会议拟定实施计划,推定各项目负责人选,举办民众学校、初高级家事讲习班,组建乡村社会服务队,编辑民众小报,举行通俗讲演,进行社会调查等,扎实推进各项社会教育与民众教育,成效显著。1941 年 1 月 19 日,在邮留乡成立了"乡村社会教育施教区",开展社会教育,进行抗战兵役法宣传等各种社会服务。在其后两年半的时间里,参加此项工作的学生约 300 人。② 由于师生工作贴近农民,取得较好的效果,当地民众还赠送了锦旗,上面书写"善教民爱"。

(三)进行抗日救亡与民主革命运动

西北师范学院的师生,在抗日战争的艰难岁月里,不仅努力进行教学科研,而且他们十分关心国家前途与民族命运。比如,1945 年 2 月,苏、美、英三国首脑罗斯福、丘吉尔、斯大林在苏联克里米亚半岛雅尔塔举行会议,协调对日作战行动,为争取苏联对日宣战,会议以秘密方式作出了严重损害中国主权权益的决定。3 月 15 日,李建勋、易价、汪如川等教授随即以兰州各国立院校

---

① 刘基等主编:《西北师范大学校史(1902—2012)》,教育科学出版社 2012 年版,第 114 页。
② 刘基等主编:《西北师范大学校史(1902—2012)》,教育科学出版社 2012 年版,第 114 页。

教职员联合会名义,致电苏、美、英三国政府提出强抗议,电文指出:"……雅尔塔会议,运用秘密外交方式,处置我国权益,中国人民备极愤慨。此项不名誉之秘密协定,既未经我国政府参加与认可,自无拘束我国之能力。且上项秘密外交之行动,乃为旧日帝国主义之惯伎,不意重演于民主热潮澎湃之今日,殊称骇异。"并指出"请我国政府向贵国政府提出严重抗议"①。李建勋等先生的抗议电文,反映了在国家危难之际中国知识分子对民族独立的渴望,和对国家前途热切关注,充满了历史的责任感和使命感。

国立西北师范学院的抗日民主革命运动,尽管屡遭波折,但还是进行了富有成效的工作。西北师范学院的党小组在地下党领导下,中华民族解放先锋队队员曾经办过《展望》和《行列》等进步壁报。进步学生还成立了读书会,阅读进步书籍,听取李达、侯外庐等人的演讲,汲取革命的力量,经受进步思想的感召。之外,西北师范学院的学生还通过党组织,经常阅读从延安送来的报纸、杂志等。

(四)活跃的校园文化生活

西北师范学院在学生教育教学的过程中,坚持"德智并重,德智体美群"五育并举的育人理念,校园文化活动十分活跃。一年级学生每周都有一节音乐课,其他校内外课外活动丰富多样。学校非常注重聘请有特长的教师对课外活动组织进行指导,1943年秋季,学校调整各种社团指导教师,如诗词研究会由李嘉言先生指导;国乐团由张德容、朱芳春先生指导;棋社围棋组由胡国钰先生指导,象棋组由佟学海先生指导;生活小报社由庄肃襟先生指导;书画研究会绘画组由孙一青先生指导;书法组由张子范先生指导;合唱团由吴樾荫先生指导;话剧团由叶鼎彝、焦菊隐两先生指导。焦菊隐先生还对全校学生举办戏剧知识讲座,每次讲座总是吸引很多学生,过道、门外、窗台上都是学生,

---

① 刘基等主编:《西北师范大学校史(1902—2012)》,教育科学出版社2012年版,第165页。

大家听得如痴如醉。学校每遇周末或节庆日,院内体育活动、文艺竞赛、音乐晚会、戏剧演出、诗歌朗诵、书画展览、墙报宣传等活动丰富多彩,各种演出异常活跃。再比如,1944 年 3 月,为庆祝青年节学校举办的活动有:体育表演、辩论会;史地系、劳作专修科与书画研究会合办美术展览会,内有书画、刺绣、邮票、纸币、金石、影片等;学生剧团公演名剧《沉渊》,并连演两晚国剧、秦腔。① 之外,西北师院的学生话剧团曾排演过《原野》《桃花扇》《北京人》《雷雨》等剧目,在学校公演,深受师生欢迎。

四、国立西北医学院的抗日救亡活动与校园文化

国立西北医学院独立设置后,教学科研活动之外,积极开展抗日救亡活动。国立西北医学院的师生深知自己肩负的责任重大,他们用心学习,努力为抗日战争的最终胜利作出自己应有的贡献。与此同时,开展了富有特色的校园文化活动。

(一)围绕抗日救国,学生们参与了大量的宣传活动

西北医学院独立设置后,发生了一件重要的事情,那就是日机轰炸学校住地,这进一步激发了学生们的爱国热情和抗日情绪。1940 年 5 月 20 日,10 余架日机轰炸西北医学院及附属医院所在地黄家玻、文家庙,投弹 40 余枚,火光四起,房屋倒塌。与学生同住在此的医学教务长兼耳鼻喉科教授杨其昌和四年级学生栾汝芹、陈德麻,以及当地 14 人被日寇轰炸生命。据当时的学生亲历者孙维林回忆:"医学院设在南郑县……在敌人空袭频繁时,学校被迫迁到城东 15 华里的黄家坡。1940 年的一个夜晚,日机轰炸西北医学院时,我的左肩膀也受了伤。学院附属医院的外科董克恩教授在手术室为我做了局部麻醉,在左肘部取出了黄豆大的小弹片。我总算幸运,保住了生命,也未留下后

---

① 刘基等主编:《西北师范大学校史(1902—2012)》,教育科学出版社 2012 年版,第 163—164 页。

遗症,但事后得知炸死两名学生,一位耳鼻喉科教授,由于炸弹炸伤背部及心脏,未送到医院,就停止了呼吸。日本侵略者所投炸弹,多半是杀伤弹。……据防空人员介绍,这种炸弹的目的主要是杀伤平民生命,而不是破坏建筑物。……""事后,学校里照常上课,医院里照常门诊。在死难师生追悼大会上,群情激昂,大家异口同声地声讨日本帝国主义者的残酷和凶恶。"①之后,学生们更加积极参加抗日宣传,深切痛斥日本帝国主义的惨无人道。1941 年 1 月 20 日,本院放寒假期间,除四、五年级在伤病院实习的以外,一、二、三年级全部出动,当时分为访问、演讲、漫画、戏剧、壁报等五队,在南郑县、城固县、褒城县三县举行大规模兵役宣传。②

(二)积极开展抗日救亡社会教育

国立西北医学院根据专业特点,积极开展社会教育。比如,1941 年 3 月 20—22 日,医学院公共卫生副教授黄万杰任卫生宣传队总队长,分领 12 队,并拟定宣传大纲,绘制 60 张图画,在新民乡、灵泉乡等各村落宣传抗日卫生知识。宣传内容包括天花预防、沙眼预防、求医指导、改进膳食、疥疮预防等等,同时给当地群众施种牛痘和散发附属医院证券 500 余张。1942 年 12 月 1 日,为了实施社会教育,附设民众学校开学,积极为当地普通民众开展与普及卫生知识教育。③ 与此同时,西北医学院附属医院还开办高级护士训练班,培训当地护士,教授学员基本护理知识。之外,还主办了公共卫生训练班并组织乡村巡回诊疗对进行巡回医疗等等。

---

① 孙维林:《日本飞机轰炸西北医学院》,载中国人民政治协商会议枣庄市委员会文史资料委员会:《枣庄文史资料》1991 年第 12 期。

② 《西安交通大学第一附属医院院史》编纂委员会编,施秉银等主编:《西安交通大学第一附属医院院史(1956—2016)》,陕西新华出版传媒集团、陕西人民出版社 2017 年版,第 29—30 页。

③ 《西安交通大学第一附属医院院史》编纂委员会编,施秉银等主编:《西安交通大学第一附属医院院史(1956—2016)》,陕西新华出版传媒集团、陕西人民出版社 2017 年版,第 23 页。

(三)积极为当地民众进行医疗服务

早在西北联大时期的 1938 年 4 月间,联大医学院就借南郑县卫生院 30 余间房屋,成立临大医学院附属诊所,当时医院设内、外、妇、儿、皮肤、眼、耳鼻喉等,人员齐备。不仅教师可为学生进行课堂教学和实习教学,而且还为当地群众实施扁桃体摘除手术、接生手术、眼外伤手术等。1939 年,西北医学原独立设置后,为便利城固平民医疗而成立城固施诊所。诊所门诊部设内科、外科、妇产科、小儿科、眼科、皮肤科、耳鼻喉科等 7 科;门诊诊病时间为每日上午 10 时至 12 时,星期日、假日停诊,诊券分普通、急诊及特别诊 3 种,每日售诊券七八十张,或至一百一二十张。西北医学院从西北联大医学院开始,就给附属诊所从西安购得少量试剂及器皿、显微镜,开始做简单检查,如小便之各项定性检查,血球计数,大便、痰的普通检查。之后,又购置康氏(Kahn)梅毒反应检查器具,遂开始做康氏梅毒反应检查。1939 年,有各种病房共设 150 床位,其中头等病房 10 床位,二等病房 20 床位,普通病房男女各 30 床位,产妇病房 10 床位。据统计,西北医学院附属医院 1939 年至 1941 年,3 年来内科门诊初诊人数为:1939 年,3908 人,住院 104 人;1940 年,5904 人,住院 416 人;至 1941 年 11 月,5923 人,住院 818 人,总计门诊初诊人数 11827 人,住院人数 1338 人。[1] 之外,1941 年 3 月 4 日,西北医学院附属医院第六次病院会议商议改进病院,新筑成防空洞,扩充内部,使住院患者增至五六十人,每日挂号增至百余人。[2]

(四)积极开展课外活动及爱国进步学生运动

西北医学院的学生,在艰苦的环境中,必修的课程一门也不能少,以至于

---

[1] 《西安交通大学第一附属医院院史》编纂委员会编,施秉银等主编:《西安交通大学第一附属医院院史(1956—2016)》,陕西新华出版传媒集团、陕西人民出版社 2017 年版,第 34 页。

[2] 《西安交通大学第一附属医院院史》编纂委员会编,施秉银等主编:《西安交通大学第一附属医院院史(1956—2016)》,陕西新华出版传媒集团、陕西人民出版社 2017 年版,第 35 页。

在假期还在补有的课程。但是,他们也经常举行一些课外活动,如课外劳动、下乡宣传,以及经常举行篮球比赛、排球比赛、垒球比赛等运动,目的是在紧张的学习当中要有强健的体魄。之外,学生日常生活每日 6 点钟起床,7 点早操,并举行升旗典礼,8 点开始上课,课间同学们还经常做一些小游戏,以丰富课间生活。① 课外活动方面,西北医学院的学生还成立了一些医学社团及其它团体。比如,1941 年 5 月,学生成立有青年剧团、医学进修社,以及各科研究会、远足旅行队等社团。1942 年,三年级学生还发起成立了药物研究会,力求药物自给自足。②

此外,西北医学院秉持原北平大学医学院传统,学生们积极开展爱国进步民主运动。比如,1941 年 5 月,国民党反动派逮捕了医学院学生徐骏、高履勋等地下党员和进步学生,全校师生群情激昂,后经徐佐夏院长和几位教授极力营救而获保释。1944 年 1 月,军事教官欺压学校学生,从而爆发全校性的学潮,最终军事教官被驱逐。③ 抗战胜利后,中共党组织派地下党员雷幼珣到医学院图书馆工作,先后发展了一批党员。这些进步学生和地下党员,对于西北医学院的民主革命运动起到了领导与组织作用,并对以后学校回到人民怀抱起到了十分重要的作用。

五、国立西北大学的抗日救亡活动与校园文化

国立西北大学独立设置后,随着抗战战略相持阶段的到来,汉中盆地和汉江河畔的城固县,战略大后方的地位日益重要,除原有西北联大的高校外,一些中学也迁移至此,还有一些兵工厂也迁移到这里。日本飞机时不时从高空

---

① 《西安交通大学第一附属医院院史》编纂委员会编,施秉银等主编:《西安交通大学第一附属医院院史(1956—2016)》,陕西新华出版传媒集团、陕西人民出版社 2017 年版,第 30 页。

② 《西安交通大学第一附属医院院史》编纂委员会编,施秉银等主编:《西安交通大学第一附属医院院史(1956—2016)》,陕西新华出版传媒集团、陕西人民出版社 2017 年版,第 39 页。

③ 《西安交通大学第一附属医院院史》编纂委员会编,施秉银等主编:《西安交通大学第一附属医院院史(1956—2016)》,陕西新华出版传媒集团、陕西人民出版社 2017 年版,第 30 页。

飞过,兵工厂的汽笛声、新制机枪试放的嗒嗒声和大中小学上课的钟声互相交织,在城固组成了一支特殊的交响曲。也提醒着人们,抗日民族解放战争仍然再继续艰难进行,抗日救亡仍是当时的主旋律。

(一)举行抗战纪念活动,组织阅读抗日读书活动

西北大学积极举行各种抗战纪念活动,教育广大师生勿忘国耻,为民族独立和人民解放而努力奋斗。比如,每年7月7日抗战纪念日和"双十节"期间,全校都要举行各种纪念活动,活动期间,学校各社团组织都要竞相出刊大型纪念壁报,发表对日抗战有关问题的论文、诗歌或文艺作品,并上演以抗战为主题的话剧,鼓舞师生勿忘救亡,抗战到底的决心。

此外,平日学校由进步社团出面,组织阅读抗日书刊的读书活动和课余外出郊游活动。抗日战争进入相持阶段后,抗日战争的前途如何? 中国向何处去? 这是广大青年,尤其是处在沦陷区和战区的学生特别关心的问题。为了答疑解惑,并使大家进一步明了国家前途,进步社团组织大家阅读毛泽东的《论持久战》以及各种进步刊物,比如《新华日报》《救亡日报》等各种抗日进步书报刊物,使大家更加坚定了抗战必胜的信心。① 除此之外,野外郊游活动也是同学们阅读进步书刊、交流学习心得体会及教唱抗日救亡歌曲的好机会,为此,同学们经常组织郊游活动,从而激发抗日热情,这些活动深受广大青年学生的欢迎。

(二)举行时事讲演会、时政座谈会及抗日救亡宣传活动

根据抗日战争形势的发展和最新动态,学校经常举行抗战军事形势和世界反法西斯战争形势的时事演讲会。举办这类讲演会,既有中共地下党领导下的进步社团和各种进步学术团体,也有国民党、三青团部。活动中常常还带

---

① 《西北大学校史》委员会编,李永森等主编:《西北大学史稿(1902—1949)(修订版)》上卷,西北大学出版社2002年版,第317页。

有相互竞争和争取群众的色彩。国民党、三青团组织的讲演会,总是讲国民党当局对抗战的主张;中共地下党领导或影响下的进步社团,又常常向学生介绍一些富有新意的不同见解。讲演的题目如《日美战争问题》《太平洋战局之地理背景问题》《原子弹问题》等。此类相关的讲演"海报"一贴出,师生们总是积极参加,了解抗战的最新形势和发展状况。举办时政座谈会,更是同学们欢迎的一种形式,座谈会上同学们各抒己见,讨论抗战问题。比如,1940年冬天,由共产党员领导的"平大在校同学会",在法商学院举办了关于我国抗日民族解放战争的座谈会,尽管天气寒冷,到会的同学却发言踊跃,会场气氛活跃,会场座无虚席。发言者用充分的事实分析抗日战争的发展趋势,大家一致认为太平洋战争爆发后的世界形势,有利于中国抗战。只要中国坚持抗战,坚持团结和民主进步,最后抗战的胜利一定是属于中国的。①

除此之外,学校还利用国民党当局号召的各种活动,进行抗日救亡宣传工作。比如,1940年春天,国民党汤恩伯某部驻扎在汉中、城固一带,学校组织慰劳活动。并到该军驻地演出合唱《黄水谣》等救亡歌曲,演出受到了广大士兵的热烈欢迎。但在演出中,不料遭到日本飞机的轰炸,幸亏同学们奋力掩护,方免于难。再比如,学校学生宣传队利用假日就近宣传兵役法,号召广大民众积极参军,打败日本侵略者;宣传队还在附近城固等县城刷满了"打倒日本帝国主义""全民抗战"等大幅宣传标语;之外,一些进步学生还组成两人一组宣传队,分别到农村宣传团结抗日的重要意义,采取代抗战家属写信、办民众夜校等形式,慰劳抗日家属,鼓励抗日官兵英勇杀敌,宣传抗日救亡。②

（三）积极组织和参加"知识青年从军运动"

1944年春开始,日本帝国主义的海上交通线被切断,故其急于打通从中

---

① 《西北大学校史》委员会编,李永森等主编:《西北大学史稿(1902—1949)(修订版)》上卷,西北大学出版社2002年版,第318页。

② 《西北大学校史》委员会编,李永森等主编:《西北大学史稿(1902—1949)(修订版)》上卷,西北大学出版社2002年版,第318页。

国东北到印度支那的陆上交通线,于是发动了对豫、湘、桂战场的进攻。由于国民党的腐败,致使在短短 8 个月时间里,河南、湖南、广西、广东、福建的大部分国土沦丧。在严重的军事危机面前,1944 年 10 月,国民党在重庆召开会议号召知识青年从军,提出了"一寸山河一寸血,十万青年十万军"的号召,在全国掀起了"知识青年从军运动"。抗日战争全面爆发后,国立西北大学的不少青年,大力发扬爱国主义精神,积极抵抗日本帝国主义侵略,暂时放弃学业投笔从戎。学生当中,有的参加了八路军,有的在其他抗日战场作抗日救亡工作,大多数教师也以抗日救国为己任,努力做好教学科研工作。有的教师甚至表示愿从军上前线服务,比如,在 1944 年夏天"从军运动"发起之前,西大 43 岁的地质地理系郁士元教授就主动要求志愿从军。这一消息公布后,在全国引起极大轰动,赞扬其为"此举乃抗战以来教授从军第一人",并授予其少将军衔。

"从军运动"开始前,国民党发表了《告知识青年从军书》,规定凡年龄在18 岁以上 35 岁以下,曾受中等以上教育的知识青年,只要体格健全,均得自愿报名参加。随后,国防最高委员会等部门相继制定了从军优待和学业优待办法,规定服役年限为 2 年,公务员留薪水,中学和大学的学生保留学籍,高中学生服役期满后可免试升大学。同年 10 月下旬,蒋介石曾专电西北大学、西北工学院、甘肃学院三校院长,责成三校做好从军发动事宜。11 月 1 日,西北大学发布布告:"此次发动知识青年人从军,旨在增加抗战反攻力量,确立现代建军基础……我国家民族,已至危急存亡千钧一发之紧要关头。"①号召有志青年积极参军报国。布告发布后,全校师生积极报名,据统计全校教职工报名参军的有 56 人,学生 253 人,工警 46 人。经过严格体检后,最后确定合格者 50 名,其中文学院学生 7 人,理学院学生 17 人,法商学院学生 26 人。② 离

---

① 《国立西北大学校刊》复刊第 5 期。载《西北大学校史》委员会编,李永森等主编:《西北大学史稿(1902—1949)(修订版)》上卷,西北大学出版社 2002 年版,第 322 页。

② 《西北大学校史》委员会编,李永森等主编:《西北大学史稿(1902—1949)(修订版)》上卷,西北大学出版社 2002 年版,第 323 页。

校前,学校举行了欢送仪式。西北大学师生的参军举动,说明了在民族危难之际广大青年的爱国热情,及自愿为国家付出生命的豪情壮志。

(四)地下党组织的抗日救亡民主运动

1939年8月,国立西北大学独立设置后,正值抗日战争进入相持阶段,中共西北大学地下党组织积极贯彻党的抗日民族统一战线政策,坚持积极抗战方针,反对妥协投降。从抗战初期把重点放在校外进行抗日救亡宣传,逐渐转移到校内团结进步同学,组织壮大进步力量上来。当时,中共地下党组织利用读书会、同学会、各种学术团体和办壁报等方式,积极发展和团结进步力量,并进行抗日救亡宣传。在党组织内部,有计划地进行党的基本知识的教育,学习《联共党史》以及毛泽东的著作《论持久战》、刘少奇的著作《论共产党员的修养》等,并组织学习党的重要文献和《新华日报》社论等。

1941年,震惊中外的"皖南事变"爆发后,国民党进一步加强了反共部署,中共陕西省委按照党中央《五四指示》相关精神,发出了《关于目前支部工作的指示》。同年12月29日,中共中央西北局为了具体贯彻党的"隐蔽精干"政策,发出了《关于陕西工作的决定》。这些指示和决定的基本精神是:隐蔽精干,长期埋伏,积蓄力量,以待时机,反对急性与暴露。[①] 正因为此,当1941年秋至1942年夏国民党向西北大学地下党组织发动突然袭击时,由于党的力量进行了转移与隐蔽,故而使损失减少到最小程度。由于保持"内红",好多工作甘当无名英雄,甚至不少同志受到各种委屈,但他们坚持革命,为党的事业作出了重要贡献。其中,很重要的就是利用读书会等进步社团的合法形式,传播马列主义、宣传党的抗日民主方针政策,并取得了显著成绩。

1939年夏至1942年夏,中共西北大学地下党组织,以共产党员为核心,先后组织了社会科学研究会、展望社、自励社、文艺学习社等几个有较大影响

---

① 《西北大学校史》委员会编,李永森等主编:《西北大学史稿(1902—1949)(修订版)》上卷,西北大学出版社2002年版,第326页。

的社团组织,这些先进的社团组织以阅读进步书刊为主要内容,并在发展中进一步壮大起来。学校各系的社团组织也在这一时期相继建立起来,比如法律系的"自学社"、商学系的"译丛社"、经济系低年级为主的"自修社"等,这些读书社团组织多者四五十人,少的也有二三十人。① 1941 年春天,全校毕业生为联络感情和介绍职业,还组织了"毕业之友社",不少进步同学都加入了这一组织。这一时期的进步社团大体呈现出如下特点:一是社团组织的成员大多是中共地下党员和老民先队员,故而能保证组织的先进性和纯洁性;二是主要以学习和研究马克思列宁主义、研究时事政治为主要内容,成员自修或者自学马列主义哲学、政治经济学和其他马列著作;三是各社团都出墙报,交流学习心得体会,开展学术讨论。这些读书会的活动,有效地传播了马列主义理论,宣传了中国共产党的抗战政策和政治主张。

1942 年,由于皖南事变的影响,西北大学的地下党组织和进步社团遭到很大削弱,但是仍在继续开展工作。全校发展起来的进步社团仍然有经济系为主的"笃行学社",并出刊《笃行学报》;以文学爱好者为主的"星社",出刊大型墙报《星》和不定期的文学刊物;之外,还有"西北风学社""春秋学社""三三壁报社""新世纪学社"等,以及采取秘密方式进行活动的"北方学社""真理卫队"等。② 这些社团的成员大多是渴望民主、追求真理的青年,他们开展的各项活动,对于提高广大同学的政治觉悟、开展民主革命运动起了十分重要的作用。

(五)学术演讲与娱乐活动相结合的校园文化活动

西北大学从西北联大分置独立设校后,校园文化很有特色,全校性的学术

---

① 《西北大学校史》委员会编,李永森等主编:《西北大学史稿(1902—1949)(修订版)》上卷,西北大学出版社 2002 年版,第 331 页。

② 《西北大学校史》委员会编,李永森等主编:《西北大学史稿(1902—1949)(修订版)》上卷,西北大学出版社 2002 年版,第 334—335 页。

活动非常普遍,并在课余时间开展读书会、办壁报等丰富多彩的娱乐活动。

当时,西北大学全校性的学术讲演和交流活动比西北联大时期有所增加,学术讲演和学术交流的内容主要为:一是围绕抗日民族解放战争的战局和世界反法西斯战争的形势而举行的"时事讲演会",比如,1941 年底太平洋战争爆发后的有关战局和日美战争诸问题,以及抗日战争胜利后有关国内和平、民主建国等问题。二是围绕学术问题而进行的各种学术报告会,如原子弹问题、太阳"黑子"问题、"日蚀"观测问题等。学术报告的人型会议一般在礼堂举行,小的多在大教室或图书馆期刊阅览室举行。参加讲演或报告的既有西北大学的著名教授,也有国内外的知名学者或政界人物。比如,1941 年底,陕西籍国民党要人、监察院院长于右任在视察西北返回重庆途中,来校就书法《标准草书》问题做了学术讲演。一些学术界的重大会议也时有在校内召开,如1944 年 10 月,中国物理学会第十二届年会在西大举行,本校物理系教授、著名学者岳劼恒就是本次会议的召集人,由此可见西北大学在本学术领域的影响。此外,1945 年 9 月,英国著名科学家、中央科学合作馆馆长李约瑟博士来校进行学术交流,并于当月 18 日在校本部大礼堂作《科学与民主主义》的学术报告。①

西北大学学生的课余生活非常丰富,学生除举行各种文体活动外,还组织各种社团、创办各种壁报刊物、召集有关集会等。这一时期,西北大学的学生社团有校友会、同乡会、读书会、研究会、学生剧团等。据统计,1944 年底至1945 年初,经过学校课外活动小组审查批准的大型团体有:西大国剧社,由京剧爱好者组成,主要演出过《孔雀东南飞》《生死恨》等剧目;西大秦剧团,主要由陕甘两省籍秦剧爱好者组成,历次演出剧目《百寿图》《成都恨》《奇双会》等;西大剧团,由话剧爱好者组成,历次演出《记重庆二十四小时》《赛金花》《万世师表》等剧目;西大科学月报社,主要成员是理学院学生,活动的主要内

① 《西北大学校史》委员会编,李永森等主编:《西北大学史稿(1902—1949)(修订版)》上卷,西北大学出版社 2002 年版,第 293 页。

容是每月举行学术晚会一次,并刊行《科学月报》;西大法律研究会,主要成员
是法律系的学生,活动的内容是按期举行研究会,并刊行《法学月报》;除此之
外,还有各系的学术团体,如中文系的"中国文学学会",办有壁报《文畹》;外
语系"外国语文学会",办有壁报 *West Wind*;历史系的"历史学会",办有壁报
《春秋》,在当时都很有影响和特色。① 这些学生社团组织,大多数是属于课余
研讨和文娱性的团体,目的是促进共同爱好和志趣的发展,并对学生之间的相
互交流起到了很好的作用。

---

① 《西北大学校史》委员会编,李永森等主编:《西北大学史稿(1902—1949)(修订版)》上
卷,西北大学出版社 2002 年版,第 314 页。

第五章　西北联大学人群体研究

如前所述,1937—1946 年,西北联大及其独立设置后的子体国立五校汇集了 500 多名教授,员工近 1500 名,可谓名家荟萃、教授云集。与此同时,西北联大组建后在全面抗战的 8 年中,共培养各类优秀毕业生近 1 万名。这些学生绝大部分分布于西北及祖国大江南北,在当时及新中国成立后各领域、各条战线不乏作出重要贡献的杰出人才。而这些优秀人才的成长与发展,离不开当时联大各位老师教育培养与精神感召。下面,分三个方面就西北联大学人群体进行考察:一是西北联大学人的整体概况与特征;二是选取了四位联大的常委或者担任子体院校校长的办学思想进行研究;三是选取四位联大学者,对其学术贡献进行简要论述。以此,希望对联大学人的整体面貌有所反映。

第一节　西北联大学人群体概况及特征

西北联大的学人群体是一庞大的群体,要对每一个人进行研究,是一件十分困难的事情,也是不可能的。因此,在研究的过程中,根据现有资料选取了一些具有代表性的人物进行分析考察,下面就西北联大学人群体的概况、特征以及学业背景、学科分布、研究取向、管理机制等作一考察与梳理,从中得出一些共同性的特征。希望对 20 世纪三四十年代的中国社会、中国现代大学教育制度与大学精神能提供一观察视角。①

一、西北联大的学人群体

这里需要说明的是,西北联合大学的"学人",严格意义上讲应包括联大教师与学生两个群体。但是,为了研究的可行与方便起见,本书所指的西北联大学人群体:第一,指当时具有教授或者副教授职称者;第二,联大教授群体的界定本身是一个较为宽泛的概念,即只要和西安临时大学、西北联大发生关系,不论时间长短或者是否到任,均视为本研究所指的西北联大学人;第三,国民政府任命的西安临时大学、西北联合大学的筹备委员会委员、常务委员也在文章所指范围。之所以要将这些人纳入,一是因为这些人与西北联大有着十分紧密的关系,他们在西北联大的组建与分置上起着十分重要的作用;再者他们中的绝大多人客观上也是学有专长的学者。比如王世杰,抗日战争全面爆发之前和之初为国民政府教育部部长,同时兼任国立西安临时大学筹备委员会主席,1920 年获法国巴黎大学法学博士,回国后曾任教于北京大学,后进入政界,是我国著名的法学专家,1948 年当选为"中央"研究院院士等。

研究过程中,根据掌握资料,我们选取了 146 位教授进行考察,②具体内容包括其姓名、生卒年、联大任教时的年龄、教育背景、留学国家及学科专业等。详细情况,见表 5-1。

---

① 以下本节所要论述的内容,笔者曾做过一些考察和研究。详见梁严冰:《西北联大学人群体研究》,《历史教学问题》2014 年第 4 期;梁严冰:《以学报国:西北联大名师》,陕西新华出版传媒集团、陕西人民出版社 2020 年版。

② 西北大学西北联大研究所:《西北联大史料汇编》,西北大学出版社 2012 年版,第 735—792 页。

表5-1:西北联大学人统计情况

姓名	生卒年	联大时年龄	早年教育背景	留学国家	学科、专业
王世杰	1891—1981	47	北洋大学	英国、法国	法学
李书华	1889—1979	49	不详	法国	物理学
童冠贤	1894—1981	44	南开大学	美国、英国、德国	政治学、经济学
辛树帜	1894—1977	44	武昌高等师范	日本、英国	生物学
臧启芳	1894—1961	44	南京民国大学	美国	经济学、财政学
周伯敏	1893—1965	45	复旦大学	苏俄	文学艺术、书法
许诵明	1890—1991	48	浙江高等学堂	日本	病理学
李蒸	1895—1975	43	北京师范大学	美国	哲学
李书田	1900—1988	38	北洋大学	美国	铁道学、水利学
陈剑翛	1896—1953	42	北京大学	英国	哲学
胡庶华	1885—1953	53	北京译学馆	德国	冶金工程
张北海	生卒年不详	不详	不详	不详	不详
汪奠基	1900—1979	38	北京大学	法国	哲学、数理逻辑
刘及辰	1905—1953	33	直隶法政学校	日本	经济学
沈志远	1902—1965	36	不详	苏联	经济学
罗章龙	1896—1995	42	北京大学	德国	经济学
孙宗钰	1896—?	42	不详	美国	经济学、统计学
尹文敬	1902—?	36	北平大学	法国	经济学
曹国卿	1902—1996	36	北京大学	德国	经济学
季陶达	1904—1989	34	金华省立七中		经济学
彭迪先	1908—1991	30	不详	日本	经济学
王璟	1887—?	51	直隶优级师范学堂	不详	法学
王治焘	1891—?	47	不详	法国	法学
于鸣冬	生卒年不详	不详	北平大学	日本	法学
李宜琛	1905—1995	33	北平大学	日本	法学
黄得中	1896—1995	42	不详		法学
赵愚如	生卒年不详	不详	不详	不详	法学
吴正华	1899—1955	39	北京法政学校	法国	法学、政治经济
寸树声	1896—1978	42	云南高中	日本	法学、政治学

续表

姓名	生卒年	联大时年龄	早年教育背景	留学国家	学科、专业
章有江	生卒年不详	不详	不详	不详	法学
李绍鹏	生卒年不详	不详	不详	不详	法学
李建勋	1884—1976	54	直隶大名中学	日本、美国	教育学、哲学
马师儒	1888—1963	50	北京高等师范	德国、瑞士	教育学、心理学
姜琦	1886—1951	52	不详	日本、美国	政治学、教育学
郝耀东	1891—1969	47	陕西实业学堂	美国	教育学
方永蒸	1893—1994	45	北京高等师范	美国	教育学
胡国钰	1894—1965	44	北京高等师范		教育学
曹配言	1895—?	43	北京师范大学		教育学
鲁世英	1898—1965	40	北平师范大学	美国	教育学、英语
包志立	1902—1978	36	镇江崇宝女中	美国	教育学、心理学
高文源	1902—?	36	清华大学	美国	心理学
金澍荣	1902—?	36	不详	美国	教育学
程克敬	生卒年不详	不详	不详	美国	教育学
熊文敏	1902—1987	36	不详		教育学
齐国樑	1884—1968	54	保定师范	日本、美国	家政学、教育学
王非曼	1897—1977	41	不详	美国	家政学、教育学
程孙之淑	1898—?	不详	不详		家政学、教育学
袁敦礼	1895—1968	43	北京高等师范	美国	体育学
董守义	1895—1978	43	上海体育学校	美国	体育学
徐英超	1900—1986	38	北京师范大学	美国	体育学
王耀东	1900—2006	38	北京高等师范		体育学
沙博格	生卒年不详	不详	密苏里大学	美国	体育学
谢似颜	1895—1959	43	东京高等师范	日本	体育学
刘月林	1905—1993	35	北京师范大学		体育学
黎锦熙	1890—1978	48	湖南优级师范		中国语言文学
许寿裳	1883—1948	55	东京高等师范	日本	历史学
张纯一	1871—1955	67	日本弘文书院	日本	中国语言文学
卢怀齐	1894—?	44	北京师范大学		中国语言文学
曹靖华	1897—1987	41	莫斯科东方大学	苏联	中国语言文学

续表

姓名	生卒年	联大时年龄	早年教育背景	留学国家	学科、专业
罗根泽	1900—1960	38	河北第一师范		中国语言文学
徐褐夫	1903—1978	35	苏联东方大学	苏联	外国语言文学
佘坤珊	1904—1952	33	美国菲立普中学	美国	外国语言文学
张杰民	1908—?	30	清华学堂	美国	外国语言文学
谢文通	1909—?	29	英国读小学	英国	外国语言文学
陆懋德	1888—1965	50	清华学堂	美国	历史学
黄文弼	1893—1966	45	汉阳府中学堂	不详	历史学
许重远	1896—1960	42	北京高等师范	美国	历史学
许兴凯	1898—1953	40	北京师范大学	日本	历史学
周传儒	1900—1988	38	四川省立一中	英国、德国	历史学
蓝文征	1901—1976	37	吉林省立师范	日本	历史学
萧一山	1902—1978	36	山东济宁七中	欧美考察教育	历史学
李季谷	1895—1968	43	浙江省第一师范	英国	历史学
谢兆态	生卒年不详	不详	不详	不详	历史学
曾炯	1897—1940	41	江西省第一师范	德国	数学
傅种孙	1898—1962	40	北京高等师范	英国考察	数学
赵进义	1902—1972	36	法国里昂大学	法国	数学
刘亦珩	1904—1967	34	唐山交通大学	日本	数学
张德馨	1905—1992	33	北京师范大学	德国	数学
杨永芳	1908—1963	30	天津同文书院	日本	数学
岳劼恒	1902—1961	36	北京大学	法国	物理学
张贻惠	1885—1968	53	江南高等学堂	日本	物理学
蔡钟瀛	1887—1945	51	仙台高等学校	日本	物理学
杨立奎	1888—1968	50	东京高等师范	日本	物理学
林晓	1894—1978	44	北京大学	日本考察	物理学
虞宏正	1897—1966	41	北京大学	德国、英国、美国	化学
张贻侗	1890—1950	48	不详	英国	化学
刘拓	1897—1968	41	北平师范大学	美国	化学

续表

姓名	生卒年	联大时年龄	早年教育背景	留学国家	学科、专业
陈之霖	1898—1986	40	东京高等师范	日本	化学
赵学海	1898—1943	40	清华大学	美国	化学
周名崇	生卒年不详	不详	不详	不详	化学
朱有宣	生卒年不详	不详	不详	不详	化学
郭毓彬	1892—1981	46	天津南开中学	美国	生物学
容启东	1908—1987	30	清华大学	美国	生物学
林镕	1903—1981	35	法国南锡大学	法国	生物学、农学
雍克昌	1897—？	41	北京高等师范	法国	生物学、细胞学
汪德耀	1903—2000	35	不详	法国	生物学、细胞学
金树章	生卒年不详	不详	不详	不详	生物学
刘汝强	生卒年不详	不详	不详	不详	生物学
张伯声	1903—1994	35	清华学校	美国	地质地理学
殷祖英	1895—1996	43	天津第一师范	英国	地理学
黄国璋	1896—1966	42	耶鲁大学	美国	地理学
谌亚达	1902—？	36	不详	日本	地理学
王钟麒	生卒年不详	不详	不详	不详	地理学
李仪祉	1882—1938	56	关中学堂	德国、俄国、法国等	水利工程
萧连波	1899—1977	39	威斯康辛大学	美国	化工、造纸
李仙舟	1902—1981	36	直隶工业专门学校	日本	皮革化学、油脂化学
周宗莲	1902—？	36	北洋大学	英国	土木工程
魏寿昆	1907—2014	31	北洋大学	德国	冶金物理化学
雷祚雯	1907—1946	31	北洋大学	美国	矿冶
潘承孝	1897—2003	41	唐山工业学校	美国	机械学
李西山	1905—1968	33	伊利诺伊大学	美国	机械工程
刘锡瑛	1894—1966	44	北洋大学	美国	电机学
王翰辰	1895—1963	43	北洋大学	美国	电机工程
余谦六	1895—1991	43	南洋公学	美国	电机工程
张汉文	1902—1969	36	法国鲁贝工学院	法国	纺织工程

姓名	生卒年	联大时年龄	早年教育背景	留学国家	学科、专业
张佶	1898—1973	40	清华学校	美国	纺织工程
赵玉振	1903—2000	35	北洋大学	美国	土木工程
刘德润	1907—1994	31	北洋大学	美国	水利工程
李廷魁	1904—1955	34	北洋大学	美国、英国、法国等	机械工程
樊泽民	生卒年不详	不详	不详	不详	工程技术
崔玉田	生卒年不详	不详	不详	不详	工程技术
郭鸿文	生卒年不详	不详	不详	不详	工程技术
何绪缵	生卒年不详	不详	不详	不详	工程技术
周建侯	1886—1973	52	日本成城中学	日本	农学
汪厥明	1897—1978	41	东京帝国大学	日本	农学、生物统计学
姚鋆	1895—1969	43	清华学堂中等科	日本	农学、蚕桑学
贾成章	1894—1970	44	北京农业专门学校	德国	农学、林学
殷良弼	1894—1982	44	北京农业专门学校	日本	森林工程、森林治水、森林生产
周桢	1898—1982	40	北京农业专门学校	德国	林学、森林经理学
陈朝玉	1904—1979	34	北京大学	日本	农学、营养化学
王志鹄	1905—?	33	南通大学	日本、意大利	农学、农业化学
李秉权	1893—1990	45	天津政法学院	日本	农学、畜牧兽医学
易希陶	生卒年不详	不详	不详	不详	农学
陆建雄	生卒年不详	不详	不详	不详	农学
王正	生卒年不详	不详	不详	不详	农学
刘伯文	生卒年不详	不详	不详	不详	农学
吴祥凤	1888—1956	50	日本千叶医科大学	日本、美国	医学
蹇先器	1893—?	45	日本千叶医科大学	日本	医学
徐佐夏	1895—1971	43	北京医科学校	德国	医学

续表

姓名	生卒年	联大时年龄	早年教育背景	留学国家	学科、专业
陈作纪	1896—1981	42	官立高等学校	德国	医学
林几	1897—1951	41	北京医学专门学校	德国	医学
毛鸿志	1901—1978	37	北平大学	日本	医学、病理学
董克恩	1903—1946	35	北平大学	德国	医学、外科
严镜清	1905—2005	33	北平协和医学院	美国	医学、公共卫生
刘新民	1908—1979	30	北平大学	日本	医学、眼科
王晨	生卒年不详	不详	不详	不详	医学

有学者曾讲:所谓"大学者",除了在本专业范围内作出杰出贡献,足以继往开来,更因其乃学术史上的中心人物,你可以引申发挥,也可以商榷批评,却无法漠视他的存在。暂且不讨论"大学者"的标准及指向,或者西北联大教授是否是"学术史上的中心人物",这或许"可以商榷批评",但仅就联大教授在他们所从事领域作出的贡献及就西北高等教育发展的意义而言,我们无法忽略或漠视他们的存在。并且有理由相信,随着时间的推移他们的学术贡献、历史作用及意义必将愈益明显,令人无法忘却。

二、西北联大学人的学业背景、研究取向与国家政治

通过对以上西北联大 146 位教授生卒年、早年教育背景及留学国家等的考察,可以看出,他(她)们至少有 123 位(有的生卒年不详)到西北联大时,年龄在 30—50 岁之间,正处于人生学术研究的"旺盛期",总体上属于"五四"一代学人。这一代学人的共同特点是中学或小学接受了较为系统的中国传统教育,中学根基较为深厚。而在中学时代开始又接受了新式学堂教育或现代大学制度教育,并且至少有 120 位(其他 26 位不详)有留学经历(包括出国教育考察),其中留欧 39 位,留美 42 位,留日 35 位,留学苏俄 4 位,部分学人既有留学欧美的经历又有留学日本的经历,甚至有留学三国者,而其中留学欧美的

人数又为多数,有 81 位,占留学总人数的 67.5%。这说明西北联大学人群体
欧美化程度较高,大多数接受了比较严格的西学训练,学术视野既具有深厚的
国学根底又具有广阔的西学背景。当然,学术的独立与分途发展,一方面,与
1905 年废科举有关。科举制取消后对中国传统读书人而言,要成为专门家就
必须是"留学生"。另一方面,与晚清以来"西潮"激荡下的社会发展有关,尤
其是中国在甲午战争中的惨败促使国人认真思考"中国向何处去"。正如梁
启超所言:"吾国四千余年大梦之唤醒,实自甲午战败割台湾,偿二白兆以后
始也。"①而国人"大梦之唤醒",从甲午的反省到五四时期提倡科学方法,直
至二三十年代西学人才迅速崛起,整个中国社会的西化程度不断提高。正如
严复(1854—1921)所言:"国愈开化,则分工愈密。学问政治,至大之工,奈何
其不分哉!"②

　　严复与西北联大学人相比,分属不同的两代学人甚至于隔代,他们的学业
背景与术路径具有明显的不同与差异。但有一点是共同的当属无疑,即他们
前后接踵共同推动、创建了中国现代学术。不仅如此,近代中国士人面临西潮
的冲击,其实考虑的、关注的又绝非仅仅是学术,而是更广阔的国家民族存亡
和发展一类的大问题。③ 尤其是九一八事变及全面抗战爆发后,可以说,西北
联大时期的知识分子极为关心国家的命运与民族的前途。甚至可以说,用生
命体验将"国家民族存亡和发展一类的大问题"与自己的学术研究融为一体。
比如,西北联大常委、北平大学校长许诵明即指出:"不一定非拿枪到前线去
才是救国,我们在后方研究科学增强抗战力量,也一样是救国。"④

　　西北联大学人由于学业背景及所属学科的差异,自然他(她)们对民族命

① 梁启超:《戊戌政变记》,《饮冰室合集·专集之一》,中华书局 1989 年版,第 1 页。
② 严复:《论治学治事宜分二途》,《严复集》第 1 卷,中华书局 1986 年版,第 89 页。
③ 罗志田:《国家与学术:清季民初关于"国学的思想论争"》,生活·读书·新知三联书店 2003 年版,第 1 页。
④ 校闻:《本校城固本部举行开学典礼志盛》,《西北联大校刊》第 1 期,1938 年 8 月 15 日,第 10 页。

运与国家发展前途关注及研究的嵌入点也就不同。但是,他们普遍具有强烈的民族主义思想与情怀,期盼着民族早日独立、国家尽快富强。比如,联大教授许重远在联大校刊发文大声呼吁"当此大敌当前危急存亡之时","凡地方之见,种族之见,宗教之见,党派之见,谋一部分人之利益,而与它部分倾轧以减少抗战力量者,均以抛弃"。因为,如果"整个民族失败,则一切同归于尽"①。之外,许寿裳教授在文章号召广大青年"努力前进,并且学着勾践的精神",他深信只要国人"上下一心,共赴国难,那么我们的抗战建国,革命大业,一定是成功的"②。李季谷教授的文章列举了"越王勾践之卧薪尝胆""荆轲刺秦"及文天祥《正气歌》等,激励学生"恢复我民族固有之光荣"③。另外,谢似颜教授发表了《民族主义与道德》一文,认为只有我们团结起来共同对敌,不做亡国奴,才能享受到"世界大同的福气",否则"先要让你尝尝那亡国灭种的滋味"④。再比如,西北联大学人的历史研究则更多关注西北的历史与文化,这不仅是因为:"学问从历史做起,意味着强调学术的延续性,而学术或文化的延续性至少潜在地支持了作为人类文化一部分的区域文化或学术的独特性。"⑤更因为西北是中华民族的发祥地,面对日益严重的民族危机,发扬民族精神,鼓舞民族士气就显得尤为必要与紧迫,而这一切都能通过对西北历史与文化的研究找到其精神源泉与不懈动力。为此,早在西安临大时期的 1938 年 2 月,陆懋德教授即带领临大历史系师生,参观了陕西考古学会。⑥ 西安临大

---

① 许重远:《近代民族主义发展报告及吾人应有之认识》,《西北联大校刊》第 10 期,1939 年 2 月 1 日,第 36 页。
② 许寿裳:《勾践的精神》,《西北联大校刊》第 12 期,《集训专号》,1939 年 3 月 1 日,第 75—76 页。
③ 许重远:《近代民族主义发展报告及吾人应有之认识》,《西北联大校刊》第 10 期,1939 年 2 月 1 日,第 38 页。
④ 谢似颜:《民族主义与道德》,《西北联大校刊》第 13 期,1939 年 2 月 15 日,第 28—31 页。
⑤ 罗志田:《国家与学术:清季民初关于"国学的思想论争"》,生活·读书·新知三联书店 2003 年版,第 257 页。
⑥ 《历史系参观考古学会》,《西安临大校刊》第 11 期,1938 年 2 月 28 日,第 3—4 页。

南迁汉中改为西北联大后,1938 年 5 月 20 日,联大师生数十人一道去城固张骞墓考察。① 与此同时,这一时期联大学人还撰写了大量关于西北历史与文化的论著,②其用意除了研究"区域文化或学术的独特性"外,自然还有从历史中启迪智慧、追寻民族精神,进而发扬我民族优良传统,以达到全民族坚持抗战到底的深刻含义。

总之,西北联大学人自知其历史与学术使命,并"藉教育学术之力",在民族危难之际,自觉将自己的学术研究与民族命运、国家前途紧密联系在一起,力图为民族独立贡献微薄力量。

三、西北联大学人的待遇、管理与考核机制

民国时期,从总体上讲继承了清代尊师重道(教)的传统,教师待遇相对优厚。据研究"起码的教师工资,约为当地工农收入的 2 倍以上;最高的学者,月薪等同于国家省部级官员,与基层教师有三、四十倍差距"③。1917 年 9 月,国民政府教育部颁布《修正大学令》,其中规定:"大学设正教授、教授、助教授。"如"遇必要时得延聘讲师"。④ 南京国民政府成立后,对大学教师的职级进一步修正,1929 年颁布《大学组织法》,其中第 13 条规定:"大学各学院教员分教授、副教授、讲师、助教"⑤四级。并明确规定教授的聘任必须具备以下资格之一:第一,任副教授 3 年以上,著有成绩,并有重要之著作者;第二,在国内外大学或研究院所得有博士学位,或同等学力证书,而成绩优良,并有有价

① 何士骥、周国亭:《发掘张骞墓前石刻报告书》,《西北联大校刊》第 1 期,1938 年 8 月 15 日,第 33 页。
② 梁严冰:《西北联大与西北历史研究》,《第二届西北联大与中国高等教育发展论坛论文集》,2013 年 8 月;崔幸:《抗战时期的西北联大历史系》,《西北大学学报(哲学社会科学版)》2013 年第 1 期。
③ 李华兴:《民国教育史》,上海教育出版社 1997 年版,第 514 页。
④ 《教育部修正大学令》(1917 年 9 月),载舒新城编:《中国近代教育史资料》中册,人民教育出版社 1979 年版,第 672 页。
⑤ "教育部"教育年鉴编纂委员会:《第二次中国教育年鉴》第 5 编《高等教育》,商务印书馆 1948 年版,第 514 页。

值之著作者。或者执行专门职业 4 年以上,有创作或发明,在学术上有重要贡献者。① 而对于教授之待遇,1917 年 5 月,国民政府教育部曾颁布《国立大学职员任用及薪俸规程》,其中对教师的薪俸、晋级、退休恤金等作了明确而细致的规定。② 之后,国民政府又对大学教师待遇进行了修订,1940 年 8 月,教育部公布《大学及独立学院教员聘任待遇暂行规定》,将教授分为 9 级,月薪分别为:第一级 600 元、第二级 560 元、第三级 520 元、第四级 480 元、第五级 440 元、第六级 400 元、第七级 370 元、第八级 340 元、第九级 320 元,③月薪级差前六级 40 元,后三级分别为 30 元、20 元。但是,由于处在战时,浩大而持续的军费开支,使得国民政府财政极度困难,故相关规定没有完全得到执行。特别是抗战全面爆发后,联大师生的薪金基本上是 7 折发放,并很难保证。故而各院校根据国民政府拨款实际情况,分别作出自己的相关规定,高低不一。

从西北联大的有关章程来看,教授的资格聘任完全按照国民政府的要求条件执行,而教授待遇、职级等与国民政府颁布的相关章程规定略有不同,如1938 年 11 月 16 日,联大第 49 次常委会会议通过的《本校教员待遇章程》,规定本校教员分为教授、副教授、专任讲师、助教、讲师五种,其中讲师一种为兼职教员。④ 而教授的薪俸又分为 8 级,最高一级月薪 440 元,最低一级 300元,级差 20 元。

西北联大的教授薪俸待遇最高级尽管比国民政府规定的要低一些,但与同校的职员相比整体还是要高得多,如西北联大书记员之薪俸最高为 50 元,

① "教育部"教育年鉴编纂委员会:《第二次中国教育年鉴》第 5 编《高等教育》,商务印书馆 1948 年版,第 514 页。
② 《国立大学教职员任用及薪俸规程》(1917 年 5 月),《教育杂志》社编辑:《教育法令选》(下),商务印书馆发行,1925 年 12 月,第 88—93 页。
③ "教育部"教育年鉴编纂委员会:《第二次中国教育年鉴》第 5 编《高等教育》,商务印书馆 1948 年版,第 516 页。
④ 《本校教员待遇章程》,《西北联大校刊》第 6 期,1938 年 12 月 1 日,第 16 页。

最低为 20 元,教授最高一级的月薪为书记员最高一级的 8.8 倍,教授最低一级的月薪是书记员最低一级的 15 倍,而教授最高一级的月薪则是书记员最低一级的 22 倍。此外,对于教授同时兼任行政职务者,联大在待遇方面又有一些相关规定,比如,"教授或副教授如同时兼任院长、系主任或其他职务时,得额外增加薪俸 20 元"①。

除过正常的月薪外,联大部分教授还有一些非工资性收入与奖金。比如,为了"坚定专科以上学校教员终身从事作育人才与兴学术研究之决心",1942 年冬,国民政府教育部呈请行政院转拨专科以上学校"久任教员奖金",规定:"(一)凡专科以上学校教员服务满 20 年以上者,每人年给奖金 3000 元;(二)服务满 10 年以上者,年给奖金 1500 元。"②此笔奖金 1943 年教育部共拨款 200 万元,并要求在 1943 年春节前遵照规定发放到人,同时还要求 1944 年、1945 年两年度均照旧发给。③ 照此规定,1944 年西北大学的杨永芳、高文源、王耀东等教授连续任教满 10 年,马师儒、陆懋德、许兴凯、谭文炳等教授连续任教满 15 年,1945 年化学系主任张贻侗教授连续任教满 25 年,这些教授领到了相应奖金数额,教育部还特别发给张贻侗教授一等奖奖金 5 万元。④ 以示激励。除此之外,1942 年 11 月,国民政府教育部颁布《设置专科以上学校教员奖助金办法》,其主旨在于"奖励服务有成绩之专科以上学校教员研究著述,并减轻其战时生活之困难"⑤。按照此规定,教授编著大学用书、译著,在学术期刊上发表论文以及撰写相关有价值之研究报告等,都

① 《本校教员待遇章程》,《西北联大校刊》第 6 期,1938 年 12 月 1 日,第 17 页。
② "教育部"教育年鉴编纂委员会编:《第二次中国教育年鉴》第 5 编《高等教育》,商务印书馆 1948 年版,第 518 页。
③ "教育部"教育年鉴编纂委员会编:《第二次中国教育年鉴》第 5 编《高等教育》,商务印书馆 1948 年版,第 518 页。
④ 西北大学校史委员会编,李永森等主编:《西北大学史稿(1902—1949)(修订版)》上卷,西北大学出版社 2002 年版,第 310 页。
⑤ "教育部"教育年鉴编纂委员会编:《第二次中国教育年鉴》第 5 编《高等教育》,商务印书馆 1948 年版,第 518—519 页。

可获得一定数额奖助金。当然,毋庸讳言,由于抗战时期国家财政极度困难,大学教授的薪俸与相关奖助金不一定完全能够兑现,如 1938 年教育部训令,抗战期间教师薪俸按照 7 折发放,加之物价腾涨,教授生活水平也不尽如人意。①

住房待遇方面,联大教授在平津时,"起居饮食之安逸,尤为一般学校所注意"②。联大组建后,教授们来到当时尚显苦寒的西北后,由于环境条件所限及设备简陋,住房条件自然不比优裕的平津,但"学校当局总力求完善",为此做了大量细致、艰苦的工作。如,在西安联大时期,学校即以在第一、二、三院仅有空房,辟为宿舍,供教职员工住宿,"至于内部设备自应愈谋完全,电灯亦即设法装备,以冀乱离生活中教职员工同人稍得安慰藉云"③。联大南迁汉中后,条件比西安更为艰苦,住房也更加紧张,在此情况下,学校"尽量使薪俸较少之教职员住校",并将空房编列号码,"用抽签法分配之"。但考虑到实际工作需要,学校又特许导师会常务委员或各学院主任导师愿住校者,可以住校。④ 而导师会常务委员或各学院主任导师又绝大部分为教授,故可以看出,在当时极为困难的情况下,学校还是尽量照顾教授住房。医疗、就医方面,学校在有限的条件下,尽可能为教师提供便利与基本保障,学校专门设有校医室,负责师生的身体体检、疾病预防、疾病治疗等事项,教授除享受正常的医疗、就医待遇外,联大还尽量使其亲属享受优待。如,联大第 48 次常务委员会议决议,"凡属本校教职员直系亲属(如父母、妻子等)来校就医者,得享受本校医药优待"⑤。再比如,联大南迁汉中后,1939 年 4 月,学校鉴于法商学院距离联大本部较远,教师、学生就医往返殊为不便,故增设法商学院诊疗分所,规

---

① 梁严冰:《以学报国:西北联大名师》,陕西新华出版传媒集团、陕西人民出版社 2020 年版,第 17—18 页。
② 《教职员住宿将定办法》,《西安临大校刊》第 11 期,1938 年 2 月 28 日,第 7 页。
③ 《教职员住宿将定办法》,《西安临大校刊》第 11 期,1938 年 2 月 28 日,第 7 页。
④ 《教职员住校办法》,《西北联大校刊》第 6 期,1938 年 12 月 1 日,第 17—18 页。
⑤ 《教职员亲属就医之规定》,《西北联大校刊》第 6 期,1938 年 12 月 1 日,第 18 页。

定每星期二、四、六下午 3 时至 5 时为诊疗时间,工作时间自 1939 年 4 月 20 日开始。① 此举可谓急教师之所急,想教师之所想。

　　西北联大教授除享有相关的待遇外,学校也制定了相应的管理与考核机制。比如,教授、副教授等的晋级问题,学校规定:教授、副教授任职满 2 年以上,著有成绩者,方得晋级,每次以进 1 级为限;并明确要求教授、副教授、讲师、助教等,均不得兼任校外有给职务。② 之外,为了保证教学质量,学校对教授授课时数有明确规定,比如,1939 年底,西北人学要求教授、副教授,每周授课时数为 10—12 小时。③ 对于教授同时担任行政职务者,学校对其授课时数也制定了具体而详细的规定。如,联大第 40 次常务委员会议决议:教授兼任系主任者,任课 8—9 小时;教授兼任院长或秘书、教务、训导各处主任或研究所主任者,任课 6—7 小时;教授兼任系主任再兼任院长或处主任者,任课 5—6 小时;教授兼任性质相同之两系主任者,任课 7—8 小时、再兼任院长或处所、主任者,任课 4—5 小时。院长或系主任由常委自兼者,可以不任课。④ 联大还根据国民政府教育部 1938 年 1 月 3 日颁发的《中等以上学校导师制纲要》⑤精神,对本校教授指导本科生作出具体规定,实施细则指出:"本大学学生,按照系别年级分组,每年级依照学生人数多寡,酌分为一组或二、三组。"而"每组设导师 1 人,由学校聘请教授担任"。要求,"各组导师对于本组学生之性行、思想、学业及身体状况分别考查","并于每学期终出具报告 1 次"。还要求,"各组导师随时接见本组学生施以个训导外,每月并得召集本组学生举行谈话会、讨论会,或远足会作团体之训导"⑥。另外,为了保证教学秩序有

---

　　① 《校医室增设法商学院诊疗分所》,《西北联大校刊》第 15 期,1939 年 5 月 1 日,第 6 页。

　　② 《本校教员待遇章程》,《西北联大校刊》第 6 期,1938 年 12 月 1 日,第 17 页。

　　③ 西北大学校史委员会编,李永森等主编:《西北大学史稿(1902—1949)(修订版)》上卷,西北大学出版社 2002 年版,第 308 页。

　　④ 《处主任、院长、系主任任课规定》,《西北联大校刊》第 2 期,1938 年 10 月 1 日,第 8 页。

　　⑤ 《教育部训令:中等以上学校导师制纲要》,《西北联大校刊》第 1 期,1938 年 8 月 15 日,第 1—3 页。

　　⑥ 《本校导师制施行细则》,《西北联大校刊》第 8 期,1939 年 1 月 1 日,第 25 页。

条不紊,1937 年 12 月 15 日,西安临大第 12 次常委会议还制定通过了《本校教员请假规则》,其中第一条即指出:"本大学教员(包括教授、讲师、助教等)因病因事请假,须先期通知注册组,并由注册组通告学生周知。"同时指出:"教员因事请假不得连续逾 2 星期,并不得合计每月逾 2 星期,其因病或特殊事件请假者,不在此限,但于假满回校后,均须将所缺钟点补授。"对于"教员请假除亲丧重病或生产外,逾 1 月以上者得停止其薪金,其所任课目得由本大学另聘他人担任之"①。由此可知,联大对于教师的请假制度是比较严格的,但同时又体现出人性化的管理。

四、西北联大学人的学科分布、课程建设与教学情况

表 5-1 所列西北联大的 146 位教授中(1 位信息不详,实际按 145 位计算),学科的总体分布情况为:工程技术 22 人,占总人数的 15.2%;教育学、心理学 13 人,占总人数的 9.0%;农学 13 人,占总人数的 9.0%;法学 11 人,占总人数的 7.6%;医学 11 人,占总人数 7.6%;历史学 10 人,占总人数的 6.9%;经济学 8 人,占总人数的 5.5%;生物学 8 人,占总人数的 5.5%;体育学 7 人,占总人数的 4.8%;化学 7 人,占总人数的 4.8%;中国语言文学 6 人,占总人数的 4.1%;物理学 6 人,占总人数 4.1%;数学 6 人,占总人数的 4.1%;地质地理学 5 人,占总人数 3.4%;外国语言文学 4 人,占总人数的 2.7%;哲学 4 人,占总人数的 2.7%;家政学 3 人,占总人数的 2.1%;政治学 1 人,占总人数的 1.0%。从以上统计可以看出:第一,西北联大的学科设置几乎涵盖了现代大学教育的所有领域与专业,这些专家为日后西北地区建立较为完善的高等教育体系及人才培养奠定了基础。第二,上述学科中,除过中国传统的学科如文学、历史、哲学外,一批新兴的学科开始在西北地区建立并不断成熟起来,诸如工程技术、地质地理学、医学、政治学、经济学、教育学、心理学、物理学、化学、

---

① 《本校教员请假规则》,《西安临大校刊》第 3 期,1938 年 1 月 3 日,第 14 页。

生物学、社会学等,其中一些学科成为日后西北诸高校的强势学科,比如:历史学、考古学、地质学、民族教育、生物学等。[①] 第三,从大的学科如文科与理工科划分而言,文科占到联大学科总比重的 43.8%,理工科的工程技术等占到53.4%,这一方面说明西北联大注意学科的平衡发展,兼顾文理;另一方面说明民国以来国家对理工科教育的重视与强调;同时,也说明西北联大的学科设置与布局,国民政府充分考虑到了国家工业化战略及西部开发战略的实施。[②]

西北联大学人在联大创办的过程中始终十分关注与重视各学科的课程建设问题,因为课程的建设不仅关系到各学科的未来与发展,而且涉及联大培养人才的模式、方向与目标。1938 年 10 月,西北联大重申国民政府教育部"若干大学,分系过早",致使"一般学生缺乏良好之基本训练"[③]的精神,力图对联大的课程进行认真厘定与建设。从联大各院系的课程建设来看,其总体"目标"为既注重文理兼通的"通才"人才的培养,又重视各学科专门高深人才的养成。以师范学院为例,在课程的设置上就颇能说明文理兼通的问题,如国文系、英语系、教育系等师范学院所属全部系科,均将"中国文化史"与"西洋文化史"作为共同必修课;而文科系又均将物理、化学、人类学、生物学等作为必修课;理科系又均将社会学、法学通论、政治学、经济学等定为共同必修课;而考古、博物系的课程设置则本身就是"文""理"各半。[④] 在高深人才的养成方面,联大在课程的建设与设置过程中也有非常明确的目标。比如,李蒸认为,师范教育就是要"致力于民族文化之发扬"[⑤]。再比如,联大国文系主任

---

① 张岂之:《西北联大与开发西北:中国高教史上的重要篇章》,《中国社会科学报》2012 年10 月 15 日。

② 梁严冰:《西北联大学人群体研究》,《历史教学问题》2014 年第 4 期。

③ 《颁布文理法三学院共同必修科目训令二》,《西北联大校刊》第 3 期,1938 年 10 月 15日,第 4 页。

④ 《饬令本校师范学院遵照全国高级师范教育会议决议案分别办理训令》,《西北联大校刊》第 8 期,1939 年 1 月 1 日,第 19—27 页。

⑤ 李蒸:《本院的使命与校风》,载李溪桥:《李蒸纪念文集》,中国社会科学出版社 1996 年版,第 190 页。

黎锦熙与钱玄同在共同拟定的师范大学国文系科目表及说明书中,开门见山指出培养学生的目标为:"解决今后国文的新趋向之能力。"①他们在说明书中特别强调学生专门高深知识的培养,如在"学术思想"中尤其注重"中国学术思想之全部演进史"的课程建设,并要求就"某种专书特设讲座,然后选修"②。

联大学人的教学由于处在抗战时期的特殊环境,一切皆为临时应急需要。但这种艰苦的条件丝毫没有影响联大学人勤奋、严谨的教学态度与作风。如,历史系陆懋德教授:"讲起课来,轻松幽默","他的课程,从无人缺席或偷懒。"许兴凯教授讲授日本史,"真是妙趣横生,令人绝倒!"黄文弼教授一上课"讲授材料之丰富,治学态度的严谨缜密,令人由衷敬佩"。法商学院经济学教授季陶达,上课"像是一架活动留声机";商学系主任孙宗钰教授,讲授会计学,书之黑板,直到学生彻底了解;社会学教授王守礼,"由于他的特殊风格与雄辩式的授课方式"给同学们留下了极为深刻的印象;药理学教授徐佐夏,"博学善教,讲词平实纯美,令人有亲切之感";地质地理系教授殷祖英,教书育人"诲人不倦,使人有如坐春风之感"。由上可以看出,尽管联大学人讲课风格各异,但他们对教学工作认真、执着及敬业的精神,足以令后人敬仰!

之外,在教学方法上,联大学人因地制宜,想方设法在艰苦环境中注重实验、实习课程,强调理论与实践的结合,以印证教学之理论与培养学生实验研究之能力。比如,1937年12月,工学院组织学生到西安大华纺织厂参观实习;③1938年1月,矿冶系魏寿昆教授等前往安康金矿区调查研究;④1938年

---

① 《国立北平师范大学文学院院长、国立西北联合大学国文系主任黎锦熙、国立北平师范大学国文系主任钱玄同拟:师范大学国文系科目表及说明书》,《西北联大校刊》第1期,1938年8月15日,第40页。

② 《国立北平师范大学文学院院长、国立西北联合大学国文系主任黎锦熙、国立北平师范大学国文系主任钱玄同拟:师范大学国文系科目表及说明书》,《西北联大校刊》第1期,1938年8月15日,第41—48页。

③ 《纺织工程学系参观大华纱厂》,《西安临大校刊》第5期,1938年1月17日,第2页。

④ 《魏寿昆教授带领学生前往安康》,《西安临大校刊》第5期,1938年1月17日,第2页。

1月,农学系畜牧组同学,前往西安南关外小雁塔东西京牧场参观;[①]1938年1月,工学院在院长李书田教授的多方努力与奔走之下,向陕西省借用了大量实验设备与仪器,以供教学所用;还向交通部陕西省电政管理局借用有线电话器材若干种,以为训练之需。[②] 另外,在城固时期,化学系教授刘拓在教学之余做了大量实践性探索,并撰写成学术论文,发表于美国《化学工程》杂志;化学系以裂化桐油制造汽油,"贡献抗战胜利的意义实在不能使人忘记!"

　　总之,通过以上对西北联大学人的整体考察,大体可以折射出民国及抗战时期大学教师的一些共同特征:他(她)们学养深厚、融汇古今、贯通中西,为学为人勤奋、严谨,教学方法注重理论与实践的结合;在民族危难之际普遍表现出强烈的爱国主义精神与民族主义情怀,并自觉将学术研究与民族复兴、国家发展前途等重大问题紧密结合。

第二节　西北联大学人的教育思想

　　西北联大及其子体院校立足西北,建设开发西北,培养了大批优秀人才。同时,各院校也形成了自己独特的办学理念与大学文化。本节选取了曾担任西北联大常委或者子体院校的4位校长,就其教育思想作一简单考察。

一、李蒸:"兴学育人,教化一方"的教育思想

　　李蒸(1895—1975),字云亭,河北省唐山市古冶区王辇庄人,我国现代师范教育的奠基者之一。先后任国立西安临时大学——国立西北联合大学常委、国立西北师范学院院长10余年。李蒸先生在其长期的教书育人生涯中,

---

① 《农学系畜牧组同学参观西京牧场》,《西安临大校刊》第8期,1938年2月7日,第6页。
② 《工学院实验实习设备之筹办》,《西安临大校刊》第6期,1938年1月24日,第6页。

始终秉持"兴学育人,教化一方"的教育思想。①

1927 年,李蒸自美国学成归国后,先后在北京大学、北平大学、北平师范大学等校任教。1929 年,后又被聘任为江苏无锡民众教育院教授暨试验部主任,他将自己所学知识与实际工作紧密结合,表现了一个开拓者的热情。② 在民众教育院工作期间,李蒸还编写出一套民众教育的理论与实践的教材,此教材对我国早期推广民众教育工作起到了引导性作用。③

1930 年 2 月,国民政府教育部任命李蒸为北平师范大学代理校长。④ 2 月 28 日上午,师大召开了李蒸校长就职大会,在就职大会的演讲中,李蒸提出对师大的期望是"普及教育,阐扬文化"。并希望自己到师大当校长的目标有二:"(一)为学校谋发展;(二)为同学谋求学的便利。"⑤1930 年 11 月 14 日,李蒸在北平师范大学成立 28 周年纪念日(1932 年起校庆日改为 12 月 17 日)就师范大学如何办,谈了自己的看法与认识,他指出:"本校是特殊大学,与其他大学不同,其目标有二:(一)培养优良师资,特别是中等学校师资;(二)研究高深学术,特别是教育学术,及其他学术之教育方面。此为本校师生努力之标准。"⑥1932 年,国民政府教育部发布第 5066 号令:派李蒸为国立北平师范大学校长。⑦ 并于同年 7 月 15 日正式出任北平师范大学校长。⑧ 李蒸正式出任北平师范大学校长后,在 9 月 12 日的开学典礼上发表了演讲,他认为:"盖教育专业,必须长期充分之训练,始有教人技术,与教人人格,及以教育为职业之志愿。"并指出师范大学或师范教育的特性是:"师范两字,与大学两字,应

---

① 梁严冰:《以学报国:西北联大名师》,陕西新华出版传媒集团、陕西人民出版社 2020 年版,第 40—42 页。

② 李溪桥:《李蒸纪念文集》,中国社会科学出版社 1996 年版,第 14 页。

③ 李溪桥:《李蒸纪念文集》,中国社会科学出版社 1996 年版,第 15 页。

④ 李溪桥:《李蒸纪念文集》,中国社会科学出版社 1996 年版,第 15 页。

⑤ 国立北平师范大学:《北平师大校务临时汇刊》第 1 期,1930 年 3 月。

⑥ 国立北平师范大学:《北平师大校务临时汇刊》第 11 期,1930 年 11 月。

⑦ 国立北平师范大学:《北平师大校务汇报》第 13 期,1932 年 7 月。

⑧ 李溪桥:《李蒸纪念文集》,中国社会科学出版社 1996 年版,第 17 页

兼筹并顾,不使割裂,而充分表现师范大学四字整个之特性。"①并且,就师范大学的目的再次强调:"(1)造就中等学校良好师资;(2)造就教育行政人才;(3)培养教育学术专家。"②当然,李蒸就任北师大校长之时,恰值日本帝国主义开始侵华之时,办学更是举步维艰。在此危难之际,为了争取师生的生存,李蒸先生当即致电教育部并另具呈文,竭尽全力,奔走呼吁。在《本校校长为本年度停止招生事呈教育部文》中,李蒸指出:"当此国难期间,教育救国,为刻不容缓之图,培养师资,尤为教育根本,不可一日中断。"③在李蒸的积极努力与奔走之下,短短几年内,在与北师大全体师生共同努力下,把北师大办成了闻名全国的一流学府。据1936年12月统计,北师大历届毕业生在教育界服务者占全国教育界总人数的87.72%。④ 他们表现良好,深受所在单位欢迎。

1937年7月7日,抗战全面爆发后,李蒸获悉组建西安临时大学的消息后,便经青岛、济南到南京,向教育部接洽,然后会同北平大学校长许诵明等经徐州转往西安,进行西安临时大学的组建工作。学校筹备伊始,李蒸等主持校常务委员会议即决定延长学期,除1938年元旦停课1日外,即使所有年假寒假,均不放假,而要求全校师生努力开展教学、科研活动,弥补失去的时间。

国立西北师范学院独立设校迁到兰州后,李蒸为了实现其"兴学育人,教化一方"的理念和思想,积极延揽教授到兰州国立西北师范学院,当时来兰州的教授主要有:顾学颉、张德馨、黎锦熙、焦菊隐、李建勋、陆懋德、黄文弼、张世勋、汪堃仁、包桂濬、孔宪武、李恩波、严顺章、萧士珣、鲁士英、袁敦礼、董守义、徐英超、方永蒸、胡国钰、叶丁易、赵擎寰、贾慎修、邹豹君、张振先、李庭芗、李嘉言等近30名教授。⑤ 这批教授都是本学科赫赫有名的专家学者,使得一时

① 李溪桥:《李蒸纪念文集》,中国社会科学出版社1996年版,第134页。
② 李溪桥:《李蒸纪念文集》,中国社会科学出版社1996年版,第134页。
③ 国立北平师范大学:《北平师大校务汇报》第13期,1932年8月20日。
④ 李溪桥:《李蒸纪念文集》,中国社会科学出版社1996年版,第23页。
⑤ 陆润林:《李蒸校长对西北地区教育所作的贡献》,载李溪桥主编:《李蒸纪念文集》,中国社会科学出版社1996年版,第280页。

西北师院及兰州教授云集,创新了兰州、甘肃教育历史的纪录,也为国家培养了大批优秀人才。如何为国家培养优秀人才,或者讲怎样才能培育出优秀的人才,李蒸认为:"我们进的是师范学院,将来我们要做一个教育者。所谓教育者有教育者的任务,有特殊的性格,所以做一个教育者,应有特殊的修养与态度,教育者就是从事教育工作的。我们做一个教育者容易,进师范学院的都可以做一个教育者,我们还要进一步,对教育有精深的研究,要做一个教育家。"①此外,为了提升大家的认识,李蒸还进一步强调:一个教育者应该有的条件,即三个字爱、敬、信,而"爱"是教育的根源,是教育的出发点,教育的过程,只有这样才有良好的教育。"敬"的意思很多,有因畏而生敬的,如敬天地,有因尊而生敬的,如敬父母,对事业能负责任为对事业的敬。我们从事于教育工作,对于教育事业要敬。我们要有坚强的意志,从事研究推进教育事业,爱与敬是相互的,父母爱子女,师长爱学生,必须有敬,才不致流为溺爱。至于"信",就是信任、信赖。当教师的要相信学生,师生必须互信,才可以有良好的教育效果。这三个字全体同学必须牢记。②

李蒸为了实现其"教化一方"的教育理念,对社会教育与民众教育高度重视。在城固时期,李蒸便在城固郊区开展了民众教育及社会教育工作,1941年1月9日,他在城固近郊的邢留乡创立了社会教育实验区。为什么要办社会教育区?李蒸认为:就教育本身而言,师范教育应兼办社会教育,是学校和社会打成一片,以改造社会;就实际情形而言,本地之社会教育有待进一步改进;再者,本地人民有疾病的很多,施教区的诊所就是帮助大家治病;当然,也要提倡改良农业的方法,以增加生产。③

---

① 《西北师院校务汇报》第60期,载李溪桥主编:《李蒸纪念文集》,中国社会科学出版社1996年版,第39页。
② 《西北师院校务汇报》第60期,载李溪桥主编:《李蒸纪念文集》,中国社会科学出版社1996年版,第40页。
③ 《西北师院校务汇报》第23期,载李溪桥主编:《李蒸纪念文集》,中国社会科学出版社1996年版,第31页。

西北师范学院迁到兰州后,李蒸要求广大师生努力下乡研究乡村问题,深入农村实际了解民情,并带动省内中等学校兼办社会教育。特别值得一提的是,1943 年 11 月 16 日,《甘肃民国日报》特辟一专刊报道了西北师范学院社会实验区迁移兰州成立典礼的情况。在该版面上还刊登了李蒸的题词:"努力唤起民众,提高文化水平。"①

1944 年 8 月 25 日,《甘肃民国日报》再次刊出了"西北师范学院暑期社会服务团社教特刊"。李蒸为这一版题词:"普及教育,服务人群。"②据李溪桥先生 1993 年去兰州调研记载,当时偶遇一位居住在黄河岸边 70 多岁的老大爷,仍然记得 50 年前西北师范学院开展社教实验区的情况,老大爷回忆说:"那时搞得好红火啊!"③由此看来,新中国成立后,那里年长的农民还在怀念他。

二、李书田:"严谨求实,质量第一"的教育思想

李书田(1900—1988),字耕砚,河北省昌黎人(今属秦皇岛市)。1917 年考入北洋大学预科,1923 年毕业于北洋大学土木系,随后赴美国康奈尔大学攻读土木工程专业,1926 年获该校博士学位。1932 年,出任北洋工学院院长。李书田一生致力于我国高等教育,并开创了我国高等教育领域的多个第一。1933 年,他在天津创办中国第一个水工实验室;1935 年,创办成立了中国第一个研究生院,领导建立了中国第一个水利系;1937 年,国立西安临时大学、国立西北联合大学成立后,为学校常委之一。李书田在长期的教育工作中,始终坚持"严谨求实　质量第一"的教育思想,秉持精英教育理念。④

李书田回国后,1927 年,时任北洋大学校长刘仙洲邀请其回母校任教。从此,李书田开始了其 60 年的教育生涯。1932 年,李书田接受国民政府教育

---

① 《甘肃民国日报》1943 年 11 月 16 日。

② 《甘肃民国日报》1944 年 8 月 25 日。

③ 李溪桥:《李蒸纪念文集》,中国社会科学出版社 1996 年版,第 44 页。

④ 梁严冰:《以学报国:西北联大名师》,陕西新华出版传媒集团、陕西人民出版社 2020 年版,第 45、53—55 页。

部的任命,担任北洋工学院院长。李书田担任北洋工学院院长后,努力工作,力图革新,学校有了很大的发展,建立了一批新建筑并投入使用。同时,他率先带头开展科学研究,发表了一批学术论文和著作。北洋出现了教学、科研并举的新气象。1937年2月,李书田主持拟定了《国立北洋大学筹备缘起及分期完成计划》。抗日战争全面爆发后,李书田率校西迁。①

西安临时大学组建后,工学院为学校六大学院之一,院长由校常委、原北洋工学院院长李书田兼任。建院伊始,李书田就要求工学院按照北洋"实事求是""以严治学"的校风办学,使北洋传统得以继承和发扬。新生入学后即教唱北洋校歌:

花堤蔼蔼,北运滔滔,巍巍学府北洋高,悠长称历史,建设为同胞,不从纸上逞空谈,要实地把中华改造。

穷学理,振科工,重实验,薄雕虫,望前驱之英华卓荦,应后起之努力追踪,念过去之艰难缔造,愿一心一德共扬校誉于无穷。②

北洋工学院在西安临时大学期间,经常邀请校内外专家学者举行学术报告。据记载,在开学后的一个半月时间内,就举行报告会4次。其间,在李书田的带领与倡导下工学院内抗战激情高,学习气氛浓厚。据1938年2月统计,工学院有学生386人,其中,北洋三十八年班、三十九年班200余人。③1938年3月,工学院与西安临时大学其他学院一起南迁汉中。南迁汉中后,1938年4月10日,按照校常务委员会第24次会议决定,将工学院设在距离城固县城南40里的古路坝。西安临大改为西北联大后,仍然不设校长,校务继续由李书田、李蒸、徐诵明等组成的校常务委员会负责、处置。1938年5月2

---

① 梁严冰:《以学报国:西北联大名师》,陕西新华出版传媒集团、陕西人民出版社2020年版,第48页。

② 北洋大学—天津大学校史编辑室:《北洋大学—天津大学校史(1895.10—1949.1)》(一),天津大学出版社1995年版,第131页。

③ 北洋大学—天津大学校史编辑室:《北洋大学—天津大学校史(1895.10—1949.1)》(一),天津大学出版社1995年版,第238页。

日,国立西北联合大学正式开学。当日上午举行了隆重的开学典礼,典礼由李书田主持。他在回忆一月有余的南迁过程时,充满激情地讲:"全体师生徒步跋涉近千里的路程,过渭河,越秦岭,渡柴关,涉凤岭,从事这样的长途旅行,在我们学界,确是破天荒的大举动。"①

李书田在教育教学过程中,始终重视严谨求实、树立教学质量第一的教育教学思想,并视其为培养高水平工程师的不二法门。在招收学生方面,李书田严把学生生源质量关,始终秉持"重质不重量、贵精不贵多、宁缺毋滥"的办学理念。新生录取时设定"铁线",考生达不到录取线,坚决淘汰,宁缺毋滥。如1934年,机械系计划招生45名,但因不符合北洋入学标准,仅录取11人;1935年,计划招生40人,183个考生只录取22人,录取率为12%,以至于每班多者30余人,少则10—20人。② 在李书田的倡导下,北洋工学院不仅入学考试难度大,而且新生入校以后,更是高标准、严要求,从各个方面加强教育、管理。其用意在通过这些规定培养学生严谨求实、一丝不苟的治学精神。如《国立北洋工学院学则》规定:"学生学业成绩,由教师就平时考查及学期考试定之。""评定成绩,分甲、乙、丙、丁四种。80—100分为甲等,70分以上不满80分者为乙等,60分以上不满70分者为丙等,40分以上不满60分为丁等。甲、乙、丙等为及格,丁等为不及格。"③而学生在一学期中有3门课以上(含3门)必须留级重修;学期平均分为丁等者必须留级;三门课以下补考仍然不及格者,同样必须留级重修。李书田正是通过各种形式的考试,来对学生进行综合考评,以此鼓励先进、鞭策后进。李书田对学生高标准、严要求,当然值得肯定,但是,现在看来过于严苛的考核,也使得一些学生由于一时的学习不适应,而被淘汰,也有些可惜。据魏寿昆先生回忆,北洋工学院的淘汰率曾高达

① 《本校城固本部举行开学典礼志盛》,西北联合大学出版组:《西北联大校刊》第1期,1938年8月15日。
② 王杰等:《百年教育思想与人物》,天津大学出版社2010年版,第105页。
③ 王杰等:《百年教育思想与人物》,天津大学出版社2010年版,第105页。

50%—60%。如,1934 年北洋工学院机械系招生 12 人,到毕业时仅剩 5 人。一般的淘汰率也在 40%以上。① 当时,李书田的高标准、严要求,也曾引来一些非议与冲突。②

有了高质量的学生,要把他们培养成一流的优秀人才,建设高水平的师资力量至关重要。为此,李书田在执掌北洋工学院期间,高度重视学校师资力量的建设。北洋延聘教师虽然明确规定"本校教授非博士不聘",但在实际招聘过程中,并不是机械教条和死板地执行。李书田在师资力量及人才的选择方面,更注重对一个人学识能力和科研能力的综合考量与评判,坚持真才实学为用人第一原则,不唯学历、文凭、资历、职位。只要学有所成、学有所长,李书田都不拘一格予以重用。正是李书田不拘一格使用人才,礼贤下士,使得北洋大学人才荟萃、群贤毕至。当时,汇聚了一批学界名流,如茅以升、高步昆、魏寿昆等。我国著名水利专家张度曾回忆说:"他有一个小记录本,上面记载着北洋母校和唐山交大历届毕业生、各班前三名学生的姓名、学历、经历、现任职务及通信地址,以备随时联系,为之介绍工作或为母校聘请任教。记得 1943 年他在任贵州省贵阳工学院领导时,我路过贵阳去拜见他,他一见我,第一句话就问我'张维(系我国著名力学专家,解放后曾任清华大学副校长,两院院士)回国了吗?你弟弟可要跟我干呀!'然后才跟我谈别的事。"③可见其重视人才、奖掖后学的精神。

李书田还强调,教学中要注重教学相长。他要求教师在具体教学活动中必须保证学生能够最大限度地接受与掌握知识,以促进学生自身学习与研究能力的提高。在对待教师的态度上,他对所有教师都严格要求,一视同仁,并不定期进行抽查和考核。西北工学院成立后,李书田坚持对所有教授进行考

---

① 王杰等:《百年教育思想与人物》,天津大学出版社 2010 年版,第 106 页。
② 梁严冰:《以学报国:西北联大名师》,陕西新华出版传媒集团、陕西人民出版社 2020 年版,第 45、55 页。
③ 王杰等:《百年教育思想与人物》,天津大学出版社 2010 年版,第 106 页。

试,以结果评定职称。结果,除北洋工学院以外的组成西北工学院的其他院校教师都来了个"大降级"。正是在李书田的严格要求下,教师出于自身责任感对学生也严格要求,这也为培养优秀学生创造了条件。[①] 在对教师严格要求的同时,李书田自己首先以身作则。他每周担任十几个小时的讲课任务,从不懈怠,每天总是天一亮就起床备课,从不迟到早退,从不轻易缺课。李书田上课思想缜密,深入浅出。他学识宏远,在学术方面率先垂范,发表了大量的学术论文和专著,如《中国治河原理、工程用具发明考》《北方大港之现状及初步计划》《华北水利资源概况》《中国历代治河名人录及其事迹述略》等文章,提出根治黄河水患,必须标本兼治。他还完成了《华北水利建设之概况》等多部著作,主编了《中国水利问题》等,其重大学术价值,可以说影响了中国水利几代人。1943 年,任黄河水利委员会委员、副委员长,其间曾撰文《黄河治理战略》,得到毛泽东、周恩来的关注。[②]

三、徐诵明:医学报国"保健强种"的教育思想

徐诵明(1890—1991),字轼游,别号清来。在中国近现代高等教育史及医学教育史上,徐诵明是一位无法回避的人物,可以说是中国现代医学的一座丰碑。徐诵明人生历经晚清、民国和中华人民共和国,始终秉持医学报国的理想,担任过五所大学的校长,被誉为"大学校长的典范"。1890 年 10 月 20 日,他出生于浙江新昌县。1908 年,怀着科学救国思想,赴日本学习。留学期间由章太炎介绍加入同盟会。武昌起义爆发后,徐诵明于 11 月返回祖国,任革命军上尉连长。1914 年,入日本九州大学医学院。1919 年秋回国,至 1928 年一直任北京医学专门学校病理学教授。1928 年 8 月,任北平大学医学院院

---

① 梁严冰:《以学报国:西北联大名师》,陕西新华出版传媒集团、陕西人民出版社 2020 年版,第 59 页。

② 《中国水利报》:《中国近代水利科学的开拓者——写在李书田诞辰 110 周年之际》,天津大学新闻网,2010 年 11 月 14 日。

长。1932 年,出任国立北平大学代理校长,并兼任农学院代院长。抗日战争期间,先后任国立西安安临时大学、西北联合大学校务委员会常务委员。1944年,调任同济大学校长。1946 年,任沈阳医学院院长,1948 年,拒绝国民党出任台湾大学校长的建议,留在上海。1950 年,任北京医学院教授。1953 年,任人民卫生出版社社长。1956 年 8 月,任《中华医学杂志》总编辑。1978 年,任第五届全国政协委员。1991 年 8 月 26 日在北京逝世,享年 101 岁。①

1908 年,徐诵明东渡日本后,受辛亥革命思想的影响向往革命,追求真理,此间与章太炎结识,并由章太炎介绍加入同盟会。并在日本结识了吴玉章,两人经常一起讨论国内形势并积极参加声援国内革命的活动。在日本期间,郭沫若也正在日本求学,徐诵明经常慷慨解囊,资助其举办进步刊物。

在 20 世纪 20 年代之前,中国的病理学研究与教学还是一片空白,徐诵明第一个将病理学引入中国,创建了病理学科,成为当时中国唯一一位病理学教授。那时中国也还没有中文的病理学教材,徐诵明将日本病理学家木村哲二的《病理学》上下册翻译成中文,并为病理学审定了中文名词。徐诵明还建立了中国自办的第一所病理学研究室,并担任主任。为了积累尸体标本,供教学之用,他顶住压力,冲破历朝历代忌讳尸体开肠破肚的封建思想,推进尸体解剖,为国内医学作出跨时代的贡献。②

早在 1930 年,徐诵明就在《教育通讯》上发表题为"医学院"的文章,指出当前中国医学条件较差、人民健康水平较低、从医人员匮乏的现状,向人们介绍医学院各个专业的设置,向当时全国设立医学院的各个高等院校,普及和强化公众对医学院的认识,鼓励学生报考医学。他认为,当前医学教育面临种种困难,"若不及早挽救",将"影响抗战前途",从而导致"国族危机"。③ 1932

① 梁严冰:《以学报国:西北联大名师》,陕西新华出版传媒集团、陕西人民出版社 2020 年版,第 62—70 页。
② 付东红:《追忆医学教育家徐诵明》,《中国卫生人才》2011 年第 1 期。
③ 付东红:《追忆医学教育家徐诵明》,《中国卫生人才》2011 年第 1 期。

年,徐诵明出任国立北平大学代理校长后,积极推崇和实行"思想之独立,学术之自由"的办学方针,人称其"开明爱国,公正厚道",使校园里的民主自由气息十分浓厚。这一时期,徐诵明先后聘请了范文澜和许寿裳等进步教授先后出任北平大学女子文理学院院长。面对国破家亡的危险局面与险恶环境,学生爱国运动风起云涌,徐诵明则屡屡"设法缓颊,多方营救"。

徐诵明治校积极追求民主与自由,这使得国民政府教育部对他很不满意。但是,随着日本侵华步伐的加快及国共第二次合作的建立,国民党再未深究此事。1937年卢沟桥事变后,日军进逼北平。国民政府为保护师生和中国高等教育事业火种,令国内多所大学向西南、西北内迁,徐诵明也率北平大学西迁西安,与北平师范大学、北洋工学院合并成立西安临时大学,徐诵明任临大常务委员,并兼任学校法商学院院长。随着战事推进,西安临时大学再迁汉中,临大的医学院也随校南迁。1938年5月,西安临大改名为国立西北联合大学。西北联大医学院迁至汉中后,尽管条件艰苦,困难诸多,但是在徐诵明等的努力下医学院学科建置齐全,学制坚持六年一贯制,培养了大批优秀医务工作者,从而开创了我国西北地区现代医学高等教育之先河。

抗战时期,在教学研究工作方面,徐诵明率领广大师生不屈不挠,遵"以研究高深学问,培养专门之宗旨"办学方针,建立多个基础学科研究室及多个临床专科诊察室,开设基础、临床课程近50门,实属不易。徐诵明还要求师生坚持教学相长,潜心服务民众。教师们在校舍附近自行租赁民居,自编自印教材、讲义,秉烛备课研读;上课则往返于田间小路,冒酷暑战严寒,顶风雨迎霜雪;在附属医院为广大群众诊治疾患,带教学生一丝不苟。学生则在简陋的环境里认真读书学习,立志报国,成服务社会、服务抗战之合格人才。医学院还主办护士训练班、战时救护训练班、公共卫生训练班,指导县卫生院和当地各诊所工作,组织诊疗队到乡村巡回医疗等,为社会大众服务。师生们抱长期抗战之决心,与侵略者进行精神和意志的较量。在此期间,另一值得一提的事情是,徐诵明校长和女儿徐幼慧(妇产科助教)一同来联大执教;内科学主任陈礼节教授和儿科学讲师厉华在徐诵明亲自主持下举行了婚礼,结为伴侣,成为让人难忘的一段佳话。①

西北联大成立后,对于高等院校与抗战的关系,徐诵明认为:"在抗战期间,最高学府学生应该如何抗战救国,不一定非拿枪到前线去才是救国,我们在后方研究科学增强抗战的力量,也一样是救国。"②由于学校屡迁校址,加之战乱时期,面临困难可想而知,为了向教育部请示各种学校发展问题,徐诵明与西北联大另一常委陈剑翛,于1938年5月由汉中至西安、汉口向国民政府教育部陈述相关支持西北联大事宜。据当年5月23日上午,徐诵明在向全校师生所作的报告中,关于向教育部请示的问题主要有:(1)为西北联大添购交通工具问题。(2)基本建设专款问题,因为"每一大学生必须有实验室、图书馆及实习工厂三种基本设备,否则,对于学生课业之研究、试验工作等,将均无妥善办法"。(3)为毕业生服务问题,因为"本校各院系本届毕业生,为数颇多。……以期学能致用,增加抗战力量"。(4)为请求增加经费,"办理一联合大学,诸事草创,殊觉困难。故拟向教育部增加经费……使本校得渐成为一完善之大学"。(5)请发收容借读生补助费。③ 1938年6月20日,西北联大在校本部大礼堂举行纪念周活动,徐诵明再次作了报告,并特别指出:"西北联合大学,系经最高会议通过,尤负西北文化重责,均以为非在万不得已时,总以不离开西北为最佳。"④

徐诵明在长期的教育教学过程中,深刻体会到,近代以来"我国科学雅

---

① 杨龙:《高举起抗战兴学的光辉旗帜——从国立北平大学医学院到国立西北医学院》,《西安交大报》2014年4月17日。

② 《校闻》,西北联合大学出版组:《西北联大校刊》第1期,1938年8月15日,第10页。

③ 《历届纪念周演讲纪要》,西北联合大学出版组:《西北联大校刊》第1期,1938年8月15日,第11页。

④ 《历届纪念周演讲纪要》,西北联合大学出版组:《西北联大校刊》第1期,1938年8月15日,第13页。

弱,振聋发聩,实望其人,兹就岐黄之术论之,中医日晦,西医未兴,吾国保健卫生之道,几乎殆矣"①。因此,无论中医,还是西医,目前的确百废待兴。徐诵明深感"益感医术启发不可或缓"。故而"发扬学术,可以经纬人群,而磅礴寰区,行远持久"。因而,"有志之士,皆应致力于学"。1947 年 1 月,他为《国立沈阳医学院医学杂志》的创刊号作序,目的是"图切磋传播,而于中西医药有所建树"。并希望能摒弃"我国医生通病,志在独善,略有所得,即沾沾自喜,为不传之秘,或开业渔利,蒙混病者,或信口高论,狂瞽睨世,不求实际,作盛大之宣传"的弊病。②

　　徐诵明还特别强调,要通过学术交流、研讨切磋,推崇世界各国医学大家等措施,根治国人"志在独善"、老死不相往来的社会通病。他认为:面对急剧变化的世界,保健强种,为当务之急。"尤以医学一端,为当今之急务,盖民为邦本,保健强种,胥于是赖。"意即发展医学教育,是解决"保健强种"问题的根本途径。他还谦虚地说:"将我国医学发扬而光大之,诚吾日夜以祷求也"。③

四、辛树帜:"树人大计,师资图书为先"的教育思想

　　辛树帜(1894—1977),字先济,湖南临澧人,知名生物学家、古农史学家和教育家。1919 年,辛树帜从武昌高等师范学校(今武汉大学前身)毕业。为筹措出国留学资金,他来到长沙,在明德中学、湖南第一师范、长郡中学等处任教。④ 当时毛泽东也刚好在湖南第一师范,两人便成了同事。毛泽东任师范附小主事(即校长),辛树帜任生物教员。青年时代的毛泽东,"风华正茂,意

　　① 徐诵明:《国立沈阳医学院医学杂志·序》,《国立沈阳医学院医学杂志》1947 年第 1 期,第 1 页。
　　② 徐诵明:《国立沈阳医学院医学杂志·序》,《国立沈阳医学院医学杂志》1947 年第 1 期,第 1 页。
　　③ 姚远等:《融汇西东:西北联大教育思想》,陕西新华出版传媒集团、陕西人民出版社2020 年版,第 183—184 页。
　　④ 长沙师范学校校志编写委员会:《湖南省长沙师范学校校志 1912—1992》,湖南教育出版社 1993 年版,第 122 页。

气风发,挥斥方遒",给他留下了深刻的印象。① 1924—1927 年,辛树帜赴英国和德国留学。1927 年回国后,任中山大学教授兼生物系主任。1936 年起,先后任国立西北农林专科学校校长、国立西北农学院院长。1946 年,奉命筹建兰州大学并任校长。新中国成立后,1950 年,他重回西北农学院,先后任代理院长、院长。为第二、三、四届全国政协委员。他以主要精力致力于中国古代农业科学遗产的整理研究,先后整理出版了多部相关著作。辛树帜一生先后参与并主持了我国西北地区两所大学的创办,扎根西北 40 年,为我国西北农林教育事业的发展作出了卓越贡献。1957 年,辛树帜应邀出席由毛泽东主持的最高国务扩大会议。一见面,毛泽东就嘉许其"辛辛苦苦,独树一帜"。1977 年 10 月 24 日,于西安病逝。②

辛树帜在长期的办学过程中形成了自己鲜明的办学思想,他认为:树人大计,一是要重视师资的延揽,一是要重视图书资料及仪器的建设。

1932 年,辛树帜来到陕西考察,只见大旱后的陕西,赤地千里,荒凉贫瘠。他感慨颇多,决心为祖国大西北做点有益的事情。他首先想到的是,要改变西北贫穷落后的状况,关键就在于教育。当时的大西北,竟没有一所高等农林学校,当时他就萌发了创办一所西北农林高等院校的设想。在辛树帜"兴农兴学"的想法提出后,得到了陕西籍国民党元老如于右任、焦易堂等的大力支持。在于右任、辛树帜等人的积极倡导和推动下,国民党中央政治会议批准同意筹建西北专门教育初期计划议案,并由于右任、戴季陶、宋家骅、焦易堂、邵力子、杨虎城、辛树帜等 15 人组成筹委会。1934 年 6 月,筹委会推举于右任为西北农林专科学校校长。

1936 年 7 月,国民政府教育部任命辛树帜为西北农林专科学校校长。辛

---

① 陕西省高等教育局:《陕西地区高等学校高级知识分子人名录》,西北大学出版社 1989 年版,第 135 页。

② 梁严冰:《以学报国:西北联大名师》,陕西新华出版传媒集团、陕西人民出版社 2020 年版,第 217—225 页。

树帜任校长后,首先遇到的问题就是西北农林专科学校缺乏师资。辛树帜凭借他多年来在学术界的声望和人格魅力,抱着求才若渴的真诚态度,大量延揽人才。在他的感召下,一大批著名专家、教授来到西北农林专科学校与他合作共事。其中有水利专家李仪祉,园艺专家谌克终、涂治,农学家沈学年,土壤专家周昌芸,物理学家祁开智,农业经济专家杨亦周、张德粹,植物学家孔宪武,化学专家薛愚,昆虫学家黄其林等国内造知名的专家教授,教授尤其是知名教授多是西北农林学院教师队伍的显著特点,他们为学校树立了良好的学风。当年曾陪同辛树帜考察陕西的石声汉,此时刚从英国学成回国,听说老师辛树帜任西北农林专科学校校长,便辞谢了条件优越的上海同济大学的邀请,直奔陕西武功来到西北农林专科学校。后来,石声汉成为国际著名的植物生理学家、农史学家。①

辛树帜可以说为我国西北地区创建最早的一所综合性农业院校——西北农林学院,付出了很大的心血和精力。他不仅十分注意延揽人才,而且重视提携后进。辛树帜在延聘人材,购置图书仪器设备上做了大量的工作。据一些人后来回忆:先生在办学上作风民主,每周定期到各系和师生举行座谈,听取意见,并坚持清早加学生一起做操,因此,不仅对教学情况了若指掌,而且对教师甚至于大部分学生也是十分熟悉的。当时许多学生现已成为我国农业战线的骨干,他们对老院长的这些事绩,至今犹津津乐道。②

1939年,辛树帜因受国民党内部反动势力的排挤,被迫离开西北农学院。抗战胜利不久,辛树帜重回西北,开始着手筹办兰州大学。1946年3月26日,国民政府任命辛树帜为校长。不久,辛树帜即来兰进行筹备工作。其实从1932年辛树帜决心创办西北农林专科学校到1946年准备筹建兰州大学,在辛树帜的心中已经有一套"开发大西北"的整套构想。他说:"西北诸省,为我国古代文化发祥之地,亦今后新国运发扬之所,承先启后,继往开来,国防价

①　黄启昌等:《"独树一帜"辛树帜》,《湘潮》2003年第5期。
②　刘宗鹤:《辛树帜先生传略》,《西北农学院学报》1984年第1期。

值,于今亦重,复兴文物,开发资源,实目前最重要之工作"①。按照他的开发思路,首先是培养最急需的农、林、牧业人才,从而依靠科学技术发展达"民富"的目的。

兰州大学创校之初,因为地理位置更加偏僻,师资问题同样是一大难题。因此,延揽人才就成了办学的重中之重。辛树帜采取各种形式从全国聘请了许多知名的教授和学者。包括短期讲学、客座讲授、集中讲学等灵活多样的方式,使兰州大学一时名流云集。从1947年至1949年的3年时间,在兰州大学任教任职的著名专家教授有历史学家顾颉刚、张舜徽、史念海,农学家石声汉,以及其他领域的专家学者董爽秋、乔树民、陈时伟、段子美、杨英福等。著名史学家顾颉刚就曾经多次到兰州大学讲学,辛树帜与他的交往也颇富戏剧性。1973年,顾颉刚在其日记中写到,辛树帜在德国留学时,因为读了顾颉刚的《古史辨》,曾经对其大骂,后来逐渐了解他的治学路径与学术思想,反而予以认可,并转为同道中人,遂为50年来不变之好友。②

十分重视图书资料和教学仪器设备,是辛树帜办学思想的又一大特色。作为教育家的辛树帜,深知书籍和仪器设备对一所大学的重要意义。比如,任兰州大学校长后,还未到兰大之前,辛树帜就在上海等地购置图书和教学仪器设备带往兰州。后来更是不遗余力,想方设法到北京、上海等大城市大量采购图书,目的是为学校师生教学科研提供良好的资料准备。顾颉刚先生在《积石堂记》一文中盛赞辛树帜之举,称辛树帜"高瞻远瞩,知树人大计,必以师资及图书仪器为先,既慎选师资,广罗仪器,更竭其余力购置图书,京沪陇海道上,轮毂奔驰捆载而来者,大犊数百事。……两年之间,积书巧万册,轶出他人数十年之功,卓然成西北巨藏矣"。兰州大学图书馆在短短三年中就搜集古今图书十万册左右,一跃而居当时西北各高等院校之首。此外,辛树帜还从国

① 《辛校长树帜上教育部签呈》,《兰州大学校讯》1卷1期,1947年。
② 梁严冰:《以学报国:西北联大名师》,陕西新华出版传媒集团、陕西人民出版社2020年版,第225—226页。

外购置了一批先进的医疗器械,从而保证了兰州大学开办之初正常教学与科研的进行。

新中国成立后,辛树帜欣然接受共和国的重托,重返西北农学院任院长。新中国成立之初的西北农学院,师资不足是其最大的挑战与问题,由于政权的革故鼎新,诸多教师离开西北而他去,这就导致学校的诸多课程无法开设与进行。在此背景下,辛树帜任校长后,首先是招贤纳士,吸引人才。他多方奔走,利用其在教育界的影响力,先后吸引了一批批知名学者及专家教授来校任教,充实和加强了该校的师资。同时,也为后来驰名中外的杨陵农业科学城的形成和发展,奠定了较为坚实的人才基础和智力支持。

第三节　西北联大学人的学术贡献

西北联大学人自觉服务国家战略,形成了开发西北、建设西北的高度文化自觉,其学术研究在 20 世纪三四十年代的中国学术界,形成了一道独特而亮丽的"西北风景线"。黎锦熙在城固 6 年间,发表相关学术论文 10 余篇,他1940 年出版的《方志今议》,是中国现代方志学的理论指导经典之作;黄文弼在对西北边疆三次科学考察的基础上,先后撰写出《吐鲁番考古记》《高昌砖集》等开创性著作;史学家丁山的《新殷本纪》《先秦民族与神话》等先后写成;陆懋德《中国上古史》在西北联大完成,并与黎锦熙的《方志今议》一起在1941 年获得了教育部的著作发明奖;中国美术考古的拓荒者王子云写成了《中国历代应用艺术图纲》《汉代陵墓图考》;秦汉史专家冉昭德完成了《汉西京宫殿考》;梁启超的学生何士骥撰写了《石刻唐兴庆大明太极三宫图考证》《陕西渭河沿岸各县古迹调查报告》等著作与考古发掘报告;杨兆钧等撰写了《维汉词典》;蒙古语学者谢再善开始编纂《蒙汉词典》;罗章龙《中国国民经济史》出版,并被指定为大学丛书;殷祖英《西北地理及政治地理》、张伯声《陕西城固地质略志》等论著也在陕南城固完成。此外,学者们还对西北地区进行了丰富的学术考察,为西北开发与建设提供了大量智力支持。① 西北联大学者在抗战的艰苦环境下,浴火重生,不断迸发出学术的生命活力,时至今日仍令人敬仰!

由于研究篇幅所限,下面笔者选取沈志远等四位学者,对其学术贡献进行简要论述。

一、沈志远:马克思主义哲学的传播者

沈志远(1902—1965),原名沈会春,浙江萧山人,杰出的经济学家,马克思主义哲学体系的传人者之一,著名的马克思主义者,社会活动家。1936年8月,聘任北平大学法商学院教授。1937年抗战全面爆发后,随校西迁西安,任西安临时大学法商学院教授,学校更名为西北联合大学后,继续在联大任教授。1949年,参加新政协第一届全体会议。新中国成立后,1954年选为第一届全国人民代表大会代表。1955年,担任中国科学院首批学部委员。20世纪20年代开始,他就潜心于马克思主义理论的研究。沈志远为在我国传播马列主义政治经济学和哲学,作出了突出重要的贡献。②

五四运动爆发后,年仅17岁的沈志远抱着纯朴的爱国热情,积极参加了学生的示威游行活动。之后,到上海交大附中学习,结识了在交大大学部学习的侯绍裘。1924年8月,沈志远到侯绍裘任校长的上海松江景贤女中教书。1925年,沈志远参加了震惊中外的五卅运动,并于同年加入中国共产党。1926年12月16日,沈志远受党组织的派遣,取道海参崴前往莫斯科中山大学学习。在莫斯科中山大学,其主要学习马克思列宁主义思想,主修的课程是政治经济学、辩证唯物主义、历史唯物主义等,系统地学习了政治经济学、辩证唯物主义、列宁主义和经济地理等。1929年6月,沈志远以优异的成绩毕业

---

① 梁严冰:《西北联大与西南联大比较研究》,《广东社会科学》2020年第3期。
② 梁严冰:《以学报国:西北联大名师》,陕西新华出版传媒集团、陕西人民出版社2020年版,第205—213页。

后,又被选送进莫斯科中国问题研究所当研究生,学习到 1931 年 6 月。在研究生学习阶段,沈志远就开始翻译马列主义著作。从 1930 年 8 月起,他参加了共产国际东方部中文书刊编译成的编译工作,编译了《共产国际》中文版,还参加了《列宁选集》第六卷中文版的翻译工作。① 近五年的莫斯科的生活和学习,使沈志远打下了坚实的马列主义理论的基础。

1931 年底,沈志远取道海兰泡(布拉戈维申斯克)回国,12 月 16 日回到了阔别五年的上海。1932 年初开始至 1933 年 6 月这段时间,沈志远先后担任中共江苏省文委委员和中央文委委员,同时还在上海暨南大学和北京大学商学院任教。从 1932 年到 1936 年 7 月,沈志远开始著书、译书,发表了大量论文、著作和译作。1932 年,沈志远完成了《黑格尔与辩证法》。这是其首部著作,在当时产生了较大影响。该书的重要内容是介绍马克思主义辩证法理论,他在序言中说:"现代哲学不是别的,恰恰就是辩证的唯物论和唯物的辩证法,这是整个马克思主义的宇宙观","马克思把唯物的辩证法应用于资本主义的研究,发现了资本主义底内在法则……根据这些法则,他又证明资本主义所赖以生存的直接生产者底被剥夺,必然要为剥夺者底被剥夺—即无产阶级独裁—所代替。马克思以天才的眼光看出这样的阶级独裁,是根据唯物辩证法底思维所得出的资本主义之必然的趋势和结局。这个必然的趋势,就是资本主义之死灭及其转变为新的社会组织"。② 这本 12 万字的著作,集中体现了沈志远深厚的马克思主义哲学造诣。

1933 年,北京笔耕堂书店出版了其编写的《新哲学词典》。这本将近 300页的词典,其中收录了大量关于马克思主义哲学的概念。1934 年 5 月,其《新经济学大纲》由北平经济学社出版。这是我国第一部系统完整地介绍马克思主义政治经济学的专著。这本书出版后,被《读书与出版》杂志誉为"荒野里

① 中国人民政治协商会议上海市委员会文史资料委员会:《上海文史资料选辑》第 80 辑,新华书店上海发行所 1996 年版,第 25 页。
② 沈志远:《黑格尔与辩证法》,笔耕堂书店 1943 年 8 月版,第 20 页。

一株冷艳的山花"。①《新经济学大纲》的出版,深受进步教授、知识青年和革命根据地干部的欢迎,在中国广为流传了 20 年之久,其影响之深远,是其他同类书籍难以比拟的。② 1952 年,山下龙三在日本将《新经济学大纲》翻译成日文,以《新民主主义经济论》为题出版单行本,并附有江福敏生的解说,由青木书店出版。③

1936 年,沈志远最重要的一部译作《辩证唯物论与历史唯物论》,由商务印书馆出版。这是沈志远最有影响的一部哲学译著。该书出版后,《读书月报》的书评指出:由于研究范围的广博、系统的严整、解释的详尽,这本书实在是一本最好的辩证唯物论教科书。1937 年春夏之交,据研究毛泽东曾认真阅读过这本译著,留下了 2600 余字的批示。二十年后,在中南海的一个晚会上,毛泽东握着沈先生的手说:"你是人民的哲学家。"④1937 年,上海生活书店出版了他的另一重要著作——《近代经济学说史》。该书是他根据自己在北平大学法商学院任教时的讲义修订而成的。到 1950 年,该书先后出版过七次。

由此,沈志远从一个热血青年成为一个坚定的马克思主义理论专家,完成了其人生的重要蜕变,成为中国较早研究马克思主义理论的共产党员。

不仅如此,沈志远还在教育教学过程中自觉传播马克思主义。他到西安临时大学、西北联大后,在课堂讲授中注重讲授与传播马克思主义,分析我国近代以来遭受西方列强侵略,从而使中国社会性质发生变化,进入了半殖民地半封建社会,并论证日本帝国主义的残酷性及抗日救国的历史任务,其主讲的社会科学方法论课程选用的教材就是中共早期领导人李达的《社会学大纲》。由于他讲课生动而富有哲理,故很受联大学生的欢迎。他还启迪和帮助联大

---

① 梁严冰:《以学报国:西北联大名师》,陕西新华出版传媒集团、陕西人民出版社 2020 年版,第 209 页。

② 沈骥如:《沈志远传略(上)》,《晋阳学刊》1983 年第 2 期。

③ 中国人民政治协商会议上海市委员会文史资料委员会:《上海文史资料选辑》第 80 辑,新华书店上海发行所 1996 年版,第 28 页。

④ 王海波:《沈志远的人生沉浮》,《世纪》2012 年 7 月 10 日。

学生发起成立了社会科学研究会,并经常为之作学术演讲。在西北联大的两年时间里,沈志远一边教书育人,一边著书、译书。这一时期,沈志远的主要成果是翻译出版了米汀院士的《辩证唯物论与历史唯物论》下册——《历史唯物论》(1938 年由商务印书馆出版),以及专著《近代经济学说史》等。

1946 年 7 月起,沈志远先后著译出版了《近代辩证法史》《新人生观讲话》《社会科学基础讲座》等书。1949 年,他积极参与筹备新政协,同时参加了《共同纲领》的起草工作,是共同纲领起草小组成员。1949 年 9 月,沈志远出席了第一届新政协会议,并担任了共同纲领草案整理委员会委员。

总之,沈志远是中国最早的一批具有系统马克思主义理论素养的专家。他在把马克思主义哲学理论体系引入中国的过程中,非常注重从学术思想到革命理论的演变。因此,他也是马克思主义哲学的宣传家。

二、杨钟健:我国古脊椎动物学的奠基者

杨钟健(1897—1979),字克强,陕西省华县人。我国古脊椎动物学的奠基人,著名古生物学家、地质教育家。他一生中野外考察的足迹几乎遍及中国各省,以及世界许多国家和地区。杨钟健在其一生的学术生涯中,发表的相关学术论文达 500 多篇,出版的学术著作达 20 多种,在中国近代无论是自然科学界还是社会科学界,都是最多产的学者之一。终生为中国的古脊椎、古人类学的研究呕心沥血,著作《中国北方啮齿类化石》是中国学者第一部古脊椎动物学专著,曾领导了周口店北京猿人遗址的发掘,也是最早倡导"黄土风成说"的中国学者。20 世纪 40 年代末杨钟健主持国立西北大学校务,任校长期间正值危难之秋,希望把西北大学办成进步的、充实的、合理的、名副其实的西北最高学府。[1]

杨钟健出生于陕西华县一个教育家庭,从小便离家跟着父亲读书,并接受了进步思想的熏陶。1917 年考入北京大学预科,在北京大学很快便发挥出他

---

[1]　梁严冰:《以学报国:西北联大名师》,陕西新华出版传媒集团、陕西人民出版社 2020 年版,第 147—157 页。

的潜在能力与爱国热忱,并积极投身到反帝反封建的民主革命与爱国运动中去。1919 年五四运动前夕,他参加了北大进步社团少年中国学会,成为主要领导人之一。五四运动期间,他积极参加各种集会和游行活动,和同学们一起宣传马克思主义思想,痛斥军阀政府的恶劣暴行。1919 年 9 月,杨钟健正式就读北京大学地质系。北大地质系是中国高校历史上第一个设置的地质系。当时,李四光等一批知名专家都给他们上过课,对杨钟健产生了很大的影响。1920 年,杨钟健参加了马克思学说研究会,先后创办《秦钟》月刊、《共进》半月刊等进步刊物,对于宣传进步思想反对军阀统治起了积极作用。他认为,创办《秦钟》月刊的目的在于:(1)唤起陕人自觉性;(2)介绍新知识于陕西;(3)宣布陕西状况于外界。① 并于 1921 年、1922 年两度出任"少年中国学会"执行部主任,深受李大钊、恽代英、邓中夏、高君宇等共产党人影响。

这里要特别指出的是,杨钟健是陕西最早与毛泽东交往的人,他与毛泽东最早相识于 1918 年。当时杨钟健在北大读预科,毛泽东在北京大学图书馆做职员。在北大读书期间,杨钟健还担任了少年中国学会执行部的主任。1921 年 9 月,杨钟健给在湖南长沙的毛泽东写了一封信,主要内容是请他补填加入该会的志愿书。9 月 29 日,毛泽东即给他回信。全文如下:

> 钟健先生:
>
> 前几天接到通告,知先生当选执行部主任。今日又接来示,嘱补填入会志愿书,今已照填并粘附小照奉上。惟介绍人系王君光祈为我邀集五人,我现在只能记得三人,余二人要问王君才能知道。以后赐示,请寄长沙潮宗街文化书社为荷!
>
> 弟　泽东
>
> 二十九日②

① 秦怀钟:《中国古脊椎动物学的奠基人——记杰出的地质古生物学家杨钟健》,西安出版社 2008 年版,第 296 页。
② 《毛泽东书信选集》,人民出版社 1983 年版,第 20 页。

之外,1920 年 9 月,杨钟健与地质系同学一起商议成立了中国第一个地质研究学术团体——"北京大学地质研究会"。1923 年 10 月,由其父亲及二叔、三叔、四叔筹钱,并在李四光的帮助下进入德国慕尼黑大学地质系留学,主要目的和任务是学习古脊椎动物学。在国外,杨钟健从来不同别人出去游游逛,欣赏异国风光。他学习十分刻苦,倘遇良师益友,一定虚心请教,不放弃任何学习机会。① 1927 年,杨钟健在德国以优异成绩获博士学位。毕业后,他放弃国外的舒适生活,于次年回国。回国后,开始并主持周口店的发掘工作。他曾经说:"中国穷是事实,落后也是事实,但那是我的祖国,绝不能放弃,如同儿子不能抛弃母亲一样。只要全国齐心协力改革,穷和落后是可以改变的,我怎么能为了自己的舒服不回祖国呢?"②

1929 年,国民政府中央地质调查所"新生代研究室"成立。该所即现在中国科学院古脊椎动物与古人类研究所的前身。该所成立后,其体制和名称虽有变化,但研究领域和方向始终未变。杨钟健此后 50 年,一直担任这个单位的领导职务。1930 年,杨钟健结婚后刚 9 天,即参加中亚科学考察团的野外地质调查。据其夫人王国桢回忆,杨钟健在家一起生活的时间很少,因为他是学地质的,故长期在野外做地质考察。但是,由于共同的兴趣、事业使他们之间并未隔阂,相反,思想感情进一步深厚起来,互相体贴同甘共苦。③ 在几十年的工作中,杨钟健为中国的古脊椎、古人类学的研究贡献了其全部心血。

从 1929 年起,杨钟健把研究工作重点转向考察北方"土状堆积"方面,在山西、陕西进行了广泛的调查。1931 年,杨钟健参加了中法科学考察,到内蒙古、新疆、宁夏等省区和地方考察。此后两年,他又去了陕西、山西、河南等地

---

① 秦怀钟:《中国古脊椎动物学的奠基人——记杰出的地质古生物学家杨钟健》,西安出版社 2008 年版,第 36 页。
② 秦怀钟:《中国古脊椎动物学的奠基人——记杰出的地质古生物学家杨钟健》,西安出版社 2008 年版,第 36 页。
③ 秦怀钟:《中国古脊椎动物学的奠基人——记杰出的地质古生物学家杨钟健》,西安出版社 2008 年版,第 36—37 页。

调查,并发表了相关研究领域的多篇学术论文。1934—1935 年,他又到长江流域、广西等地进行科学考察活动,等等。这些研究不仅为我国哺乳动物群和新生代地质研究的发展奠定了坚实基础,而且对认识爬行动物的演化、阐明古地理、支持大陆漂移学说等具有重要学术价值及影响。①

1937 年,日本帝国主义发动了震惊中外的七七事变,这使杨钟健多年顺利开展的工作受到严重挫折。日军侵占平津后,杨钟健认为,将包括毛泽东给他的信件及设备等存于协和医院是躲避战乱的最好方式。日本占领北平后找到地质学家章鸿钊先生,②请他为日本干事。章鸿钊坚决不从,并非常气愤,事后告知杨钟健说:"日本某学者将要请你及几个人在北京饭店吃饭。此决非好意,应早离北平。"章鸿钊告知杨钟健情况后,杨钟健迅速潜行南下。

他到天津后,先乘船经青岛,之后几经周折飞往长沙。在敌机轰炸声中,中国地质学会第一次年会在长沙举行,杨钟健发表题为《应有的努力与忏悔》的演说。演说中杨钟健从民族大义出发,号召地质界同人齐心勠力,艰苦奋斗,并呼吁积极抗日,尽国民之责。之后,1938 年夏,他去禄丰等地调查。在禄丰考察有重大突破,发现了大量的化石,这就是后来举世闻名的禄丰蜥龙动物群。1939 年 4 月,由于地质调查所昆明办事处撤销,迁重庆北碚总所工作。故杨钟健应聘为重庆大学特邀教授。总之,杨钟健在古生物学等的研究中,继承和发扬了司马迁、沈括、徐霞客、李时珍等身体力行和寻根问底的优良传统,足迹踏遍祖国各地。他以自强不息、不断求索的精神,博闻强记、艰苦奋斗的习惯,一丝不苟、严谨求实的作风,谱写了我国古生物和环境变迁研究的新篇章。

---

① 梁严冰:《以学报国:西北联大名师》,陕西新华出版传媒集团、陕西人民出版社 2020 年版,第 152 页。

② 章鸿钊(1877—1951),字演群,1877 年 3 月 11 日生于浙江吴兴县(今浙江省湖州市)。地质学家、地质教育家、地质科学史专家,中国科学史事业的开拓者。抗日战争时期,章鸿钊因年高多病而困居北平,闭门谢客。新中国成立后,1950 年 8 月,中国地质工作计划指导委员会成立,李四光出任主任委员,由周恩来总理任命章鸿钊为该委员会顾问。1951 年 9 月 6 日卒于南京。

1944—1946 年,在美国等诸多欧美国家访问及讲学,走访了国外许多著名的古脊椎动物研究所,同很多世界顶级的古生物专家就相关问题进行了讨论,并完成了许多重要著作,从而成为当时世界上最活跃的古爬行动物学家之一。杨钟健在国外考察期间,得知国内抗日战争胜利的消息,欣喜若狂,多少个夜晚彻夜不眠,沉浸在欢乐和兴奋之中,他对祖国充满了无限期待,盼望一个和平、民主、团结的新中国的诞生。

抗日战争胜利后的 1946 年 4 月,杨钟健回到了祖国,本来充满期待的杨钟健面对国民党的倒行逆施及当时并不乐观的社会现实,非常愤懑。由于国民党的腐败及政局不稳等各种因素,其筹划恢复新生代研究室的愿望最终未能实现。由于其卓越贡献及学术成就,1948 年 4 月,国民政府召开院士选举大会,杨钟健当选为“中央”研究院院士。

抗战胜利回国到执掌西北大学前这一时期,面对国民党的腐败及其腐朽统治,杨钟健非常愤怒,正如他自己所写:“抗战胜利后的最初几年,为我的生活最感烦闷的时期”。但是,就在其心情颇为郁闷的时候,另一重要任务在等待着他、大西北在等待着他。1948 年秋,人民解放战争已进入全面反攻阶段,国内政治经济形势的发展对国民党蒋介石越来越不利。当时西北大学内国民党派系斗争也日趋激烈,内部很难调节,为了摆脱困境,国民政府教育部欲派一位无党无派且有声望的陕西人担任校长一职。1948 年 9 月,黄汲清[1]代表地质调查所到杨钟健在南京地质调查所的住处,传达时任教育部部长的朱家骅的电话,征询“有无出长西北大学校长之意”。其后,国民政府教育部部长朱家骅亲自约谈杨钟健,希望杨能考虑政府意见。之后,杨钟健随即与西北大学教务长岳劼恒、北平裴文中、南京翁文灏、傅斯年、华县亲属等通信征询意见和了解情况,岳劼恒、裴文中等均支持赴任。其中,裴文中拟以西北大学为依

---

　　[1]　黄汲清(1904—1995),四川仁寿人,构造地质学、地层古生物学和石油地质学家。1928 年毕业于北京大学地质系,1935 年获瑞士浓霞台大学理学博士学位,1948 年当选为“中央”研究院院士,1955 年被选聘为中国科学院学部委员(院士),1988 年当选苏联科学院外籍院士。

托,建立西北新的古生物研究中心。为此,杨钟健与岳劼恒商定并致信朱家骅,提出在不一定终年在校和不放弃地质调查所工作的前提下同意赴任。

在此情况下,1948 年 9 月 8 日,南京《中央日报》刊登消息:杨钟健将出任国立西北大学校长。杨钟健出任校长后,除了其他校务外,还首次对西北大学自抗战以来校史和主体成分发生的变化作了表述:"西北大学的前身……'七七事变'发生后,北平的北平大学、师范大学和天津的北洋大学,奉命西迁到陕西汉中,成立西北联合大学,但这个联合未能如西南联大之顺利。到一个时期,教育部又应当时人事需要加以改组,主要部分成立西北大学,包括前北平大学及师范大学之大部,还另设西北工学院及西北医学院。此后,又在兰州设立西北师范学院,但还有一部分师大的人未随去兰州"。①

另外,杨钟健担任西北大学校长期间,于 1948 年 11 月 12 日还主持西北大学成立 9 周年庆典。为什么是 9 周年?他对 9 周年庆典的来历及其就具体日期作了说明:"此指由西北联大改制后之年代,其前身之西北联大与北平大学等历史并未计算在内。不过这个日子是凭空选定的,据说当年改制在暑假中,只因为暑假举行不易,所以选定孙总理诞辰的 11 月 12 日"。杨钟健在此次庆典上亲致开幕词,重申西北大学向学术发展的重要意义。他在总结这次校庆时指出:"一般情形甚好,所缺少的就是没有真正的学术的东西以纪念学校之历史",因此随后在校务会议上提议,"如 10 周年纪念,应当扩大规模,刊行学术性之纪念册。其研究论文当立即筹备,希于次年五月底以前收稿。此建议大家无异议通过"。② 杨钟健主持的此次西北大学校庆,尽管与我们现在西北大学校庆通行时间及对学校历史的追溯时间有所不同,但其讲话在当时进一步明确了西北大学的办学方向,并给师生以极大鼓励,具有很重要的意义。

当然,杨钟健担任西北大学校长后,人民解放军节节胜利,彭德怀领导的

---

① 杨钟健:《杨钟健回忆录》,地质出版社 1983 年版,第 182 页。

② 杨钟健:《杨钟健回忆录》,地质出版社 1983 年版,第 192 页。

西北野战军已进入关中地区。国民党当局看到现已经很难保住,遂决定将西北大学迁往成都。这一消息传到西北大学后,校园里立刻形成了迁校与反迁校的激烈斗争。杨钟健以其特有的机智和勇敢,在中国共产党地下党组织的支持下,同以胡宗南为首的国民党展开了反迁校的斗争。1949 年 3 月,一些顽固分子煽动不明真相的学生在西北大学闹事,并在杨钟健办公室的窗子上贴上"杨中奸"等标语,还曾在学校操场上包围了杨钟健等人,企图行凶。由于进步学生及教师的保护,杨钟健免于惨遭不测。后来,杨钟健回忆这一段往事时说道:"因之去西大,比若跳火坑。三月未知何,困难万重重。黑暗无天日,毁灭难逃踪。""内战与外抗,是非分西东。因而下决心,誓死不盲从。"①这些诗句,既反映了杨钟健与国民党反动政客斗争的情况,又反映了他在反迁校斗争中的坚定立场与对光明的向往。1949 年 4 月,南京解放前夕,国民党曾经以高官厚禄引诱杨钟健去台湾,杨钟健毅然决然拒绝了这一切,毫不犹豫地留下来等待新中国的到来。

总之,杨钟健一生笔耕不辍,著述颇丰,是我国古脊椎动物学的主要奠基者之一,在国际上享有很高的声望。其部分著述略举如下:《地震浅说》(合著,上海中华书局,1924 年)、《古生物通论》(上海中华书局,1926 年)、《西北的剖面》(1931 年)、《记骨室文目》(1937 年)、《自然论略》(商务印书馆,1944 年)、《禄丰晰龙动物群》(科学出版社,1951 年)、《演化的证实与过程》(商务印书馆,1952 年、科学出版社,1957 年)、《中国标准化石(古脊椎动物,合著)》(地质出版社,1954 年)、《古脊椎动物的演化》(科学出版社,1955 年)、《生物演化的概念》(科普协会,1957 年)、《新疆吐鲁番——新假鳄类》(科学出版社,1973 年)、《三论袁氏阔口龙》(科学出版社,1978 年)等。另外,他一生发表的学术性文章达 500 多篇。如《西北的土质》[《自然》,1936(197—199)]、《甘肃皋兰永登区新生代地质》(1936 年)、《脊椎动物化石研究之新趋向》

---

① 秦怀钟:《中国古脊椎动物学的奠基人——记杰出的地质古生物学家杨钟健》,西安出版社 2008 年版,第 317 页。

(1937年)、《新疆之奇台天山龙》(1937年)、《中国脊椎动物化石之新层》(1937年)、《中国鸵鸟蛋化石》(1937年)、《抗战以来脊椎动物化石新地点之发现及其在地层古生物上之意义》(1940年)、《许氏禄丰龙之再造》(1940年)、《许氏禄丰龙》(1941年)、《抗战三年来新生代地质及脊椎动物化石之进展》(1941年)、《十年来的中国古生物学总论》(1959年)、《新生代研究的展望》(1964年)等等。此外,他还有2000多首诗作。[1]

三、魏寿昆:中国冶金物理学的开创者

魏寿昆(1907—2014),中国冶金物理化学学科创始人之一,中国科学院资深院士。先后任西安临大、西北联大教授兼矿冶系主任,西北联大分置后,任国立西北工学院矿冶系教授及工科研究所矿冶研究部主任。新中国成立后,1956年被教育部批准为一级教授,1980年当选为中国科学院院士。魏寿昆先生在其一生的教学科研中,在冶金热力学方面贡献卓著,取得了诸多重要成果。魏寿昆先生近百年人生,从事高等教学长达80余年,课堂授课46年,先后在10所大学任教,共主讲过28门课程,为我国培养了四五代冶金科技人才,也为中国乃至世界冶金领域增添了一座神奇宝藏。[2]

魏寿昆出生于没落的天津市商人家庭,他从小聪明伶俐、明达事理,又勤奋好学。1914年,他入私塾,私塾离魏家只隔两条胡同,他每天步行去私塾读书,中午回家吃饭。读完3年私塾后,魏寿昆当时面临一个问题,是继续读书呢还是做买卖经商呢? 他最后选择了继续读书,放弃经商。并把他的想法告诉了祖父和家人,他的想法得到了家人的支持,鼓励他发奋读书,报效祖国。1923年,魏寿昆毕业于河北省省立第一中学即铃铛阁中学,后以优异成绩考入北洋大学。

---

① 《西北大学学人谱》编委会编:《西北大学学人谱》,西北大学出版社1997年版,第22页。
② 梁严冰:《以学报国:西北联大名师》,陕西新华出版传媒集团、陕西人民出版社2020年版,第163—175页。

按照北洋大学的规定,需先读两年预科,合格后才能进入本科学习 4 年,毕业时学校授予学士学位。当时南开大学和北洋大学为天津地区最著名的两所高等学府。南开大学创办于 1919 年,是一个文理科综合性私立大学,校长张伯苓是中国近代教育的先行者,与蔡元培齐名。北洋大学校舍原为李鸿章的水师训练堂,设有武器库。1903 年原处建了两层教学大楼 1 座及其他办公室和学生宿舍等。校园外北运河从旁边流过,桃花堤直接连着西沽。北洋大学校歌歌词:"花堤蔼蔼,北运滔滔,巍巍学府北洋高,悠长称历史,建设为同胞,不从纸上呈空谈,要实地把中华改造。"就是对校园景色的描写。南开与北洋均为知名学府,魏寿昆最后选择了北洋大学。他说:北洋大学是一所比较穷的大学。宿舍是由清朝武器库改建的,并不华丽。经费少,贫困的学生比较多。当时学生每年交学费 10 元(指银圆),新 U 形宿舍楼盖成以后每年收住宿费 12 元,对考试成绩超过 85 分的学生,可免缴下学期学费及宿费。书籍有贷书制的办法……学生主要的花费是每月的伙食费。伙食由学生自己经营组织食堂,1923 年他初入学时每月伙食费 5 元,到了 1929 年他毕业时由于物价上涨,伙食费增加到 7—8 元。因此,一个学生如果节约度日,1 年有 80—100 元就足够了,而当时有些教会大学或私立大学,一个学生要花费 200—300 元。① 由此看来,家境贫穷是魏寿昆选择北洋大学的主要原因。

魏寿昆本科在北洋大学选择了矿冶系。为什么选择矿冶系,据魏寿昆自己回忆,是因为他喜欢化学,在中学读书时老师作化学实验深深地吸引着他。进入北洋大学后,当时学校只有机械、土木、矿冶 3 个系,而矿冶系是化学最多的系。但随着年龄的增长,他认为钢铁是国家最重要的基础工业,制造轮船、飞机、大炮、火车都需要大量钢铁,为了更好地建设国家,他更加热爱钢铁冶金学科了。

---

① 吴石忠、姜曦:《魏寿昆传》,科学出版社 2011 年版,第 19 页。

　　魏寿昆在北洋读书时,刚好是刘仙洲[1]担任校长,刘仙洲的锐意改革精神及卓有成效的管理使得北洋大学有很大发展并深受广大师生的欢迎和拥护,也对魏寿昆产生了很大影响,他十分敬重刘仙洲先生,后来他回忆说:刘仙洲先生的民族气节、无畏的精神深受北洋大学师生敬爱。1929 年夏天,魏寿昆毕业,获矿冶工程系工学士学位。魏寿昆在北洋大学本科 4 年成绩优异,总平均分数 94.25 分。是北洋大学校史记载上的最高分数,鉴于他的品学兼优,斐陶斐励学会董事会通过,由当时的矿冶系主任何杰教授与斯佩里教授代表校方颁发给魏寿昆一枚斐陶斐金钥匙会徽,以示表彰与鼓励。[2] 魏寿昆从北洋大学毕业后,在辽宁海城大岭滑石矿任助理工程师。1930 年,任北洋大学矿冶工程系助教,同年秋天魏寿昆考取了天津市公费留德资格。1931 年 5 月,魏寿昆到柏林工科大学报到。

　　这里要说明的是,当时,柏林工科大学下设冶金、采矿、化学 3 个专业方向,没有材料工艺学科。本来,冶金专业是魏寿昆最喜欢的,但他按照留学规定必须学习色染专业,故只好忍痛割爱先学色染专业。在柏林期间,正值纳粹控制德国政权,1931 年,九一八事变的消息很快传遍世界各个国家。有一天,魏寿昆正在用餐,一位素不相识的德国学生走到他的桌子旁边,得意忘形地讲,"日本人打胜仗了"。魏寿昆听到后非常生气,但没有说话,那位德国学生以为魏寿昆没有听懂,又说了一遍。魏寿昆愤然站起来,厉声喝道:"我们中国人一定会把日本侵略者赶走的。"[3]这件事深深地刺痛了魏寿昆的民族自尊心。后来,魏寿昆回忆说,"当时我就认识到:要使国家富强,人民安居乐业,必须振兴工业,走科学救国道路。"这也进一步激发了他的爱国热情,决心学

---

　　① 刘仙洲(1890—1975),原名鹤,又名振华,字仙舟。河北省完县唐兴店村人。机械学家和机械工程教育家,中国科学史事业的开拓者,中国科学院院士。1924 年,年仅 34 岁的刘仙洲就担任了北洋大学校长,在校长任上他锐意革新,聘请茅以升、石志仁、侯德榜、何杰等中国著名学者任教。

　　② 吴石忠等:《魏寿昆传》,科学出版社 2011 年版,第 25 页。

　　③ 吴石忠等:《魏寿昆传》,科学出版社 2011 年版,第 34 页。

成归国、报效祖国。

1932年,魏寿昆转学德累斯顿工业大学化学系,1935年,获该校工学博士学位。1935年至1936年在德国从事短暂的相关研究工作。在德国期间,魏寿昆还结识了中国核科学的奠基人和开拓者之一的王淦昌①。他们经常一起结伴而行畅谈国事,两人立志为中国科学事业奋斗终生。1936年,魏寿昆放弃在德国优越的工作环境和丰厚薪资待遇,毅然决然回到了阔别五年的祖国,回国后魏寿昆受聘北洋大学矿冶系教授。一年后,卢沟桥事变爆发,魏寿昆随学校举家西迁西安临时大学。②

西安临大时期,魏寿昆与师生员工即秉持"勠力同心,艰危共济,尽瘁此临时教育事业"③之豪情壮志,积极为经济社会发展贡献力量。如,据《西安临大校刊》第8期记载:矿冶系主任魏寿昆教授受陕西省建设厅委托,率学生到安康调研金矿情况,协同解决面临问题;1937年12月,纺织工程学系全体教授率领本系一二三四各年级学生,到西安大华纱厂参观该厂设施,了解企业发展状况。④ 等等。总之,在西安临大期间魏寿昆与其他师生一道学以致用,积极服务地方经济社会发展。原联合组成的西安临时大学南迁汉中,改称国立西北联合大学后,魏寿昆所在的联大工学院设土木(北洋工学院土木系为主)、矿冶(北洋工学院、私立焦作工学院矿冶系组成)、电机(北洋工学院、北平大学工学院、东北大学工学院电机系组成)、化工(北平大学工学院的化工系)、纺织(北平大学工学院的纺织系)、水利(北洋工学院的水利系)及航空(北洋的航空系)和机械,共8个系。其中,矿冶研究所主任一职,开始由雷祚雯兼任后由魏寿昆担任。魏寿昆讲授"钢铁冶金""选矿学""金相学与热处

---

① 王淦昌(1907.5.28—1998.12.10),出生于江苏常熟,核物理学家、中国核科学的奠基人和开拓者之一、中国科学院院士、"两弹一星功勋奖章"获得者。1929年毕业于清华大学物理系。1933年获柏林大学博士学位。
② 魏寿昆:《钢铁是这样炼成的》,《光明日报》2006年6月4日。
③ 陈剑翛:《西安临大校刊·发刊词》,《西安临大校刊》第1期,1937年12月20日,第1页。
④ 《农学系畜牧组同学参观西京牧场》,《西安临大校刊》第8期,1938年2月7日,第6页。

理""工业分析"等课,他知识广博、上课认真,受到李书田及师生们的赞扬。

新中国成立后,魏寿昆在北京钢铁学院工作。20世纪50年代初开始,系统地开展热力学中有关活度理论的研究,并连续发表了若干篇该领域的重要论文。这一时期,他还为该校教师举办系列讲座,培养了大批优秀人才,教书育人、诲人不倦,受过魏寿昆恩泽的学生遍布海内外。据中国工程院院士、全国政协副主席徐匡迪教授回忆,他毕业留校之初,晚上常去图书馆浏览各种刊物,有一天晚上他把两年的《美国冶金汇刊》抱来,放到图书馆自习室的桌上漫无目的地翻看,魏寿昆微笑鼓励他:"爱看书是好事,但总得一本一本地看嘛。"①

魏寿昆于20世纪60年代至70年代,还研究了选择性氧化热力学理论。此项研究特别是对共生矿的冶炼工艺具有重要意义。80年代间,魏寿昆在科学研究领域又有了新的进展与突破,他运用选择性氧化理论进行了多种工业实践,指导上海钢铁公司、攀枝花钢铁公司和包头钢铁公司解决了诸多技术难题。

总之,魏寿昆自20世纪30年代任北洋大学矿冶工程系助教起,在60年的教育教学中,讲授过"金相学""钢铁热处理""普通化学""普通冶金学""钢铁冶金学""冶金物理化学""活度理论""专业炼钢学""冶炼厂设计"等27门课程,为党和国家培养了大批冶金专业和冶金物理化学专业的优秀学子。"魏寿昆家族"在其去世前,可谓"五世同堂",薪火相传,堪称桃李满天下。

四、黄文弼:考古论著写在西北大地

黄文弼(1893—1966),湖北汉川人,字仲良,号耀堂。1918年毕业于北京大学哲学门,早年致力于宋明理学研究,后专攻考古学。1927—1930年间,参加了瑞典地理学家斯文·赫定发起的中国、瑞典合组的西北科学考察团。

---

① 梁严冰:《以学报国:西北联大名师》,陕西新华出版传媒集团、陕西人民出版社2020年版,第175页。

1937 年 10 月至 1947 年 9 月,先后任国立西安临时大学、国立西北联合大学、国立西北大学历史学系讲师、教授兼主任、边政学系教授兼主任,前后历时 10 年,也是其开始西北科学考古以来最重要的一个历史阶段。他一生曾四次深入新疆地区进行科学考察,行程 38300 公里。这些考察活动所获得的大量文物对研究西北地区的历史及古代中西文化交流具有重要价值,填补了学术界的诸多空白。他在民国时期共出版论著 50 篇(本),其中有 24 篇(本)论著是在西北联大时期完成并出版的。同时,在西北联大—西北大学期间,参与创立了我国最早的两个大学考古专业之一,为我国西北考古研究及学科发展作出了开创性的贡献,真正践行了将考古论著写在西北大地上。1949 年后,历任中国科学院考古研究员、第四届全国政协委员等。①

近代以来,中国积贫积弱,主权沦丧,科学技术落后,考古学自然也不例外。在这样一种大的背景下,19 世纪末 20 世纪初,西方探险家掀起了在中国西北考察的热潮。面对近代中国文明蒙辱、文化蒙难,经历五四新文化运动启蒙的中国学者,自然不甘落后。这些学者为了构建神圣的中国学术殿堂,他们克服种种难以想象的困难,勇敢地踏上了前往广袤西北地区科学考察的征程,考古学家黄文弼便是其中之一。由此,开创了西北考古与历史研究的新局面。

1927 年,黄文弼第一次对西北进行科学考察活动,从此与考古结下了不解之缘。同年 4 月 26 日,西北科学考察团成立,瑞典人斯文·赫定为外方团长,北大教授徐旭生为中方团长。黄文弼为考察团成员之一,负责考古工作。② 1927 年 5 月考察团出发,黄文弼开始随团在内蒙古考察,此后又独自前往新疆进行考古工作,通过考察活动,黄文弼历时 3 年,1930 年秋返回北平。此次考察活动,黄文弼对新疆等地的考古工作有了突破性的发现。1931 年 7

---

① 梁严冰:《以学报国:西北联大名师》,陕西新华出版传媒集团、陕西人民出版社 2020 年版,第 109—129 页。

② 刘子凡:《黄文弼与胡适——中国新疆考古史上的一段往事》,《东方早报》2014 年 10 月 22 日。

月 19 日,他在给胡适的信中对此进行了专门介绍,他认为在出土文书中发现了一种新的西域语言文字,并将其推测为佉沙文即疏勒文。他还强调该文字不是西方学界流行的"吐火罗语",认为不应当将西域语言称为"吐火罗语",而应该使用焉耆语、龟兹语、于阗语、佉沙语的称呼。①

1933 年,受国民政府教育部委托,黄文弼第二次赴西北新疆等地进行科学考察活动。考察活动中,为了探寻埋藏在广阔沙漠中的文物古迹和古河床,从而揭示塔里木盆地的古代文明和地理变迁,黄文弼克服种种困难穿越了"日出沙深口冒烟,日落石冻马蹄脱"的塔克拉玛干大沙漠。考察过程中,因为文物的移交问题与西方人赫定发生争执,黄文弼不希望中国的文物流向海外,由此,黄文弼与赫定交恶。② 当然,这也从一侧面说明了黄文弼科学考察中的爱国精神,以及对中国文物的热爱和保护,体现了中国学者的使命担当和责任。

1943 年,黄文弼受西北大学委派,第三次赴甘肃、新疆等地进行考察。此次他沿着河西走廊西行,先后考察了敦煌莫高窟及北疆、南疆,对西北边疆的考古工作起到了筚路蓝缕的作用。如,黄文弼通过对新疆的考察,除了发现丝绸古道及屯田遗址等外,还获得了大量西汉木简和西汉麻纸,并依据考察所得,论证了楼兰、龟兹等许多古城地理位置、变迁,填补了史书失载的高昌曲氏纪年,提出了古塔里木盆地的南河问题。③ 此次考察活动,所得大量文物与考古资料对于研究新疆、西北地区历史及古代中西文化交流史具有十分重要的价值。④

新中国成立后,1957 年,黄文弼不顾年迈体衰,凭着对中国考古事业的挚爱,进行了他一生当中的第四次赴新疆科学考察的学术使命。在科学考察的

---

① 刘子凡:《黄文弼与胡适——中国新疆考古史上的一段往事》,《东方早报》2014 年 10 月 22 日。

② 刘子凡:《黄文弼与胡适——中国新疆考古史上的一段往事》,《东方早报》2014 年 10 月 22 日。

③ 《西北大学学人谱》编委会编:《西北大学学人谱(1912—1997)》,西北大学出版社 1997 年版,第 192—193 页。

④ 梁严冰:《西北联大与西北历史研究》,《西北大学学报(哲学社会科学版)》2014 年第 4 期。

一年时间里,他与中国科学院考古研究所的同事们采集到了大量的考古实物。这些实物的获得,对考古研究具有重要的价值,在新中国的考古史上具有十分重要的意义。

黄文弼在对西北新疆等地考察的基础上,有诸多新的发现,形成了大量论著。这些研究对西北历史研究及西北考古工作,作出了开创性的贡献,至少表现在以下几个方面:

一是发现罗布泊土垠遗址。发现罗布泊北岸的一段丝路古道、古渠遗址、屯垦遗址、驿站遗址和粮库遗址,发现号称楼兰珍品、有西汉纪年的木简,对罗布泊地理位置是否游弋的争论,提出了有决定意义的报告,从而为研究早期古丝绸之路的开辟,以及西汉在此大规模屯田提供了考古依据,填补了罗布泊考古的空白。二是在新疆罗布泊发现西汉麻纸残片(现存中国台湾),将我国纸的发明前推了150年,并提供了最早的实物证据。三是在吐鲁番高昌古城遗址和交河古城遗址发掘麴氏高昌墓地、汉代烽燧遗址,又在塔里木盆地周围调查,在罗布泊北岸发现石器时代遗址、证实了楼兰、龟兹、于阗、焉耆等古国及许多古城的地理位置和演变。四是作为中国考古学者,首次穿越了塔克拉玛干大沙漠,并进行考古工作。发现了埋藏已久的古河床,解释了塔里木盆地的地理变迁和古代文明。五是提出"三重证据法",创立解释考古学,开拓了新型学术研究方法。王国维提出历史研究要把发现的史料与古籍记载结合起来以考证古史的方法,称为"二重证据法":其一是取地下之实物与纸上之遗文互相释证;其二是取异族之故书与吾国之旧籍互相补正;其三是取外来之观念,以固有之材料互相参证。而黄文弼主张从考古、历史、文化、地理、宗教、自然科学等多角度、跨学科的综合研究,他将"二重证据法"发展为"三重证据法",即将文献史籍、考古新材料和实地考察三者结合起来,为中国考古学和史学研究走出了一条新路子。①

---

① 梁严冰:《以学报国:西北联大名师》,陕西新华出版传媒集团、陕西人民出版社2020年版,第120—121页。

　　总之,黄文弼在西北新疆等地的科学考古,为中国考古学及学科发展作出了开创性的重要贡献。考察期间,曾发据雅尔湖曲氏高昌墓地等,获 800 余件陶器和 100 余方慕表,对高昌史和中亚文明史的研究做出了突破性的成绩;他在罗布弹尔北岸发现了石器时代遗址、丝绸古道及古渠、屯四遗址等,发掘了汉烽燧遗址,获得一批西汉木简和西汉麻纸;他依据环绕塔里木盆地、横穿塔克拉玛干大沙漠的考察所得,论证了楼兰、龟兹等古国和许多古城地理位置、变迁,填补了史书失载的高昌曲氏纪年,提出了古塔里木盆地的南河问题。他考察所得大量文物对研究新疆地区历史及古代中西文化交流具有重要价值,形成了大量论著。比如,著作有《西北史地论丛》《高昌专集》《高昌陶集》《黄文弼蒙新考察日记》《新疆考古发据报告》《塔里木盆地考古记》《罗布淖尔考古记》《吐鲁番考古记》《黄文弼历史考古论集》等。[1] 之外,还发表了大量相关论文,比如,1939 年 4 月 15 日,在《西北联大校刊》第 14 期上发表《张骞通西域路线图考》;1940 年 9 月 1 日,在西北联大的大型学术期刊《西北学报》发表《吐鲁番古代之文化与宗教》一文;1944 年 2 月 5 日,在西北大学主办的《西北学术》第 4 期发表的《吐鲁番之历史与文化》;1947 年,在《国立西北大学校刊》(复刊)上发表《洮河流域考察之观感》,等等。

---

　　[1]　《西北大学学人谱》编委会编:《西北大学学人谱(1912—1997)》,西北大学出版社 1997 年版,第 192—193 页。

结　语　西北联大与中国高等教育

西北联大不仅创造了辉煌的教育成就,而且在中国近现代史、抗日战争史、中国高等教育史上具有重要且独特的历史地位,留下了浓墨重彩的一笔,产生了重大而深远的影响。

一、改善了中国高等教育分布于东南沿海的畸形状态

与中国近代经济的发展不平衡相类似,抗战之前,中国的高等教育分布也是极不平衡的,各类高校主要分布在东南沿海沿江及平津等地区。因此,改善与优化中国高等教育,是国民政府西北后方建设战略的重要内容。早在 1930 年 7 月,南京国民政府建设委员会就专门制定了《西北建设计划》。1934 年 5 月,全国经济委员会常务委员宋子文视察陕、甘、宁、青四省,指出:"西北建设是我中华民国的生命线"①。1937 年全面抗战爆发,西北的战略地位进一步凸显。国民政府试图以"西北为建国的根据地",从而推动西北后方建设。1939 年 1 月,国民党五届五中全会决议指出:"今长江南北各省既多数沦为战区,则今后长期抗战之坚持不懈,必有赖于西南、西北各省之迅速开发,以为支

---

① 《宋子文在兰州畅论西北建设》,《申报》1934 年 5 月 9 日。

持抗战之后方。"①1942 年,国民政府主要负责人亲赴西北各省进行了为期一个月的视察,返回重庆后,于 9 月 22 日就西北建设问题发表了讲话,视西北各省为将来建国最重要的基础。②

西北联合大学的组建和国立西北五校的分设,是当时西北战略的重要内容。在西北联大的迁徙过程中,国民政府逐渐明晰了借平津院校内迁之机,构建和布局西北高等教育的战略设想。南迁汉中以后,时任西北联大常委的徐诵明、陈剑翛赴汉口向教育部汇报工作,本有继续向四川迁移的打算,而时任国民政府教育部长明确指出:"西北联合大学,系经最高会议通过,尤负西北文化重责,均(实为"钧",指蒋介石)以为非在万不得已时,总以不离开西北为佳"③。由此可知,将组成西北联大的平津院校按照学科门类重新调整,统一贯之以"国立西北"之名,实际上就决心将它们永久留在西北。民国著名教育学家姜琦教授就此深刻指出:"民国二十八年(1939)夏,教育部鉴于过去的教育政策之错误,使高等教育酿成那种畸形发展的状态,乃亦然下令改组西北联合大学,按其性质,分类设立,并且一律改称为西北某大学某学院,使它们各化成为西北自身所有、永久存在的高等教育机关"④。抗战胜利后,据国民政府教育部统计,西北的高校数由战前的 2 所已发展到 8 所。联大的主体及其绝大部分分离出来的院校作为"永久存在的高等教育机关"留在西北,即优化了中国高等教育的布局又极大地改善了西北高等教育的面貌。

二、将现代高等教育制度与体系系统地植入了西北

西北联大主体及其他从母体中分离出来的院校永留西北,不仅改善了中

① 荣孟源:《中国国民党历次代表大会及中央全会资料》下册,光明日报出版社 1985 年版,第 556 页。

② 秦孝仪:《先总统蒋公思想言论总集》卷 19,台北中国国民党中央委员会党史委员会 1984 年,第 317—319 页。

③ 《历届纪念周演讲纪要》,西北联合大学出版组:《西北联大校刊》第 1 期,1938 年 8 月 15 日,第 13 页。

④ 姜琦:《西北大学是一块基石又像一颗钢钻》,《西北学报》1941 年第 1 期。

国高等教育分布于东南沿海的畸形状态,而且将现代高等教育制度与体系系统地植入了西北,奠定了现代西北高等教育发展的基础。在组成西北联大的几个高校到来之前,西北虽然有一些高等教育的萌芽,但根基相对薄弱,且时断时续。比如,清光绪二十八年(1902)曾设立陕西大学堂,辛亥革命后(1912)改名为省立西北大学,之后于20世纪20年代升格为国立西北大学,旋又更名为国立西安中山大学,但在1931年被改名为西安高中。因此,抗战爆发前,陕西没有一所专科以上学校。再比如,1931年12月,甘肃省设立有甘肃学院,但谈不上有现代意义上的教育体系。整个西北地区,现代高等教育十分薄弱。因此,天津《大公报》社论说:"沿江沿海,大学如毛,而从未在西北省区创一规模宏阔之大学。"西北联大组建后,彻底改变了此种情况,将现代高等教育制度与体系系统地引入了西北。从学科设置来看,涵盖了文、理、农、工、医、师范等几乎全部现代高等教育体系,即使西北联大分置后,这些学科非但没有因为分立而缩小,相反各学科得到了扩大与发展。比如,国立西北大学有三院十二系,至1949年10月,西北大学成为西北地区规模最大、学科设置最为齐全的综合性大学之一。再比如,西北工学院,有9个工科系科,学科设置非常齐全。西北联大还包括了从职业技术教育到专科、本科、研究生等完整的学历教育程度,可以说层次分明、类别齐全。① 从办学理念来讲,凝练形成了"公诚勤朴"的校训,从学校的管理来看,不管是西安临大还是西北联大,都形成、沿袭了严格、系统的管理体制,等等。这一切在诸多方面为西北高等教育的进一步发展,奠定了坚实的基础。

三、培养与造就了大批优秀人才

1937—1946年,西北联大与其子体国立五院校,形成了505名教授、1489名员工的教职工队伍。他们秉承"公诚勤朴"的校训,不为困难与条件所限,

---

①　方光华:《为什么要纪念西北联大》,《休闲读品·天下》2012年第二辑,第6页。

积极投身于教学科研工作,"努力发扬我四千年国族之雄风",培养毕业生近1万名,为国家各项事业的发展与建设作出了应有之贡献。比如,玉门油矿最初开办时,除极少数人员由其他单位调来以外,大部分技术人员是来自西北工学院等校的毕业生。另外,根据《西北联大校刊》各期所登载的一些毕业生状况来看,各专业就业状况良好,并深受用人单位欢迎。这些毕业于西北联大及其分立五校的学生中,日后不乏杰出人物,例如师昌绪,1945年毕业于西北工学院,2010年获国家最高科学技术奖。吴自良,1939年毕业于西北工学院,曾获国家发明一等奖与国家科技进步特等奖。赵洪璋,1940年毕业于西北农学院,培育出我国小麦推广面积第一的"碧蚂一号",受到毛泽东的多次接见,并亲切地称他"挽救了新中国"。人们也把他和水稻专家袁隆平,并称为"南袁北赵"①。

四、彰显了中华优秀知识分子共赴国难的民族大义和高风亮节

抗战时期,平津院校师生远辞故园,天空敌机轰炸,地面交通阻隔,跋山涉水,历经千难万险从平津沦陷区到西安,复从西安南迁汉中甚至兰州等地,完成了中国近现代高等教育史上规模最大的迁徙之一,为保存中华文脉、保证弦歌不辍作出了重大贡献。然而,当时的办学条件却是极其艰难。联大没有校舍,全校散居于城固、勉县、南郑三县六处十公里范围内的农舍、祠堂、庙宇、教堂,从校长到教师,皆租民房居住,为防日寇轰炸,还往往不得不躲到野外树林上课。由于战时财政困难,教育部规定抗战期间教师工资只按"薪俸七折"发放,加之在物价暴涨的情况下,生活十分艰难,教授只能靠微薄的薪金和"米贴"维持最低限度的生计。但是,窘迫的环境、艰难的物质生活并没有影响课堂上师者的风范,相反"究能保存若干学术研究的精神"。汪堃仁院士一家四

---

① 张岂之:《中国高等教育史上的重要篇章:西北联大与开发西北》,《中国社会科学报》2012年10月15日;方光华:《为什么要纪念西北联大》,《休闲读品·天下》2012年第二辑,第9页。

口逃出北平后,经天津、香港、越南、昆明、重庆、成都,两遇敌机轰炸,在重庆又购买教学仪器,最后抵达汉中。教学中没有解剖实验用的遗体,就捡取无主尸体代替。就是在这样的条件下,汪教授开出了他在北平协和医院的全部现代生理学课程。黄文弼教授,治学严谨缜密,终年一身中山装,两袖发亮,肘下裂缝,但一上讲台,则引经据典,资料翔实,无一句闲话,使学生肃然起敬。文学院王守礼教授,自己在生活不宽裕的情况下,还叫学生到家中进餐讨论,其殷殷关爱之情,令学生多年后忆起仍是热泪盈眶。

在日寇入侵、国难当头的大环境下,西北联大师生主动适应抗战需要,开展了一系列抗日救国活动。1937 年 12 月,临大师生组织宣传队,利用周日、假期下乡进行抗战宣传,坚持文化抗战。1938 年 9 月 8 日,全校组织了 734 名学生参加了为期两个月的陕西省学生军训活动。史学家许寿裳还以《勾践的精神》激励学生,李季谷教授则讲《中国历史上所见之民族精神》,用"卧薪尝胆""勾践灭吴"和文天祥的《正气歌》,激发学生的爱国情怀。这些活动对振奋联大师生的民族精神,发扬爱国主义,发挥了积极作用。1939 年 1 月,学校成立了"国立西北联大抗敌后援会",全校师生在校内开展拥护抗战签名活动,积极为前线将士捐薪、捐物、义卖、义演,并认购国债、慰劳伤兵、救济难民。1944 年,43 岁的地质地理系教授郁士元主动要求到抗日前线,被称为"抗战以来教授从军第一人"①。

西北联大尽管从人文荟萃、物质优裕的平津等地迁移尚显蒙昧、贫穷荒寒的西北,且要永留此地,但数百名教授与广大学生仍然以民族大义和国家大局为重,不畏艰苦,扎根西北,建设西北,甘于奉献,在颠沛流离中不仅完成了所有的分置和重组,而且创造了辉煌的教育成就,最终实现了国民政府的战略构想,使联大主体及其分置院校大部分得以在战后永留西北。② 抚今追昔,西北

---

① 方光华:《为什么要纪念西北联大》,《休闲读品·天下》2012 年第二辑,第 9 页。
② 梁严冰:《西北联大与抗战时期的西北战略》,《西北大学学报(哲学社会科学版)》2012 年第 5 期。

联大师生们的奉献与牺牲,及不计一己私利以国家大局为重的高风亮节,在今天实现中华民族伟大复兴的新征途中,仍有十分重要的现实意义,值得我们永久垂范与景仰! 其办学理论与实践,对当下高等教育争创"双一流"及人才培养,仍具有十分重要的经验借鉴和现实启示。

总之,西北联大不仅在理论与实践上取得了辉煌的教育成就,而且在中国近现代史、抗日战争史及 20 世纪中国高等教育史上,具有其独特的历史地位与价值,留下了丰厚的思想文化资源与宝贵精神财富,值得认真研究与纪念!

参 考 文 献

一、民国报刊

《申报》《大公报》《新中华》《教育公报》《解放日报》《新华日报》《中央日报》《西北问题论丛》《西北史地》《西北问题》《西北经济通讯》《西北资源》《西北论衡》《西北通讯》《新西北》《新亚细亚》《边政》《西陲》《禹贡》《边事研究》《边疆》《边疆人文》《边政公论》《边疆研究通讯》《西北学术》《边疆建设》《中国边疆》《工程》《陕行汇刊》《时事月报》《新生周刊》《新动向》《今日评论》；

《教育通讯》1938 年第 1 卷第 1—40 期、1939 年第 2 卷第 1—50 期、1940 年第 3 卷第 1—50 期、1941 年第 4 卷第 1—50 期、1942 年第 5 卷第 1—30 期、1943 年第 6 卷第 1—13 及 17 期、1944 年第 7 卷第 1 期；

《教育杂志》1935 年第 25 卷第 4—11 期,1936 年第 26 卷第 1—12 期,1937 年第 27 卷第 1—12 期,1938 年第 28 卷第 1 期,1939 年第 29 卷第 1、3、5、7、8 期,1940 年第 30 卷第 1—12 期；

《中华教育界》1931 年第 19 卷第 1—5 期、1932—1933 年第 20 卷第 1—12 期、1933 年第 21 卷第 1—6 期、1934—1935 年第 22 卷第 1—12 期、1935—1936 年第 23 卷第 1—12 期、1936—1937 年第 24 卷第 1—9 期、1947 年(复刊)第 1 卷第 1—12 期；

《西安临大校刊》《西北联大校刊》《中央大学校刊》。

二、档案资料

1.中国社会科学院近代史研究所《近代史资料》编辑部、中国第二历史档案馆合编:《抗战时期西北开发档案史料选编》,中国社会科学出版社 2009 年版。

2. 荣孟源:《中国国民党历次代表大会及中央全会资料》上、下册,光明日报出版社1985年版。

3. 中国第二历史档案馆编:《中华民国史档案资料汇编》第5辑第2编《财政经济》,江苏古籍出版社1997年版。

4. 中国第二历史档案馆编:《中华民国史档案资料汇编》第5辑第2编《教育》,江苏古籍出版社1997年版。

5. 中国史学会、中国社会科学院近代史研究所编,章伯锋、庄建平主编:《抗日战争》第5卷《国民政府与大后方经济》,四川大学出版社1997年版。

6. 强重华:《抗日战争时期重要资料统计集》,北京出版社1997年版。

7. 璩鑫圭、童福勇编:《中国近代教育史资料汇编》,上海教育出版社1997年版。

8. 西北大学西北联大研究所编:《西北联大史料汇编》,西北大学出版社2012年版。

9. 陕西省档案局(馆)编:《国立西北联合大学档案史料选编》上、下册,西北大学出版社2018年版。

10. 北京大学、中国第一历史档案馆编:《京师大学堂档案选编》,北京大学出版社2001年版。

11. 董兆祥等编:《西北开发史料选编(1930—1947)》,经济科学出版社1998年版。

12. 孟国祥编著:《抗战时期的中国文化教育与博物馆事业损失窥略》,中共党史出版社2017年版。

13. 西安市档案局、西安市档案馆编:《筹建西京陪都档案史料选辑》,西北大学出版社1995年版。

14. 西北五省区编纂领导小组、中央档案馆:《陕甘宁边区抗日民主根据地·文献卷(下)》,中共党史资料出版社1990年版。

15. 北京大学、清华大学、南开大学、云南师范大学编:《国立西南联合大学史料》总览卷,云南教育出版社1998年版。

16. 经济部档案:《经济部西北工业考察团报告》,《民国档案》1992年第4期。

17. 经济部档案:《经济部西北工业考察通讯(上)》,《民国档案》1995年第4期。

18. 经济部档案:《经济部西北工业考察通讯(下)》,《民国档案》1996年第1期。

19. 经济部档案:《西南、西北工业建设计划》,中国第二历史档案馆馆藏档案。

三、志书、年鉴及史料汇编

1. 国民政府行政院编:《国民政府年鉴(1943—1946年)》,北京图书馆出版社2011年版。

2. "教育部"教育年鉴编纂委员会编:《第二次中国教育年鉴》,商务印书馆 1948 年版。

3. 全国政协文史资料研究委员会工商经济组:《回忆国民党政府资源委员会》,中国文史出版社 1988 年版。

4. 中国国民党中央执行委员会宣传部编印:《四年来之教育与文化》,1941 年 7 月 7 日印。

5. 国民政府教育部编:《教育法令汇编》第四辑,正中书局 1939 年版。

6. 国民政府教育部编:《教育法令汇编》第五辑,正中书局 1940 年版。

7. 国民政府教育部编:《教育法令》,中华书局 1947 年版。

8. 宋恩荣主编:《中华民国教育法规选编(1912—1949)》,江苏教育出版社 1990 年版。

9. 中央教育科学研究所编:《中国现代教育大事记(1919—1949)》,教育科学出版社 1988 年版。

10. 谭熙鸿主编:《十年来之中国经济(1938—1947 年)》上、下册,南京古旧书店 1990 年 6 月影印本。

11. 陈真编:《中国近代工业史资料》第 4 辑,生活·读书·新知三联书店 1961 年版。

12. 徐道夫编:《中国近代农业生产及贸易统计资料》,上海人民出版社 1983 年版。

13. 秦孝仪主编:《中华民国史料丛编——西北问题论丛》第 2、3 辑合订本,台北"中央"文物供应社 1976 年版。

14. "中央训练委员会"西北干部训练团西北问题研究室印行:《西北问题论丛》第 2 辑,1942 年 12 月。

15. 陕西省地方志编纂委员会编,曹占泉主编:《陕西省志·人口志》,陕西人民出版社 1986 年版。

16. 陕西省地方志编纂委员会:《陕西省志·林业志》,中国林业出版社 1996 年版。

17. 刘庭华:《中国抗日战争与第二次世界大战系年要录(统计荟萃)》,海军出版社 1988 年版。

18. 全国政协文史资料研究委员会工商经济组编:《回忆国民党政府资源委员会》,中国文史出版社 1988 年版。

19. 张羽新、张双志:《民国藏事资料汇编》,学苑出版社 2005 年版。

20. 陕西师范大学教育研究所:《陕甘宁边区教育资料·在职干部教育部分》,教育科学出版社 1981 年版。

21. 陕西师范大学教育研究所:《陕甘宁边区教育资料·教育方针政策部分》上册,教育科学出版社 1981 年版。

22. 陕西师范大学教育研究所:《陕甘宁边区教育资料·高等教育和干部学校部分》上下册,教育科学出版社 1981 年版。

23. 许椿生等编:《李建勋教育论著选》,人民教育出版社 1993 年版。

24. 刘宪曾等:《陕甘宁边区教育大事记》,陕西人民出版社 1990 年版。

25. 教育科学研究所筹备处编:《老解放区教育资料选编》,人民教育出版社 1959 年版。

26. 中央教育科学研究所编:《老解放区教育资料(二)》,《抗日战争时期》上册,教育科学出版社 1986 年版。

四、校史资料

1. 西北大学西北联大研究所编:《西北联大史料汇编》,西北大学出版社 2012 年版。

2. 西北大学校史委员会编,李永森等主编:《西北大学史稿(1902—1949)(修订版)》上卷,西北大学出版社 2002 年版。

3.《西北大学大事记》编委会编,赵弘毅等主编:《西北大学大事记》,西北大学出版社 1999 年版。

4.《西北师大校史》编写组:《西北师大校史(1902—2002)》,甘肃人民出版社 2002 年版。

5. 王学珍等编:《北京高等教育文献资料选编(1861—1948)》,首都师范大学出版社 2004 年版。

6. 刘基等主编:《西北师范大学校史(1902—2012)》,教育科学出版社 2012 年版。

7.《国立西北师范学院史料摘编(1937—1949)》上、下册,中国文史出版社 2014 年版。

8. 北京师范大学校史编写组:《北京师范大学校史(1902—1982)》,北京师范大学出版社 1982 年版。

9.《北洋大学—天津大学校史》编写组:《北洋大学—天津大学校史(1895.10—1949.1)》,天津大学出版社 1995 年版。

10. 刘季洪:《国立西北大学概况》,西北大学图书馆馆藏图书 1947 年 2 月印。

11.《西北工业大学校史》编写组编,陶秉礼主编:《西北工业大学校史》,西北工业大学出版社 1995 年版。

12.《西北农林科技大学史稿》编审委员会编：《西北农林科技大学史稿（1934—2014）》，西北农林科技大学出版社 2014 年版。

13. 闫祖书主编：《西农抗战记忆》，西北农林科技大学出版社 2015 年版。

14. 西北农林科技大学档案馆编：《西北农林科技大学民主革命回忆录》，西北农林科技大学出版社 2005 年版。

15.《西安交通大学第一附属医院院史》编纂委员会编，施秉银等主编：《西安交通大学第一附属医院院史（1956—2016）》，陕西新华出版传媒集团、陕西人民出版社 2017 年版。

16. 戴建兵等主编：《齐国樑文选集》，天津古籍出版社 2012 年版。

17.《国立西北大学建校三十周年纪念刊》，台北"国立"西北大学校友会 1969 年。

18. 西南联合大学北京校友会：《西南联合大学校史：1937—1946 年北大、清华、南开》，北京大学出版社 2006 年版。

19. 姚远：《国簧播迁：西北联大通史》上、中、下册，陕西新华出版传媒集团、陕西人民出版社 2021 年版。

20. 姚远：《西序弦歌：西北联大简史》，陕西新华出版传媒集团、陕西人民出版社 2020 年版。

21. 西北大学校史编写组：《校史资料》第一辑，西北大学 1987 年。

22. 王振乾等编著：《东北大学史稿》，东北师范大学出版社 1988 年版。

23. "国立北平大学"校长办公处：《国立北平大学一览》，北平松雅斋南纸印刷文具店 1936 年 12 月。

24. 刘基等主编：《西北师大逸事》，辽宁人民出版 2001 年版。

25. 陕西省高等教育局编：《陕西地区高等学校高级知识分子人名录》，西北大学出版社 1989 年版。

五、学术著作

1. 魏永理主编：《中国西北近代开发史》，甘肃人民出版社 1993 年版。

2. 田澍主编：《西北开发史研究》，中国社会科学出版社 2007 年版。

3. 戴逸等主编：《中国西部开发与近代化》，广东教育出版社 2006 年版。

4. 张宪文等：《中华民国史》，南京大学出版社 2006 年版。

5. 中国社会科学院近代史研究所编，张海鹏主编：《中国近代通史》，凤凰出版传媒集团、江苏人民出版社 2007 年版。

6. 王建朗、黄克武主编：《两岸新编中国近代史（民国卷）》上、下册，社会科学文献出版社 2016 年版。

　　7. 王学珍主编:《北京高等教育史》上卷,中国广播电视出版社 2010 年版。

　　8. 张亚群:《中国近代大学通识教育与创新人才培养》,海峡出版集团、福建教育出版社 2015 年版。

　　9. 余子侠等:《抗日战争时期中国教育研究》,团结出版社 2015 年版。

　　10. 余子侠等:《中国近代西部教育开发史——以抗日战争时期为中心》,人民教育出版社 2008 年版。

　　11. 瞿振元:《大学的革新》,商务印书馆 2018 年版。

　　12. 姜闽虹:《抗战时期的民国大学招生研究》,北京理工大学出版社 2016 年版。

　　13. 徐辉主编:《抗战大后方教育研究》,重庆出版集团、重庆出版社 2015 年版。

　　14. 陈玉玲:《国民政府初期对教育的整顿:1927—1937》,中国社会科学出版社 2018 年版。

　　15. 李新总主编:《中华民国史》1—12 卷,中华书局 2011 年版。

　　16. 郭琦等主编:《陕西通史·民国卷》,陕西师范大学出版社 1997 年版。

　　17. 新疆社会科学院历史研究所编著:《新疆简史》,新疆人民出版社 1997 年版。

　　18. 陈育宁主编:《宁夏通史·近现代卷》,宁夏人民出版社 1993 年版。

　　19. 谷苞主编:《西北通史》第 4—5 卷,兰州大学出版社 2005 年版。

　　20. 郭廷以:《近代中国史纲》上、下册,中国社会科学出版社 1999 年版。

　　21. 孙中山:《孙中山选集》上、下卷,人民出版社 1957 年版。

　　22. 龚学遂:《中国战时交通史》,商务印书馆 1947 年版。

　　23. 朱伯康等:《中国经济史》上、下卷,复旦大学出版社 2005 年版。

　　24. 龚学遂:《中国战时交通史》,商务印书馆 1947 年版。

　　25. "中央"研究院近代史研究所编:《抗战建国史研讨会论文集(1937—1945)》上、下册,台北永裕印刷厂 1985 年版。

　　26. 何炼成主编:《历史与希望——西北经济开发的过去、现在与未来》,陕西人民出版社 1997 年版。

　　27. 王成:《陕西古近代对外贸易研究》,陕西人民出版社 1991 年版。

　　28. 陈舜卿:《陕甘近代经济研究》,西北大学出版社 1994 年版。

　　29. 张波:《西北农牧史》,陕西科学技术出版社 1989 年版。

　　30. 李万忍:《近代陕西科学技术史》,陕西科学技术出版社 1993 年版。

　　31. 黄正林:《陕甘宁边区社会经济史(1937—1945)》,人民出版社 2006 年版。

　　32. 梁星亮等:《陕甘宁边区史纲》,陕西出版集团、陕西人民出版社 2012 年版。

33. 孙志亮等:《陕西近代史稿》,西北大学出版社 1992 年版。

34. 刘新科:《西安教育史》,西安出版社 2005 年版。

35. 杨新才:《宁夏农业史》,中国农业出版社 1988 年版。

36. 许崇灏:《新疆志略》,上海正中书局 1936 年版。

37. 丁焕章:《甘肃近代史》,兰州大学出版社 1989 年版。

38. 陆仰渊等:《民国社会经济史》,中国经济出版社 1991 年版。

39. 曾问吾:《中国经营西域史》,商务印书馆 1936 年版。

40. 唐海彬:《陕西省经济地理》,新华出版社 1988 年版。

41. 陕西省交通史志编写委员会编:《陕西公路运输史》,人民交通出版社 1988 年版。

42. 张嘉选:《柴达木开发史》,兰州大学出版社 1991 年版。

43. 戴志贤等:《抗日时期的文化教育》,北京出版社 1995 年版。

44. 李华兴:《民国教育史》,上海教育出版社 1997 年版。

45. 陈青之:《中国教育史》,上海书屋出版社 2013 年版。

46. 郑登云:《中国近代教育史》,华东师范大学出版社 1994 年版。

47. 毛礼锐等主编:《中国教育通史》,山东教育出版社 1988 年版。

48. 陈平原:《抗战烽火中的中国大学》,北京大学出版社 2015 年版。

49. 陈平原:《中国现代学术之建立——以章太炎、胡适之为中心》,北京大学出版社 1998 年版。

50. 谢泳:《西南联大与中国知识分子》,福建教育出版社 2009 年版。

51. 戴志贤等:《抗日时期的文化教育》,北京出版社 1995 年版。

52. 金以林:《近代中国大学研究》,中央文献出版社 2000 年版。

53. 闻黎明:《抗日战争与中国知识分子——西南联合大学的抗战轨迹》,社会科学文献出版社 2009 年版。

54. 方光华等:《西北联大与中国高等教育 I》,西北大学出版社 2013 年版。

55. 何宁等:《西北联大与中国高等教育 II——纪念西北联大汉中办学 75 周年》,世界图书出版西安有限公司 2014 年版。

56. 刘仲奎:《第三届西北联大与中国高等教育发展论坛论文集》,飞天出版传媒集团、甘肃文化出版社 2015 年版。

57. 严复:《严复集》,中华书局 1986 年版。

58. 罗志田:《国家与学术:清季民初关于"国学的思想论争"》,生活·读书·新知三联书店 2003 年版。

59. 高平叔:《蔡元培年谱长编》,人民教育出版社 1998 年版。

60. 梁启超:《中国近三百年学术史》,东方出版社 1996 年版。

61. 梁启超:《饮冰室合集》,中华书局 1989 年版。

62. 田嘉谷:《抗战教育在陕北》,汉口明日出版社 1938 年版。

63. 李建勋等:《战时与战后教育》,陕西城固国立西北师范学院研究所 1942 年 6 月。

64. 顾岳中:《中国战时教育》,南京正中书局 1940 年版。

65. 尹衍钧:《战时教育论》,南京中山文化教育馆 1938 年版。

66. 蒋中正等:《战时教育论》,重庆独立出版社 1938 年版。

67. 孙德中:《抗战与我国教育之前途》,南京正中书局 1943 年版。

68. 张佐华:《抗战教育论》,广州生活书店 1938 年版。

69. 涂又光:《中国高等教育史论(第三版)》,华中科技大学出版社 2014 年版。

70. 栗洪武:《陕甘宁边区教育史》,中央广播电视大学出版社 2012 年版。

71. 王文礼等主编:《汉中抗战(1931—1945)》,西安交通大学出版社 2015 年版。

72. 吴石忠等:《魏寿昆传》,科学出版社 2011 年版。

73. 张立先:《李书田传》,天津大学出版社 2010 年版。

74. 李溪桥主编:《李蒸纪念文集》,中国社会科学出版社 1996 年版。

75. 王建军:《王耀东传》,西北大学出版社 1999 年版。

76. 李廷华:《王子云传》,太白文艺出版社 2015 年版。

77. 杨钟健:《杨钟健回忆录》,地质出版社 1983 年版。

78. 朱玉麒等:《黄文弼研究论集》,科学出版社 2013 年版。

79. 秦怀钟主编:《中国古脊椎动物学的奠基人——记杰出的地质古生物学家杨钟健》,西安出版社 2008 年版。

80. 柳建辉主编:《教授的傲骨》,黑龙江出版集团、黑龙江教育出版社 2015 年版。

81. 赵新林等:《西南联大:战火中的洗礼》,上海教育出版社 2000 年版。

82. [日]大塚丰:《现代中国高等教育的形成》,黄福涛译,北京师范大学出版社 1994 年版。

83. [美]费正清主编,章建刚等译:《剑桥中华民国史》第 2 部,上海人民出版社 1992 年版。

84. [美]易社强:《战争与革命中的西南联大》,饶佳荣译,九州出版社 2012 年版。

85. [美]叶文心:《民国时期大学校园文化(1919—1937)》,冯夏根等译,中国人民大学出版社 2012 年版。

86.西南联大《除夕副刊》主编:《联大八年》,新星出版社2013年版。

87.天津大学:《兴学强国与西北抗战办学:第四届西北联大与中国高等教育发展论坛》,天津大学2015年11月。

88.北京师范大学:《第五届西北联大与中国高等教育发展论坛论文集》,北京师范大学2016年11月。

89.西安交通大学:《第六届西北联大与中国高等教育发展论坛论文集》,西安交通大学2017年11月。

90.西北工业大学:《爱国奋斗、兴学强国:第六届西北联大与中国高等教育发展论坛论文集》,西北工业大学2018年11月。

91.西北农林科技大学:《第八届西北联大与中国高等教育发展论坛论文集》,西北农林科技大学2019年10月。

92.中国矿业大学:《传承·探索·创新:第九届西北联大与中国高等教育发展论坛论文集》,中国矿业大学2020年11月。

93.东北大学:《传承·创新·开放:第十届西北联大与中国高等教育发展论坛论文集》,东北大学2021年9月。

94.杨汉名等:《陕西近现代高等学校沿革》,陕西师范大学出版社1995年版。

95.梁严冰:《以学报国:西北联大名师》,陕西新华出版传媒集团、陕西人民出版社2020年版。

96.姚远等:《融汇西东:西北联大教育思想》,陕西新华出版传媒集团、陕西人民出版社2020年版。

97.张在军:《西北联大:抗战烽火中的一段传奇》,金城出版社2017年版。

98.方光华主编:《西北联大与中国高等教育》,西北大学出版社2013年版。

六、学术论文

1.刘一民:《抗战时期的大后方的农田水利建设》,《求索》2005年第9期。

2.李云峰、曹敏:《抗日时期的国民政府与西北开发》,《抗日战争研究》2003年第3期。

3.申晓云:《抗日战争时期国民政府的西北开发》,《浙江大学学报(人文社会科学版)》2007年第5期。

4.田霞:《抗日战争时期陕西工业发展探析》,《抗日战争研究》2002年第3期。

5.王广义、赵世明:《抗战时期国民政府西北工业建设政策与绩效》,《西北第二民族学院学报》2005年第2期。

6. 诸葛达:《抗日战争时期工厂内迁及其对大后方工业的影响》,《复旦学报(哲学社会科学版)》2001 年第 4 期。

7. 董长芝:《论抗战时期后方的国有工业》,《辽宁师范大学学报(社科版)》1997 年第 5 期。

8. 邱松庆:《简论抗战时期大后方农业生产及其发展原因》,《党史研究与教学》1996 年第 2 期。

9. 王瑞成:《战时后方经济的若干关系》,《西南师范大学学报(人文社科版)》2000 年第 3 期。

10. 王红岩:《浅论抗战时期西北经济开发中的资源委员会》,《人文杂志》2001 年第 4 期。

11. 肖向龙:《抗战时期的后方民营工业》,《西南师范大学学报(人文社科版)》2000 年第 3 期。

12. 侯德础:《抗战时期大后方工业的开发与衰落》,《四川师范大学学报(哲学社会科学版)》1994 年第 4 期。

13. 沈社荣:《抗战时期的西北建设问题》,《固原师专学报》1995 年第 4 期。

14. 余子侠:《抗战时期教会高校的变迁》,《抗日战争研究》1998 年第 2 期。

15. 忻平:《试论抗战时期内迁及其对后方的影响》,《华东师大学报(哲学社会科学版)》1999 年第 2 期。

16. 夏军:《抗日战争时期的高校内迁及其对我国高等教育事业的影响》,《扬州师院学报(哲学社会科学版)》1994 年第 4 期。

17. 徐国利:《关于抗战时期高校内迁的几个问题》,《抗日战争研究》1998 年第 2 期。

18. 徐国利:《浅析抗战时期高校内迁的作用和意义》,《安徽史学》1996 年第 4 期。

19. 徐国利:《抗战时期高校内迁概述》,《天津师大学报(哲学社会科学版)》1996 年第 1 期。

20. 杨家润:《复旦大夏联合大学始末》,《档案与史学》2000 年第 2 期。

21. 杨绍军:《西南联大与当代中国高等教育》,《学术探索》2000 年第 6 期。

22. 张谦、黄升任:《抗战与中国高等教育》,《档案与史学》1999 年第 4 期。

23. 周泓:《民国时期的边疆教育制度》,《民族教育研究》2000 年第 4 期。

24. [美]易社强:《抗日战争中的西南联合大学》,《抗日战争研究》1997 年第 1 期。

25. 张岂之:《西北联大与开发西北:中国高教史上的重要篇章》,《中国社会科学报》2012 年 10 月 15 日。

26. 方光华:《为什么要纪念西北联大》,《西北大学学报(哲学社会科学版)》2012年第 3 期。

27. 方光华:《记住西北联大》,《光明日报》2012 年 8 月 19 日。

28. 方光华:《西北联大与大学精神》,《光明日报》2013 年 8 月 28 日。

29. 姚远:《国立西北联合大学的分合及其历史意义》,《西北大学学报(哲学社会科学版)》2012 年第 3 期。

30. 白欣、翟立鹏:《中国近代物理学家张贻惠》,《自然辩证法通讯》2011 年第 6 期。

31. 王淑红、姚远:《哥廷根代数学派的中国传人——曾炯》,《西北大学学报(自然科学版)》2013 年第 1 期。

32. 梁严冰:《西北联大的组建与分置》,《光明日报》2012 年 10 月 14 日。

33. 梁严冰、方光华:《抗日战争与中国高等教育》,《高等教育研究》2015 年第 10 期。

34. 梁严冰:《西北联大与边政学研究》,《西北大学学报(哲学社会科学版)》2016 年第 2 期。

35. 梁严冰:《西北联大与抗战时期的西北战略》,《西北大学学报(哲学社会科学版)》2012 年第 5 期。

36. 梁严冰:《西北联大与西北历史研究》,《西北大学学报(哲学社会科学版)》2014 年第 4 期。

37. 梁严冰、方光华:《西北联大的民族主义与民主观念》,《高等教育研究》2014 年第 1 期。

38. 梁严冰:《西北联大学人群体研究》,《历史教学问题》2014 年第 4 期。

39. 梁严冰等:《第二届西北联大与中国高等教育发展论坛综述》,《西北大学学报(哲学社会科学版)》2013 年第 6 期。

40. 方光华、梁严冰:《抗战前后国民政府的西北建设战略》,《南开学报(哲学社会科学版)》2014 年第 3 期。

41. 方光华、梁严冰:《西北联大与社会教育》,《高等教育研究》2013 年第 2 期。

42. 梁严冰:《李蒸与中国现代师范教育》,《历史教学问题》2016 年第 6 期。

43. 梁严冰:《西北联大与西南联大比较研究》,《广东社会科学》2020 年第 3 期。

44. 梁严冰:《西北联大与陕甘宁边区高等教育比较研究》,《延安大学学报(哲学社会科学版)》2016 年第 5 期。

45. 王奇生:《战时大学校园中的国民党:以西南联大为中心》,《历史研究》2006 年第 4 期。

46. 叶通贤、周鸿:《西南联大的办学思想及其对我国现代大学改革的启示》,《高等教育研究》2008 年第 3 期。

47. 陆韧等:《西南联大研究的史料与视野问题》,《云南师范大学学报(哲学社会科学版)》2014 年第 6 期。

48. 阳荣威、梁建芬:《西南联大教育成就的历史情境分析》,《大学教育科学》2016 年第 3 期。

49. 储朝晖:《寻觅西北联大的生命密码——西北联大的兴衰及其启示》,《高等教育研究》2013 年第 4 期。

50. 潘懋元、张亚群:《薪火传承 文化中坚——西北联大的办学特色及其启示》,《西北大学学报(哲学社会科学版)》2013 年第 1 期。

51. 刘海峰:《历史系要诉说:西北联大的命运与意义》,《高等教育研究》2013 年第 9 期。

52. 姚聪莉:《西北联大的学术自由及其历史价值》,《西北大学学报(哲学社会科学版)》2016 年第 2 期。

53. 陈钊:《左右之争与大学校政:陈立夫、徐诵明与西北联大法商学院的整顿》,《抗日战争研究》2018 年第 1 期。

54. 姜彩燕、丁永杰:《汲取金色蜂巢的蜜汁——唐祈在西北联大的求学经历与文学活动》,《现代中文学刊》2020 年第 5 期。

55. 姜彩燕:《"西北联大"的文学教育与文学活动考述(1937—1946)》,《中国现代文学研究丛刊》2020 年第 9 期。

56. 苗彦恺、陈锋正:《从西北联大和西南联大的比较看多重制度逻辑视角下的我国大学发展问题》,《黑龙江高教研究》2017 年第 6 期。

57. 兰梁斌:《论抗战时期西北联大的传统文化教育》,《西北大学学报(哲学社会科学版)》2017 年第 2 期。

58. 张晓华、杨科正:《论抗战时期西北联大师范学院的重要使命》,《当代教育与文化》2016 年第 2 期。

59. 张亚群:《西北联合大学的民族精神解读》,《西北大学学报(哲学社会科学版)》2014 年第 4 期。

60. 魏宁:《抗战时期西北联大思想政治工作的实践与启示》,《思想政治教育研究》2014 年第 3 期。

61. 周谷平、张强:《本土化与均衡化:以西北联合大学建立为中心的历史考察》,

《浙江大学学报（人文社会科学版）》2013 年第 6 期。

62. 黄书光：《中国高等师范教育动变中的西北元素》，《西北大学学报（哲学社会科学版）》2012 年第 5 期。

63. 戴建兵、王永颜：《论新时代教师教育——从西北联大精神谈起》，《河北师范大学学报（教育科学版）》2021 年第 4 期。

64. 李巧宁、陈海儒：《抗战期间内迁高校学生的日常生活——以西南联大和西北联大为例》，《甘肃社会科学》2011 年第 6 期。

责任编辑:刘　伟
封面设计:石笑梦
版式设计:胡欣欣

图书在版编目(CIP)数据

西北联合大学史研究/梁严冰 著. —北京:人民出版社,2024.6
ISBN 978-7-01-026420-2

Ⅰ.①西… Ⅱ.①梁… Ⅲ.①西北联合大学-校史-研究 Ⅳ.①G649.29

中国国家版本馆 CIP 数据核字(2024)第 058417 号

西北联合大学史研究
XIBEI LIANHE DAXUE SHI YANJIU

梁严冰　著

人 民 出 版 社 出版发行
(100706　北京市东城区隆福寺街 99 号)

北京汇林印务有限公司印刷　新华书店经销

2024 年 6 月第 1 版　2024 年 6 月北京第 1 次印刷
开本:710 毫米×1000 毫米 1/16　印张:22.25
字数:315 千字

ISBN 978-7-01-026420-2　定价:112.00 元

邮购地址 100706　北京市东城区隆福寺街 99 号
人民东方图书销售中心　电话 (010)65250042　65289539